Wilhelm Windelband

Die Geschichte der neueren Philosophie in ihrem Zusammenhange mit der allgemeinen Kultur und den besonderen Wissenschaften

2. Band - Von Kant bis Hegel und Herbart

Literaricon

Wilhelm Windelband

Die Geschichte der neueren Philosophie in ihrem Zusammenhange mit der allgemeinen Kultur und den besonderen Wissenschaften

2. Band - Von Kant bis Hegel und Herbart

ISBN/EAN: 9783959138598

Auflage: 1

Erscheinungsjahr: 2018

Erscheinungsort: Treuchtlingen, Deutschland

Literaricon Verlag UG (haftungsbeschränkt), Uhlbergstr. 18, 91757 Treuchtlingen.

Geschäftsführer: Günther Reiter-Werdin, www.literaricon.de.

Printed in Germany

DIE GESCHICHTE

DER

NEUEREN PHILOSOPHIE

IN IHREM ZUSAMMENHANGE MIT

DER ALLGEMEINEN CULTUR UND DEN BESONDEREN WISSENSCHAFTEN

DARGESTELLT VON

DR. W. WINDELBAND,

ORD. PROF. DER PHILOS. AN DER UNIVERS. FREIBURG i. B.

ZWEITER BAND.
VON KANT BIS HEGEL UND HERBART.

LEIPZIG,

DRUCK UND VERLAG VON BREITKOPF UND HÄRTEL.

1880.

DIE BLÜTHEZEIT,

DER

DEUTSCHEN PHILOSOPHIE

VON

DR. W. WINDELBAND,

ORD. PROF. DER PHILOS. AN DER UNIVERS. FREIBURG i. B.

LEIPZIG,

DRUCK UND VERLAG VON BREITKOPF UND HÄRTEL.

1880.

VORWORT.

———

Der zweite Band dieses Werkes erscheint fast ein Jahr später, als ich gehofft, und enthält noch nicht, wie ich ursprünglich beabsichtigte, den Abschluss desselben. Der Grund davon liegt in den Schwierigkeiten, welche der noch fehlende Theil des Gegenstandes bereitet. Wenn ich den Wunsch hegte, diese Darstellung bis auf die Gegenwart zu führen, so zeigte sich bei der Ausführung immer mehr, dass ich die neueste und namentlich die ausländische Philosophie, für deren Gebiet die Zeit noch nicht, wie das bei dem bisher Behandelten der Fall ist, das Wichtige und Bedeutsame aus der Masse der Literatur herausgesiebt hat, nur mit einem Umfang von literarischen Hilfsmitteln zu bearbeiten vermag, wie er mir hier zur Zeit nicht zur Disposition steht. Nachdem ich mich dann überzeugt hatte, dass noch Jahre vergehen können, ehe ich meinen Plan mit derjenigen Sorgfalt, welche mir unerlässlich erscheint, zu Ende zu führen in der Lage sein werde, habe ich es jetzt vorgezogen, denjenigen Theil, dessen Quellen mir schon lange vollständig zu Gebote standen und dessen Darstellung bereits abgeschlossen war, gesondert zu veröffentlichen, und ich spreche der verehrten Verlagsbuchhandlung auch an dieser Stelle meinen besten Dank für die Bereitwilligkeit aus, mit der sie diesem Wunsche entgegengekommen ist. Ich glaubte mich dazu um so mehr berechtigt, als nun diese beiden Bände die Geschichte der neueren Philosophie bis zu dem Punkte umfassen, bei welchem auch der grössere Theil der bisherigen Darstellungen abschliesst und über welchen hinaus nur skizzenhafte Umrisse der neuesten Entwicklung vorhanden sind. Alles, was im eigentlichen Sinne »der Geschichte angehört«, ist in diesen beiden Bänden enthalten: der dritte Band wird es mit der historischen Darstellung derjenigen Bewegungen zu thun haben, in denen wir noch gegenwärtig stehen. In diesem Sinne mag man mein Werk auch schon mit diesem Bande als ein abgeschlossenes Ganze und, was noch aussteht, als ein relativ selbständiges Supplement dazu ansehen. Namentlich gilt das in der Hinsicht, dass der »Plan des Ganzen«, auf dessen völlige Entfaltung die Kritik mehrfach die ausführliche Besprechung des ersten Bandes verschoben hat, in dem vorliegenden zweiten Bande zu genügender Klarheit gekommen sein dürfte.

Weiterhin fand ich eine Berechtigung zur gesonderten Herausgabe dieses Bandes in dem Umstande, dass der Inhalt desselben, die grosse Periode der deutschen Philosophie von Kant bis Hegel und Herbart, ein sich gewissermassen von selbst aus der geschichtlichen Bewegung heraushebendes und in sich abschliessendes Ganze bildet. Je mehr dem Bewusstsein der Gegenwart das Verständniss für die geistige Grösse verloren zu gehen droht, welche jener Zeit trotz aller Irrthümer und Mängel der einzelnen Lehren den unvergänglichen Werth, der Höhepunkt des modernen Denkens zu sein, aufprägt, um so werthvoller musste für die historische Darstellung die Aufgabe erscheinen, den tiefsten und bleibenden Gehalt jener gewaltigen Entwicklung in seiner reinen Gestalt hervortreten zu lassen.

Freiburg i. B. Mai 1880.

Der Verfasser.

INHALT.

II. Theil.
Die Kantische Philosophie.

III. Theil.
Die nachkantische Philosophie.

I. Kapitel. Die systematische Entwicklung der deutschen Philosophie nach Kant.

II. Theil.

Die Kantische Philosophie.

———

Von mannigfachen Ausgangspunkten her hat sich das moderne Denken sowol in seiner Form als auch in seinem Inhalte entwickelt; in der ganzen Breite des europäischen Kulturlebens angelegt, hat es alle Motive desselben zu bewusster Gestaltung gebracht, und wenn auch der gemeinsame Zug einer innerlichen Verselbständigung der vernünftigen Erkenntniss durch alle diese Bewegungen hindurchgeht, so ergab sich doch von selbst, dass, den besonderen Veranlassungen und Beziehungen entsprechend, jède dieser Bewegungen zunächst sich selbst auslebte und in ihrer ganzen Eigenthümlichkeit ausprägte. Zwar war es dabei durch die Natur der Sache und durch den Zusammenhang des geistigen Lebens geboten, dass in der vielfältigsten Weise diese verschiedenen Richtungen sich durcheinander flochten und dass hervorragende Geister aller Orten diese Zusammengehörigkeit durchschauten und befestigten. Aber es bedurfte erst jener weitschichtigen Durcharbeitung und jener allmählichen Ausgleichung aller dieser Gedankenmassen, welche sich im Jahrhundert der Aufklärung vollzog, ehe ein Geist erstehen konnte, der mit vollständiger Beherrschung derselben die innerste Struktur ihres Zusammenhanges in einem umfassenden Systeme zur Klarheit und zur Darstellung brachte. Dieser Geist ist Kant, und darin eben besteht seine historische Stellung, dass sich in ihm alles, was an bewegenden Principien das moderne Denken vorher erfüllt hatte, in lebendiger Einheit concentrirt, und dass alle Fäden des modernen Denkens, nachdem sie durch die schwierige Verschürzung seiner Lehre hindurchgegangen sind, in durchaus veränderter Form wieder daraus hervorgehen. Die grosse Gewalt, welche Kant über die philosophische Bewegung zunächst seiner Zeit ausgeübt hat, liegt vielleicht am meisten in der geradezu ungeheuren Weite seines geistigen Horizontes und in der Sicherheit, mit welcher er das Nahe und das Ferne von seinem Standpunkte aus überall im richtigen Verhältniss zu sehen wusste. Es ist kein Problem der neueren Philosophie, das er nicht behandelt hätte — keines, dessen Lösung er nicht, selbst wo er es nur gelegentlich streifte, das eigenartige Gepräge seines Geistes aufgedrückt hätte. Aber diese Universalität ist nur der äussere Umriss und noch nicht der Kern seiner Grösse; dieser liegt vielmehr in der bewunderungswürdigen Energie, mit der er die Fülle des Gedankenstoffes zur einheitlichen Durchdringung zu bringen und zu verarbeiten vermochte. Weite und Tiefe sind in seinem Geiste von gleicher Grösse, und sein Blick umspannt ebenso den ganzen Umfang der menschlichen Vorstellungswelt, wie er an jedem Punkte bis in das Innerste dringt. In dieser Paarung sonst selten vereinter Eigenschaften liegt der Reiz, welchen die Persönlichkeit und die Werke Kants immer ausgeübt haben und welcher ihn unter den Philosophen stets den ersten Platz einnehmen lassen wird.

Darin zeigt sich zugleich das eigenthümliche Verhältniss, in welchem sich Kant zum Zeitalter der Aufklärung befindet. Insofern als alle philosophischen Bestrebungen, welche dasselbe erfüllen, in seiner Lehre irgendwo ihren Platz und zugleich ihre schärfste Formulirung finden, ist er der grösste Philosoph der Aufklärung selbst und ihr allseitiger und kräftigster Repräsentant. Insofern aber als dabei jedem dieser Gedanken sein Verhältniss zu den übrigen angewiesen und so ein gänzlich neuer Zusammenhang des Ganzen geschaffen wird, erhebt sich die Kantische Philosophie über jede Einseitigkeit, die der Aufklärung in ihren einzelnen Richtungen angehaftet hatte und beginnt damit eine neue, der Aufklärung theilweise sich entgegenstellende Periode des deutschen und in der weiteren Wirkung des europäischen Denkens. Kants Lehre ist der Punkt, an welchem die Entwicklungslinie der Aufklärung kulminirt und damit aus ihrem schöpferischen Aufstreben in die absteigende Bahn zurückfällt; sie ist der Abschluss der Aufklärungsbewegung und eben deshalb zugleich die Vollendung und die Überwindung der Aufklärung.

Eine so dominirende Stellung auf der Höhe eines grossen kulturhistorischen Processes kann der Philosoph nur dadurch einnehmen, dass es ihm gegeben ist, mit schöpferischer Organisation

den Ideenreichthum der Zeit zu einem geschlossenen Ganzen zu
gestalten, und diese organisirende Kraft ist nirgends anders als in
einem grossen Princip zu suchen, auf welches der ganze Reichthum
des Zeitinhaltes bezogen und von dem aus er in ein neues Licht
gestellt wird. Sucht man dieses Princip bei Kant, so stösst man
auf die erstaunliche Thatsache, dass dasselbe nicht in einem theoretischen Grundgedanken zu finden ist. So lange man sich auf
dem Felde der Ideen umsieht und in dem Reiche des abstrakten
Gedankens bleibt, trifft man das Princip der Kantischen Philosophie
nicht. Es ist keine centrale Erkenntniss, von der aus das Licht
auf alle Lehren der Kantischen Philosophie gleichmässig fiele. Wer
da etwa eine Kantische Lehre herausheben und meinen wollte,
dass das ganze übrige System sich aus der Entwicklung derselben,
aus ihrer Anwendung auf die verschiedenen Probleme mit logischer
Nothwendigkeit ergeben habe (wie das so oft bei anderen Philo-
sophen der Fall ist), der würde seine Erwartung getäuscht finden.
Einen derartigen Hauptschlüssel, um alle Thüren des weitläufigen
Gebäudes der Kantischen Philosophie aufzuschliessen, gibt es nicht.
Die centralisirende und organisirende Kraft dieses Systems liegt
nicht in einem abstrakten Gedanken, sondern in einer lebendigen
Überzeugung seines Urhebers. Es ist der unerschütterliche
Glaube an die Macht der Vernunft, welcher die gesammte
Kantische Philosophie belebt und durchwärmt, und es ist dieser
Glaube nicht etwa eine erkenntnisstheoretische Ansicht, sondern
er überschreitet von vorn herein den Kreis der theoretischen
Funktion und nimmt seine Stellung in der sittlichen Vernunft
der menschlichen Gattung. Von diesem Mittelpunkte aus,
welcher nicht derjenige eines rein theoretischen Gedankens, sondern derjenige einer persönlichen Überzeugung war, muss man die
Kantische Lehre bis in ihre Einzelheiten betrachten, um sie ganz zu
verstehen und zu würdigen. Und das ist auch sein wahres Verhältniss zur Aufklärung. Er theilt mit ihr das Bestreben, im ganzen Umkreis der Dinge, der menschlichen und der aussermensch-
lichen, allüberall der Vernunft ihr Recht zu wahren und ihre
Herrschaft zu sichern; aber er überwindet ihre trockene und kühle
Verständigkeit, indem er das tiefste Wesen dieser Vernunft statt
in theoretischen Sätzen vielmehr in der Energie der sittlichen
Überzeugung sucht. So zieht mit ihm in die deutsche Philosophie
die gefühlswarme Macht der persönlichen Überzeugung ein. Und

1*

dieser Bund des klaren Denkens mit dem überzeugungsvollen Wollen ist zum bestimmenden Charakter für die von Kant zunächst abhängige Entwickelung der Philosophie geworden.

Den Mittelpunkt also von Kants Philosophie bildet seine Persönlichkeit. Wenn irgend einer unter den grossen Denkern, so ist er der lebendige Beweis davon, dass die Geschichte der Philosophie nicht ein webstuhlartiges Abspinnen abstrakter ideeller Nothwendigkeiten, sondern ein Ringen denkender Menschen ist, und dass wir in jedem bedeutenden Systeme die weltbewegenden Gedankenmächte in einer individuellen Concentration vor uns haben. Unter allen Systemen der neueren Philosophie ist keines, welches dieselbe so in nuce darstellte, welches ein so vollkommenes Bild des modernen Denkens gäbe, als das Kantische; darum erfordert es eine selbständigere und ausführlichere Behandlung als alle anderen. Wenn aber der Mittelpunkt dieses Systems in der Persönlichkeit seines Schöpfers liegt, so ist es in diesem Falle mehr denn sonst erforderlich, den Mann zu kennen, ehe man an die Betrachtung seiner Lehre geht.

§ 57. Kants Leben und Schriften.

Einsamkeit ist das Geschick der Grösse. Davon hat selten eines grossen Mannes Leben so vollgültiges Zeugniss abgelegt, wie dasjenige Kants. An der äussersten Peripherie deutschen Kulturlebens geboren und in dem engen Kreise des heimatlichen Daseins bis an den Schluss seines Lebens festgehalten, hat er niemals das Glück kennen gelernt, welches in der Berührung ebenbürtiger Geister dem Genie entspringt. Er hat nicht einmal als Schüler zu den Füssen eines bedeutenden Menschen gesessen, und von den persönlichen Anregungen, die er in seiner Entwickelung erfuhr, ist keine, die ihn in seiner wahren Bedeutung unmittelbar gefördert hätte. Um so riesenhafter ragt er aus dieser Umgebung heraus; was er geworden, verdankt er im Wesentlichen sich selbst. Sogar da, wo der Einfluss der grossen Philosophen, deren Werke er kennen lernte, eines Leibniz und Hume, bestimmend in seine innere Laufbahn eingreift, sogar da zeigt die selbständige Vorbereitung seines Geistes für diesen Einfluss und die Verarbeitung und Umgestaltung desselben bei weitem grössere Dimensionen als dieser Einfluss selbst. Und so ist es der frische Hauch der Ursprünglichkeit, welcher über der Kantischen Gedankenwelt schwebt. Aus seiner Einsamkeit heraus erzeugt er in origineller Form die Gedanken, welche die Zeit bewegen, von Neuem und liefert den Beweis, dass man die Welt kennen kann, ohne sie gesehen zu haben —, wenn man sie in sich trägt.

Als der Sohn einer bescheidenen Handwerkerfamilie, die sich aus schottischer Abkunft herleitete, war Immanuel Kant am 22. April 1724 zu Königsberg in Preussen geboren. Unter den Jugendeinflüssen, welche für sein gesammtes Leben bestimmend geblieben sind, ist derjenige seiner Mutter hervorzuheben, die in frommer Gläubigkeit der pietistischen Richtung der Zeit ergeben war, jener Richtung, welche als leiser Ausklang der deutschen Mystik in der Verinnerlichung des Glaubens und in der sittlichen Bethätigung desselben das Wesentliche des religiösen Lebens suchte. Der Hauptvertreter derselben war damals in Königsberg der Professor F. A. Schultz, und dessen persönliche Bekanntschaft mit der Familie vermittelte es, dass der junge Kant in das von ihm geleitete Collegium Fridericianum eintrat, um die gelehrte Laufbahn zu ergreifen. Es war eine strenge Schule der klassischen Bildung und der sittlich-religiösen Erziehung, welche der Philosoph hier durchzumachen hatte, und sie gab seinem Geiste jenen reinen Ernst, jene grossartige Kraft der Selbstbeherrschung, welche ihm den antiken Charakter einfacher und edler Grösse aufprägt. Frühe gelehrt, das wahre Glück im Innern zu suchen, hat Kant auch auf dem Gipfel des Ruhms niemals die Bescheidenheit verlernt und niemals die Äusserlichkeit gelernt, und von Jugend auf gewöhnt, in dieser innern Arbeit die Wahrheit gegen sich selbst für das Höchste zu achten, ist sein ganzes Leben ein Dienst der Wahrhaftigkeit gewesen — jener Wahrhaftigkeit gegen sich selbst und Andere, welche der einzige Weg ist zur Wahrheit.

Als er im Jahre 1740 die Universität seiner Vaterstadt bezog, um dem Wunsche seiner Mutter gemäss, Theologie zu studiren, fand er dort vielseitige und lebendige Anregung. In dem allgemein-wissenschaftlichen Vorstudium trat er zunächst der Philosophie nahe. Sein Lehrer Martin Knutzen war einer der besseren Vertreter der Wolffschen Schulphilosophie und erfreute sich, auch über Königsberg hinaus einer angesehenen Stellung innerhalb der Schule. In dieser war nämlich — ein Sturm in einem Glase Wasser — ein sehr lebhaft geführter Streit über den

Begriff der prästabilirten Harmonie entstanden, an welchem Wolff nicht im Stande gewesen war, dem kühnen Gedankenfluge seines Meisters zu folgen./ Aus den Schriften, mit denen Knutzen diese Frage gewissermassen zum Abschluss brachte, lässt sich ersehen, dass er, nicht ohne Selbständigkeit des Denkens und mit völliger Beherrschung des Leibniz-Wolffschen Gedankenmaterials, wohlgeeignet gewesen sein muss, den jungen Kant in den Zustand der damaligen Philosophie einzuführen, und dabei war es von besonderem Werthe, dass er, obwol er in jener Streitfrage wesentlich auf Seiten Wolff's stand, doch im Ganzen nicht bei diesem stehen blieb, sondern offenbar auch seine Schüler darauf hingewiesen hat, bei Leibniz selbst die Quelle der philosophischen Erkenntniss zu suchen. Neben den philosophischen waren für Kant hauptsächlich die naturwissenschaftlichen Studien wichtig, die ihn schon damals sehr lebhaft in Anspruch nahmen und denen er einen so grossen Theil seiner späteren Bedeutung verdanken sollte. In dieser Hinsicht war es eine sehr glückliche Fügung, dass er sich früh von dem Professor der Physik, Teske, in die Newtonsche Weltauffassung eingeführt sah. So kam in Kant ein wichtiger Antagonismus zu Stande, der sich lange durch sein Denken hindurchgezogen hat. Die beiden grossen Männer, welche bei Lebzeiten in so leidenschaftlichem Kriege gelebt hatten, setzten diesen Kampf in dem Geiste des grösseren Schülers fort, und die philosophische Entwicklung Kants zeigt sich in ihrer ersten Phase durch den Gegensatz Leibnizscher Metaphysik und Newtonscher Naturphilosophie bedingt. Um so fester aber gestaltete sich in ihm die Überzeugung, welche beiden gemeinsam war, und welche zugleich der Richtung seines Fachstudiums entsprach. In sehr verschiedener Form hatten Leibniz und Newton gleichmässig die Anerkennung des kausalen Mechanismus des Weltgeschehens einer teleologischen Grundüberzeugung eingefügt und durch das Mittelglied des physiko-theologischen Beweises für das Dasein Gottes die Versöhnung zwischen der Philosophie und der religiösen Überzeugung gesucht. Das war der Punkt, an welchem sich bei Kant zunächst alle Einflüsse seiner Jugenderziehung und seines akademischen Studiums kreuzten und welcher deshalb für ihn zum Kernpunkt seiner persönlichen Überzeugung wurde.

Gegen diese philosophische und naturwissenschaftliche Vermittlung trat offenbar im Laufe der Zeit die dogmatisch-theologische

Ausprägung des religiösen Glaubens für das Interesse Kants mehr
und mehr zurück. Äusserliche Verhältnisse mögen hinzugetreten
sein, — er verzichtete auf die theologische Laufbahn und verliess
1746 die Universität mit der festen Absicht, sich dem akademischen
Lehramt zu widmen und zur pekuniären Vorbereitung dafür sich
den Lasten des Hauslehrerthums zu unterziehen. Neun Jahre lang
hat er diese Pflichten mit treuer Hingabe, aber, wie er selbst sagt,
mit geringem pädagogischen Erfolg erfüllt, zuletzt in der Familie
des Grafen Kayserlingk, welche seine geistige Bedeutung und seine
persönliche Liebenswürdigkeit zu schätzen wusste und auch später
mit ihm in den freundschaftlichsten Beziehungen geblieben ist.
Rastlos hat er diese Zeit zur Erweiterung seiner eigenen Studien
benutzt und besonders auf dem naturwissenschaftlichen Gebiete
sich vollständig auf die Höhe der Zeit gestellt. Es schien im Anfang fast, als wolle Kants Geist völlig in die Naturforschung aufgehen. Vor dem Antritt seiner ersten Hauslehrerstelle schrieb er
seine erste Abhandlung »Gedanken von der wahren Schätzung der
lebendigen Kräfte«, welche in einer zwischen den Anhängern von
Descartes und denjenigen von Leibniz vielfach ventilirten Streitfrage der mathematischen Naturphilosophie mit Sicherheit und
Bescheidenheit eine originelle kritische Stellung nahm, und am
Schlusse seiner Hauslehrerthätigkeit veröffentlichte er ein Werk,
welches in der That den Beweis lieferte, dass er ein grosser Naturforscher war.

Die »Allgemeine Naturgeschichte und Theorie des Himmels«
(1755) ist eins von den Werken, welche in der Geschichte der
menschlichen Weltauffassung unvergessen bleiben werden. Es
enthält denjenigen Ausbau der Newtonschen Gravitationstheorie,
welcher in seinen Grundzügen noch von der gegenwärtigen Astro-
physik der Theorie der Himmelserscheinungen zu Grunde gelegt
wird und unter dem Namen der Kant-Laplaceschen Hypothese allgemeiner bekannt ist. Der Fortschritt, den Kant in diesem Werke
über Newton hinaus macht, erstreckt sich wesentlich nach zwei
Richtungen. In erster Linie ist die Betrachtung der Milchstrasse
für ihn die Veranlassung, ein analoges Verhältniss, wie es in der
Gruppirung und Bewegung der Planeten unseres Sonnensystems
besteht, für alle jene in annähernd der gleichen Ebene erscheinenden Fixsterne anzunehmen und so auch die Sonnen mit einander
in eine durch die Gravitationsgesetze bestimmte Bewegung treten

zu lassen. Wenn auch die Details dieses Kantischen Analogie-
schlusses, namentlich was die Gestalt der Milchstrasse anbetrifft,
von der neueren Forschung mannigfach anders aufgefasst werden,
so ist doch das Princip derselben bisher die einzige Möglichkeit,
uns in dem unendlichen Raume zu orientiren und die Bewegung
der Sterne gesetzmässig zu organisiren. Der andere Schritt der
Kantischen Hypothese führt in die Vergangenheit des Planeten-
systems zurück. Den Anfang der harmonischen Bewegung, deren
mathematische Gesetze Newton aus dem Princip der Gravitation
erklärt hatte, vermochte dieser selbst nur auf einen unbegreiflichen
Anstoss, auf einen göttlichen Bewegungsakt zurückzuführen. In
dieser Hinsicht entwickelte nun Kant, gestützt auf die Fortschritte,
welche Chemie und Physik hauptsächlich in Bezug auf die Theorie
der Gase inzwischen gemacht hatten, die Lehre von dem ursprünglichen Gasball, aus dessen rotirender Bewegung sich nach rein
mechanischen Gesetzen einer nach dem andern von den kleineren
Bällen habe ablösen müssen, die nun mit erkalteter Rinde, immer
noch der allgemeinen Bewegung folgend, die Planeten darstellen;
die Grundzüge dieser Anschauung sind zu sehr ein Gemeingut unserer Bildung geworden, als dass es sich verlohnte, im Besonderen
hier auszuführen, wie Kant von dieser Annahme aus die einzelnen
Verhältnisse der Grösse, der Dichtigkeit, der Entfernung der Planeten resp. ihrer Trabanten auf rein mechanischem Wege ableitete
und so sein stolzes Wort bewahrheitete: »Gebt mir Materie, und
ich will euch eine Welt daraus bauen«. Nichts weiter als die
beiden Grundkräfte der Attraktion und der Repulsion, aus denen
sich für ihn schon zu dieser Zeit das Wesen der Materie constituirt,
ist nöthig, um den ganzen Zusammenhang der planetarischen Bewegungen begreiflich erscheinen zu lassen. Und wenn nun auch
hierin die Hypothese von unserem Sonnensystem auf das Universum
ausgedehnt wird, wenn jener rotirende Gasball selbst schon wieder als der Ausfluss eines grösseren erscheint, so ist damit eine
grossartige Vollendung der mechanischen Welterklärung gewonnen, welche zugleich das Leben der Weltkörper nicht als ein stets
sich gleichbleibendes, sondern vielmehr als einen historischen
Process betrachtet. Wenn wir jetzt ganz gewöhnt sind, von einer
solchen Entwicklung des Universums zu sprechen, so darf man
auch sagen, dass Kants Hypothese zuerst die astrophysische Grundlage dafür geschaffen hat. Denn er geht weiterhin dem Gedanken

nach, dass die Planetensysteme, sowie sie einst aus ihren Sonnen
hervorgegangen sind, vermöge der allmählichen Verlangsamung
ihrer centrifugalen Bewegungstendenz dereinst wieder in den heimatlichen Gasball zurückstürzen müssen; er stellt die Betrachtung
an, dass vermuthlich die verschiedenen Sonnensysteme in sehr
verschiedenen Lebensaltern stehen und dass so das Universum eine
unendliche Mannigfaltigkeit von verschiedenen Lebenserscheinun-
gen zugleich darbiete, und er knüpft daran schliesslich Phantasien
über die Bewohner anderer Welten und Weltsysteme. Aber gerade
dieses volle Ausdenken des Princips der mechanischen Welterklärung führt nun Kant zu einer vertieften Darstellung des physiko-
theologischen Beweises für das Dasein Gottes. Gerade wenn es
Thatsache ist, dass die Natur auch aus dem Chaos wirbelnder Gase
nach den ihr einmal inne wohnenden Gesetzen zum Ausbau der
harmonischen Systeme des Gestirnlaufes kommen muss, so zeigt
sich eben darin, dass sie mit dieser ihrer Gesetzmässigkeit in einer
höchsten Intelligenz ihren Ursprung haben müsse. So acceptirt
Kant das von der Analogie der Maschinen hergenommene Argument, um die bisherige Benutzung desselben noch zu überbieten
und die mechanische Welterklärung bis an die letzte Grenze zu
verfolgen. Und doch liess auch er noch einen Punkt übrig, an
welchem eine spätere Erweiterung seiner Beweisführung anzu-
setzen vermochte. Seine gesammte Erklärung galt nur der unorganischen Natur, und es entsprach der damaligen Stellung der
empirischen Wissenschaft, wenn er behauptete, die Hypothese,
welche für die Erklärung der Sonne und der Planeten ausreiche,
müsse scheitern am Grashalm und an der Raupe. Der Organismus
ist für ihn schon an dieser Stelle der Grenzbegriff der mechanischen
Naturerklärung.

Die unzweifelhafte Grösse, welche Kant als Naturforscher besitzt, ist gewiss mit die hervorragendste Grundlage seiner philosophischen Grösse. Aber die in diesem Werke niedergelegte Lehre
charakterisirt ihn doch mehr persönlich, als dass sie mit seiner
späteren Philosophie in unmittelbar nothwendigem Zusammenhange stünde. Das Gleiche gilt von den zahlreichen kleineren
naturwissenschaftlichen Abhandlungen, welche er vorher und
nachher veröffentlicht hat. Erst allmählich kommt in seiner
schriftstellerischen Thätigkeit das philosophische Moment in den
Vordergrund zu stehen. Noch seine Promotionsschrift (1755) war

eine Abhandlung über das Feuer, welche sich in einer gleichfalls modernen Theorien vorgreifenden Weise mit der Lehre von den Imponderabilien beschäftigte und in ihnen den gemeinsamen Ursprung der Wärme, des Lichts, aber freilich auch der Erscheinungen der Elasticität suchte. Natürlich war die Naturphilosophie, das Gebiet des Überganges von der Naturforschung zur Philosophie, um diese Zeit für ihn von besonderem Interesse. Nachdem er sich im Herbst 1755 mit einer Schrift über die Principien der metaphysischen Erkenntniss (Principiorum primorum cognitionis metaphysicae nova dilucidatio) in der philosophischen Fakultät der heimischen Universität habilitirt hatte, gab er im folgenden Frühjahr ein naturphilosophisches Programm, seine »Physische Monadologie«, heraus, welche hauptsächlich die verschiedene Stellung der Mathematik und der Metaphysik zum Probleme des Raumes behandelte und in dieser Hinsicht zwei Jahre später durch einen kleinen Aufsatz »Neuer Lehrbegriff der Bewegung und Ruhe« ergänzt wurde.

Wurde Kant nun auch in seiner Haupttbätigkeit Docent der Philosophie, so hat er doch bis in sein spätestes Alter stets das regste Interesse für naturwissenschaftliche Gegenstände besessen und bezeugt. Namentlich war es die physische Geographie, über welche er von Zeit zu Zeit seine besuchtesten Vorlesungen hielt. Ausser der Klarheit der wissenschaftlichen Grundlegung wurden dabei die Zuhörer, welche sich aus allen Ständen in diesen Vorlesungen zusammenfanden, durch die Anschaulichkeit in seiner Schilderung von Land und Leuten angezogen. Während er selbst die Mauern seiner Vaterstadt nie mehr als um einige Meilen überschritt, hatte er durch die Lektüre von Reisebeschreibungen und durch die scharfe Beobachtung seiner nächsten Umgebung eine so feine und ausgebreitete Welt- und Menschenkenntniss erworben, dass auch seine Vorlesungen über pragmatische Anthropologie einen gesuchten Genuss zahlreicher Zuhörer bildeten. In dieser Hinsicht war er ein Weltweiser im antiken Sinne des Worts, und seine Mitbürger schätzten ihn gerade als solchen derartig, dass sie bei Gelegenheiten, wie dem Erdbeben von Lissabon oder dem Auftreten abenteuerlicher Menschen von ihm Belehrung erwarteten und durch kleine Schriften und Aufsätze erhielten. Dahin gehören die zwei Betrachtungen über das Erdbeben von Lissabon (1756), der »Versuch über den Optimismus« (1759), das »Raisonement über den Abenteurer Komarnicki« (1764), der »Versuch über die Krankheiten

des Kopfes« (1764), schliesslich auch in gewissem Sinne die »Träume
eines Geistersehers erläutert durch Träume der Metaphysik« (1766).

Durch diese stetige Fühlung mit der Erfahrung hielt sich Kant
von dem Schulpedantismus frei, welchem die meisten seiner Fach-
genossen um diese Zeit in Deutschland verfielen. Seine Sprache in
diesen Essais ist fein, beweglich, frisch und zum grossen Theil sehr
witzig. Es sind Essais im englischen Genre, und es ist deshalb wohl
zu bemerken, dass Kant gerade in diesen Jahren sich vielfach und
eingehend mit der englischen Literatur beschäftigte und seine Zuhörer mündlich und schriftlich auf dieselbe ebenso hinwies, wie auf
den von ihm bewunderten Rousseau. Selbst die specifisch philosophischen Schriften, welche diesem Zeitraume entstammen, zeigen
dieselben Eigenthümlichkeiten und dasselbe Bestreben, sich von
der Schulsprache nicht minder frei zu machen, als von der Schul-
meinung. »Die falsche Spitzfindigkeit der vier syllogistischen Figuren«
(1762), der »Versuch, den Begriff der negativen Grössen in die Weltweisheit einzuführen« (1763), »Der einzig mögliche Beweisgrund für
das Dasein Gottes« (1763), die »Untersuchung über die Deutlichkeit
der Grundsätze der natürlichen Theologie und Moral« (1764), der
moralisch-ästhetische Essay »Beobachtungen über das Gefühl des
Schönen und Erhabenen« (1764), diese in rascher Folge geschriebenen und erschienenen Abhandlungen sind ebenso viele Beweise für
die Selbstbefreiung des Kantischen Geistes aus den Fesseln der
herkömmlichen Denk- und Schreibweise.

Inzwischen ging es mit der akademischen Laufbahn des innerhalb und ausserhalb Königsbergs schon so hoch geachteten Mannes
ausserordentlich ungünstig vorwärts. Die erste freiwerdende Professur wurde durch den 1758 in Königsberg regierenden russischen
General anderweitig besetzt. Eine Professur der Dichtkunst, die
man ihm 1762 antrug, lehnte der Philosoph ab, und die im folgenden
Jahre errungene Stellung eines schwach dotirten Unterbibliothekars
konnte doch dafür nur geringen Ersatz bieten. Erst das Jahr 1770
brachte ihm gleichzeitig Berufungen nach Erlangen und Jena, deren
Befolgung indess durch seine Ernennung zum Professor in Königsberg selbst vorgebeugt wurde. Mit der Schrift »De mundi sensibilis
atque intelligibilis forma et principiis« inaugurirte er nicht nur diese
seine Professur, sondern auch seine neue Philosophie, die inzwischen
herangereift war, und damit ein neues Zeitalter des philosophischen
Denkens. Von hier an ist sein ganzes Leben der Ausbildung und

der akademischen Lehre seines eigenen Systemes gewidmet geblieben. Auch einem Rufe nach Halle im Jahre 1778 widerstand er und blieb bis an sein Lebensende in Königsberg. Seine Vorlesungen mit ihrer anregenden Kraft, mit ihrem Bestreben, statt des todten dogmatischen Vortrages den Zwang des Selbstdenkens auf den Zuhörer auszuüben, waren bald weithin berühmt, und in Stadt und Universität war er eine gefeierte Persönlichkeit. Es ist ein Eindruck stiller glanzloser Grösse, mit dem die letzten Jahrzehnte von Kants Leben unwillkürlich ergreifen. Die bewusste Grundsätzlichkeit seiner Lebenseinrichtung und Lebenseintheilung, welche ein Ausfluss seines wunderbar hohen Pflichtbewusstseins war, ermöglichte es ihm, die Riesenarbeit seiner philosophischen Werke und die treue Erfüllung seiner akademischen Pflichten mit einer behaglichen Geselligkeit zu verbinden. Nie verheirathet, schätzte er den Genuss der Freundschaft sehr hoch und suchte denselben, wie um seinem Geiste die Fülle der Abwechslung in der stets regen Bethätigung zu gewähren, weniger bei seinen Berufsgenossen als in anderen Ständen. Er behielt gerade dadurch die Fühlung mit dem praktischen Leben und den Sinn für die Wirklichkeit, der sich in seinem Charakter und in seinen Schriften so merkwürdig mit dem Grübelsinn des Philosophen verbindet. Die hohe Liebenswürdigkeit, welche er in diesem geselligen Verkehr entwickelte, fand ihre Grenze nur da, wo entweder das Bewusstsein seiner Pflicht und seiner gewaltigen Lebensaufgabe oder aber jene pedantische Eigensinnigkeit eintrat, welche sich allmählich, wie die Züge des Menschen durch das Alter eckiger und steifer werden, als die Kehrseite dieser Tugend bei ihm einstellte, und von der sich zahlreiche Anekdoten erhalten haben. Eine bewunderungswürdige Consequenz, eine grossartige Selbstbeherrschung, eine absolute Unterwerfung seiner Lebensthätigkeit unter die erfassten Ziele, ein eisernes Festhalten an dem erkannten Gehalte des eigenen Lebens, alle diese Züge machen Kant zu einem Charakter, der so gewaltig war wie sein Geist. Auch er ist ein Beweis davon, dass es keine wahre Grösse der geistigen Kraft gibt ohne diejenige des Willens.

In diesem stillen Abfluss seines innerlich so tief bewegten Lebens wurde Kant nur einmal gestört, als nach dem Tode des grossen Königs, dem er in aufrichtiger Bewunderung die »Naturgeschichte des Himmels« gewidmet hatte, unter dessen Nachfolger eine jener Anwandlungen der gewaltsamen Religionsmacherei von

oben herab eintrat, welche in Folge von persönlichen Verschiebun-
gen von Zeit zu Zeit den ruhigen Gang der preussischen Politik
unterbrochen haben. Das verschärfte Censursystem, welches das
Ministerium Wöllner einführte, traf Kant nicht nur durch die Be-
anstandung seiner religionsphilosophischen Schriften, sondern auch
durch einen ungnädigen königlichen Erlass und durch das an ihn
und alle seine Kollegen gerichtete Verbot eines akademischen Vortrages seiner Philosophie. Kant empfand diese Beeinträchtigung
schwer, er trug sie mit mannhafter Würde. Als dann der neue
Regierungswechsel 1797 die Folgen dieses Verbotes aufhob, da
senkten sich freilich über Kant schon die Schatten des Alters. Seit
demselben Jahre sah er sich genöthigt sich von den Vorlesungen
zurückzuziehen, und, zerstört von der mächtigen Arbeit des
Geistes, siechte der Körper, in welchem die grösste aller Philosophien ihren Sitz aufgeschlagen hatte, noch Jahre lang in traurigem
Marasmus dahin, bis ihn der Tod am 12. Februar 1804 erlöste.

Vom Jahre 1770 an ist Kants schriftstellerische Thätigkeit, von
geringen Abzweigungen abgesehen, ausschliesslich der systematischen Darstellung seiner Philosophie gewidmet gewesen, deren
Ausbildung die Arbeit seines Lebens ausmachte und der er selbst
den Namen der kritischen Philosophie gegeben hat. Wenn die
Inauguraldissertation nur einen, obschon einen der bedeutendsten Keime derselben zur Darstellung brachte, so dauerte es ein
volles Jahrzehnt, bis Kant im Stande war, in seinem grossen Hauptwerke die theoretische Grundlage seiner Lehre zu veröffentlichen.
Die »Kritik der reinen Vernunft«, das Grundbuch der deutschen
Philosophie, erschien 1781. Zwei Jahre darauf gab Kant in den
»Prolegomena zu einer jeden künftigen Metaphysik« eine Erläuterung und eine Vertheidigung dieses Werks. Sie war nöthig; denn
die Darstellung der Kritik der reinen Vernunft war so schwierig,
Kants Wortgebrauch darin zum Theil so unsicher, der Gedanken-
gehalt so riesig und der Widerspruch der mannigfachen in sie
hineingearbeiteten Denkprocesse so ungelöst, dass die zahlreichen
Missverständnisse und der verhältnissmässig geringe Erfolg des
Buches nicht lediglich der Missgunst der Schulphilosophen zuzu-
schreiben waren. Als dann das Interesse des Publikums an der neuen
Lehre rege geworden war, folgte 1787 eine zweite Auflage, der
alle folgenden Auflagen nachgedruckt worden sind. Die vielfachen
Veränderungen, welche das Werk dabei erfuhr, zuerst von Jakobi

bemerkt, dann durch Schopenhauer und Rosenkranz hervorgehoben, sind die Veranlassung eines bis zur äussersten Heftigkeit
geführten Streites über den Vorzug der einen oder der anderen
Auflage geworden. In der That liegen wesentliche Verschiedenheiten darin vor, dass von den vielfach verschlungenen Gedankenreihen, aus denen dieses Werk zusammengearbeitet ist, einige in der
zweiten Auflage eine entschieden stärkere Betonung gefunden haben
als in der ersten. Aber jeder Vorwurf, als habe Kant in der zweiten
Auflage den Geist der ersten verlassen, ist deshalb unberechtigt,
weil auch die Töne, die in der zweiten Auflage am stärksten anklingen, ausnahmslos schon in der ersten leise angeschlagen wurden. Zweifellos ist daraus zu schliessen, dass bei Kant selbst die
Kraft dieser Gedanken nach dem Erscheinen der ersten Auflage sich
energischer und bestimmender entwickelt hat, als vorher. Aber
eine Verwunderung darüber kann nur bei demjenigen entstehen,
der an die Kritik der reinen Vernunft mit der Erwartung herantritt, in ihr ein vollkommen geschlossenes, absolut mit sich über-
einstimmendes und fertiges System vorzufinden. Eine solche Erwartung wird hier mehr als in irgend einem andern Werke der
gesammten Literatur getäuscht. Darin gerade besteht das Einzige
der Kritik der reinen Vernunft und zugleich der Grund ihrer ungeheuren historischen Wirkung, dass sie alle Gedankengänge der
modernen Philosophie in einander arbeitet, ohne zu einem sich
scharf formulirenden, jeden anderen Gedanken ausschliessenden
Abschlusse zu gelangen.

Der zweiten Auflage der Kritik der reinen Vernunft waren bereits andere Werke vorhergegangen, in denen Kant die Anwendung
seiner Principien auf die besonderen Aufgaben der philosophischen
Erkenntniss darzustellen begann. 1785 erschien die »Grundlegung
zur Metaphysik der Sitten«, 1786 die »Metaphysischen Anfangsgründe der Naturwissenschaft«. Es folgten später 1788 die »Kritik
der praktischen Vernunft«, 1790 die »Kritik der Urtheilskraft«,
1793 die »Religion innerhalb der Grenzen der blossen Vernunft«,
eine Sammlung von vier religiösphilosophischen Abhandlungen, 1797
die »Metaphysischen Anfangsgründe der Rechts- und diejenigen
der Tugendlehre«, zwei Schriften, welche, unter dem Namen der
»Metaphysik der Sitten« zusammengefasst, bereits das Zeichen des
alternden Geistes ihres Verfassers an der Stirne tragen. An diese
Hauptwerke schliessen sich eine Reihe höchst bedeutender kleiner

Aufsätze, welche theils in verschiedenen Zeitschriften zu Kants
Lebzeiten erschienen, theils aus seinem Nachlass gedruckt worden
sind. Aus ihnen mögen an dieser Stelle hauptsächlich die geschichtsphilosophischen erwähnt werden, weil ihr Gegenstand
durch keines jener Hauptwerke unmittelbar vertreten wird. Es
gehören dazu die »Idee zu einer allgemeinen Geschichte in welt-
bürgerlicher Absicht« (1784), die »Beantwortung der Frage, was
ist Aufklärung« (1784), der »Muthmassliche Anfang der Weltgeschichte« (1786), das »Ende aller Dinge« (1794) und der »Philosophische Entwurf zum ewigen Frieden« (1795).

§ 58. Kants philosophische Entwicklung.

Es würde schon ein Blick auf die Gegenstände von Kants
schriftstellerischer Thätigkeit genügen, um jene Universalität seines
philosophischen Interesses bestätigt zu finden, welche die Grund-
bedingung für seine dominirende Stellung in der Geschichte der
modernen Philosophie ausmacht. Wer aber auch nur eins von
seinen grossen Werken in die Hand nimmt, der wird immer wieder über die Fülle der Gesichtspunkte erstaunen müssen, welche
Kant in der Behandlung der einzelnen Gegenstände geltend macht
und in ihr richtiges Verhältniss zu setzen bemüht ist. Aber es sind
nicht etwa historische Anknüpfungen, welche dabei im Vordergrund ständen. Von jener Gelehrsamkeit, mit deren Früchten
Leibniz an die Behandlung eines jeden Problemes herantritt, ist
Kant weit entfernt, und wenn man eine schwache Seite bei ihm
finden will, so ist sie bei der gelehrten Kenntniss der Geschichte
seiner eigenen Wissenschaft und besonders der antiken Philosophie
zu suchen. Aber darin gerade beweist sich die Weite seines
Geistes, dass er aus schwachen Andeutungen und aus der Einwirkung der zeitgenössischen Literatur den Kern jeder Denkweise,
nach der die Lösung der Probleme versucht worden ist, zu erfassen und selbständig zu reproduciren im Stande ist. Eben deshalb aber, weil er jeden dieser Gedanken als einen eigenen erzeugt
hat, ist seine eigene Denkarbeit die complicirteste und ver-
wickeltste von allen, welche die Geschichte der Philosophie darbietet. Jede Richtung der modernen Philosophie ist ein integrirender Bestandtheil seines Systems, und darauf beruht die grosse
Mannigfaltigkeit von Ausdeutungen, welche dasselbe, oft in dia-

metral entgegengesetzten Richtungen, bei den späteren Denkern erfahren hat. Damit hängt es auch zusammen, dass das, was wir sein eigenes System nennen, nicht von Jugend an bei ihm vorhanden, ja in seinen ersten Schriften nicht einmal im entferntesten angelegt, sondern erst in verhältnissmässig spätem Alter zur Reife gekommen ist. In diesem Stadium ¡der Reife verdichten und verschlingen sich in ihm alle die mannigfaltigen Gedankengänge, welche er mit der ruhigen Gewalt, die er über sich selbst besass, langsam in sich hat zur Entfaltung kommen lassen. Jenes eigene System ist deshalb nicht zu begreifen, wenn man nicht seinen Entwicklungsgang in das Auge fasst, und um diesen zu verstehen, muss man wiederum kein einfaches und durchsichtiges Schema desselben annehmen, sondern von vornherein voraussetzen, dass sein Entwicklungsgang ein überaus vielseitiger und verwickelter gewesen ist. Er ist eine Repetition der vorkantischen Philosophie, aber in durchaus origineller Form: allein die für sein Verständniss in den Schriften und im Briefwechsel vorliegenden Documente sind, gerade in Rücksicht auf die grosse Complicirtheit, so sporadisch, dass man denselben nur hypothetisch zu reconstruiren vermag und dass auch dieser Darstellung nichts weiter übrig bleibt, als zwischen den verschiedenen Wegen, die man dazu eingeschlagen hat, sich den eigenen zu bahnen.

Wenn Kant seine eigene spätere Lehre als Kriticismus bezeichnet und damit die erkenntnisstheoretische Tendenz derselben in den Vordergrund gerückt hat, so ist in der That die Originalität seines Systems nicht in der Berücksichtigung der erkenntnisstheoretischen Frage überhaupt, sondern vielmehr in der neuen Fassung, welche zugleich eine ganz neue Methode der Lösung nach sich zog, zu suchen. Von erkenntnisstheoretischen Untersuchungen ist die gesammte Philosophie des 18. Jahrhunderts durchsetzt, aber einerseits stehen dieselben immer unter dem methodologischen Gesichtspunkte der Frage nach dem richtigen Wege der philosophischen Erkenntniss, andererseits machen sie eine Reihe von Voraussetzungen theils metaphysischer Art, theils in Bezug auf den Zusammenhang und das Wesen anderer Wissenschaften. Es ist das Wesentliche in der Kantischen Entwicklung, dass er sich von diesen Voraussetzungen successive befreit und so zuletzt die verhältnissmässig voraussetzungsloseste Formel für den Ausgang des philosophischen Denkens gefunden hat.

Die tiefste und zugleich unwillkürlichste dieser Voraussetzungen ist jener »naive Realismus«, der da meint, dem erkennenden Geiste stehe eine Welt von Dingen gegenüber, die es nun
zu fassen, deren es sich durch das Denken zu bemächtigen gelte,
und es sei nur die Frage, auf welchem Wege das am sichersten
und richtigsten geschehen könne. Dieser naiven Metaphysik haben
sich als der Grundlage ihrer erkenntnisstheoretischen Fragestellung
und somit als einer die Lösung des Problems von vornherein bestimmenden Voraussetzung weder der Empirismus noch der Rationalismus der vorkantischen Philosophie entschlagen können. Der
eine erklärte sich den Process des Erkennens durch eine Einwirkung der Dinge auf den Geist, der andere musste schliesslich eine
prästabilirte Harmonie annehmen, vermöge deren die Gesetze des
Denkens mit denjenigen der zu erkennenden Wirklichkeit von
vornherein identisch seien. So beruhen die Lehren von Locke und
Leibniz gleichmässig auf jener Voraussetzung, und es war trotz
aller Versuche, zwischen ihnen zu vermitteln und ihre Einseitigkeiten zu überwinden, eine principielle Überschreitung der von
ihnen gewonnenen Ansichten so lange unmöglich, bis jene Voraussetzung des naiven Realismus als solche durchschaut und der bestimmende Einfluss, welchen sie auf die Erkenntnisstheorie ausgeübt hatte, eliminirt wurde. Diese Einsicht ist die That, welche
Kant zum kritischen Philosophen χατ' ἐξοχήν gemacht hat, und der
Augenblick, wo er sie gewann, bezeichnet den Ursprung seiner
eigenthümlichen Lehre. Sie ist aber eben deshalb erst das Ziel
und der Abschluss seiner vorkritischen Entwicklung, und die
Anfänge derselben entspringen an anderen, sehr viel spezielleren
Problemen.

Unter den besonderen Voraussetzungen, welche die gesammte
vorkantische Philosophie machte, hat eine geradezu das Ferment
für Kants Entwicklung gebildet: die herrschende Meinung über
den wissenschaftlichen Charakter der Mathematik. Empiristen
und Rationalisten waren darin einig, in der Mathematik das Ideal
aller beweisenden Wissenschaft zu erblicken. Diese Ansicht war
die Richtschnur, nach welcher der empiristische Skepticismus in
Hume seine rücksichtslose Kritik an den übrigen Wissenschaften
vollzog; diese Ansicht war die Voraussetzung, unter welcher der
Rationalismus von Descartes bis Wolff unablässig an der Construktion einer »geometrischen Methode« der Philosophie arbeitete.

Wenn Kant mit seinen philosophischen Studien in diesen Rationalismus hineinwuchs, wenn auch er zunächst die Identität mathematischen und philosophischen Verfahrens als etwas Selbstverständliches ansehen lernte, so musste der erste Anstoss zu einer selbständigen Entwicklung bei ihm in dem Momente entstehen, wo er sich an irgend einem Punkte einer principiellen Differenz mathematischer und philosophischer Behandlung desselben Problems bewusst wurde. Nun war aber gerade die Naturphilosophie, in welcher am ehesten mathematische und metaphysische Theorien mit einander in Concurrenz treten, das Gebiet seiner ersten selbständigen Arbeiten, und um so mehr musste ihm das Verhältniss dieser beiden Wissenschaften zu einem Gegenstande der Untersuchung werden, als der Philosoph, den er am höchsten schätzen gelernt hatte, und der grosse Vertreter der mathematischen Naturphilosophie, den er auf das Tiefste bewunderte, gerade über die wichtigsten Fragen in unlöslichem Widerspruch mit einander zu stehen schienen.

War daher Kant schon in seiner allerersten Schrift auf ein verschiedenes Resultat der mathematischen und der philosophischen Naturbetrachtung aufmerksam geworden, indem er gefunden hatte, dass die »lebendigen Kräfte aus der Mathematik verwiesen werden« müssten, um in die Natur und ihre metaphysische Betrachtung aufgenommen zu werden, so nahm diese Erkenntniss viel weitere Dimensionen an, als er sich klar wurde, dass zu den Problemen des Raumes Leibniz und Newton eine diametral entgegengesetzte Stellung einnahmen und einnehmen mussten. Als er in seiner physischen Monadologie untersuchen wollte, wie sich Metaphysik und Geometrie in der naturphilosophischen Untersuchung mit einander verbinden, fand er zunächst, dass sie sich trennen. Die Metaphysik, worunter Kant immer die Leibnizische Monadologie denkt, leugnet die unendliche Theilbarkeit des Raumes, leugnet die Existenz des leeren Raumes, leugnet die Wirkung in die Ferne, und die mathematische Naturphilosophie behauptet in allen diesen Stücken das Gegentheil. Indem Kant hier einen Versuch der Vermittlung macht, benutzt er gegen Newton die Leibnizische Lehre von der Phänomenalität des Raumes. Die Newtonsche Lehre würde unanfechtbar sein, wenn der Raum eine absolute Wirklichkeit und das Substrat für die Körperwelt wäre, wenn in Folge dessen die Gesetze des Raumes auch für das innerste Wesen

der Körperlichkeit bestimmend wären. Ist dagegen der Raum nur
ein Kraftprodukt der die Körper constituirenden Monaden, so gelten
die räumlichen Gesetze zwar für die Erscheinungsform der Körperlichkeit, aber nicht mehr für das metaphysische Wesen der
Körper. So siegt zunächst noch in Kants Betrachtung die Leibnizische Metaphysik über die Newtonsche Lehre, und die letztere
wird auf Grund der Unterscheidung zwischen dem wirklichen
Körper und dem Raume, den er einnimmt (eine Unterscheidung,
welche sich zugleich gegen die fundamentale Annahme der cartesi-
anischen Naturphilosophie richtet), auf die äusserliche Erscheinungsform der Körper eingeschränkt. Während für Newton der Raum
etwas Absolutes bildet, betrachtet ihn Kant mit Leibniz als etwas
Relatives und sucht diese Ansicht als einen neuen Lehrbegriff
von Bewegung und Ruhe durch empirische Betrachtungen zu begründen.'

In gewisser Weise grenzt also Kant in diesen Schriften die
Gebiete der Mathematik und der Metaphysik in Rücksicht auf die
Gegenstände gegen einander ab, und es ist sehr zu beachten, dass
diese Grenzscheidung an der Linie entlang läuft, welche Leibniz
zwischen dem metaphysischen Wesen der Körper und ihrer räumlichen Erscheinungsweise gezogen hatte. Allein werthvoller als
diese Einsicht in die sachliche Differenz zwischen beiden Wissenschaften erwies sich in den folgenden Jahren bei Kant diejenige in den formellen und methodischen Unterschied derselben. In dieser Beziehung ist es sehr wichtig, dass schon
Kants erste erkenntnisstheoretische Schrift, wenn sie auch im Allge-
gemeinen den Standpunkt der Leibniz-Wolff'schen Schulansicht
der Metaphysik festhält, doch daneben sehr lebhaft den Einfluss
eines Mannes erkennen lässt, welcher der Herrschaft der geometrischen Methode in Deutschland am kräftigsten entgegengetreten
war. Wenn Kant die ersten Principien der metaphysischen Erkenntniss neu zu beleuchten unternahm, so that er es zwar an der
Hand der Grundbegriffe der Wolff'schen Logik, aber so, dass er
stets auf dieselben das Licht der Kritik von Crusius fallen liess.
Er verfolgt die von diesem begonnene Unterscheidung des Real-
grundes und des Erkenntnissgrundes, und wenn er sich auch später gerade über Crusius sehr abfällig geäussert hat, so ist doch
dessen Wirkung auf ihn ganz augenfällig. Kant sieht wie jener
die Aufgabe der Philosophie in der Erkenntniss der Wirklichkeit,

und mit dem Sinn für die letztere, welcher in Kant durch die naturforschende Richtung seines Geistes repräsentirt war und in seinen Schriften dieser Zeit immer lebhafter sich geltend machte, tritt er immer mehr in Opposition zu der schulmässigen Auffassung des Rationalismus, welche ihre Ansichten von der metaphysischen Realität aus logischen Möglichkeiten und Unmöglichkeiten ableitete. Diesen Sinn hat es, wenn er dem Satze des Widerspruches in seiner Habilitationsschrift denjenigen der Identität coordinirte, und wenn er daran eine Auseinandersetzung darüber knüpfte, dass es unmöglich sei, das höchste, absolute Sein aus der »Unmöglichkeit des Gegentheils« nach dem Schema der Wolffschen Ontologie abzuleiten. Er hat begriffen, dass es kein Denken geben kann, welches noch hinter die absolute Wirklichkeit zurückginge und deren Grund etwa in logischen Verhältnissen aufsuchte, und er sagt vom »Sein« die tiefen Worte: »Est: hoc vero de eodem et dixisse et concepisse sufficit«. Nicht die Nothwendigkeit des Seins, sondern das blosse Sein selbst gilt es zu constatiren und zu beweisen.

Innerhalb dieser charakteristischen, schon leise nach der empiristischen Seite sich hinziehenden Grenzen hält Kant in der Habilitationsschrift völlig an der durch Knutzen vertretenen Metaphysik der Wolffschen Schule fest. Er ist namentlich überzeugt, dass die analytische Methode der logischen Begriffsentwicklung durchaus im Stande sei, die Wirklichkeit und weiterhin ihre causalen Zusammenhänge in einer apriorischen Erkenntniss zu reconstruiren, und er glaubt noch fest an die Möglichkeit, durch den logischen Gedankenfortschritt eine Erkenntniss der Welt zu gewinnen. Aber nachdem er einmal auf eine gewisse Discrepanz der Realität und der logischen Begründung aufmerksam geworden war, verfolgte er, um die Methode der Metaphysik zu vervollkommnen, die Beziehungen weiter, welche zwischen realen und logischen Verhältnissen obwalten. Es ist ja die Cardinalfrage alles Rationalismus, wie weit und in welchem Sinne logische Nothwendigkeiten reale Nothwendigkeiten sind — wie weit m. a. W. die Kraft der Logik reicht, um die Wirklichkeit zu begreifen. War nun Kant in der rationalistischen Ansicht von der Bedeutung der logischen Formen aufgewachsen, so ist in seiner allmählichen Entwicklung diese Ansicht völlig unterwühlt worden: doch war es nicht nur die Beschäftigung mit den englischen Philosophen, sondern weit mehr seine eigene, wühlende Kritik, welche ihn dem rationalistischen Vorurtheil entfremdete und mit der Zeit zu der Ansicht führte, dass das Vorgeben des Rationalismus, die Welt aus logischer Construction zu begreifen, illusorisch sei. Schon die logischen Ansichten, welche Kant im Jahre 1762 in dem kleinen Aufsatze über die falsche Spitzfindigkeit der vier syllogistischen Figuren niederlegte, gehen darauf hinaus zu zeigen, dass alle begrifflichen Operationen immer nur den bisherigen Erkenntnissinhalt in neue formale Beziehungen bringen, niemals aber etwas Neues erschliessen und hinzufügen können. In einfachster und durchaus selbständiger, rein logisch-theoretischer Form bricht bei Kant dieselbe Ansicht durch, mit der Bacon und Descartes sich gegen den logischen Formalismus der Scholastik empört hatten, und er wendet diese Einsicht gegen die scholastische Gestalt, welche der Rationalismus in der Wolff'schen Schule wieder angenommen hatte. Er proklamirt hier bereits den Kampf gegen diesen logisch-metaphysischen »Koloss, dessen Haupt bis in die Wolken des Alterthums ragt, und dessen Füsse von Thon sind«. Die Ausführung dieses Gedankens ist in den Schriften der sechziger Jahre niedergelegt, und sie endet folgerichtig mit einer völlig neuen Auffassung Kants von der Methode der Philosophie.

Zwei Grundfragen sind es, welche alle Metaphysik zu beantworten hat; die eine lautet: Was ist?, die andere lautet: Nach welchen Gesetzen wirkt das Seiende? Existenz und Kausalität sind die beiden Grundpfeiler unserer gesammten Weltauffassung. Wenn daher Kant der Kritik der metaphysischen Methode näher tritt, so fragt es sich, wie diese beiden auf dem Wege der logischen Analyse erkennbar sind. Für den Schluss auf die Existenz kennt die logische Betrachtung nur den einen Erkenntnissgrund, der in der Unmöglichkeit des Gegentheils besteht. Diese Unmöglichkeit des Gegentheils wird, insofern es sich um endliche Dinge handelt, durch kausale Vermittlungen erschlossen. Sobald es sich aber um das absolute Wesen handelt, bleibt nur die logische Unmöglichkeit, es als nicht existirend zu denken, übrig. So stösst Kant auf den Nerv des ontologischen Beweises für das Dasein Gottes, und seine neue Einsicht entwickelt sich in einer Kritik der Beweisgründe für das Dasein Gottes, welche in der Behauptung gipfelt, dass es in alle Wege unmöglich ist, aus dem Begriffe die Existenz »herauszuklauben«, mit anderen Worten, dass die logische Analyse unfähig ist, die Existenz zu beweisen.

Von hier an richtet Kant mit geschärfter Kraft sein Auge auf alle Verwechslungen, welche in der bisherigen Philosophie zwischen den logischen und den realen Verhältnissen gemacht worden sind, und unter diesen fällt ihm vor allem der Begriff des Widerspruches auf. Je grösser die Rolle ist, welche in allen logischen Operationen des Menschen die Negation spielt, um so gefährlicher ist dabei die Neigung, diese logischen Verhältnisse zu hypostasiren. Auch in der Wirklichkeit herrscht überall Gegensatz, und der logischen Betrachtung erwächst daraus die Verleitung, die einander widerstrebenden Kräfte der Wirklichkeit in demselben Verhältnisse zu einander zu denken, wie die Begriffe oder Sätze, welche zu einander in dem logischen Verhältnisse des Widerspruchs stehen. Hiegegen erhebt Kant Protest, und die tiefste seiner vorkritischen Schriften macht den Versuch, den mathematischen Begriff der negativen Grössen in die Weltweisheit einzuführen, welchen er für werthvoller hält, als die Anwendung der mathematischen Methode auf die Philosophie. Die Kräfte, die man in der mathematischen Betrachtung als positiv und negativ bezeichnet, sind beide vollkommen real, und der Begriff der Positivität und der Negativität (der sich durch die Vertauschbarkeit der Vorzeichen als relativ erweist) will nur sagen, dass die Wirkung dieser Kräfte sich gegenseitig aufhebt. Das ist ein ganz anderes Verhältniss als die logische Aufhebung, welche durch das Zusammentreffen contradictorischer Bestimmungen erfolgt und zum reinen Nichts führt. Kant exemplificirt diesen Gedanken sehr glücklich an der Körperbewegung. Ein Körper, der zugleich sich bewegt und sich nicht bewegt, ist ein Unding. Aber ein Körper, der von zwei gleich starken Kräften nach diametral entgegengesetzten Seiten zugleich bewegt wird, ist in Ruhe. In dem erstern Falle haben wir das Beispiel der logischen Opposition, in dem zweiten Falle dasjenige der Realrepugnanz, und Kant macht darauf aufmerksam, dass sehr viele Begriffe, welche man leicht versucht ist, in das erstere Verhältniss zu setzen, in Wahrheit zu einander in dem zweiten stehen. Lust und Unlust, Hass und Liebe, Übel und Gut, Tadel und Ruhm, Hässlichkeit und Schönheit, Irrthum und Wahrheit stehen nicht so zu einander, dass das eine immer nur der Mangel oder das Nichtvorhandensein des andern, sondern so, dass es eine demselben entgegengesetzte reale und nur in der Entgegensetzung negativ zu nennende Kraft ist. Bedenkt man, welche Bedeutung

in der spinozistischen Philosophie die metaphysische Existenz der
Negation spielte, welche Wichtigkeit in der rationalistischen Erkenntnisstheorie die Lehre von der Negativität des Irrthums einnahm, und wie sehr sich die Theodicee von Leibniz auf die Negativität der Unlust und des Bösen stützte, so begreift man die Tragweite dieses Schriftchens, dessen Verfasser sicher das Vorurtheil
des Rationalismus überwunden haben musste. Allein Kant begnügt sich nicht damit, die logische und die reale Opposition genau
von einander zu unterscheiden, sondern er gründet darauf den
weiteren Schluss, dass das analytische Verfahren logischer Begriffsentwicklung zwar für die Erkenntniss der logischen Opposition
selbstverständlich kompetent sei, dagegen das Verhältniss der
realen Opposition nicht aus den begrifflichen Voraussetzungen zu
entwickeln im Stande sei, und es führt ihn am Schlusse diese Betrachtung zu einer allgemeinen Kritik der kausalen Erkenntniss
überhaupt. Hat sich gezeigt, dass der Syllogismus unfähig ist, zu
begreifen, wie es kommt, dass die eine Kraft die Folge der anderen aufhebt, so erweist sich schliesslich, dass es ebenso wenig
möglich ist, auf lediglich syllogistischem Wege »herauszuklauben«,
dass ein Ding auf ein anderes eine positive Wirkung ausübe, und
Kant schliesst mit einer kurzen Andeutung darüber, dass die kausalen Verhältnisse sich einer Erkenntniss auf dem analytischen
Wege der Begriffsentwicklung durchaus entziehen.

Wer aber eingesehen hat, dass weder die Existenz noch die
Kausalität begrifflich erkannt werden können, dass die Anwendung
des Satzes des Widerspruches und desjenigen des zureichenden
Grundes innerhalb der blossen Begriffsbewegung fruchtlos ist, dass
es also eine Erkenntniss der Wirklichkeit aus blossen Begriffen
nicht geben kann, der ist kein Schüler der rationalistischen Metaphysik mehr, und der muss überzeugt sein, dass die geometrische
Methode ein Irrweg der Metaphysik ist. Als deshalb Kant vermuthlich gleichzeitig mit der Abfassung jener beiden Schriften
eine Beantwortung der Preisfrage der Berliner Akademie nach der
Evidenz in den metaphysischen Wissenschaften unternahm, gab er
als seine Untersuchung über die Deutlichkeit der Grundsätze der
natürlichen Theologie und Moral in erster Linie eine formelle und
methodische Unterscheidung zwischen Philosophie
und Mathematik. Während er für die Metaphysik den Charakter einer analytischen Wissenschaft der Begriffe festhält, hat er

sich klar gemacht, dass die Mathematik ein ganz entgegengesetztes
Verfahren einschlägt. Ihr Wesen ist dasjenige der synthetischen
Construktion, und sie darf dasselbe anwenden, weil ihr Objekt die
räumlichen Grössen bilden, welche sie in der Anschauung construirt. An dieser Stelle liegt, vermuthlich durch eine Art von
Contrastwirkung entsprungen, Kants erste grosse wissenschaftliche
Entdeckung vor. Es ist die Einsicht, dass die Mathematik keine
analytisch verfahrende Wissenschaft des Verstandes, sondern eine
synthetisch verfahrende Wissenschaft der Anschau-
ung ist. In gewisser Weise kehrt Kant damit zu Descartes zurück, der sich wenigstens des synthetischen Charakters des mathematischen Denkens bewusst geblieben war, und jedenfalls tritt er
damit in einer für seine weitere erkenntnisstheoretische Entwicklung bestimmenden Weise der allgemeinen Meinung seines Zeitalters durchaus entgegen. Die beiden Elemente seiner
wissenschaftlichen Bildung, Mathematik und Philosophie, treten zu
dieser Zeit am weitesten bei ihm auseinander und erscheinen in
durchgängigem Antagonismus. Denn jener Gegensatz des analytischen und des synthetischen Verfahrens hat noch weitere Folgen.
Die Mathematik geht von Definitionen aus, die Philosophie hat dieselben zu suchen; die Mathematik behandelt Grössen, welche sie
selbst in der Anschauung konstruirt, die Philosophie Begriffe,
welche ihr gegeben sein müssen. Das ist die weiteste Entfernung,
welche Kant je von den Principien des Rationalismus erreicht hat;
es klingt darin der Grundgedanke von Crusius an, dass eine nach
Analogie der Mathematik konstruirende Methode für die Philosophie
deshalb nicht brauchbar sei, weil sie eine gegebene Wirklichkeit
zu erkennen hat. Den Ausgangspunkt der philosophischen Erkenntniss bilden daher für Kant in dieser Schrift nicht die Axiome
der Wolff'schen Ontologie, sondern vielmehr die gegebenen Begriffe
der Erfahrung, die Philosophie ist ihm noch immer eine Wissenschaft aus Begriffen, aber nicht mehr aus reinen Begriffen, sondern
aus Begriffen der Erfahrung und es ist begreiflich, dass er um
diese Zeit die Lehren des englischen Empirismus mit grosser Sym-
pathie ergriff und persönlich wie auf dem Katheder vielfach auf
Locke, Shaftesbury, Hutcheson und Hume Rücksicht nahm.

Es ist viel darüber verhandelt und die Frage vielleicht noch
nicht zu völligem Austrag gebracht worden, an welcher Stelle seiner Entwicklung und in welcher Weise die englische Philo-

sophie und besonders Hume auf Kant jenen Einfluss ausgeübt
haben, welchen er in späteren Jahren wohl etwas überschwänglich
selbst anerkannt hat. Es ist namentlich die Frage, ob Kant durch
die Lektüre der englischen Empiristen dem Rationalismus entfremdet wurde, oder ob er umgekehrt, nachdem er in anderer
Weise an der Lehre des Rationalismus irre geworden war, sich der
entgegengesetzten Richtung zuneigte. Offenbar ist nun die Art, in
welcher Kant die Unzulänglichkeit des Rationalismus hinsichtlich
der Erkenntniss sowol der Existenz als auch der Kausalität in seinen
Schriften der sechziger Jahre darstellt, eine so durchaus originelle,
dass die grössere Wahrscheinlichkeit dafür vorliegt, er habe sich,
wenn auch mit Hülfe der mannigfachen Opposition, die in Deutschland selbst gegen Wolff aufgetreten war, im Wesentlichen doch
durch eigene Kraft aus den Fesseln des Schulsystems befreit und
dann erst dem Empirismus »Gehör geschenkt«. Er war durch die
eigene kritische Arbeit auf dieselben Resultate geführt und schien
sich eine Zeit lang mit den englischen Philosophen in gewisser Hinsicht einstimmig zu sein. Die »zetetische« Auffassung der philosophischen Methode, wonach sie von den durch die Erfahrung gegebenen Begriffen allmählich zu den höchsten Definitionen aufsteigen
soll, dieser Baconismus beherrschte nicht nur seine Vorlesungen,
sondern auch seine Schriften und besonders auch die Behandlung
der moralischen und ästhetischen Probleme in den »Beobachtungen«.
Er war in Form und Inhalt auf dem freien und beweglichen Standpunkt der weltmännischen Philosophie angekommen, deren Typus
der englische Essay bildete.

Bis zu diesem Punkte ist die Entwicklung Kants verhältnissmässig einfach und durchsichtig; von hier an aber wird sie sehr
bald ausserordentlich viel verwickelter und undurchsichtiger. Schon
die Preisschrift zeigt, dass Kant dem englischen Empirismus niemals ohne eine gewisse Reserve beigetreten ist. Die Erkenntnisstheorie, welche er in dieser Schrift entwickelt, ist fast in derselben
Weise unfertig und widerspruchsvoll, wie es diejenige von Crusius
immer geblieben war. Einen gewissen Rest des Rationalismus hat
Kant auch in diesem äussersten Stadium immer bewahrt, und dieser besteht in der Überzeugung, dass mit den gegebenen Begriffen
der Erfahrung die letzten Aufgaben der Erkenntniss nicht gelöst
werden können, wenn man nicht gewisse »unauflösliche« Begriffe
und unauflösliche Axiome hinzunimmt. Über die Stellung derselben

zu den Begriffen der Erfahrung, über die Art ihres Ursprungs und ihrer Anwendung ist Kant während dieser Übergangszeit offenbar durchaus noch nicht im Klaren. Und daher ist der Eindruck dieser principiellen Schrift verhältnissmässig unsicher und vielfacher Deutungen fähig. Bemerkenswerth aber ist hauptsächlich der Zweck, um dessentwillen Kant den Erfahrungsbegriffen zur Ergänzung diese unauflöslichen Begriffe zur Seite stellen will. Ohne dieselben würde unser Denken niemals den Kreis der endlichen und sinnlichen Dinge zu überschreiten im Stande sein. Nur mit Hülfe dieser unauflöslichen Begriffe lassen sich die Grundsätze der natürlichen Theologie und Moral in wissenschaftlicher Weise feststellen, und diese Feststellung andererseits galt Kant um diese Zeit noch als die letzte und höchste Aufgabe der Philosophie. Er erwartete und verlangte von ihr die wissenschaftliche Begründung der religiösen und moralischen Überzeugung, welche er als das Unerschütterlichste in sich trug. In diesem Sinne war er »in die Metaphysik verliebt« und hoffte er eine Methode der Metaphysik zu finden, vermöge deren sie ohne die willkürlichen Annahmen der schulmässigen Ontologie aus der Erfahrung heraus jenen Beweis leisten könnte. Offenbar aber hatte er über den Charakter jener unauflöslichen Begriffe und die Methode ihrer Verwerthung noch durchaus unbestimmte Vorstellungen.

Während er aber so dem Gedanken einer metaphysischen Methode nachging, welche die Grundlage für die religiöse und moralische Überzeugung gewähren sollte, griff allmählich eine ganz entgegengesetzte Strömung in seinem Geiste Platz, und den Ursprung dieser Strömung darf man mit Recht in einem ausländischen Einflusse suchen. Kant war einer der ersten und sein Leben lang einer der begeistertsten Verehrer von Rousseau. Wenn er selbst sich in metaphysischen Grübeleien erging, ohne zu dem gewünschten Ziele der absoluten Gewissheit zu kommen, und wenn er dabei beobachtete, wie die metaphysischen Ansichten sich in ihm gewandelt hatten, ohne dass doch seine moralische und seine religiöse Überzeugung dabei ins Wanken gekommen war, so musste ihn der Émile auf das Tiefste ergreifen. Hier fand er Moral und Religiosität aus den Wirren des metaphysischen Zankes herausgehoben und auf die Basis des natürlichen Gefühls gestellt. Hier fand er, was ihn auch der Blick in seine Umgebung lehrte, dass moralische und religiöse Überzeugung weder ein Privilegium des wissenschaft-

lichen Denkens sind noch durch die metaphysische Spekulation befestigt und erhalten werden. Der freie Ausblick auf die Weite des
menschlichen Lebens, den er durch die empiristische Richtung gewonnen hatte, machte ihn diesen Einflüssen noch zugänglicher.
Und so reifte in ihm die Meinung, dass die Metaphysik zur Begründung der Moralität und der Religion weder nöthig noch nützlich
sei. In ähnlicher Weise wie Voltaire, dessen Schriften Kant
gleichfalls eifrig las, wurde er durch sein skeptisches Verhalten
gegen die Metaphysik, in der er aufgewachsen war, dazu geführt,
Metaphysik und moralisch-religiöses Leben als zwei geschiedene
und zu scheidende Gebiete aufzufassen. Diese Scheidung hat er
dann, wenn auch in einer unendlich vertieften Form in seinem
eigenen Systeme zur Geltung gebracht. Aber ihre Keime sind
schon in dieser Phase seiner Entwicklung zu suchen. Während er
sich abmühte, den bisherigen von seiner Kritik zerstörten Beweisen
von dem Dasein Gottes noch einen neuen »einzig möglichen Beweisgrund« hinzuzugrübeln, den er später stillschweigend hat fallen
lassen, fügte er hinzu, es sei durchaus nöthig, dass man vom Dasein Gottes überzeugt sei, aber nicht ebenso nöthig, dass man es
beweise. Von dieser Äusserung des Jahres 1763 ist zwar ein lan-
ger Weg, aber immer in derselben Richtung bis zu jener Erklärung,
mit der er in der Vorrede zur zweiten Auflage der Kritik der reinen
Vernunft den Zweck dieses Werkes dahin angab, er habe das Wissen forträumen müssen, um Platz für den Glauben zu gewinnen.

Je mehr sich diese Trennung des theoretischen und
des praktischen Elements in Kants Überzeugung befestigte,
um so werthloser mussten ihm seine eigenen metaphysischen Spekulationen, musste ihm die Metaphysik selbst erscheinen. Wenn
sie den Zweck, von dem er immer geglaubt hatte, dass sie für ihn
wesentlich da sei, doch nicht zu erfüllen vermochte, was war sie
noch werth? was enthielt sie dann anders als nutzlose, thörichte
Grübeleien? Dieser Antagonismus zwischen seinen eigenen metaphysischen Bestrebungen und der Rousseau'schen Überzeugung brachte
Kant in eine getheilte und fast verzweifelte Stimmung, und dieser
machte er durch eine seiner geistreichsten und charakteristischsten
Schriften gewissermassen gewaltsam Luft. Gerade in seinem metaphysischen Bedürfniss nach dem Übersinnlichen hatte er be-
gierig nach den Enthüllungen gegriffen, welche ein schwedischer
Geisterseher, Swedenborg, über die Geheimnisse des Jenseits ver-

sprach. Als er dann, enttäuscht und ärgerlich »die Träume dieses
Geistersehers durch die Träume der Metaphysik erläuterte«, als er
mit glänzendem Witz die luftige Nichtigkeit der gelehrten Spekulation geisselte, da waren es eigene Erfahrungen, welche er in
diesem Selbstbekenntniss niederlegte, und eigne Bestrebungen,
welche sein Spott traf. Darum aber war es, wie man sehr richtig
bemerkt hat, auch kein reiner Humor, der in dieser Schrift waltete.
Wer zwischen ihren Zeilen zu lesen versteht, der muss heraus-
fühlen, welchen schweren Kampf es dem Verfasser gekostet hat
und noch kostet, auf jenes geliebte Ziel der metaphysischen Spekulation zu verzichten und wie er nur darum ihr seine bitteren
Vorwürfe entgegenschleudert, weil sie ihm seinen innigsten
Wunsch nicht erfüllt hat. Aber mag er auch damit in das eigene
Fleisch schneiden, in vollem Ernste macht er hier den Schnitt
zwischen Metaphysik und Moral, und während er für die letztere
an den gesunden Menschenverstand und an die Lebensweisheit
des Candide appellirt, verweist er die erstere aus dem Reiche des
Übersinnlichen und Unerfahrbaren. Die Bescheidung der theoretischen Philosophie auf das Gebiet der Erfahrung als einer der
Grundsteine von Kant's Überzeugung ist gewonnen.

Was sollte aber aus der Metaphysik werden, wenn sie jene
»Lieblingsgegenstände« der Aufklärungsphilosophie nicht mehr behandeln durfte, wenn ihr der Weg von der Erfahrung zu dem Unerfahrbaren versperrt war? Auch darin hatte der englische Empirismus und namentlich Hume den Weg gewiesen. Wenn die Metaphysik nicht mehr die Erfahrung überschreiten und wenn sie
doch auch nicht in die besonderen Erfahrungswissenschaften sich
verlaufen soll, so bleibt ihr nur übrig, die Thatsache der Erkenntniss selbst zum Gegenstande ihrer Untersuchung zu machen. Die
Metaphysik, die keine Lehre von der übersinnlichen Welt sein
darf, kann nur Erkenntnisstheorie werden. An die Stelle der
Metaphysik der Dinge tritt die »Metaphysik des Wissens«. Die
theoretische Philosophie wird Wissenschaftslehre, und da dieser
ganze Gedankenprocess auf der Überzeugung beruht, dass der
menschlichen Erkenntniss die theoretische Begründung von Moral
und Religion versagt ist, so wird die Metaphysik eine Wissenschaft von den Grenzen der menschlichen Erkenntniss. Wer darin den Schwerpunkt des Kantischen Kriticismus

sieht, muss den Ursprung desselben bis in das Jahr 1766 zurück-
verlegen.

Mit dieser Ansicht rechtfertigte sich vor Kant sein fortwähren-
des Bemühen, die Methode der Metaphysik sicher zu stellen. Mochte
dieselbe nun auch nicht mehr dem Zwecke dienen, den er ihr
einst gesetzt, so waren doch gerade die Untersuchungen über die
Methode werthvoll für die Theorie von dem Wesen und den Grenzen
der menschlichen Erkenntniss, in die er nun den Schwerpunkt
der theoretischen Philosophie verlegte. So trat denn Kant allmählich ganz in jene kritische Atmosphäre ein, welche in Bezug
auf die Theorie des Erkennens die besseren Geister der Zeit erfüllte, und es war von grossem Einflusse auf ihn, dass er mit dem
bedeutendsten derselben, mit Lambert, in lebhafte briefliche
Berührung kam. Kants Preisschrift erschien in demselben Jahre mit
Lamberts neuem Organon, und es fanden sich in diesen beiden erkenntnisstheoretischen Schriften nicht weniger Berührungspunkte,
als zwischen Lamberts kosmologischen Briefen und Kants Naturgeschichte des Himmels. Die wesentlichste Übereinstimmung war
die, dass beide den Erkenntnissprocess auf die doppelte Grundlage
der Erfahrung einerseits und der unauflöslichen Begriffe andrerseits zu stellen suchten. Lambert hatte diese Theorie bereits tiefer
verfolgt und hatte eingesehen, dass jene Unterscheidung identisch
sei mit derjenigen von Inhalt und Form der Erkenntniss. Wenn
man einen Beweis dafür haben will, dass Kant selbst zu der Zeit,
welche man gewöhnlich als diejenige seines radikalsten Empirismus und Skepticismus zu bezeichnen pflegt, sich niemals restlos
mit diesen Richtungen identificirte, so bilden ihn seine Briefe an
Lambert, welche aus der Abfassungszeit der Träume eines Geistersehers stammen, und in denen er mit dem gleichstrebenden Genossen die der englischen Philosophie direkt entgegenstehende
Frage behandelt, wie die Formen systematisch zu finden seien,
nach denen der menschliche Geist den erfahrenen Inhalt bearbeitet.
Beide sind darüber einig, dass diese Formen allein niemals einer
Metaphysik zu Grunde gelegt werden können. Sie haben die
Wolffsche Ontologie überwunden und wissen, dass diese Formen
keine Realitäten, sondern nur »Verhältnissbegriffe« sind, welche
ohne etwas, was in ein solches Verhältniss tritt, keinen Sinn haben.
Sie wissen, dass man zumal aus den logischen Formen niemals ein
inhaltliches, die Wirklichkeit begreifendes Denken entwickeln

kann. Aber sie sind sich auch nicht minder darüber klar, dass
der blosse rohe Stoff der Erfahrung für sich allein zu keiner Welterkenntniss führen kann, wenn nicht jene Verhältnissbegriffe ver-
arbeitend hinzutreten. In der Ausführung dieser Gedanken stehen
beide Männer ebenbürtig neben einander, und erst dadurch über-
flügelt Kant den Freund, dass er ein ganz neues Princip für die
Analyse dieser Formen fand, während der Andere sie schliesslich
mit Hülfe des Lexikons suchte.

In der Auffindung dieses Princips ist Kant offenbar am meisten
durch das erkenntnisstheoretische Hauptwerk von L e i b n i z gefördert worden, welches um diese Zeit bekannt wurde. Der gewaltige
Eindruck der Nouveaux essais musste ihn in Gedankenrichtungen
zurückführen, denen er in der Zeit seines Empirismus fremd und
fremder geworden war. Die Nouveaux essais behandelten ja gerade dasselbe Thema, an dem er mit Lambert sich abmühte: die
Verarbeitung der sinnlichen Erfahrung durch die Vernunft. Leibniz
hatte zu zeigen gesucht, dass einerseits jene unauflöslichen Begriffe und Grundsätze, mit denen der Geist den Inhalt der Erfahrung in seiner Erkenntniss durchsetzt, nichts anderes enthalten,
als das Bewusstsein der Gesetze der geistigen Funktion selbst, und
dass andererseits der zu bearbeitende Stoff der geistigen Form
nicht als ein Fremdes gegenübersteht, sondern dieselbe bereits in
unbewusster, dunkler oder verworrener Gestalt in sich trägt. Diese
Theorie war die tiefste Form, in welcher Leibniz den Gegensatz
des Rationalismus und des Empirismus dahin zu versöhnen gesucht hatte, dass er die apriorische Erkenntniss der Vernunft von
ihren eigenen Gesetzen und die aposteriorische Erkenntniss der
sinnlichen Erfahrung in eine graduelle Entwicklungsreihe brachte.
Für Leibniz schloss sich daran die weitere erkenntnisstheoretische
Annahme, dass die niedere Stufe dieser Entwicklung, die sinnliche
Erfahrung, die Dinge nur in ihrer Erscheinungsweise, dass dagegen die höhere Stufe, die klare und deutliche Vernunfterkenntniss, uns die Gesetzmässigkeit der Dinge, wie sie an sich sind,
zum Bewusstsein bringe. Mit diesem Gegensatze hing der andere
zusammen, dass Vernunfterkenntniss eine nothwendige und allgemeine, dass dagegen sinnliche Erkenntniss immer nur eine zufällige und besondere Geltung zu beanspruchen habe. Wenn sich
Kant in diese Gedankenwelt hineinarbeitete, so gab ihm dieselbe
nach einer Richtung eine werthvolle psychologische Erklärung je-

nes Gegensatzes von Form und Inhalt der Erkenntniss, den er mit
Lambert aufgestellt hatte. Die Formen, die ihm ja von vornherein
nur Verhältnisse, waren, in welche der Inhalt im Denken tritt,
durften ihm nun als die bewusst gewordenen Funktionsgesetze der
Intelligenz gelten, und er befand sich mit Leibniz ebenso wie mit
Lambert in Übereinstimmung, wenn er daran festhielt, dass diese
Formen im menschlichen Geiste nur an einem erfahrungsmässigen
Inhalt als die Funktionen von dessen Verarbeitung zum Bewusstsein kommen. Hatte daher Leibniz von einem virtuellen Angeborensein der Ideen (im Gegensatz zur Lehre der Cartesianer) gesprochen, so überzeugte sich Kant, dass jene Verhältnissbegriffe,
über die er mit Lambert verhandelte, in der That nur die Funktionsformen der Vernunft sind, vermöge deren dieselbe die Synthesis des Erfahrungsstoffes vollzieht und sich zum Bewusstsein
bringt. Die Erfahrung erscheint ihm danach als eine Synthesis,
deren Inhalt a posteriori durch die Sinnlichkeit, deren Form a priori
durch die Vernunft gegeben ist.

Diese Verstärkung, welche das rationalistische Element in
Kants Denken durch den Einfluss von Leibniz erfuhr, wäre vielleicht dazu angethan gewesen, ihn vollständig auf die Seite des
früheren Rationalismus zurückzuziehen, wenn diese Erkenntnisstheorie nicht mit seinen Überzeugungen vom Wesen und Werthe
der Mathematik in einem weittragenden Widerspruche gestanden
hätte. Mit Hülfe der Unterscheidung von Dingen an sich und Erscheinung erkannte die Leibnizische Lehre den Empirismus, der
bei Kant schon einen so bedeutenden Raum einnahm, zwar an,
aber doch nur in der Weise und mit der Beschränkung, dass die
Erfahrung eine zufällige Erkenntniss der sinnlichen Erscheinungsweise der Dinge enthalte. Hatte Kant in seiner dem Empirismus
nahe stehenden Periode sich vollkommen klar gemacht, dass es
eine Erkenntniss von Thatsachen und ihrem causalen Zusammenhange durch blosse Begriffe nicht geben kann, so war das auch
die Ansicht von Leibniz; aber für Leibniz waren deshalb auch die
Thatsachen nichts als die sinnliche Erscheinungsform der Dinge,
während ihr wahres metaphysisches Wesen ihm nur durch die
reine Vernunfterkenntniss zugänglich galt. So beruhte die ganze
Leibnizische Erkenntnisstheorie auf der Grundannahme, dass Vernunfterkenntniss mit nothwendiger und allgemeiner Erkenntniss
und mit Erkenntniss des Wesens der Dinge, umgekehrt aber sinn-

liche Erkenntniss mit zufälliger Erkenntniss und mit Erkenntniss der Erscheinung identisch sei. Wenn Kant gegen die zweiten Glieder dieser Identifikation nichts einzuwenden fand, so wurde er um so mehr stutzig in Rücksicht der ersten. Und an dieser Stelle seiner Entwicklung nun war es, wo die Mathematik von entscheidender Bedeutung für ihn wurde. Sie fügte sich in das Schema der Leibnizischen Erkenntnisslehre so lange ein, als man sie für eine analytisch verfahrende Wissenschaft des reinen Verstandes hielt, wie das eben in der gesammten vorkantischen Philosophie geschah. Nun aber hatte sich Kant überzeugt, dass die Mathematik eine anschauliche Wissenschaft der Sinnlichkeit sei, und so bildete für ihn die Nothwendigkeit und Allgemeingültigkeit ihrer Erkenntnisse, an der Niemand und am allerwenigsten er selbst zweifelte, eine negative Instanz gegen die Leibnizische Erkenntnisslehre. Sie gab den Beweis, dass es sinnliche Erkenntniss gibt, welche vollkommen klar und deutlich ist, und auf der anderen Seite gab die Verworrenheit der metaphysischen Systeme ihm den Beweis, dass das Denken, welches lediglich mit reinen Begriffen zu operiren glaubt, auch nicht immer das Ideal von Klarheit und Deutlichkeit ist.

Wollte er nun seine eigene Ansicht vom Wesen der Mathematik und doch zugleich die rationalistische Auffassung von Leibniz, welche ihm in Rücksicht auf die Erkenntniss der Dinge an sich eingeleuchtet hatte, festhalten, so blieb nichts anderes übrig, als jene Annahme seines grossen Vorgängers umzugestalten, nach welcher die Sinnlichkeit sich zum Verstande als die niedere, unklarere und verworrenere zu der höheren, klareren und deutlicheren Erkenntnissstufe verhalten sollte. Während also für Leibniz Sinnlichkeit und Verstand nur zwei verschiedene Entwicklungsstufen desselben einfachen Erkenntnissvermögens gewesen waren, so kam Kant dem Gedanken auf die Spur, ob nicht in beiden zwei grundverschiedene Thätigkeitsweisen des erkennenden Geistes vorliegen sollten. Wenn er Sinnlichkeit und Verstand als zwei entgegengesetzte Erkenntnissweisen betrachtete und die schärfste Sonderung ihrer Erkenntnissgebiete verlangte, so schien sich zunächst seine eigene Überzeugung von der Mathematik mit der Leibnizischen Lehre vertragen zu wollen. Wendete man nämlich dann auf beide den von Lambert präcisirten Unterschied von Form und Inhalt des Denkens an, so konnte man auf beiden Gebieten den

Inhalt als ein Zufälliges und Thatsächliches, die Form dagegen als
ein Nothwendiges und Allgemeines ansehen. Alles kam daher für
Kant darauf an, ob man in der Sinnlichkeit ebenso reine Formen
zu entdecken vermögen würde, wie es die Leibnizische Erkenntnisstheorie hinsichtlich des Verstandes that. Wenn Kant dieselben
suchte, so konnte es nur an der Hand der Mathematik geschehen,
deren Nothwendigkeit und Allgemeingültigkeit ja eben dadurch
begründet werden sollte. In diesem Zusammenhange der Gedanken
machte Kant die einschneidendste seiner Entdeckungen. Es ergaben
sich ihm nämlich die beiden reinen Anschauungsformen, Raum
und Zeit, jener dem geometrischen, diese (als das Element des
successiven Zählens) dem arithmetischen Theile der mathematischen
Gesetzgebung zu Grunde liegend. Denkt man sich eine Erkenntnisstheorie von diesem Standpunkte aus durchgeführt, so beruht
dieselbe auf der Kreuzung der beiden Gegensätze von Sinnlichkeit
und Verstand einerseits, von Inhalt und Form andererseits, und sie
überträgt dann das Princip von Leibniz' Nouveaux essais auch auf
die Sinnlichkeit. Es gibt dann einen zufälligen Inhalt der Sinnlichkeit in Gestalt der Empfindung, welcher lediglich eine Erscheinungsform der Dinge darstellt; es gibt reine Formen der Sinnlichkeit, Raum und Zeit, welche mit ihren mathematischen Gesetzen
ein adäquater Ausdruck der absoluten Wirklichkeit sind; es gibt
einen aus den sinnlichen Anschauungen synthetisch gewonnenen
empirischen Inhalt der Verstandeserkenntniss, welcher natürlich
auch wieder nur die Erscheinung der Dinge spiegelt; es gibt endlich
reine Formen der Verstandeserkenntniss, in denen sich der metaphysische Zusammenhang der Dinge an sich darstellt. Eine solche
Auffassung arbeitete alle Richtungen der bisherigen Erkenntnisstheorie in einander, sie acceptirte die Subjektivität der sinnlichen
Empfindungen, sie gab dem Empirismus so weit Raum, als er eine
verstandesmässige Bearbeitung dieser subjektiven Erscheinungen
beanspruchte, sie begründete wieder eine Metaphysik durch reine
Verstandesbegriffe, und indem sie mit den letzteren die reinen
Formen der Sinnlichkeit, Raum und Zeit, parallel behandelte, gab
sie auch dem Newton'schen Grundgedanken einer metaphysischen
Realität von Raum und Zeit seine Stelle im System der Erkenntnisstheorie. Betrat Kant diesen Standpunkt, so stellte er sich vermöge seiner neuen Unterscheidung von Sinnlichkeit und Verstand
als zweier nicht graduell, sondern principiell verschiedener Er-

kenntnissweisen nicht nur der Leibnizischen Lehre von der Phänomenalität des Raumes, sondern vor Allem seiner eigenen früheren naturphilosophischen Theorie von dem Verhältniss des Körpers zum Raum diametral gegenüber. Als Anzeichen für diese Phase seiner Entwicklung besitzen wir nur das Schriftchen »Vom ersten Grunde des Unterschiedes der Gegenden im Raume« aus dem Jahre 1768. In dieser entwickelt Kant an der Hand des Problems der symmetrischen Körper, dass es Unterschiede im Wesen der Körper gibt, die lediglich räumlicher Natur sind, und dass diese Unterschiede niemals begrifflich definirt, sondern immer nur anschaulich bezeichnet werden können. Daraus folgt in objektiver Beziehung, dass nicht, wie Kant früher mit Leibniz gelehrt hatte, die Körper erst den Raum, sondern vielmehr der Raum die Körper möglich macht, dass also der **Raum eine der Möglichkeit der Körper überhaupt zu Grunde liegende Realität** ist, und in subjektiver Beziehung, dass unsere Erkenntniss dieses Raumes nicht begrifflicher, sondern anschaulicher Natur ist. Das Newtonsche Element steht wieder stark und kräftig neben dem Leibnizischen.

Aber Kant ist auch dabei nicht stehen geblieben, sondern hat sich von diesem Standpunkte aus gleichmässig über beide Elemente erhoben. Was ihn weiter geführt hat, sind offenbar wesentlich zwei Gedankenreihen von sehr verschiedener Richtung. Zunächst vertiefte er sich immer energischer in das von ihm neu formulirte Verhältniss von Sinnlichkeit und Vernunft, und dasselbe wurde im Verlaufe dieser Betrachtungen so ausgebildet, dass es den Charakter eines **Werthverhältnisses** annahm. Schon bei Leibniz deckte sich ja dieser Gegensatz mit demjenigen der sinnlichen und der übersinnlichen Welt, und wenn Kant wieder die Möglichkeit der rationalistischen Erkenntniss der Dinge an sich energischer ins Auge fasste, so regten sich in ihm alle Triebe, welche auf die moralische und religiöse d. h. auf die übersinnliche Bestimmung des Menschen hinwiesen, und er warf wiederum sein Auge auf die Metaphysik, ob sie ihm nicht doch noch den wissenschaftlichen Beweis für den Inhalt seiner praktischen Überzeugung geben könnte. Zugleich aber nahm diese Überzeugung selbst im Zusammenhang mit jenen theoretischen Überlegungen eine schärfere und eigenartigere Gestalt an. Hatte er nämlich auf dem Gebiete der Erkenntniss eingesehen, dass der allmähliche Übergang der sinnlichen in die verstandesmässige Erkenntniss ein Irrthum des bisherigen Rationalismus und durch die scharfe Sonderung zwischen beiden zu ersetzen sei, so galt die gleiche Consequenz auch für das praktische Leben. Die empiristische Moralphilosophie, welche er selbst in den »Beobachtungen« noch vertreten hatte, leitete die moralischen und religiösen Gefühle und Handlungen aus der allmählichen Veredlung der sinnlichen Triebe her. Dieser Ansicht konnte Kant mit seiner neuen psychologischen Auffassung nicht mehr beitreten, sondern er musste auch hier den sinnlichen Trieb und den vernünftigen Trieb als grundverschiedene und ebendeshalb antagonistische Formen der praktischen Natur des Menschen ansehen. Der eigene persönliche Rigorismus, der mit den Jahren mehr und mehr in Kant zur Geltung gekommen war, trat nun hinzu, um die erkenntniss-theoretische Ansicht des principiellen Gegensatzes von Sinnlichkeit und Vernunft zur innersten Überzeugung des Mannes zu stempeln, und es kam ihm gewiss aus tiefster Seele, wenn er an Lambert schrieb, er habe nun nach mancherlei »Umkippungen« den Punkt gewonnen, von dem er nie wieder weichen werde. Aber mit dieser praktischen Überzeugung musste dann auch die theoretische Hand in Hand gehen, dass die sinnliche und die übersinnliche Welt nicht gleichen Werthes auch für die Erkenntniss sein dürften. Galt der sinnliche Trieb des Menschen als Gegner des sittlichen, so konnte auch die sinnliche Erkenntniss nicht eine Erkenntniss des wahren Wesens der Dinge sein. Es war die eigene Natur Kants, es war sein persönlicher Charakter, welcher ihn in den Platonismus der Leibnizischen Lehre zurückzog und ihn die Lehre, dass die reinen Formen der Sinnlichkeit ebenso wie diejenigen des Verstandes die absolute metaphysische Wirklichkeit erkennen, schliesslich wieder aufgeben liess.

Eine andere Überlegung trat hinzu. Über die Gegensätze, welche hinsichtlich der räumlichen Probleme zwischen Newton und Leibniz obwalteten, hatte Kant sich früher durch des Letzteren Unterscheidung von Ding an sich und Erscheinung hinwegzuhelfen gewusst. Wenn er jetzt eine Zeit lang der Newtonschen Auffassung von der absoluten Realität von Raum und Zeit zuneigte, so wurden diese Probleme von Neuem in ihm lebendig. Es waren namentlich die Begriffe der Totalität und der Unendlichkeit, welche ihm Schwierigkeiten machten, und schon damals stiess er, wie sich durch mancherlei Zeugnisse höchst wahrscheinlich machen lässt, auf die räthselhafte und ihn beunruhigende Thatsache, dass er sich hinsichtlich dieser Probleme die widersprechenden Lehrsätze der verschiedenen Richtungen mit gleicher Sicherheit beweisen und dieselben somit auch zu gleicher Zeit durch einander widerlegen zu können meinte. Dass sowol die Ausdehnung als auch die Theilbarkeit der räumlichen Körperwelt eine Grenze habe, schien ebenso des Beweises fähig, wie dass es eine solche Grenze nicht geben könne. Was Kant später die mathematischen Antinomien genannt hat, bewegte ihn schon um diese Zeit und gab mit den Ausschlag für die weitere Wandlung seiner erkenntnisstheoretischen Ansicht. Ein Raum, von dem sich beweisen liess, dass er begrenzt und dass er unbegrenzt, dass die ihn erfüllende Körperwelt bis ins Unendliche theilbar und dass sie es nicht sei, konnte unmöglich eine metaphysische Realität sein; denn er wäre der gesetzte Widerspruch; eher liesse sich diese Antinomie begreifen, wenn der Widerspruch in unsere Vorstellungsthätigkeit verlegt würde d. h. wenn der Raum keine metaphysische Realität, sondern nur eine menschliche Anschauungsform wäre. So drängte auch diese Betrachtung von der Newtonschen Lehre wieder ab und der Phänomenalität des Raumes wieder zu; sie störte aber in keiner Weise das frühere Ergebniss von Kants Überlegungen, wonach Raum und Zeit als reine Formen der Sinnlichkeit und als Grundlage der gesammten Sinnenwelt betrachtet werden sollten. Ja, jene Phänomenalität schien sich am besten begreifen zu lassen, gerade wenn man Raum und Zeit als die im Geiste des Menschen vorgezeichnet liegenden Auffassungsweisen unserer sinnlichen Empfänglichkeit bestimmte.

Nur aus der Verschlingung dieser mannigfaltigen Gedankenreihen lässt sich der eigenthümliche, nach vorwärts und rückwärts schillernde Standpunkt begreifen, den Kant in seiner Inauguraldissertation einnahm. Die wesentliche Aufgabe dieser Schrift sah Kant später selbst darin, seinen neuen Lehrbegriff vom Wesen des Raumes und der Zeit zu entwickeln. Diese Aufgabe erfüllt er nach einer vorangeschickten Untersuchung über den Begriff der Welt, worin jene antinomischen Betrachtungen leise anklingen, durch eine scharfe Präcisirung des Gegensatzes von Sinnlichkeit und Verstand. Jene ist die Receptivität, dieser die Spontaneität unseres Erkenntnissvermögens. Jene enthält daher nur die subjektive Art und Weise, wie sich die Dinge in unserer Empfäng-

lichkeit darstellen, dieser erkennt mit den reinen Formen seiner
eigenen Funktion den gesetzmässigen Zusammenhang der Wirklichkeit. Aber auch die. Sinnlichkeit besteht nicht nur .in dem
Vermögen, afficirt zu werden, sondern vor Allem darin, dass die
bei dieser Afficirung entsprungenen Empfindungen in uns eine
Anordnung nach räumlichen und zeitlichen Gesetzen finden, durch
welche Synthesis erst das anschauliche Bild einer Sinnenwelt in
uns entsteht. Kant liefert hier den im Wesentlichen nachher von
der transscendentalen Ästhetik reproducirten Beweis, dass Raum
und Zeit nicht Gegenstände der Empfindung, sondern vielmehr synthetische Formen sind, nach denen sinnliche Empfindungen angeordnet werden, und dass diese Formen in uns nicht erst durch Abstraktion aus den einzelnen Erfahrungen gewonnen worden sein
können, sondern vielmehr die ursprünglichen und bei den einzelnen Wahrnehmungen erst zur Anwendung und zum Bewusstsein
kommenden Funktionsgesetze der Sinnlichkeit sind. Er behandelt
also Raum und Zeit genau so, wie Leibniz in den Nouveaux essais
die Formen der Verstandesthätigkeit behandelt hatte, er behauptet
von ihnen dasselbe virtuelle Angeborensein, welches Leibniz den
»ewigen Ideen« zugeschrieben hatte, und wie jener darauf die Möglichkeit einer reinen und allgemeingültigen Verstandeserkenntniss, so gründet Kant darauf seine Lehre von einer reinen, nothwendigen und allgemeingültigen Erkenntniss der Sinnlichkeit,
d. h. der Mathematik. War die Leibnizische Ontologie eine Reflexion auf die nothwendigen Formen des Denkens, so ist für Kant
die Mathematik eine Reflexion auf die nothwendigen Formen der
sinnlichen Anschauung.

Indem aber Kant mit Leibniz die Erkenntnisskraft der
Formen des Denkens für das metaphysische Wesen der Dinge
anerkannte, schränkte er nun ebenfalls mit ihm die Sinnlichkeit auf die Erscheinungen ein. Jene ganze Aussenwelt, welche
durch die Synthesis der Empfindungen in räumlicher und zeitlicher Form in unserer Vorstellung entsteht, gilt ihm nur noch
als die Erscheinungsweise der Dinge an sich. Ihre Elemente, die
sinnlichen Empfindungen, sind Wirkungsweisen der Dinge auf uns
— diese seit Descartes, Hobbes und Locke der modernen Philosophie allgemein eigene Auffassung behandelt Kant als so selbstverständlich, dass er sie kaum mehr berührt —: und die Anschauungsbilder, welche sich aus diesen Elementen zusammensetzen, voll-

ziehen sich nach dem Schema von Raum und Zeit, welches lediglich die Form unserer sinnlichen Anschauung ist. Da nun Kant an der Newtonschen Auffassung festhält, dass die Körper nur im Raume möglich sind, so fallen damit auch die Körper restlos unter den Begriff der Erscheinung. Die gesammte körperliche Welt ist lediglich Erscheinung, und von dem Ding an sich, welches dahinter steckt, wissen wir durch die sinnliche Erfahrung nichts.

Aber das gleiche Princip gilt auch für die innere Erfahrung, welche der äusseren als ebenbürtig an die Seite gestellt zu werden pflegte. Auch sie enthält nur die Art und Weise, wie unser Bewusstsein von unserem Wesen und seinen Zuständen afficirt wird, und für die Form der Synthese dieses inneren Sinnes erklärt Kant in einer weiterhin zu besprechenden Weise die Zeit. Nimmt man dies hinzu, so ergibt sich, dass die ganze Welt der Erfahrung nur die Erscheinung und nicht das Wesen der Dinge an sich uns offenbart. Die Welt der Erfahrung ist der mundus sensibilis, zusammengesetzt aus den Empfindungen und beherrscht von den Gesetzen der reinen Anschauung, Raum und Zeit. Von diesen gibt die Mathematik eine nothwendige und allgemeingültige Erkenntniss, weil wir im Stande sein müssen, die Formen, in denen wir anzuschauen durch unsere eigene Natur genöthigt werden und welche deshalb in aller Anschauung als bestimmendes Gesetz wiederkehren, uns zum klaren und deutlichen Bewusstsein zu bringen. Der sinnlichen Welt aber stellt nun Kant als ein toto genere Verschiedenes die intelligible Welt gegenüber, die Welt der Dinge an sich, auf welche die Bestimmungen unserer Sinnlichkeit keinerlei Anwendung finden, und deren Wesen wir nur durch die reinen Formen der Verstandeserkenntniss zu begreifen im Stande sind. In der Ausführung der letzteren Lehre ist Kant verhältnissmässig kurz; sie war ja nur eine Reproduktion der Leibnizischen Ansicht, deren Übertragung mutatis mutandis auf die sinnliche Welt und auf die Mathematik die eigentliche Absicht seiner Schrift war. Schärfer aber und weit energischer als Leibniz, und in vermuthlich unbewusster totaler Übereinstimmung mit Platon, betont Kant den unüberbrückbaren Gegensatz zwischen der sinnlichen Welt der Erscheinungen und der intelligibeln Welt der Dinge an sich. Über das Verhältniss der Wissenschaften und speziell der Metaphysik zu diesen beiden Welten haben sich Kants Ansichten noch mannigfach geändert: aber dieser platonisirenden Weltanschauung, welche sich durch die schroffe Scheidung der sinnlichen und der übersinnlichen Welt charakterisirt, ist er treu geblieben, — so treu, dass er damit selbst die Consequenz seines wissenschaftlichen Denkens durchbrochen hat. In diesem Sinne, mit Rücksicht auf den Durchbruch der persönlichen Weltanschauung, ist die Inauguraldissertation wirklich der Beginn der Kantischen Selbständigkeit; sie ist es, wie der scharfe Bruch mit der sensualistischen Moralphilosophie bekundet, nicht minder hinsichtlich der gleichmässigen Anwendung des Gegensatzes von Vernunft und Sinnlichkeit auf die theoretische und die praktische Philosophie. Aber von dem geheimsten Tiefsinn der Kantischen Erkenntnisstheorie und damit von der bahnbrechenden Kraft des Kantischen Denkens zeigt sie noch keine Spur. Die Lehre der transscendentalen Ästhetik enthält sie bereits völlig; aber diese betrifft nur jene neue Darstellung der Platonischen Weltansicht, in der Kants Persönlichkeit sich ausprägt und in der seine wahre Originalität nicht zu suchen ist. Allein der Inauguraldissertation fehlt noch die eigenste Tiefe des Kantischen Denkens: sie hat noch keine Ahnung von der transscendentalen Analytik.

Für den Weg bis zu deren Veröffentlichung hat Kant bekanntlich ein Jahrzehnt gebraucht, und was wir von den Etappen dieses dornenvollen Weges durch die letzten Geheimnisse des menschlichen Denkens wissen, besteht in so abgerissenen Briefstellen, dass schon die hypothetische Skizzirung desselben auf grosse Schwierigkeiten stösst. Allein die Vergleichung der Kritik der reinen Vernunft mit jenem Stande des Kantischen Denkens, dessen Umriss die Inauguraldissertation darbietet, gibt doch in Verbindung mit den Briefen wenigstens einige Andeutungen, aus dénen man die Hauptzüge dieser Entwicklung zu ahnen vermag. Den Schwerpunkt bildet wieder unverkennbar das Verhältniss der Mathematik zur Metaphysik. In der Inauguraldissertation ist jene die apriorische Erkenntniss der Sinnenwelt auf Grund der reinen Anschauungen, Raum und Zeit, ist diese die apriorische Wissenschaft der intelligibeln Welt auf Grund der reinen Formen des Denkens. Darin besteht ihr Parallelismus. Aber zugleich ist diese eine nothwendige und allgemeine Erkenntniss von den Erscheinungen, ist jene eine nothwendige und allgemeine Erkenntniss von den Dingen an sich, und zwar deshalb, weil jene auf die Formen der sinnlichen Empfänglichkeit, diese auf die Formen des Denkens reflektirt. Darin besteht ihre Verschiedenheit. Zahlreiche, persönliche Ver-

mittlungen waren es, in Folge deren Kant diesen verschiedenen
Werth der Formen der Sinnlichkeit und des Verstandes auch für
die Erkenntniss aufrecht erhalten zu sollen glaubte: der Vorgang
von Leibniz, das praktische Bedürfniss, sinnliche und übersinnliche
Welt scharf zu scheiden, endlich die sachlichen Schwierigkeiten,
welche der antinomische Charakter einer räumlichen und zeitlichen
Welt, wenn sie in metaphysischer Realität gedacht werden sollte,
ihm darzubieten schien.   Aber wie das System der Inauguraldissertation so vor ihm lag, da musste doch die rein theoretische Frage
ihn ergreifen, welches denn die Berechtigung für eine so verschiedene Behandlung beider Elemente des menschlichen Erkennens sei.
Raum und Zeit auf der einen Seite, und die Verstandesbegriffe auf
der anderen Seite galten ihm gleichmässig als die reinen Formen
der menschlichen Vorstellungsthätigkeit, jene des Anschauens,
diese des Denkens.   Warum sollten die einen mehr realen Werth
haben als die anderen? wenn die Formen der Anschauung nur
eine menschliche Vorstellungsweise der Dinge an sich bilden —
und das war zur unzerstörbaren Gewissheit für Kant geworden —
warum sollten die Formen des Denkens die Dinge an sich begreifen? Auch das Denken mit allen seinen Formen und Gesetzen
ist doch zunächst nur ein subjektiver, eben ein menschlicher Vor-
stellungsprocess: wenn die menschliche Anschauung nur subjectiv
ist, gilt nicht dasselbe aus demselben Grunde auch für das menschliche Denken? In der Inauguraldissertation hatte Kant bei der
kurzen Behandlung der rationalistischen Metaphysik das Recht des
logischen Denkens, Dinge an sich zu begreifen, darauf zurückgeführt, dass die Welt der Dinge an sich eben die intelligible sei,
dass sie ihren Ursprung in demselben göttlichen Geiste habe, aus
dem auch der menschliche Geist mit seiner ganzen inneren Gesetzmässigkeit des Denkens hervorgegangen sei.   Er hatte auf Malebranche und dessen Lehre, dass die Erkenntniss Gottes diejenige
der Welt involvire, als die seiner Auffassung am nächsten liegende
hingewiesen.   Aber dagegen liess sich zweierlei einwenden.   So
gut wie die Gesetze des Denkens sind auch die reinen Formen der
Anschauung ursprüngliche Besitzthümer des menschlichen Geistes,
wie er aus der Hand der Gottheit hervorgegangen ist, Besitzthümer,
deren wir uns als der gesetzmässigen Funktionen unserer eigenen
Intelligenz erst bei Gelegenheit der Erfahrung gerade so wie der
Formen des Denkens bewusst werden.   Galten deshalb diese als

Erkenntniss des Wesens der Wirklichkeit, warum nicht auch jene, über deren blosse Phänomenalität Kant in sich keinen Zweifel mehr duldete? Zweitens aber setzte diese ganze Auffassung zwischen den Formen des menschlichen Denkens und dem Wesen der Dinge eine durch die gemeinsame Abstammung aus der Gottheit erklärte »prästabilirte Harmonie« voraus. In diesem Sinne war die Inauguraldissertation durchaus von Leibnizischem Geiste beseelt. Aber zu tief wurzelte in Kant die Abneigung gegen die Annahme der prästabilirten Harmonie, eine Abneigung, die in ihm durch Martin Knutzen befestigt war, als dass er sich bei dieser Erklärung hätte beruhigen sollen, und so stiess er auf den Kern aller erkenntnisstheoretischen Untersuchungen mit der Frage, wie denn überhaupt das menschliche Denken dazu komme, mit seinem Inhalte so gut wie mit seinen reinen Formen die Wirklichkeit zu erfassen und abzubilden. In dieser Frage und ihrer Beantwortung nach den gegebenen Prämissen des Kantischen Denkens, in dieser Frage, welche der Philosoph am klarsten in seinem Briefe an Markus Herz vom 21. Februar 1772 formulirt hat, liegt der wahre Ausgangspunkt und die Grösse der kantischen Philosophie in erkenntnisstheoretischer Beziehung. Mit dieser Frage steht er auf dem Punkte, den »naiven Realismus« in seiner ganzen Tragweite zu durchschauen und zu durchbrechen, und damit erst an der Schwelle der kritischen Philosophie.

Der naive Realismus des gemeinen Denkens macht sich mit dieser Frage nicht viel zu schaffen; er meint, die Dinge spazirten so in den erkennenden Geist hinein, drückten sich in ihm ab, spiegelten sich in ihm, würden von ihm erfasst, oder wie sonst das sinnliche Bild ist, mit dem man dem Erkenntnissprocess einen Namen gibt. Der Rationalismus macht diese Frage vollständig überflüssig, indem er von vornherein das Postulat aufstellt, dass, was nothwendig gedacht wird, auch ist. Wo ihm einmal das Problem aufstösst, wie man denn dessen gewiss sein könne, da hilft er sich in der Richtung, wie es Kant selbst in Hinblick auf Leibniz und Malebranche in der Inauguraldissertation versuchte. Am schwersten wiegt jene Frage für den Empirismus und Sensualismus. Selbst wenn dieser annimmt, die einzelnen Erfahrungen seien Abbilder der Dinge, so wird es für ihn um so schwieriger zu begreifen, wie es kommen soll, dass die Beziehungen, welche das Denken zwischen dem Inhalte der Wahrnehmungen aufstellt,

ebenfalls Abbilder der Realität seien. Wo daher der Empirismus
ganz consequent durchgeführt wurde, da musste er nothwendig in
Subjektivismus und Skepticismus umschlagen, da blieb nichts
weiter übrig (selbst wenn man von der Phänomenalität der Sinnes-
empfindungen absehen wollte), als den ganzen Process des Denkens
für ein subjektives Gebilde zu erklären, dessen reale Bedeutung
niemals erwiesen werden könne. So weit war der Scharfsinn und
die spekulative Energie von David Hume gedrungen. Das Humesche Argument galt aber, wie sich Kant überzeugen musste,
schliesslich auch für den Rationalismus und Apriorismus. Construirte derselbe seine nothwendigen Wahrheiten, sei es in der
Mathematik, sei es in der Metaphysik, durch Reflexion auf die gesetzmässigen Funktionsformen der Vorstellungsthätigkeit, so lag
nirgends ein Punkt vor, von dem aus sich die metaphysische Realität dieser Formen behaupten liess. Die Phänomenalität der in der
Mathematik zu erkennenden Formen der Sinnlichkeit hatte Kant
bereits anerkannt: weshalb sträubte er sich, das Gleiche von den
Formen des Denkens zu sagen?

Aber so einfach ist der Kantische Gedankenprocess nicht gewesen; er verwickelte sich noch viel mehr durch die weitere
Frage, in welcher Weise wir denn überhaupt veranlasst und im
Stande sind, unsere Vorstellungen auf ausser uns befindliche »Gegenstände« zu beziehen. Alle unsere Vorstellungen von Dingen
sind Synthesen jener einfachen Empfindungen, in denen wir uns
durch die Aussenwelt afficirt glauben. Betrachteten wir nun diese
Verbindungen eben lediglich als in unserem Denken sich voll-
ziehende Gebilde, so existirte gar keine erkenntnisstheoretische
Schwierigkeit. Allein wir sehen diese Synthesen nicht als subjektiv und willkürlich, sondern als objektiv und nothwendig an.
Soll untersucht werden, mit welchem Rechte das geschieht, so hat
Kant nach dem Vorgange des gesammten 18. Jahrhunderts nur die
psychologische Methode, den Ursprung unserer Vorstellungen von
Gegenständen in's Auge zu fassen. In dieser Hinsicht stand nun
Hume unter dem Princip der Associationspsychologie und meinte
jene Synthesen lediglich als Produkte des psychischen Mechanismus auffassen zu müssen, in welchem nichts weiter als der ursprüngliche Inhalt der in der Synthesis zusammenschmelzenden
Vorstellungen thätig wäre. Hierin aber stand Kant umgekehrt
auf dem Standpunkte von Leibniz und war sich darüber klar, dass

eine jede solcher Synthesen durch eine geistige Funktion von
Statten geht, deren Form wir uns als einen reinen Begriff
zum Bewusstsein bringen können. Wenn daher irgendwo
ein Grund dafür vorliegen soll, dass unseren subjektiven Vor-
stellungsverknüpfungen objektive Geltung zukommt, so ist derselbe nur bei der Funktion jener reinen Begriffe zu suchen. In
diesem Zusammenhange der Gedanken ergaben sich für Kant zwei
Aufgaben: zunächst jene reinen Begriffe systematisch zu suchen
und zweitens sich klar zu machen, wie durch dieselben unsere
subjektiven Vorstellungsgebilde den Charakter der Objektivität
annehmen. Was das erste anbetrifft, so benutzte Kant die Thatsache der Logik, dass Vorstellungsverbindungen, deren Objektivität
ausgesprochen werden soll, in der Form des Urtheils auftreten,
um aus den Formen des Urtheils, wie sie in dem Lehrvortrag der
Logik dargestellt zu werden pflegten, sein System der Kategorien
zu entwickeln. In der Lösung der zweiten Aufgabe dagegen gibt
er nun dem Leibnizischen Rationalismus der Nouveaux essais die
grösste Vertiefung, welche innerhalb der Untersuchungen über das
Wesen der menschlichen Erkenntniss je erreicht worden ist. Er
sah nämlich ein, dass dasjenige, was wir Erfahrung nennen und
was der Empirismus als ein rein Gegebenes zu betrachten pflegt,
bereits eine Verarbeitung des Materials der sinnlichen Qualitäten
durch die Kategorien enthält, und dass nur darauf die Nothwendigkeit und Allgemeingültigkeit beruht, mit welcher diese Synthesen
im Bewusstsein des Individuums auftreten. Auch für ihn sind
deshalb die Kategorien nicht etwas Fremdes, was willkürlich an
die Erfahrung herangebracht würde, sondern vielmehr die organisirende Kraft, ohne welche die Erfahrung gar nicht zu Stande
kommen würde.

Indem die Ausführung dieser Theorie der folgenden Darstellung der kritischen Philosophie selbst überlassen bleibt, mussten hier nur ihre Grundzüge angedeutet werden, um die Stellung
Kants zu Leibniz und Hume auf diesem entscheidenden Wende-
punkt seines Denkens zur völligen Klarheit zu bringen. Kant
führte das Leibnizische Princip des »virtuellen Angeborenseins«
der Ideen in der umfassendsten Weise durch, und in diesem Sinne
hatte er Recht, wenn er später einmal erklärt hat, es möchte wol
die Kritik der reinen Vernunft die eigentliche Apologie für Leibniz
selbst wider seine Anhänger sein. Aber er unterscheidet sich von

Leibniz wesentlich darin, dass die die Erfahrung constituirenden Ideen bei ihm nicht sowol die logischen als die erkenntnisstheoretischen Formen des Denkens sind, und so begründet er neben der formalen die transscendentale Logik. Mit dieser Ausbildung der Leibnizischen Gedanken überwindet Kant den Humeschen Skepticismus, und die erkenntnisstheoretischen Formen, unter denen ihm in dieser Hinsicht die Kausalität die wichtigste war, gelten ihm nicht als zufällige Produkte des psychischen Mechanismus, sondern vielmehr als die constituirenden Principien des Erkenntnissprocesses, die deshalb für den gesammten Inhalt des Denkens dieselbe apriorische Geltung haben, wie die reinen sinnlichen Formen, Raum und Zeit, für den gesammten Inhalt der Anschauung. Aber wenn damit die Apriorität der Formen des Denkens gegen Hume gerettet ist, so hat es nur in der Weise geschehen können, dass Kant mit Hume ihre Phänomenalität anerkennt.

Denn nach dieser Untersuchung treten nun die reinen Formen des Verstandes mit denjenigen der Sinnlichkeit in einen vollkommenen und absoluten Parallelismus. Erst aus beiden zusammen besteht die synthetische Funktion, vermöge deren die Empfindungen für uns zu der Vorstellung von Dingen und ihren nothwendigen Beziehungen zusammenschiessen. Beide sind Funktionsgesetze unserer Erkenntnissthätigkeit, welche erst bei Gelegenheit ihrer Anwendung uns zum Bewusstsein kommen. Von beiden gibt es deshalb eine allgemeine und nothwendige Erkenntniss, aber beide gelten auch nur für die nothwendige Vorstellungsweise, in welcher wir nach den Gesetzen unseres »Gemüths« die Welt anzuschauen und zu denken genöthigt sind. Jetzt erscheint an dem Horizonte des Kantischen Denkens wiederum eine der Mathematik an Apodicticität ebenbürtige Metaphysik. Aber es ist nicht mehr eine Metaphysik der Dinge an sich, sondern eine Metaphysik der Erscheinungen. Es ist eine Lehre von den nothwendigen Begriffen und Grundsätzen, nach denen wir die Welt denken müssen, weil schon unsere Erfahrung nur durch sie zu Stande kommt.

Es darf angenommen werden, dass Kant in der Mitte der siebziger Jahre diese Entwicklung durchgemacht hatte. Wenn er sie noch nicht zum Abschluss brachte, so geschah es, weil in diesem Gedankenzusammenhange, (der ja unendlich viel tiefer war, als die im Resultat scheinbar ähnliche Lehre von den »subjektivi-

schen Nothwendigkeiten«, zu welcher um die gleiche Zeit T e t e n s
nicht ohne Anregung von Kants Inauguraldissertation gelangte), das
Problem der Beziehung unserer Vorstellungen auf Dinge, weit davon entfernt, gelöst zu werden, sich nur noch mehr verwickelt
hatte. Denn stellte sich nun heraus, das Alles, was wir in Anschauung und Denken für Gegenstände anzusehen gewohnt sind,
ein immanentes Product unserer Vorstellungsthätigkeit bildet, dass
mathematische und metaphysische Erkenntniss, wenn auch mit
Nothwendigkeit und Allgemeingültigkeit, so doch immer nur auf
die Erscheinung und nicht auf die Dinge an sich geht, so musste
unser Denken derartig in sich selbst geschlossen und von der absoluten Realität so vollständig getrennt erscheinen, wie nie zuvor
in einem anderen philosophischen System. Und zog Kant diese
Consequenz, so musste sie sich sogleich auch weiter erstrecken
und zuletzt gegen sich selber wenden. Denn wenn weder der
Weg des Anschauens noch derjenige des Denkens zur Erkenntniss
der Dinge an sich führt, so ist zunächst gar nicht zu verstehen,
wie wir überhaupt zu Vorstellungen von Dingen an sich kommen
sollen. Ist das Ding an sich ein unbekanntes, welches jenseits der
Grenze aller unserer Erkenntnissfähigkeit liegt, welche Veranlassung
haben wir, eine solche Grenze und ein jenseits derselben liegendes
Etwas überhaupt anzunehmen? Jedenfalls ist dieser Gegensatz
von Vorstellung und Ding an sich, welcher die allgemeine Grundlage des naiven Realismus ausmacht, nicht mehr etwas so Selbstverständliches, wie es der gemeinen Meinung erscheint, sondern
er ist selbst eines der höchsten und letzten Probleme der erkenntnisstheoretischen Kritik. Wenn man sich nur auf diesem Gebiete
hält und sich aller unwillkürlichen Vorurtheile entschlägt, so sieht
man bald ein, dass es für die Erkenntnissthätigkeit weder ein Bedürfniss ist noch einen Sinn hat, ein ausser ihr befindliches X
anzunehmen, das sie weder anzuschauen noch zu erkennen im
Stande wäre, und auf welches sich selbst die Anwendung der
Kategorien der Dinghaftigkeit und des causalen Verhältnisses hinsichtlich unserer Empfindungen verbietet.

Aber selbst angenommen, es lägen andere Motive vor — und
es wird sich zeigen, welche für Kant vorlagen —, an der Realität
unerkennbarer Dinge an sich festzuhalten, so ergibt sich von vornherein, dass diese Annahme nicht mehr als Voraussetzung der erkenntnisstheoretischen Kritik zu Grunde gelegt werden darf. Nun

beruhten aber alle die psychologischen Theorien über den Ursprung der Erkenntnisse, welche die Philosophie vor Kant und
welche nun Kant in ihrer ganzen Ausdehnung auch durchgemacht
hatte, nun beruhte vor allem die Fragestellung, wie kommt es,
dass subjektive Denkprocesse objektive Geltung haben sollen,
selbst auf dieser Voraussetzung des naiven Realismus, dass der
Geist den Dingen an sich gegenüberstehe. Jetzt musste Kant sich
klar machen, dass schon der Gegensatz von Subject und Object
eine in ihrem Erkenntnisswerthe erst zu prüfende Voraussetzung
ist, dass also das erkenntnisstheoretische Problem anders formulirt
werden muss, um jene Voraussetzung nicht von vornherein mit-
zumachen. Dabei gaben ihm die Untersuchungen über die Genesis unserer Vorstellungen von Gegenständen die neue Fassung des
Problems unmittelbar an die Hand. Sie hatten gelehrt, dass es
für den einzelnen Geist ein Gegenständliches gibt, sobald durch
die Funktion der reinen Formen sich in ihm eine nothwendige
und allgemeine Synthese vollzogen hat. Gegenständlichkeit heisst
für den menschlichen Geist Nothwendigkeit und Allgemeingültigkeit seiner synthetischen Funktion. Die erste Vorbedingung für
das Verständniss der kritischen Philosophie ist deshalb die Einsicht in den Unterschied, welchen Kant hier zwischen Objektivität
und Realität im Sinne des gewöhnlichen Denkens macht. Seine
Erkenntnisstheorie geht nicht mehr auf die Frage hinaus, wie das
Denken die Realität erfasse, sondern vielmehr auf die andere,
welche Processe des Denkens objektiv, d. h. nothwendig und allgemeingültig sind. Das ist der Sinn jener Frage nach dem Begriffe der »synthetischen Urtheile a priori«, welche die
Kantische Kritik eröffnet. Und nach der ganzen Entwicklung,
welche sein Denken genommen hatte, ist es von vornherein klar,
dass diese Apriorität, diese Nothwendigkeit und Allgemeingültigkeit überall nur da gesucht werden kann, wo es sich um eine Anwendung der reinen Formen der Vernunft handelt.

Ist es auf diese Weise klar, dass es die Erkenntnisstheorie,
so gefasst und durchgeführt, nur mit dem Umkreise der menschlichen Erfahrung und ihrer Verarbeitung durch die reinen Formen
der Vernunft, dass sie es also mit dem Begriffe des Dinges an sich
überhaupt gar nicht zu thun hat, so musste für Kant die wissenschaftliche Erkenntniss wiederum in ein ganz anderes Verhältniss
zu seiner persönlichen Weltanschauung treten. Es hatte sich für

ihn herausgestellt, dass auch die reinen Formen des Denkens nur innerhalb der von der sinnlichen Anschauung gegebenen Materialien eine Erkenntnisskraft besitzen. Die Welt der menschlichen Erkenntniss ist, in der Sprache der Inauguraldissertation zu reden, der mundus sensibilis. Wären wir nur erkennende Wesen, so wüssten wir von der übersinnlichen Welt ebenso viel wie von den Dingen an sich — d. h. Nichts. Aber Kants moralphilosophische Überzeugung war ja schon vorher völlig in sich befestigt. Für sie war es das Gewisseste, dass der Mensch als moralisch frei handelndes Wesen der übersinnlichen Welt angehört. Mochte daher auch die theoretische Vernunft den Begriff einer intelligiblen Welt als etwas ihr vollkommen Fremdes und Gleichgültiges bei Seite schieben, — in dem sittlichen Bewusstsein, in der praktischen Vernunft ruhte für Kant eine vollkommen gewisse Überzeugung von der Realität einer intelligiblen Welt von Dingen an sich. Mochten alle Formen der Erkenntniss nicht ausreichen, sie auch nur als möglich zu denken, — die praktische Überzeugung lebte in ihm: sie ist. So erwies sich noch jetzt für Kant die frühere Unterscheidung der Moral und der Religiosität von ihrer metaphysischen Begründung ausserordentlich folgenreich. Er vermochte seine persönliche Weltanschauung mit ihrem ganzen Rigorismus des Gegensatzes von sinnlicher und sittlicher Welt gerade jetzt auf dem Grunde seines moralischen Glaubens aufzubauen, wo er die Metaphysik aus dem Reiche des Übersinnlichen verwiesen und für eine apriorische Wissenschaft der Erscheinungen erklärt hatte. So fand die Annahme von Dingen an sich, nachdem sie theoretisch unterwühlt worden war, bei Kant ihre Basis in der praktischen Überzeugung, und in diesem Sinne konnte er später mit Recht erklären, es sei ihm nie in den Sinn gekommen, an der Realität der Dinge zu zweifeln. Diese seine Überzeugung deckte sich aber völlig mit der Annahme des naiven Realismus, und so kam es, dass Kant zu derselben Zeit und in demselben Werke, wo er den naiven Realismus als eine für die wissenschaftliche Kritik der Erkenntnisstheorie unbrauchbare Voraussetzung verwarf, in seiner gesammten Weltanschauung mit um so grösserer Energie daran festhielt.

Aus diesem Ineinander antagonistischer Gedankenströmungen ist schliesslich die Kritik der reinen Vernunft und mit ihr die gesammte kritische Philosophie hervorgegangen. In jenem Grundwerke sind alle die Schlussreihen und alle die Auffassungen, welche sich in Kants Geiste um diese Zeit kreuzten, gleichmässig niedergelegt. Darin besteht der eigenthümliche Charakter dieses Werkes, welches so unendlich mannigfachen Beurtheilungen unterlegen ist. Will man diese Gegensätze an einem Punkte und auf einen Begriff concentrirt finden, so ist es derjenige der Sinnlichkeit. Von dem rein erkenntnisstheoretischen Standpunkte dürfte Kant dieselbe nur als das Gebiet der Empfindungen und ihrer zeitlich-räumlichen Anordnung bestimmen, und dürfte er nur von unserer Erfahrung und ihren nothwendigen Formen sprechen. Weil er aber wegen seiner praktischen Überzeugung an der Realität der Dinge an sich festhielt, so konnte er seine frühere, aus der Psychologie des naiven Realismus erwachsene Begriffsbestimmung; die Sinnlichkeit sei das Vermögen des Geistes afficirt zu werden, und seine Bezeichnung, die Welt der menschlichen Vorstellungen sei diejenige der Erscheinungen, auch in der Kritik der reinen Vernunft stehen lassen. Die erkenntnisstheoretische Formulirung ist voraussetzungslos geworden, aber die psychologischen Bestimmungen setzen den naiven Realismus voraus. Damit aber war in die Darstellung der Kantischen Kritik selbst ein innerer Antagonismus verlegt, welcher der Polemik eine willkommene Handhabe bot, welcher aber zugleich auch das kräftigste Ferment in der weiteren Ausbildung des Kantischen Gedankenkreises gebildet hat. Diesen nun in seiner ganzen Ausdehnung und in der Mannigfaltigkeit seiner Bestandtheile aus einander zu legen, ist die nächste Aufgabe dieser Darstellung.

§ 59. Kants theoretische Philosophie.

Kant selbst hat stets das grösste Gewicht darauf gelegt, dass der unterscheidende Charakter seiner Philosophie in jener neuen Methode zu suchen sei, welche er die kritische oder die transscendentale genannt hat. Um so merkwürdiger ist es, dass über diese Methode unter den historischen Forschern eine fast noch geringere Übereinstimmung herrscht, als über den Entwicklungsgang des Philosophen. Während Kant sich schmeichelte, es werde das Ende des Jahrhunderts nicht vergehen, ohne dass der von ihm durch unbetretenes Dickicht gebahnte Fusssteig sich in eine breite Heeresstrasse verwandelte, so herrscht über die Gesammtrichtung und die einzelnen Windungen dieses Fusssteigs noch heute Streit.

Diese Thatsache macht es wahrscheinlich, dass ebenso wie Kants
Entwicklungsgang und ebenso wie der Grundstock seiner Ansichten auch seine Methode sich nicht in eine einfache Formel
bringen, sondern als eine Verdichtung mannigfacher methodischer
Gesichtspunkte ebenso vielfache Deutungen möglich erscheinen
lässt, wie jene.

Als »transscendental« setzt Kant seine Philosophie dem
»transscendenten« Bestreben der früheren Metaphysik, die Dinge
an sich zu erkennen, in dem Sinne entgegen, dass er es für ihre
Aufgabe erklärt, die Bedingungen apriorischer Erkenntniss auf
allen Gebieten des menschlichen Denkens festzustellen, und transscendental will er in diesem Sinne alles dasjenige nennen, was sich
auf die Möglichkeit allgemeinen und nothwendigen Denkinhalts
bezieht. Aber die bei Kants sonstiger Pedanterie ausserordentlich
merkwürdige Erscheinung seines höchst laxen und unbestimmten
Sprachgebrauches, welche zu der Dunkelheit seiner Schriften
ebenso viel wie die Schwerfälligkeit seines Periodenbaues beiträgt
und ein deutliches Bild seines steten Ringens mit dem Gedanken
gibt, — dieser sein Schreibgebrauch lässt ihn an jener Fixirung
des Unterschiedes von transscendent und transscendental durchaus
nicht festhalten und sehr häufig nach der alten Sitte transscendental da brauchen, wo er transscendent meint. Sicherer deshalb und
weniger Verwirrungen ausgesetzt scheint die Bestimmung seiner
Methode als der kritischen, um so mehr, als dieser Terminus
in einem greifbaren und deutlichen Gegensatz erscheint. Dogma-
tisch nennt Kant alle Philosophie, welche ohne Prüfung der Erkenntnissthätigkeit und ihrer Grenzen von irgend welchen Voraussetzungen und Vorurtheilen her gleich unmittelbar an die Erkenntniss der Dinge gehen will, und darunter fällt ihm der Empirismus
so gut wie der Rationalismus seiner nächsten Vorgänger. Nicht
minder verwerflich aber erscheint ihm der Skepticismus, insofern
derselbe den Nachweis liefern will, dass das menschliche Denken
den Anforderungen, welche man von irgend welchen dogmatischen
Voraussetzungen her an dasselbe gestellt hat, nicht genügen kann,
und darauf dann eine Art von Verzweiflung an der Erkenntnissfähigkeit des Menschen überhaupt gründet. Nicht also insofern er
eine Kritik der Erkenntniss gibt, sondern insofern er diese Kritik
unter dogmatischen Vorurtheilen ausführt, wird der Skepticismus
von Kant bekämpft. Für die kritische Philosophie aber setzt er die

Aufgabe, zunächst den Begriff der Erkenntniss neu, d. h. ohne dogmatische, metaphysische oder psychologische Voraussetzungen zu
formuliren und dann zu untersuchen, in wie weit das menschliche
Denken denselben zu realisiren vermag. So wurzelt der Begriff
der kritischen Philosophie in ihrer erkenntnisstheoretischen Aufgabe; aber derselbe überträgt sich dann, wenn auch mit einigen
Veränderungen, auf die übrigen Gebiete der Philosophie. In diesem Sinne gilt es, dass durch Kant der e r k e n n t n i s s t h e o r e -
t i s c h e G e s i c h t s p u n k t zum massgebenden für die Philosophie
überhaupt gemacht worden ist. Nun gab es Ansätze zu dieser erkenntnisstheoretischen Behandlung genug auch in der vorkantischen Lehre. Bei Locke, bei Leibniz, bei Hume sind sie unverkennbar vorhanden; aber die Voraussetzung, dass das Urtheil über
den Erkenntnisswerth der Vorstellungen von der Einsicht in ihren
Ursprung abhänge, verquickte vor Kant überall diese Untersuchung
mit psychologischen Theorien. Kant wurde erst dadurch originell,
dass er sich klar machte, es sei für den Erkenntnisswerth des Denkens ganz gleichgültig, wie es zu Stande gekommen ist. Die Erkenntnisstheorie soll weder beschreibende noch erklärende Psychologie sein; sie ist eine kritische, den Werth prüfende Wissenschaft, und sie muss deshalb statt von Voraussetzungen über das
Wesen der Seele und den Ursprung der Vorstellungen, vielmehr
von einem Idealbegriffe der Erkenntniss ausgehen, welcher sich
lediglich auf immanente Unterschiede im Werthe der Vorstellungen
bezieht. In dieser Rücksicht nun stellt Kant an die Spitze seiner
Untersuchungen das Ideal der s y n t h e t i s c h e n U r t h e i l e a
p r i o r i. Erkenntnisse sind Urtheile, aber Urtheile, in denen Vorstellungen mit einander in eine Verknüpfung gebracht werden, die
nicht durch blosse logische Analyse ihres Inhaltes begründet ist,
aber synthetische Urtheile, welche auf Allgemeingültigkeit und
Nothwendigkeit Anspruch machen. Man hat den Unterschied analytischer und synthetischer Urtheile, von dem die Kritik der reinen
Vernunft ausgeht, vielfach dadurch bemängelt, dass man auf die
psychologische Thatsache hinwies, es könne dasselbe Urtheil für
den einen Menschen synthetisch sein, welches für den andern
analytisch sei. Dieser Einwurf ist ebenso wohlfeil, wie er den
Sinn der Kantischen Unterscheidung völlig missversteht. Kants
Unterschied analytischer und synthetischer Urtheile will nicht
ein solcher der psychologischen Genesis, sondern der erkenntniss-

theoretischen B e g r ü n d u n g sein. Die analytischen Urtheile haben
keinen Erkenntnisswerth, weil die formal-logische Begründung
nur dem Inhalt der Prämissen eine neue Form gibt. Der wahre
Erkenntnisswerth gebührt erst denjenigen Urtheilen, welche Vorstellungen in Beziehungen zu einander setzen, die nicht durch das
logische Verhältniss ihres Inhaltes begründet sind. Dieser Werth
gebührt in der ersten Linie allen thatsächlichen Vorstellungsver-
knüpfungen, die durch die Wahrnehmung gewonnen werden. Der
Grund der Synthesis ist aber in diesem Falle ein Akt der Erfahrung. Deshalb nennt Kant diese Urtheile synthetische Urtheile
a posteriori. Nun kommt der rationalistische Charakter seines
Denkens mit voller Klarheit darin zu Tage, dass er diese Urtheile
zwar als zu Recht bestehend und als die Grundlage aller Erkenntnissthätigkeit anerkennt, dass sich aber seine Erkenntnisstheorie
mit der Kritik derselben principiell nicht befasst. Wenn man Kants
Lehre eine Theorie oder Kritik der Erfahrung genannt hat, so darf
man darunter im Princip nicht eine Untersuchung über den Werth
derjenigen einzelnen Urtheile vermuthen, welche, wie man sich
gewöhnlich ausdrückt, durch die Erfahrung gewonnen sind. Alle
diese Urtheile bilden vielmehr für Kant keinen Gegenstand der
philosophischen Kritik: diese richtet sich auf die ganz neue Art
von Erkenntnissen, welche Kant in dem Begriff der synthetischen
Urtheile a priori aufstellt. Die Leibnizische Theorie hatte den
vérités de fait nur die vérités éternelles d. h. die logischen Grundsätze des analytischen Verfahrens gegenüber zu stellen gewusst.
Kant aber fand, dass es ursprüngliche Begriffsverknüpfungen gibt,
welche nicht logischen Charakters, und doch allgemein und nothwendig sind. Gibt es solche, so muss es sich fragen, worin in
diesem Falle der Grund der Synthesis liegt. Damit ist die Aufgabe
der Kantischen Philosophie und die kritische Methode ihrer Lösung
bestimmt.

Auf allen Gebieten des menschlichen Denkens, nicht nur auf
denjenigen des Erkennens, forscht Kant nach der Existenz synthetischer Urtheile a priori d. h. ursprünglicher, nicht logisch begreiflicher Begriffsverknüpfungen von allgemeiner und nothwendiger Geltung. Aber mit ihrer Constatirung ist es nicht abgethan,
sondern darauf folgt erst die wichtigere Frage nach dem Grunde
ihrer Synthesis; und erst die Einsicht in diesen kann für die Kritik
den Massstab abgeben, nach welchem sie beurtheilt, ob der An-

spruch auf Allgemeingültigkeit und Nothwendigkeit im einzelnen
Falle berechtigt sei oder nicht. Man hat die kritische Methode so
aufgefasst, als schlösse sie von den constatirten synthetischen Urtheilen a priori auf die Bedingungen ihrer Möglichkeit und lehrte
dann, dass diese Bedingungen im menschlichen Geiste wirklich
vorhanden seien, weil ja ihre Wirkungen constatirt seien. Wäre
dies das Schlussverfahren Kants, so müsste er aus der von
ihm constatirten Thatsache synthetischer Urtheile a priori in der
Metaphysik des Übersinnlichen haben erschliessen müssen, dass
die von ihm deducirte Bedingung derselben, die intellektuelle Anschauung, dem menschlichen Geiste angehöre: denn es wäre sonst
ganz willkürlich von ihm, den Anspruch der einen Wissenschaft
anders als denjenigen der andern zu behandeln. Aber Kants
Schlussweise ist eine ganz andere. Er constatirt die synthetischen
Urtheile a priori nicht als Beweismaterial, sondern als Objekt der
Kritik. Er untersucht bei einer jeden Art, unter welchen Bedingungen allein sie berechtigt sein können, und fragt dann, ob
diese Bedingungen im menschlichem Geiste erfüllt sind oder nicht.
Je nachdem diese Frage bejaht oder verneint wird, entscheidet sich
dann das Urtheil über die Berechtigung der synthetischen Urtheile
a priori. Wenn dies die eigentliche Anlage der kritischen Methode
ist, so kann es andererseits nicht zweifelhaft sein, dass dieselbe
aus den verwickelten Deduktionen der Kantischen Lehre erst herausgeschält werden muss. Namentlich auf dem Gebiete der praktischen Philosophie wird sie, wie sich zeigen wird, durch einen
anderen Gedanken derartig gekreuzt, dass sie fast bis zur Un-
kenntlichkeit entstellt ist. Hauptsächlich aber ist ihre Klarheit
durch die Nöthigung getrübt, in welche sich Kant versetzt sah,
zu ihrer Durchführung wiederum psychologische Voraussetzungen
und Untersuchungen anzuwenden. Denn wenn die Frage nach
der Berechtigung des Anspruchs der synthetischen Urtheile auf
Allgemeingültigkeit und Nothwendigkeit danach entschieden
wurde, dass die Bedingungen dazu im menschlichen Geiste entweder vorhanden sind oder fehlen, so liegt ja die Entscheidung
der erkenntnisstheoretischen Fragen zuletzt doch immer wieder
bei einer psychologischen Einsicht, wenn auch nicht in den Ursprung der Vorstellungen, so doch in die Eigenschaften der menschlichen Intelligenz oder, wie Kant mit der empirischen Psychologie
seiner Zeit sagt, in die Vermögen des menschlichen Gemüths. So

kommt es, dass die Erkenntnisstheorie, wenn sie auch ihre Aufgabe ohne jede Rücksicht auf psychologische Voraussetzungen formulirt hat, doch zur Lösung derselben überall auf psychologische Thatsachen und Theorien rekurriren muss, und dieses Verhältniss rechtfertigt sich von selbst, sobald man bedenkt, dass es sich um die Kritik nicht irgend einer anderen, sondern eben der menschlichen Erkenntnissfähigkeit handelt. Aber Kant hat nun in seiner Durcheinanderarbeitung des ungeheuren Stoffs es versäumt, diese verschiedenen, im Ganzen sich gegenseitig ergänzenden und tragenden Gedankenreihen, auseinanderzuhalten und ihre Gliederung überall klar zu legen, und er hat dadurch nicht zum Wenigsten das Verständniss seines gesammten philosophischen Werkes erschwert.

Es ist aber hieraus klar, dass dem ganzen Umfang der Kantischen Kritik eine nicht minder umfangreiche psychologische Ansicht zu Grunde liegt, und es wird das um so merkwürdiger dadurch, dass Kant im Verlaufe seiner Kritik der Wissenschaften der Psychologie den Charakter der Apodicticität absolut abgesprochen hat. In dem energischen Hinblicke auf die Kritik des Werthes bedachte er nicht die grosse Anzahl von psychologischen Voraussetzungen, mit denen er selbst nicht nur bei der Lösung jedes einzelnen Problems verfuhr und der Natur der Sache nach verfahren musste, sondern auch den ganzen Aufbau seiner neuen Lehre gliederte. So enthält seine Lehre zwar die vollkommene Unterordnung des psychologischen unter das erkenntnisstheoretische Moment, aber doch auch zugleich den Beweis, dass ohne die Aufnahme des ersteren die kritische Aufgabe durchaus nicht gelöst werden kann.

Von der psychologischen Grundlage seines gesammten Systems hat Kant den klarsten Ausdruck theils in der Einleitung in die Kritik der Urtheilskraft theils besonders in einem kleinen Aufsatze gegeben, welcher anfänglich für diese Einleitung bestimmt war, später von S. Beck am Schlusse seines »Erläuternden Auszuges aus den kritischen Schriften des Herrn Professor Kant« mit Autorisation des Philosophen auszugsweise veröffentlicht wurde und unter dem Titel »Über Philosophie überhaupt« in die Sammlung seiner Schriften übergegangen ist. Kant acceptirt hier die Dreitheilung der psychischen Funktionen, welche in der empirischen Psychologie seiner Zeit durch Sulzer, Mendelssohn und Tetens geläufig geworden war und neben dem Erkenntniss- und dem Begehrungsvermögen ein Empfindungsvermögen ansetzte. Er fügt dann hinzu, dass allen drei Vermögen gewisse synthetische Urtheile a priori eigen seien und dass deren kritische Untersuchung das ganze Geschäft seiner Transscendentalphilosophie ausmache. Im Erkenntnissvermögen bestehen die apriorischen Synthesen in einer Reihe von Urtheilen, welche ohne formal-logische Verknüpfung die Grundbegriffe unserer Weltauffassung in nothwendiger und allgemeingültiger Weise mit einander verbinden *). Auf dem Gebiete des Begehrungsvermögens bestehen die apriorischen Synthesen darin, dass gewissen Willensbethätigungen die moralischen Prädikate gut oder böse in nothwendiger und allgemeingültiger Weise zugesprochen werden : die praktischen Synthesen a priori sind Werthbeurtheilungen von allgemeiner und nothwendiger Geltung. Auf dem Gebiete des Empfindungsvermögens bestehen die synthetischen Urtheile a priori darin, dass es gewissen Gegenständen gegenüber allgemeingültige und nothwendige Gefühle der Lust oder Unlust gibt, welche sich durch die Prädikate der Schönheit oder Hässlichkeit, der Zweckmässigkeit oder Unzweckmässigkeit zu erkennen geben : die a priorischen Synthesen des Gefühlsvermögens sind, a potiori benannt, die ästhetischen **) Urtheile. Hienach gliedert sich die kritische Philosophie in die drei Haupttheile einer Kritik der theoretischen, der praktischen und der ästhetischen synthetischen Urtheile a priori, und das ganze Kantische System in seine theoretische, praktische und ästhetische Lehre. Den Grundstock der kritischen Werke Kants bilden deshalb die sogenannten drei grossen Kritiken, von denen jede das Grundwerk für einen dieser drei Theile bildet: die Kritik der reinen Vernunft, die Kritik der praktischen Vernunft und die Kritik der Urtheilskraft, — die drei Werke, um welche sich alle übrigen Kantischen Schriften mit mehr oder minder naher Beziehung gruppiren.

---

*) Man übersieht von hier aus vielleicht am einfachsten Kants — historisch übrigens, so weit bekannt, völlig unvermittelte — Stellung zu der schottischen Schule. Diese behauptete gegen Locke und die Associationspsychologie die Existenz »ursprünglicher Urtheile«, welche sie auf empirisch-psychologischem Wege constatiren wollte. In gewissem Sinne decken sich dieselben mit Kants synthetischen Urtheilen a priori: nur mit dem Unterschiede, dass die Schotten diese Urtheile als absolute Wahrheit des Commonsense anerkannten, während Kant ihre Berechtigung in Frage stellte. Kant fängt also genau da an, wo die Schotten aufhörten.

**) Über den Terminus »ästhetisch« vgl. Bd. 1, pag. 515.

Wenn man unter theoretischer Philosophie bei den früheren Philosophen in erster Linie ihre wissenschaftliche Begründung der Weltanschauung, m. a. W. ihre Metaphysik versteht, so bezieht sich bei Kant dieser Name im Wesentlichen auf seine Theorie der menschlichen Erkenntniss, d. h. also eigentlich auf die Theorie der Theorie. Es ist seine Wissenschaftslehre, welche diesen Namen verdient, und nur der besondere Charakter derselben gibt, wie sich entwickeln wird, die Berechtigung, seine Naturphilosophie in diesen Kreis seiner Betrachtungen hineinzuziehen.

Die Grundfrage dieses Theiles der Kantischen Lehre ist also diejenige nach der Berechtigung derjenigen Wissenschaften, welche synthetische Urtheile a priori enthalten. Kant constatirt nach dem Schema, welches zuerst die Prolegomena darbieten, deren drei. In erster Linie steht die Mathematik. Die Gesetze, welche dieselbe entwickelt, sind zweifellos als allgemeingültig und nothwendig anerkannt: dass sie zugleich synthetischen Charakters sind, behauptete Kant auf Grund seiner Einsicht in den anschaulichen Charakter des mathematischen Denkens. In zweiter Linie kommt die »reine Naturwissenschaft« in Betracht. Unter diesem Namen begreift Kant das System der Grundsätze, welche aller Naturauffassung und Naturforschung zu Grunde liegen, und welches er nicht als gegeben vorfand, sondern selber erst in der ersten Auflage der Kritik der reinen Vernunft schuf. Drittens aber beansprucht die Metaphysik mit ihrer Seelen-, Welt- und Gotteslehre die Nothwendigkeit und Allgemeingültigkeit von Sätzen, welche nur scheinbar durch bloss logische Analyse, in Wahrheit aber durch synthetische Akte begründet sind.

Die Aufgabe der Kritik der reinen Vernunft ist die Prüfung dieser drei Wissenschaften, und sie vollzieht sich wiederum nach einer psychologischen Schematisirung. Der Gegensatz von Sinnlichkeit und Denken gliedert die transscendentale »Elementarlehre« in die transscendentale Ästhetik und die transscendentale Logik, von denen die erstere die Kritik der Mathematik zu ihrem Gegenstande hat. Die Letztere theilt sich danach, dass das Denken als Verstand eine rationale Erkenntniss der Sinnenwelt, als Vernunft dagegen eine solche der übersinnlichen Welt zu finden sucht, in transscendentale Analytik und transscendentale Dialektik, von denen der ersteren die Kritik der reinen Naturwissenschaft, der letzteren diejenige der Metaphysik anheimfällt.

Der gesammten erkenntnisstheoretischen Kritik Kants liegt
die psychologische Auffassung bestimmend zu Grunde, dass Sinnlichkeit und Verstand die beiden vielleicht in ihrer letzten Wurzel
vereinigten, in unserem Bewusstsein jedoch vollkommen gesondert
und verschieden funktionirenden Stämme der Erkenntniss seien,
dass aber andererseits jede objektive d. h. nothwendige und allgemeingültige Erkenntniss nicht an einem dieser beiden Stämme
allein reife, sondern vielmehr stets die Frucht von beiden sei.
Spielt dabei die Sinnlichkeit die weibliche Rolle der Empfänglichkeit, so gebührt dem Verstande die befruchtende Funktion der
Spontaneität. Es erweisen sich in dem Kantischen System alle
Arten der Erkenntniss a priori durch die verschiedenen Verhältnisse bedingt, in welche diese beiden Faktoren unseres Denkens
mit einander treten.

Wenn zunächst Kant die Mathematik als eine anschauliche
Wissenschaft bezeichnet, so ist das nicht so zu verstehen, als ob
damit aus ihr die Verstandesthätigkeit eliminirt werden sollte. Begriffsbildung, Urtheil und Schluss gehören selbstverständlich zu
ihrem Apparate ebenso wie zu demjenigen aller anderen Wissenschaften. Was Kant der früheren Auffassung gegenüber behauptet,
ist vielmehr nur dies, dass der Grund für die Begriffe und die
Axiome *), mit denen die Mathematik operirt, nicht in rein logischen Processen, sondern vielmehr in Akten der Anschauung zu
suchen sei. Dass die gerade Linie die kürzeste zwischen zwei
Punkten, dass die Summe von 5 und 7 gleich 12 ist, sind Sätze,
welche durch logische Analyse ihrer Subjektbegriffe nicht gefunden
werden können. Im Begriffe der Geradheit liegt kein Merkmal der
Entfernungsgrösse, im Begriff der Summe zweier Zahlen liegt nicht
eine andere Zahl als ihr Merkmal. Diese Sätze müssen also in
einer Synthesis begründet, und diese Synthesis kann nicht diejenige einer zufälligen Erfahrung sein, denn sonst wäre die Allgemeingültigkeit und Nothwendigkeit jener Sätze nicht erklärt.
Das ein- oder mehrmalige Ausmessen, das ein- oder mehrmalige

---

*) Dass auch die Beweisführung der Mathematik nicht in der Form des
Syllogismus stattfinde, sondern auf anschaulichen Überführungen beruhe, hat
Kant niemals behauptet. Diese Consequenz hat erst Schopenhauer zu ziehen
gesucht, während für Kant sich die Anschaulichkeit des mathematischen Ver-
fahrens auf die Construktion der Begriffe und die der Beweisführung zu
Grunde liegenden Axiome beschränkt.

Zusammenzählen ist kein Beweis für jene Sätze. Aber dieselben leuchten sofort und unmittelbar ein, sobald man ihren Inhalt in der Anschauung construirt. Indem man die gerade Linie zwischen zwei Punkten zieht, ergibt es sich in der Anschauung als unmittelbar selbstverständlich, dass es keine kürzere geben kann, und indem man den Akt des Summirens in der Zahlenreihe ausführt, bleibt auch nicht der Schatten eines Zweifels darüber bestehen, dass das Resultat unter allen Umständen dasselbe sein muss. Liegt somit der Grund der Synthesis in der Anschauung, so ist es nicht eine einzelne oder die Summe mehrerer einzelnen Erfahrungen, sondern vielmehr die Nothwendigkeit und Allgemeingültigkeit des Aktes als solchen, denen jene Sätze ihre Apodicticität verdanken. Diese Apodicticität gilt also nur, wenn es allgemeingültige und nothwendige Anschauungsakte gibt. Nun ist aber in der Anschauung Alles, was die sinnliche Qualität der einzelnen Gegenstände der Wahrnehmung bildet, Farben, Töne und so weiter, von subjektiver, individueller Wandelbarkeit. Allgemein und nothwendig können deshalb nur die räumlichen und zeitlichen Formen sein; und auch nur für diese gilt ja die mathematische Gesetzmässigkeit. Die Bedingung also, unter welcher allein der Anspruch der Mathematik auf Allgemeingültigkeit und Nothwendigkeit berechtigt sein kann, ist diejenige, dass sie eine Reflexion auf die nothwendigen und allgemeingültigen Formen aller Anschauungen überhaupt bildet, und dass die beiden Elemente der mathematischen Construktion, Raum und Zeit, solche Formen d. h. Anschauungen a priori sind. Die Untersuchung dieser Frage gibt also eine transscendentale Anschauungslehre, d. h. (nach dem etymologischen Sinne des Wortes) Ästhetik.

Den Beweis für die Apriorität von Raum und Zeit führt Kant auf vier Wegen. Die Vorstellungen von Raum und Zeit können nicht erst auf dem Wege der Abstraktion aus denjenigen von einzelnen Räumen und einzelnen Zeiten begründet werden, sondern die letzteren tragen bereits in den Merkmalen des Nebeneinander und Nacheinander das allgemeine Merkmal der Räumlichkeit und der Zeitlichkeit in sich. Haben sie auf diese Weise keine empirische Begründung, so sind sie zweitens dennoch durchaus nothwendige Vorstellungen, da man zwar alle Gegenstände aus ihnen, nicht aber sie selbst fortzudenken im Stande ist. Drittens sind Raum und Zeit überhaupt nicht Begriffe in dem logischen Sinne des Wortes. Denn es gibt eben nur den einen allgemeinen Raum und die eine allgemeine Zeit, und eine Vorstellung, der nur ein einziges Objekt entsprechen kann, ist kein Gattungsbegriff, sondern eine Anschauung. Das Verhältniss des Raums zu den einzelnen Räumen und der Zeit zu den einzelnen Zeiten ist ein gänzlich anderes als dasjenige eines Gattungsbegriffs zu seinen Arten resp. Exemplaren. Einzelne Räume resp. Zeiten sind realiter Theile des allgemeinen Raums resp. der Zeit; aber ein einzelner Tisch ist durchaus nicht realiter ein Theil des allgemeinen Tisches, sondern hier ist umgekehrt die allgemeine Vorstellung Tisch nur ein Theil der Vorstellung des einzelnen Tisches. Endlich würde ein Begriff niemals so gedacht werden können, dass sein Gegenstand eine unendliche Menge einzelner Gegenstände in sich als reale Theile enthielte. Da nun Raum und Zeit das letztere thun, so folgt daraus, dass sie nur durch die Unbegrenztheit einer anschaulichen Funktion zu Stande kommen. So findet Kant durch eine Untersuchung des Verhältnisses, in welchem sich die Vorstellungen von Raum und Zeit zu unseren einzelnen Anschauungen befinden, dass die letzteren überhaupt erst dadurch zu Stande kommen, dass ihnen Raum und Zeit als nothwendige und allgemeine Anschauungsformen, als Anschauungen a priori zu Grunde liegen. Ist aber dies erwiesen, so ergibt sich daraus, dass die Reflexion auf die innere Gesetzmässigkeit dieser reinen Anschauungen — und nichts anderes enthält die Mathematik — nothwendige und allgemeine Geltung mit vollem Rechte beansprucht.

Die Apodicticität der Mathematik gründet sich also darauf, dass Raum und Zeit die apriorischen Formen der sinnlichen Anschauung sind. Man muss den Begriff der Apriorität ganz scharf verstehen, um nicht die Kantische Lehre von vornherein misszudeuten. Sein Begriff von Apriorität hat mit der psychologischen Priorität nichts zu thun, so sehr es bei Kants vieldeutiger und unsicherer Ausdrucksweise manchmal den Anschein haben mag. Es ist Kant auch nicht im Entferntesten eingefallen, jemals zu behaupten, dass Raum und Zeit angeborene Ideen etwa im Sinne des Cartesianismus seien; er hat niemals daran gedacht, zu meinen, dass der Mensch die Vorstellung des allgemeinen Raums und der allgemeinen Zeit mit auf die Welt brächte und in dieselbe nun die einzelnen sinnlichen Anschauungen an passenden Stellen einfügte. Sein Begriff der Apriorität will eben nur sagen, dass Raum und Zeit die immanente, dem Wesen der Anschauungsthätigkeit eigene Gesetzmässigkeit bilden, welche nicht etwa erst durch die einzelnen Erfahrungen erzeugt wird, sondern vielmehr ihrerseits zu den constitutiven Principien jeder einzelnen Wahrnehmung gehört. Lösen daher wir in der Abstraktion die räumliche und die zeitliche Form von ihrem besonderen sinnlichen Inhalt ab, so bringen wir uns nur die Gesetzmässigkeit zum Bewusstsein, welche bei der Genesis der Wahrnehmung ohne unser bewusstes Zuthun in uns wirksam war. Mit der psychologischen Frage, wie wir dazu kommen, uns diese unbewusst in uns thätige Gesetzmässigkeit zum Bewusstsein zu bringen, hat sich Kant niemals eingehender beschäftigt; wo er sie jedoch streift, hat er stets seine Ansicht dahin ausgesprochen, dass diese Gesetzmässigkeit uns nicht anders zum Bewusstsein kommen kann, als indem wir sie in den besonderen, einzelnen Wahrnehmungen anwenden. In dem Streite der modernen Physiologen und Psychologen über den Ursprung der Raumvorstellung würde Kant zweifellos auf Seite der Empiristen stehen; aber seine Lehre von der Apriorität hat überhaupt mit der ganzen Streitfrage nichts zu thun und ist daher am allerfalschesten gedeutet worden, wenn man sie mit dem jetzigen Nativismus vergleichen zu dürfen meinte.

Mit der Gültigkeit der mathematischen Apodicticität ist aber durch die Lehre von der Apriorität von Raum und Zeit jene phänomenalistische Consequenz verbunden, welche in Kants Entwicklung eine so bedeutsame Rolle spielte. Waren Raum und Zeit die Formen unserer sinnlichen Anschauung und zwar die nothwendigen und allgemeingültigen Formen derselben, so galt die mathematische Gesetzmässigkeit ausnahmslos für den gesammten Umfang unserer sinnlichen Vorstellungswelt. Aber diese Consequenz reichte nur so weit, als es sich eben um unsere Vorstellungswelt handelt. Müssten wir räumliche und zeitliche Verhältnisse erst durch die Einwirkung wirklicher räumlicher und zeitlicher Dinge auf unseren Geist erfahren, so könnten wir niemals sicher sein, dass nicht eine spätere Erfahrung unsere bisherige Erkenntniss der mathematischen Gesetzmässigkeit rectificirte. Die absolute Apodicticität derselben ist dagegen begreiflich, sobald wir in ihr nur unsere eigene Funktionsweise erkennen. Dann sind wir sicher, dass diese selbe Funktionsweise sich in allen ihren späteren

Anwendungen mit derselben Nothwendigkeit und Allgemeinheit
wiederfindet. So ist die Apriorität der Mathematik nur zu begreifen, wenn alles, was wir anschauen, das Produkt eben unserer
Anschauungsweise und ganz originaliter in uns entsprungen ist.
Die Räthselfrage, welche Kant durch die Newtonsche Naturphilosophie nahe gelegt war, wie es denn kommen könne, dass die
mathematischen Gesetze, die wir aus dem eigenen Geiste heraus
zu entwickeln vermögen, sich als bestimmende Mächte des Natur-
geschehens zu erkennen geben, diese Räthselfrage nach der realen
Geltung der Mathematik, welche noch viel weiter greift, als diejenige nach ihrer Apodicticität, löste sich nur, aber sie löste sich
auch vollständig unter dem phänomenalistischen Gesichtspunkte.
Wenn die Sinnenwelt nur unsere Vorstellungsweise von den Dingen ist, so gelten die Formen unserer sinnlichen Anschauung d. h.
die mathematischen Gesetze für ihren ganzen Umfang, aber es ist
in keiner Weise abzusehen, wie sie weiter reichen sollen. In
diesem Sinne spricht Kant von der empirischen Realität und der
transscendentalen Idealität von Raum und Zeit.

Auf den ersten Blick sieht diese Kantische Lehre wie eine
einfache Erweiterung der allgemeinen phänomenalistischen Lehre
aus, welche schon vor ihm in der modernen Philosophie herrschte.
Bei Locke, der die Theorien von Descartes und Hobbes in seiner
Weise verknüpfte, hatten alle Qualitäten der einzelnen Sinne für
subjektiv, dagegen die räumlichen und zeitlichen Bestimmungen
für primäre Qualitäten oder reale Eigenschaften der Dinge gegolten
— ganz so, wie es die moderne Naturwissenschaft lehrt. Was
scheint nun Kant anders gethan zu haben, als die räumlichen und
zeitlichen Eigenschaften auch für subjektiv zu erklären? Gegen
eine solche Auffassung hat Kant mit vollem Rechte auf das Äusserste
protestirt. Ihm gelten Raum und Zeit in ganz anderem Sinne für
subjektiv als die sinnlichen Qualitäten. Die letzteren sind es in
der Weise, dass sie von einer Beziehung des Gegenstandes auf die
Sinne der wahrnehmenden Organismen abhängen, dass sie also
durch die wechselnde Funktion dieser Sinne sogar individuell
different auftreten. Derselbe räumlich-zeitliche Gegenstand erscheint deshalb verschiedenen wahrnehmenden Organismen und
wiederum den verschiedenen Sinnen desselben Organismus, ja sogar demselben Sinn unter verschiedenen Umständen verschieden,
und die naturwissenschaftliche Theorie selbst liefert den Beweis,

dass wir alle diese sinnlichen Qualitäten von dem Gegenstande fort-
denken und doch einen deutlichen und klaren Begriff von ihm haben
können. Die räumlichen und zeitlichen Bestimmungen der Wahr-
nehmungsgegenstände dagegen sind nicht nur den verschiedenen
Auffassungen der verschiedenen Sinne gemeinsam, sondern sie
constituiren das Wesen der Gegenstände derartig, dass ohne sie
dieselben überhaupt nicht mehr gedacht werden können. Sie
bilden daher eine allgemeine und nothwendige Vorstellungsform
der Gegenstände, während die sinnlichen Qualitäten nur besondere
und zufällige Wahrnehmungsweisen derselben darstellen. Die
Subjektivität der sinnlichen Qualitäten ist individuell und zufällig,
diejenige von Raum und Zeit ist allgemein und nothwendig. Indem Kant diese allgemeine und nothwendige gesetzmässige Subjektivität als Objektivität bezeichnet, gelten
ihm Raum und Zeit als objektive Bestimmungen der Erscheinungen *); aber diese ihre Objektivität, lehrt er, sei weit entfernt von
Realität im Sinne der alten metaphysischen Auffassung.

Gegen diese Wendung des Kantischen Gedankens ist früh ein-
geworfen worden, es sei damit zwar vielleicht bewiesen, dass die
ganze Vorstellung, welche wir von der Erfahrungswelt haben, in
unseren gesetzmässigen Funktionen ihren Ursprung habe, aber es
sei nicht widerlegt, dass sie trotzdem ein vollkommenes Abbild der
absoluten Wirklichkeit sei. Die Möglichkeit bleibe offen, dass diese
unsere gesetzmässige Funktion von vornherein so eingerichtet sei,
dass das in uns nach den Gesetzen unserer Sinnlichkeit vollkommen neu entspringende Weltbild dennoch der wirklichen Welt entspreche. Es ist richtig, dass Kants Veröffentlichungen eine aus-

---

*) Inwieweit diese Kantische Unterscheidung zwischen der Subjektivität
der sinnlichen Qualitäten und derjenigen der räumlichen· und zeitlichen Bestimmungen thatsächlich berechtigt ist, kann hier nicht untersucht werden.
Die moderne Physiologie würde ihr kaum beitreten; sie würde vielmehr geltend machen müssen, dass es gleichmässig auf beiden Gebieten bei der Wahrnehmung jeden Gegenstandes einerseits einen Kern gesetzmässiger, allgemeiner
und nothwendiger Normalität, andererseits aber auch in der räumlich-zeitlichen Auffassung so gut, wie in derjenigen der einzelnen Sinne einen gewissen
Umfang individueller und zufälliger Differenzen gibt. Es genügt jedoch hier
zu constatiren, dass Kant von jener principiellen Verschiedenheit des Werthes
der specifischen Sinnesqualitäten und der räumlich-zeitlichen Bestimmungen
überzeugt war und die erkenntnisstheoretischen Consequenzen dieser psychologischen Überzeugung gezogen hat.

drückliche Widerlegung dieses Einwurfes nicht enthalten. Seine Briefe dagegen bezeugen, dass er diese »präformirte« Harmonie zwischen den Formen der Intelligenz und der wirklichen Welt, welche er selbst noch in der Inauguraldissertation hinsichtlich der Verstandesbegriffe vertreten hatte, in seiner kritischen Periode für den seichtesten aller Auswege hielt, auf dem die Erkenntnisstheorie sich ihren schweren Fragen entziehen könne. Gewiss hat er damit Recht, dass eine solche prästabilirte Harmonie ein rein problematischer Gedanke ist, für dessen Annahme sich ebenso wenig wie für seine Ablehnung irgendwie die geringsten Handhaben aufweisen lassen und der deshalb für eine erkenntnisstheoretische Untersuchung gänzlich ausserhalb ihres Horizontes bleiben muss. Aber er würde den Gedanken an die Möglichkeit, dass Raum und Zeit zugleich apriorische Formen unserer Sinnlichkeit und reale Formen der wirklichen Welt seien, nicht so völlig absprechend behandelt haben, wenn er nicht einerseits in den Antinomien einen direkten Beweis dagegen zu besitzen geglaubt hätte und wenn nicht andererseits seine persönliche Überzeugung vollständig in der Richtung befestigt gewesen wäre, dass die Welt der Dinge an sich den moralischen Werth der Übersinnlichkeit besitze und dass eben die gesammte sinnliche Welt nur eine mit dem wahren Wesen incongruente Erscheinungsform desselben sei. Es ist unrichtig, in dieser Überzeugung Kants philosophische Originalität zu suchen. Die Lehre, dass die Sinnenwelt nur der schwache Abglanz einer höheren Welt sei, ist so alt, wie das metaphysische Denken überhaupt. Sie ist weder dem Grübelsinn der indischen noch der begrifflichen Klarheit der griechischen Philosophie fremd, sie ist in der mittelalterlichen und in der neueren Philosophie an mehr als einer Stelle und in mannigfachen Verhältnissen aufgetreten, und sie trägt bei Kant zunächst nur den eigenthümlichen Zug, dass sie in der transscendentalen Ästhetik durch lediglich erkenntnisstheoretische Überlegungen begründet erscheint und den Nerv derselben bei ihm das Princip bildet: eine allgemeingültige und nothwendige Erkenntniss sei nur soweit möglich, als der menschliche Geist nach seinen eigenen Bewegungsgesetzen sich das Bild der Welt entwerfe, und zu diesen Formen, nach denen er dasselbe zu entwerfen genöthigt sei, gehörten in erster Linie diejenigen der sinnlichen Synthese in Raum und Zeit.

Dagegen gibt es noch einen anderen Gesichtspunkt, hinsicht-

lich dessen Kants Vertretung des Phänomenalismus eine neue Phase
innerhalb dieser Lehre bedeutet: das ist seine vollkommen conse-
quente Ausdehnung der phänomenalistischen Ansicht auch auf die
Zeit. Dass die Körperwelt mit ihrer ganzen sinnlichen Gestaltung
nur ein subjektives Bild im Geist des Menschen sei, ist eine vielfach aufgestellte und verfochtene Ansicht: dass aber auch der zeitliche Charakter unserer ganzen Vorstellungswelt nicht eine reale
Bestimmung desselben, sondern auch nur eine menschliche Auffassungsweise sei, ist vor Kant zwar gelegentlich in mystisch-
religiösen Phantasien gestreift, von der wissenschaftlichen Philosophie dagegen nur selten und auch in gewissem Sinne nur
schüchtern behauptet worden. Hauptsächlich nur bei den Eleaten,
bei Platon und bei Spinoza finden sich Anklänge der Kantischen
Auffassung. Die grosse Schwierigkeit für die Betrachtung der Zeit
unter dem phänomenalistischen Gesichtspunkte besteht nämlich
darin, dass wir ohne zeitliche Succession uns einen Process des
Geschehens, der Thätigkeit oder der Veränderung überhaupt nicht
vorzustellen im Stande sind, und dass deshalb die phänomenalistische Auffassung der Zeit, sobald sie sich mit einer positiven
Metaphysik verbinden will, zu der Annahme eines absolut starren,
an sich veränderungslosen Seins hindrängt. Eine Welt, in der es
keine Zeit gibt, ist auch eine solche, in der nichts geschieht. Diese
Schwierigkeiten sind bei Kant dadurch verdeckt, dass sein Phänomenalismus eine Metaphysik der Erkenntniss überhaupt ablehnt
und nur eine solche des ethischen Bewusstseins anerkennt; aber
es wird sich zeigen, dass sie auch in seiner Freiheitslehre nicht
überwunden sind. Zur Annahme dieser Consequenz ist Kant wohl
hauptsächlich dadurch geführt worden, dass er in Folge des Newtonschen Vorganges Zeit und Raum völlig parallel als die absoluten
Bedingungen für den gesammten Inhalt unserer Erfahrung behandelte. In seiner psychologischen Schematisirung fasste er das
Verhältniss dieser beiden Bedingungen unter Benutzung der
Lockeschen Unterscheidung von äusserem und innerem Sinne derartig auf, dass er den Raum als die reine Anschauungsform des
äusseren, die Zeit als diejenige des inneren Sinnes bestimmte. Da
nun alle Vorstellungen als Funktionen unseres Geistes überhaupt
unter den Begriff des inneren Sinnes fallen, so gilt die Zeit ausnahmslos für alle, und unter ihnen bilden den äusseren Sinn nur
diejenigen, welche zu jener allgemeinen Bedingung der Zeit noch

die weitere des Raumes hinzufügen. Kants völlig consequenter Phänomenalismus lehrt also, dass der äussere Sinn mit seiner allgemeinen räumlichen Bestimmtheit nur eine Provinz des inneren Sinnes, d. h. unseres Wissens von unserer eigenen psychischen Thätigkeit ist. Die Zeit ist die Form, in welcher wir uns selbst und alle anderen Dinge, der Raum nur diejenige, unter welcher wir jene anderen Dinge anschauen.

Vermöge dieser Ausdehnung des Phänomenalismus auf den inneren Sinn erklärte nun Kant, dass das Wahrnehmungsmaterial unseres gesammten Wissens Erscheinung sei, von deren Verhältniss zum Ding an sich nichts behauptet werden darf. Nicht nur unsere Vorstellung von den Körpern, sondern auch diejenige von uns selbst und unseren eigenen Thätigkeiten und Zuständen ist eben nur eine Art, wie wir vorstellen, und durchgängig durch die gesetzmässige Form unserer Anschauung bedingt. Indem so der innere Sinn in den phänomenalen Bereich der Sinnlichkeit hineingezogen wird, entsteht bei Kant eine Doppelbedeutung des Terminus »sinnlich«, welche dem ganzen Zusammenhange seiner Lehre grosse Schwierigkeiten bereitet und die Auffassung derselben bedeutend erschwert hat. Hatte Kant aus einem zum grossen Theile ethischen Interesse sich die scharfe Sonderung der sinnlichen und der übersinnlichen Welt zur Lebensaufgabe gemacht, so war dabei der Begriff des »Sinnlichen« in metaphysischer Bedeutung und in dem populären Sinne genommen, welcher unter »sinnlich« das Materielle oder das auf materiellen Veranlassungen Beruhende versteht. Mit der Aufnahme der Lehre vom inneren Sinn gewann das Wort »sinnlich« die erkenntnisstheoretische Bedeutung, alles zu umfassen, was durch Wahrnehmung, äussere oder innere, uns zum Bewusstsein kommt, und dabei fallen unter diesen Begriff auch alle die psychischen Thätigkeiten, welche nach der metaphysischen Terminologie als übersinnlich bezeichnet zu werden pflegten und pflegen. Auf diese Weise schillern die metaphysische und die erkenntnisstheoretische Bedeutung der »Sinnlichkeit« bei Kant fortwährend in einander, und das ausserordentlich schwierige Verhältniss seiner theoretischen und seiner praktischen Lehre ist nicht zum Mindesten durch diese Unsicherheit bedingt.

Kants Phänomenalismus ist aber mit der Lehre von Raum und Zeit noch keineswegs erschöpft, sondern erfährt seine wahre Vertiefung erst durch den Fortgang der erkenntnisstheoretischen

Untersuchung. Konnten nämlich auch Raum und Zeit als die objektiven, d. h. allgemeinen und nothwendigen Anschauungsformen betrachtet werden, so würden sie doch allein noch nicht genügen, um unseren Vorstellungen den wahren Charakter der Objektivität d. h. der Gegenständlichkeit aufzuprägen. Wenn die sinnlichen Empfindungen nach räumlichen und zeitlichen Gesetzen angeordnet werden, so entstehen dadurch zwar Anschauungsbilder; aber dieselben würden als blosse Vorstellungen in unbestimmter Schwebe bleiben, wenn nicht zu der räumlichen und zeitlichen noch eine andere Synthese hinzukäme, um diese Bilder zu objektiviren. Erst dadurch, dass die Empfindungen, welche die Elemente unserer Anschauungsbilder sind, bei der räumlichen und zeitlichen Synthese zugleich als Eigenschaften von Dingen aufgefasst und dass zwischen diesen Dingen bestimmte Beziehungen als nothwendig gedacht werden, verwandelt sich der Inhalt unserer Vorstellungen in das Bild einer Welt von Dingen, die mit einander in Verhältnissen stehen. Diese Verwandlung ist nicht mehr eine Sache der Sinnlichkeit, so sehr auch das gewöhnliche Bewusstsein von einer unmittelbaren Wahrnehmung von Dingen und ihren Verhältnissen sprechen mag. Die reine Wahrnehmung enthält nichts als Empfindungen in räumlicher und zeitlicher Anordnung; das reine Wahrnehmungsurtheil ist, wie es Hume charakterisirt hatte, nur das Bewusstwerden einer räumlichen Coordination und einer zeitlichen Succession von Empfindungen. Alles was darüber hinausgeht, enthält eine Deutung der Wahrnehmungen, welche nur durch die Anwendung gewisser begrifflicher Beziehungen auf das Material der Empfindungen zu Stande kommt. Begriffliche Beziehungen aber sind die Funktion nicht mehr der Sinnlichkeit, sondern des Verstandes. Wenn also das gemeine Bewusstsein davon spricht, dass es Dinge mit ihren Eigenschaften und Verhältnissen »erfahre«, so ist diese Erfahrung eine Thätigkeit, welche sich aus dem Zusammenwirken der Sinnlichkeit und des Verstandes ergibt, und die Erkenntnisstheorie hat die Aufgabe, den Antheil, welchen jeder dieser Faktoren an dem Produkte hat, genau festzustellen. Kants scharfe Sonderung der Sinnlichkeit und des Denkens führt ihn daher zu der weittragenden Einsicht, dass in allem, was wir Erfahrung nennen, unsere Wahrnehmung bereits mit einer grossen Anzahl von Funktionen des Denkens durchsetzt und von denselben verarbeitet ist. Offenbar ist dies nun aber eine ganz andere Art der Verarbeitung des Empfindungsmaterials als diejenige, welche man im eigentlichen Sinne als die logische bezeichnet. Die logische Funktion des Verstandes, Begriffe, Urtheile und Schlüsse zu bilden, setzt bereits ein Material von Vorstellungen voraus, an welchem sich jene Objektivirung der sinnlichen Bilder durch verstandesmässige Beziehungen bethätigt hat. Es muss also neben den logischen Formen der Verstandesthätigkeit noch andere geben, welche von einem viel tieferen Gebrauche und von einer viel innigeren Beziehung zu der Anschauungsthätigkeit, obwol von der letzteren durchaus verschieden sind.

An diesem Punkte liegt die eigenste Bedeutung, welche Kant für die Erkenntnisstheorie hat. Sinnliche Anschauungen und logische Formen ihrer Verarbeitung, das waren die beiden einzigen Elemente der Erkenntnissthätigkeit, welche man vor ihm kannte, und wenn den Inhalt aller menschlichen Erkenntniss die nothwendigen Beziehungen des Vorstellungsinhalts bilden, so suchte den Grund derselben der Rationalismus in den logischen Formen, der Empirismus in dem ursprünglichen Inhalt der Wahrnehmungen. Nun hatte sich Kant davon überzeugt, dass mit den logischen Formen eine. sachlich neue Erkenntniss niemals gewonnen werden kann; er hatte aber auch durch die Consequenz des Humeschen Gedankens erfahren, dass die wichtigste aller Nothwendigkeitsbeziehungen, diejenige der Causalität, in der Wahrnehmung selbst nicht enthalten ist. Sollte es daher allgemeingültige und nothwendige Erkenntniss von den Verknüpfungen des Anschauungsinhaltes geben, so war dieselbe weder durch die Anschauungen selbst noch durch die logischen Formen noch durch die Verbindung von beiden zu gewinnen. Diese Folgerung hatte Hume gezogen, und im Hinblick auf sie gilt es, dass der grösste der englischen den grössten der deutschen Philosophen »aus dem dogmatischen Schlummer gerüttelt hat«. Denn im Gegensatz dazu erhob sich nun Kant gleichzeitig über den empiristischen Skepticismus und über den logisch-formalistischen Rationalismus durch die grösste seiner theoretischen Entdeckungen, diejenige nämlich, dass es neben den logischen noch andere Formen der Verstandesthätigkeit gibt und dass in ihnen der Grund für alle nothwendige und allgemeingültige Erkenntniss der Erfahrungswelt zu suchen ist. Diese Formen, welche im Gegensatz zu den rein logischen die erkenntnisstheoretischen genannt werden dürfen, bezeichnete Kant als Kategorien.

Aus diesen Prämissen ergibt sich Kants durchaus neue und schöpferische Stellung zur Wissenschaft der Logik. Von der alten Gestalt derselben, in welcher sie eine Theorie des Begriffs, des Urtheils und des Schlusses sein will, behauptete er mit Recht, dass sie seit Aristoteles keinen wesentlichen Fortschritt gemacht habe. Aber über den Werth dieser logischen Formen des Denkens hatte er erkannt, dass sie lediglich eine formale Umbildung und Verdeutlichung eines schon gegebenen Stoffes zu gewähren im Stande sind. So betrachtet, können die logischen Formen nicht mehr als Erkenntnissformen im eigentlichsten Sinne des Wortes gelten, und dann ist die Logik nicht mehr eine Theorie der Erkenntniss, sondern vielmehr eine Lehre von den Formen des richtigen Denkens, soweit dasselbe sich auf die analytische Behandlung eines irgendwie sonst schon feststehenden Vorstellungsinhaltes beschränkt. Mit dieser Auffassung wurde Kant zum Vertreter der formalen Logik im modernen Sinne des Wortes. Er lehrte, dass für die wissenschaftliche Betrachtung dieser Denkformen jede Berücksichtigung des Inhaltes des Denkens fortzufallen und lediglich die Form des Gedankenfortschrittes die Untersuchung zu beschäftigen habe. Die scharfe Scheidung, welche er mit Lambert zwischen dem Inhalt und der Form des Denkens gemacht hatte, erwies sich für seine Bestimmung der Aufgabe der Logik entscheidend, und unter diesem Gesichtspunkte behandelte er dieselbe in seinen Vorlesungen, deren Grundzüge auf seine Veranlassung von Jäsche (1800) herausgegeben wurden. Aber dieser formalen Logik setzte Kant nun eine erkenntnisstheoretische Logik entgegen, welche sich zwar auch mit den Formen des Denkens, aber nicht mit den logischen sondern mit den erkenntnisstheoretischen, die er neu entdeckt hatte, beschäftigte und die Frage zu beantworten hatte, wie aus diesen Kategorien eine allgemeine und nothwendige Erkenntniss hervorzugehen im Stande sei. Das ist Kants Begriff der »transscendentalen Logik«, welche sich also zum Denken ebenso verhält, wie die transscendentale Ästhetik zum Anschauen. Kant suchte nun zwar formale und transscendentale Logik als vollkommen gesonderte Wissenschaften zu behandeln. Wenn sich aber doch zeigte, dass sie in der Lehre vom Urtheile nicht nur sich flüchtig berührten, sondern vielmehr auf das

5*

Innigste verwachsen waren, so ergab sich daraus als eine Aufgabe
der Zukunft eine neue Gesammtbehandlung der Logik vermittelst
einer Ineinanderarbeitung des formalen und des erkenntnisstheoretischen Gesichtspunktes. Auf diese Weise ist in der That durch
Kant nach Aristoteles der erste grosse Schritt zu einer Umbildung
der Logik geschehen.

Die transscendentale Logik entwickelt Kant nun im Anschluss
an eine gebräuchliche Behandlungs- und Bezeichnungsweise als eine
Kritik einerseits der berechtigten, andererseits der unberechtigten
Anwendung der Kategorien, jener in der Analytik, dieser in der
Dialektik.

Die Frage der transscendentalen Analytik geht auf die Berechtigung derjenigen synthetischen Urtheile a priori, aus denen sich
die reine Naturwissenschaft constituirt. An der Spitze der
empirischen Naturforschung figuriren ausgesprochen oder unausgesprochen eine Anzahl von Axiomen, welche durch die einzelnen
Thatsachen zwar bestätigt, welche aber in der Allgemeingültigkeit
und Nothwendigkeit, mit der wir von ihnen überzeugt sind, niemals durch die Erfahrung begründet werden können. Sätze, wie
derjenige, dass die Substanz in der Natur sich weder vermehrt
noch vermindert, oder derjenige, dass alles Geschehen in der Natur
seine Ursache habe, sind unmöglich durch Erfahrung zu begründen.
Dass sie nur durch die Erfahrung uns erst allmählich zum Bewusstsein gekommen sind, würde Kant gern zugegeben und nicht als
einen Einwurf gegen ihre Apriorität angesehen haben, da ja die
letztere keine psychologische, sondern eine erkenntnisstheoretische
Bestimmung ist. Zugleich sind diese Sätze synthetisch; denn es
liegt weder im Begriff der Substanz, dass sie quantitativ unveränderlich, noch in demjenigen des Geschehens, dass es ursächlich
bedingt sei. Sind nun diese Synthesen nicht durch Erfahrung begründbar, worin besteht ihre Berechtigung? Sie alle enthalten den
Anspruch, die allgemeine Gesetzmässigkeit der Natur zum Ausdruck zu bringen. Wäre nun die Natur ein realer Zusammenhang
von Dingen, so könnte unser Geist von der Gesetzmässigkeit dieses
Zusammenhanges eine Erkenntniss nur auf zwei Wegen gewinnen:
entweder indem er den Zusammenhang durch die Wahrnehmung
erführe oder indem er denselben aus seiner eigenen Gesetzmässigkeit construirte, dabei aber so eingerichtet wäre, dass er damit die
Realität wirklich erkennte. Die letztere Annahme setzt wieder

jene präformirte Harmonie voraus, welche Kant ein für alle Mal
aus der Erkenntnisstheorie verbannt hatte. Die erstere dagegen
würde, selbst wenn man zugäbe, dass wir in der Wahrnehmung
noch einen anderen als den räumlich-zeitlichen Zusammenhang
erfahren (was Kant leugnet), doch niemals die Allgemeingültigkeit
und Nothwendigkeit, welche wir für unsre Naturerkenntniss in
Anspruch nehmen, berechtigt erscheinen lassen. Dagegen wird
es möglich, diese Berechtigung zu begreifen, wenn wir uns auf
den phänomenalistischen Standpunkt begeben. Dass der Wahr-
nehmungsinhalt sowol in seiner sinnlichen Qualität als auch in seiner räumlich-zeitlichen Formung subjektiven Charakters ist, gilt
durch die transscendentale Ästhetik für bewiesen. Auf alle Fälle
ist also, was wir Natur nennen, immer doch nur ein gesetzmässiger
Zusammenhang von Erscheinungen. Es gibt nun einen erkenntnisstheoretischen Standpunkt, welcher dies zugibt und dabei doch
behauptet, dass der gedachte Zusammenhang der Erscheinungen,
d. h. die Formen der Gesetzmässigkeit, welche das Denken als die
Verhältnisse der Erscheinungen auffasst, mögen die letzteren selbst
auch nur phänomenalen Charakters sein, dennoch eine Erkenntniss
der Realität bilden. Genau so verhielt sich die Leibnizische Lehre.
Aber für Kant war diese prästabilirte Harmonie unannehmbar, und
so stiess er auf die Frage, ob vielleicht diese Formen auch nur phänomenalen Charakters seien. Wenn sie die Gesetze darstellen,
nach denen der menschliche Geist vermöge seiner eigenen Organisation den Zusammenhang der Erscheinungen denken muss,
gleichviel ob derselbe so real ist oder nicht, so ist jede dieser Formen für uns ein Naturgesetz von allgemeiner und nothwendiger
Geltung. Schriebe eine ausser uns bestehende Natur dem menschlichen Geiste seine Erkenntniss vor, so könnten wir nie wissen, ob
wir diese Vorschriften schon in dem Umfange kennen gelernt
haben, um zu wissen, mit welchem Grade von Allgemeinheit die
einzelnen gelten: dagegen ist diese Apriorität sogleich begründet,
wenn es umgekehrt unser Verstand ist, welcher der
Natur die Gesetze vorschreibt. Die Paradoxie dieses Satzes
besteht nur so lange, als man dabei an eine willkürliche Thätigkeit des individuellen Verstandes denkt: was Kant meint, ist vielmehr, dass wir von einer allgemeinen und nothwendigen Erkenntniss der Natur nur unter der Bedingung sprechen dürfen, wenn
das, was wir Natur nennen, nicht eine Welt von Dingen an sich,

sondern vielmehr der nach den allgemeinen Gesetzen unseres
Geistes gedachte Zusammenhang von Erscheinungen ist. Apriorische Naturerkenntniss ist nur möglich unter dem phänomenalistischen Gesichtspunkte, nur möglich, wenn alles, was wir von einer
wirklichen Welt zu erfahren glauben, ein Produkt nicht nur unserer Empfindungs- und Anschauungs-, sondern auch unserer
Denkweise ist. Danach kann unsere apriorische Naturerkenntniss
nur darin bestehen, dass wir uns die Gesetze zum Bewusstsein
bringen, nach denen die Organisation unserer Intelligenz ohne
unser bewusstes Zuthun die Vorstellung der Natur in uns producirt. Die Entscheidung der Frage nach der Berechtigung einer
reinen Naturwissenschaft hängt also daran, ob sich solche reinen
Formen des Denkens als constituirende Kräfte für unsere Erfahrung
von der Natur ebenso nachweisen lassen, wie die reinen Anschauungen für unsere Auffassung der sinnlichen Bilder.

In der Aufsuchung dieser Formen nun lehnt sich die transscendentale an die formale Logik an. Wenn es solche reinen Formen
der Denkthätigkeit geben soll, so können sie nur die Arten der
Verknüpfung darstellen, in denen die Vorstellungen im Denken
auftreten. Die Vorstellungsverknüpfung aber hat, sobald sie den
Anspruch nicht nur auf subjektive, sondern auch auf objektive,
d. h. allgemeine und nothwendige Geltung macht, stets die Form
des Urtheils. Gegenständliches Denken ist Urtheilen. Die Aufgabe, die verschiedenen Verknüpfungsweisen, welche das Denken
anzuwenden im Stande ist, systematisch zu finden, muss deshalb
zu ihrer Lösung sich des Leitfadens bedienen, den eben die formale
Logik in der Lehre von der Eintheilung der Urtheile darbietet. Es
gibt so viel Kategorien, als es ursprüngliche Verknüpfungsarten
von Vorstellungen gibt, und es gibt der letzteren so viele, als es
Formen des Urtheils gibt. Wenn man bei jeder dieser Formen auf
die eigenartige Beziehung achtet, welche das Urtheil zwischen
Subjekt und Prädikat ansetzt und worin seine specifische Eigenthümlichkeit besteht, so wird man in diesem Verhältnissbegriffe
eine der Grundfunktionen des Denkens erkennen müssen. In
dieser Auffassung der Urtheilsformen besteht, principiell betrachtet, die entscheidende logische That Kants. Mit ihr erhebt er
sich über die schematische Behandlung, welche die Lehre vom Urtheil in der Logik bis zu ihm hin deshalb gefunden hatte, weil man
dabei lediglich auf die Subsumtionsverhältnisse zwischen Subjekt

und Prädikat seine Aufmerksamkeit richtete. Kant hatte eingesehen, dass das Urtheil weder stets eine Gleichsetzung von Subjekt
und Prädikat besagen noch den Ausdruck für das Verhältniss des
Umfangs dieser beiden Begriffe geben will, sondern vielmehr zwischen Subjekt und Prädikat eine begriffliche Beziehung stiftet,
welche sich in der Abstraktion als einer der reinen Verstandesbegriffe verselbständigen lässt. Das Urtheil: Zucker ist süss, will
weder die beiden Begriffe Zucker und süss einander gleichsetzen
noch den einen unter den anderen subsumiren, sondern vielmehr
aussagen, dass das Ding Zucker zu seinen Eigenschaften auch diejenige habe, süss zu sein. Das Wesen des Urtheils besteht also
darin, die beiden Vorstellungen »Zucker« und »süss« in das begriffliche Verhältniss von Ding und Eigenschaft mit einander zu setzen,
und der verbindende Akt, welcher in diesem Urtheil die Synthesis
von Subjekt und Prädikat vollzieht, spricht sich, wenn er gesondert zum Bewusstsein gebracht werden soll, als das Verhältniss
von Ding und Eigenschaft, als die Kategorie der Substanzialität
aus. Dies Beispiel mag genügen, um die Absicht zu erläutern,
welche Kant bei seiner Behandlung des Urtheils vorschwebte. Die
transscendentale Logik will nicht mehr, wie die formale eine Logik
des Umfangs der Begriffe sein, sondern vielmehr die sachlichen
Beziehungen untersuchen, welche durch die verschiedenen Formen
der Urtheilsthätigkeit zwischen den Begriffen angesetzt werden.
Jene einseitige Berücksichtigung des Umfangs der Begriffe war der
alten Logik dadurch aufgenöthigt worden, dass ihre wesentliche
Aufgabe auf eine Theorie des wissenschaftlichen Beweisverfahrens,
auf eine Lehre vom Schluss hinauslief. Erst von dem erkenntnisstheoretischen Gesichtspunkt Kants her konnte es entdeckt werden,
dass den Formen des Urtheils ebenso viele Verhältnisse zwischen den
Begriffen entsprechen. Mit dieser Entdeckung hat Kant jene grosse
Umwälzung der Logik begonnen, welche heute noch nicht vollendet ist. Und diese Bedeutung seines neuen Princips wird dadurch nicht geschmälert, dass Kant sich in der Anwendung desselben offenbar vergriffen hat.

Denn es ist bei der klaren Vorstellung, welche Kant von der Verschiedenheit der Aufgabe der formalen und der erkenntnisstheoretischen Logik gehabt hat, höchst merkwürdig, dass er dennoch meinte,
das von der formalen Logik aufgestellte System der Urtheile als
Leitfaden für die Aufsuchung der erkenntnisstheoretischen Funk-

tionen benutzen zu können. Mit seiner Überzeugung von der Unanfechtbarkeit der formalen Logik legte er, obwol ihm doch die Verschiedenheit, welche in dem Vortrage der Urtheilslehre selbst unter den Schulphilosophen obwaltete, kaum hat angehen können, dennoch seiner Aufsuchung der Kategorien die Tafel der Urtheile, wie er sie vorzutragen pflegte, zu Grunde. Diese Tafel zeigte vier Gesichtspunkte, denen jedes Urtheil unterworfen werden müsse, diejenigen der Quantität, der Qualität, der Relation und der Modalität, und für jeden dieser Gesichtspunkte drei verschiedene Formen, von denen eine in jedem Urtheil enthalten sein müsse. Der Quantität nach ist das Urtheil entweder ein allgemeines oder ein partikulares oder ein singulares, der Qualität nach entweder ein bejahendes oder ein verneinendes oder ein unendliches, der Relation nach entweder ein kategorisches oder ein hypothetisches oder ein disjunktives, der Modalität nach ein problematisches oder ein assertorisches oder ein apodiktisches. Aus der Reflexion auf diese zwölf möglichen Formen des Urtheils entwickelt nun Kant seine Tafel der zwölf Kategorien. Die Kategorien der Quantität sind: Allheit, Vielheit, Einheit; diejenigen der Qualität sind: Realität, Negation, Limitation; diejenigen der Relation sind: Inhärenz und Subsistenz (substantia et accidens), Kausalität und Dependenz (Ursache und Wirkung), Gemeinschaft (Wechselwirkung zwischen Handelndem und Leidendem); diejenigen der Modalität sind: Möglichkeit und Unmöglichkeit, Dasein und Nichtsein, Nothwendigkeit und Zufälligkeit. Es ist klar, dass der Zusammenhang zwischen jenen Urtheilsformen (selbst deren System als richtig zugegeben) und diesen reinen Verstandesbegriffen, welche die darin wirksamen Verknüpfungsfunktionen enthalten sollen, zum grossen Theil nur ein äusserst loser, willkürlicher und zufälliger ist. Und von allen Theilen der Kantischen Philosophie ist diese Ausführung eines seiner bedeutendsten und fruchtbarsten Gedanken offenbar der schwächste. Leider ist die Wirkung davon nicht auf diesen Theil beschränkt, sondern Kant fand vielmehr sonderbarer Weise an diesem Schema der Kategorien so viel Freude, dass er dasselbe in der Folgezeit überall zu Grunde legte, wo es ihm um die erschöpfende Behandlung eines Problems zu thun war. Seine zunehmende Pedanterie trat nicht am wenigsten darin zu tage, dass er meinte, jeder Gegenstand müsse nach Quantität, Qualität, Relation und Modalität gesondert abgehandelt werden, und dass er in dieses

Schema seine späteren Untersuchungen nicht zu ihrem Vortheil künstlich »wie in ein Prokrustesbett« hineinpresste.

Das sind also die reinen Verstandesbegriffe, deren durchaus parallele Behandlung mit den reinen Anschauungsformen den eigentlichen Charakter von Kants kritischer Erkenntnisstheorie bildet, indem er von ihnen mit einer analogen Beweisführung und mit den gleichen phänomenalistischen Consequenzen die Apriorität behauptet. Auch hier gilt dieselbe nicht in dem psychologischen Sinne, dass etwa Begriffe, wie diejenigen der Substanzialität und Causalität von vornherein im Bewusstsein des Menschen vorhanden seien und dann erst zur Anordnung des sinnlichen Vorstellungsmaterials ausdrücklich verwendet werden sollten. Für Kant ist vielmehr auch das Bewusstsein von diesen reinen Formen des Denkens in derselben Weise wie dasjenige der räumlichen und zeitlichen Gesetze nur eine Reflexion auf die Formen der Synthesis, welche das Denken unwillkürlich in seiner Erfahrungsthätigkeit anwendet. Den Beweis davon führt Kant in demjenigen Abschnitt der Kritik der reinen Vernunft, welcher von allen am tiefsten geht, aber eben deshalb auch von jeher als der dunkelste und schwierigste gegolten hat. Will man sich den Beweisgang desselben ohne die zum Theil sehr künstliche und verwickelte Terminologie, welche Kant dafür construirt hat, klar machen, so muss man als Ausgangspunkt die für Kants eigene Entwicklung so bedeutungsvolle Frage nach dem Grunde der Gegenständlichkeit unserer sinnlichen Wahrnehmungsbilder nehmen. Versteht man unter Wahrnehmung die nach dem Schema von Raum und Zeit angeordneten Zusammenfassungen von Empfindungen, welche in dem individuellen Bewusstsein entstehen, unter Erfahrung dagegen das Bewusstsein des Individuums, eine nothwendige und allgemeingültige Vorstellungsverbindung bei dieser sinnlichen Wahrnehmung vollzogen zu haben, so lautet die Frage der transscendentalen Deduktion der reinen Verstandesbegriffe: wie wird aus Wahrnehmung Erfahrung? oder schärfer im Geiste der kritischen Methode ausgedrückt: aus welchem Grunde kann aus Wahrnehmung Erfahrung werden? Erfahrung setzt das Verhältniss eines subjektiven Vorstellungsgebildes zu einem Gegenstande voraus; und so lässt sich die Frage auch so formuliren: worin besteht und worauf beruht die Beziehung unserer Wahrnehmungen auf Gegenstände? Um aber in der Beantwortung

dieser Frage nicht von vornherein fehl zu gehen, muss man sich
klar machen, dass Gegenständlichkeit im Sinne des Kantischen
Kriticismus nicht mit Realität nach altem und gewöhnlichem Sprachgebrauch, sondern vielmehr lediglich mit Nothwendigkeit und Allgemeingültigkeit identisch ist. Daraufhin formt sich jene Frage
in die weitere um: aus welchen Gründen können wir überzeugt
sein, dass die in der Wahrnehmung des einzelnen Subjektes
sich vollziehenden räumlich-zeitlichen Synthesen von Empfindungen nothwendige und allgemeine Geltung haben? In der Beantwortung dieser Frage entwickelt Kant die grösste Energie seines Denkens, und es ist dies der Punkt, wo er sich über das Vorurtheil des naiven Realismus weit emporhebt. Den Nerv aber der
gesammten Deduktion der reinen Verstandesbegriffe muss man in
Kants Nachweise sehen, dass schon die Allgemeingültigkeit und
Nothwendigkeit, welche in der Wahrnehmung dem räumlichen
und zeitlichen Schema der Empfindungen beiwohnt, nicht durch
die blosse Anschauungsthätigkeit, sondern bereits durch begriffliche Beziehungen oder, wie Kant sich ausdrückt, durch Regeln
der Verstandes bestimmt ist.

Man sagt gewöhnlich, Kant habe sich nur um die Apriorität
von Raum und Zeit und den Kategorien, niemals aber um den Erkenntnisswerth der einzelnen Erfahrungen gekümmert, und Jacobi
und Herbart haben gleichmässig diesen Einwurf gegen die Vernunftkritik gemacht. Die transscendentale Deduktion lehrt das Gegentheil; sie sucht zu zeigen, das räumliche und zeitliche Anordnung von Empfindungen nur dann einen objektiven, d. h. nothwendigen und allgemeinen Werth haben, wenn sie durch eine begriffliche Funktion in ihrer Anwendung bestimmt sind. Zwei
Empfindungen A und B, welche in demselben individuellen Bewusstsein hinter einander aufgetreten sind, können innerhalb desselben nach den Gesetzen der empirischen Reproduktion und Association in beliebiger Weise und von jedem Individuum in anderer
Weise räumlich und zeitlich in Beziehung gesetzt werden. Sollen
sie aber in die allgemeine und nothwendige Beziehung treten,
dass immer B auf A folge, so ist das nur dadurch möglich, dass A
die Ursache von B ist. In ähnlicher Weise, meint Kant, seien
alle räumlichen und zeitlichen Verhältnisse individuell verschiebbar
und würden zur Nothwendigkeit und Allgemeingültigkeit erst da-

durch fixirt, dass sie nach den begrifflichen Verhältnissen geregelt werden.

Nun liegt aber eine solche Nothwendigkeit und Allgemeingültigkeit in dem, was wir Erfahrung nennen, thatsächlich vor. Wir haben ein exaktes Bewusstsein davon, dass die räumliche und zeitliche Anordnung, in welche wir bei der Wahrnehmung die Empfindungen versetzen, allgemein und nothwendig gilt. Und doch ist in den blossen Empfindungen kein Grund für eine solche bestimmte Anordnung enthalten. Wenn wir unsere Augen über die einzelnen Theile eines grossen Gegenstandes wandern lassen und uns diese Theile successive zum Bewusstsein bringen, so bleiben wir doch davon überzeugt, dass diese successive in uns aufgetretenen Empfindungen als gleichzeitig im Raume coordinirt gedacht werden müssen, während wir in anderen Fällen nicht minder sicher davon überzeugt sind, dass der Succession unserer Empfindungen (z. B. bei der Bewegung eines Gegenstandes) auch eine objektive Succession in der Zeit entspreche. Nichts anderes können wir nun aber meinen, wenn wir den subjektiven Vorstellungsbewegungen gegenüber von »Gegenständen« sprechen, welche die Richtschnur für die Richtigkeit der ersteren bilden. Gegenständlichkeit ist eine Regel für die räumlich-zeitliche Anordnung der Empfindungen, eine Regel, welche nach dem Obigen jedesmal die Anwendung einer der Funktionen des reinen Verstandes enthält, und wodurch der subjektiven Vorstellungsverknüpfung objektive Geltung verschafft werden soll. Von der erkenntnisstheoretischen Analyse aus gesehen, ist also Erfahrung nur nothwendige und allgemeingültige Wahrnehmungsthätigkeit, und ist der Gegenstand der Wahrnehmung nur diese Bestimmtheit der räumlich-zeitlichen Synthese durch einen Verstandesbegriff. Die Gegenstände also sind nicht an sich bestehende Dinge, sondern sie sind der individuellen Association gegenüber lediglich die allgemeinen und nothwendigen Empfindungsverknüpfungen.

Nun treten aber diese objektiven Synthesen gleichfalls in dem individuellen Bewusstsein auf. Sie zeichnen sich nur dadurch aus, dass ihnen ein Gefühl von Nothwendigkeit und Allgemeingültigkeit beiwohnt, welches aus der empirischen Associationsthätigkeit des individuellen Geistes nicht erklärbar ist. Deshalb kann der Grund der Objektivität nur darin gesucht werden, dass im tiefsten Grunde des individuellen Bewusstseins eine allgemeine Organisation thätig

ist, welche nicht sowol in ihrer Funktion selbst, als vielmehr in
den Produkten derselben vor das individuelle Bewusstsein tritt.
Dieses findet deshalb die Vorstellung der Gegenstände als ein Fertiges und Gegebenes vor und betrachtet dieselben als etwas ihm
Fremdes und Äusserliches, während sie in Wahrheit in der innersten Werkstätte seines eigenen Lebens erzeugt worden sind. Das
Gegenständliche also in unserem Denken beruht auf einer überindividuellen Funktion, welche gleichmässig den Untergrund aller individuellen Vorstellungsthätigkeit bildet. Indem Kant
daran geht, diese Funktion zu definiren, ergibt sich zunächst, dass
ihr innerster Charakter derjenige der Einheit des Denkaktes sein
muss. Alle Gegenstände sind Synthesen von Empfindungen, aber
sie sind als solche stets eine Vereinheitlichung des Mannigfaltigen.
Wenn nun dies Mannigfaltige in den Empfindungen besteht, so ist
andererseits die Vereinheitlichung eine Funktion der reinen Formen der Intelligenz. Raum und Zeit einerseits und die Kategorien
andererseits bilden also die Formen der nothwendigen und allgemeingültigen Vereinheitlichung für die Mannigfaltigkeit der Empfindungen d. h. sie sind in ihrer Verbindung die constituirenden
Principien der Objektivität. Diese ganze »transscendentale Synthesis des Mannigfaltigen« ist aber nur so denkbar, dass ihr eine
absolute Einheit zu Grunde liegt, in welcher und an welcher das
Verschiedene als solches erkannt und mit einander in Beziehungen
gesetzt wird. Diese absolute Einheit kann natürlich weder in einem
bestimmten Denkinhalt noch in einer der besonderen Denkformen,
sondern nur in jener allgemeinsten Form bestehen, welche als der
stets sich gleichbleibende Akt »ich denke« alle Vorstellungen überhaupt nicht nur begleitet, sondern erst möglich macht. Den tiefsten Grund jener überindividuellen Organisation bildet also dieses
»reine Selbstbewusstsein«, welches Kant mit dem Namen der
»transscendentalen Apperception« bezeichnet.

In dieser überindividuellen Intelligenz liegt also der Grund
für die Allgemeingültigkeit und Nothwendigkeit der Erfahrung.
Die Kategorien sind nichts als die besonderen Formen der Synthesis, welche die transscendentale Apperception anwendet, um
die Mannigfaltigkeit der Empfindungen in die begriffliche Einheit
zu bringen, in welcher allein auch die Nothwendigkeit und Allgemeingültigkeit der räumlich-zeitlichen Anordnung begründet ist.
Die Welt der Gegenstände ist also ein Produkt der überindividuel-

len Organisation, welche als Erfahrung in uns einzelnen thätig ist. Bildet sich das Individuum willkürlich und nach den Gesetzen der Association aus dem Material seiner Wahrnehmungen neue Zusammenstellungen, so bezeichnet man diese Thätigkeit als Einbildungskraft, welche im Individuum stets reproduktiver Natur ist. Indem nun die transscendentale Apperception aus den Empfindungen mit Hülfe des Schemas von Raum und Zeit durch die Einheitsfunktion der Kategorien originaliter die Gegenstände erzeugt, verdient sie den Namen der produktiven Einbildungskraft.

Dies ist nun der »Copernikanische Standpunkt«, den Kant gewonnen zu haben glaubte, um das Verhältniss unserer Vorstellungen zu einer gegenständlichen Welt begreiflich zu machen. Die einzige Bedingung, unter der es Begriffe a priori von den Gegenständen geben kann, ist die, dass die Gegenstände unserer Erkenntniss nicht Dinge an sich, sondern Erscheinungen sind. Hätte unsere Erkenntnissthätigkeit es mit Dingen an sich zu thun, so würden unsere Begriffe für dieselben niemals allgemeine und nothwendige Bedeutung haben können. Von den Dingen selbst, durch Erfahrung im gewöhnlichen Sinne des Wortes gewonnen, würden sie a posteriori sein; aus uns als angeborene Ideen genommen, würde ihre reale Gültigkeit immer unbegreiflich bleiben. Empirismus und Rationalismus sind gleich unfähig, apriorische Erkenntniss von Gegenständen zu erklären; nur die Transscendentalphilosophie vermag dies, indem sie zeigt, dass die Kategorien allgemein und nothwendig für alle Erfahrung gelten, weil diese Erfahrung erst durch sie zu Stande kommt. Was aber dadurch zu Stande kommt, sind nicht Gegenstände an sich, sondern Gegenstände, welche in jener überindividuellen Organisation als Vorstellungssynthesen entsprungen sind, d. h. Erscheinungen. Wenn es nur Erscheinungen sind, mit denen es die menschliche Erkenntniss zu thun hat, so ist es begreiflich, dass es für dieselbe Begriffe a priori gibt. Denn als Erscheinungen sind die Dinge nur in uns vorhanden, und die Art, wie das Mannigfaltige der Empfindung in unserem Bewusstsein vereinigt erscheint, geht dann den Erscheinungen selbst als ihre intellektuelle Form vorher. Eine Natur als System von Dingen an sich könnte in eine allgemeine und nothwendige Erkenntniss nie eingehen; aber eine Natur, welche ein Produkt unserer Organisation ist, d. h. eine Erscheinungswelt ist in ihren allgemeinen Gesetzen a priori zu begreifen, weil diese

Gesetze nichts anderes sind, als die reinen Formen unserer Organisation.

Diese Lehre Kants ist Rationalismus, insofern sie eine apriorische Erkenntniss mit den Formen des menschlichen Geistes behauptet und begründet; sie ist Empirismus, insofern sie diese Erkenntniss nur auf die Erfahrung und die darin gegebenen Erscheinungen beschränkt; sie ist Idealismus, insofern sie lehrt, dass es nur unsere Vorstellungswelt ist, welche wir erkennen; sie ist Realismus, indem sie behauptet, dass diese unsere Vorstellungswelt Erscheinung d. h. die Auffassung unseres Geistes von einer wirklich bestehenden Welt, obwol nicht deren Abbild ist. Sie fasst alle diese Charakteristiken zusammen als transscendentaler Phänomenalismus, indem sie zeigt, dass die Welt der Objekte für den individuellen Geist das Produkt einer überindividuellen Organisation ist, die demselben nicht fremd gegenüber steht, sondern den Grund seines eigenen Lebens bildet. Auch für Kant gilt deshalb die populäre Bezeichnung, dass die Wahrheit des Denkens in seiner Übereinstimmung mit Gegenständen besteht: aber diese Gegenstände können nicht Dinge im Sinne des naiven Realismus, sondern nur Vorstellungen höherer Art sein. Wahrheit für den subjektiven Geist ist Übereinstimmung der individuellen mit der überindividuellen Vorstellung.

Es ist verzeihlich, dass dies Resultat des Kriticismus bei seinem Erscheinen mit der Lehre von Berkeley verwechselt worden ist; aber es ist ebenso berechtigt, dass Kant sich gegen diese Verwechslung energisch verwahrt hat. Denn während Berkeley jede Realität der Körperwelt überhaupt aufhob, hält Kant an derselben absolut fest und behauptet seinerseits nur, dass alles, was wir von diesen Körpern durch Wahrnehmung und Denken wissen, in der Organisation unseres Geistes begründet, und deshalb nur eine Erscheinungsweise derselben sei; und während Berkeley eine metaphysische Substanzialität der individuellen Geister und in Folge dessen eine Mittheilung des göttlichen Vorstellungsprocesses an die einzelnen Geister annahm, entschlägt sich Kant vermöge seiner Ausdehnung des Phänomenalismus auch auf den inneren Sinn dieses metaphysischen Spiritualismus vollständig und betrachtet auch das empirische Selbstbewusstsein nicht als eine reale Wesenheit, sondern als eine Erscheinung. In diesem Sinne gab er in der zweiten Auflage der Vernunftkritik eine seiner gesammten Lehre vollkommen entsprechende »Widerlegung des Idealismus«, indem er zeigte, dass das individuelle Selbstbewusstsein statt der Vorstellung der Aussenwelt, wie Descartes und Berkeley meinten, zu Grunde zu liegen, vielmehr umgekehrt erst auf Grund einer entwickelten Vorstellung von äusseren Gegenständen zu Stande kommt, dass also mit Rücksicht sowol auf die psychologische Genesis, als auch auf die erkenntnisstheoretische Begründung die Funktion des äusseren Sinnes derjenigen des inneren Sinnes vorhergeht.

So erweist sich die transscendentale Ästhetik nur als Präludium der Analytik. Dort handelt es sich um die räumlichen und zeitlichen Gesetze, insofern dieselben in sich apodictisch und von allgemeiner Geltung für die gesammte Sinnenwelt sind. Hier dagegen zeigt es sich, dass die ganze Welt unserer Erfahrung erst durch die Zusammenwirkung der Sinnlichkeit und des Verstandes zu Stande kommt, und dass jede besondere Anwendung der räumlichen und zeitlichen Synthese nur dadurch objektiven Werth erhält, dass sie durch eine Funktion des reinen Verstandes, durch eine Kategorie geregelt wird. Die beiden Erkenntnissquellen, Sinnlichkeit und Verstand, welche Kant so scharf gesondert hat, lassen ihre innere Zusammengehörigkeit und ihre gemeinsame Abstammung aus der uns unbekannten Wurzel darin erkennen, dass sie sich an demselben Material der Empfindungen in engster Verbindung bethätigen, und dass die Verhältnisse der sinnlichen Synthese sich durch diejenigen der begrifflichen Synthese bedingt zeigen. Indem Kant dieser Vereinbarkeit der heterogenen Funktionen nachgeht, stellt er zwischen beiden als psychologisches Zwischenglied eine Analogie zwischen den kategorialen Verhältnissen und gewissen zeitlichen Beziehungen auf, die er als den »Schematismus der reinen Verstandesbegriffe« bezeichnet. Die stetige Gleichzeitigkeit z. B. von Empfindungen steht mit der Kategorie der Substanzialität, die stetige Succession derselben mit derjenigen der Kausalität in einer ursprünglich unserem Denken einleuchtenden Beziehung. Während nun Hume, der diese Beziehungen wenigstens an den eben gewählten Beispielen zuerst entdeckte, dieselben lediglich als Produkte des individuellen Associationsmechanismus auffasste, sieht dagegen Kant in dieser Coincidenz sinnlicher und begrifflicher Verhältnisse die eigentliche Funktion der transscendentalen Einbildungskraft, und da das zeitliche Schema und die Formen des Denkens sich in der Thätigkeit des inneren

Sinnes begegnen, so glaubt er auf diese Weise die Möglichkeit begriffen zu haben, dass eine transscendentale Urtheilskraft die räumlich-zeitlichen Gebilde unter reine Verstandesbegriffe subsumire, und dadurch die begrifflichen Regeln der Kategorien ihre Anwendung auf die Welt der sinnlichen Wahrnehmung finden. Kants Lehre von der Zeit zeigt sich hier als ein unentbehrliches Zwischenglied seiner gesammten psychologisch-erkenntnisstheoretischen Construktion. Die Zeit als die reine Form des inneren Sinnes gilt einerseits als transscendentale Bedingung auch für alle Erscheinungen des äusseren Sinnes und andererseits als ein allgemeines Schema für die Anwendung der Kategorien. So vermittelt sie jene Gemeinsamkeit der Funktion zwischen Sinnlichkeit und Verstand und lässt es begreiflich erscheinen, dass aus der Subsumtion der Erscheinungen unter die Kategorien sich allgemeine Sätze ergeben, welche für den gesammten Umfang der ersteren als apriorische Gesetze gelten.

Daraufhin entwickelt Kant die Grundsätze des reinen Verstandes. Sie enthalten dasjenige, was er die reine Naturwissenschaft nennt, d. h. die Axiome, welche, ohne durch die Erfahrung begründbar zu sein, aller Erfahrung zu Grunde liegen, und alle besonderen Naturgesetze nicht nur als einzelne Anwendungen auf empirische Gegenstände unter sich enthalten, sondern auch allein wirklich zu begründen im Stande sind. Jeder dieser Grundsätze enthält nichts anderes als den Satz, dass die betreffende Kategorie oder Kategorienklasse auf jede Erscheinung ihre Anwendung zu finden habe. So ergibt der Gesichtspunkt der Quantität das allgemeine Axiom der Anschauung, dass alle Erscheinungen ihrer Anschauung nach extensive Grössen sind. So folgt aus dem Gesichtspunkt der Qualität der Grundsatz der Anticipation der Wahrnehmung, dass in allen Erscheinungen das Objektive, welches den Gegenstand der Empfindung bildet, eine intensive Grösse ist, d. h. einen Grad hat. So begründen die Gesichtspunkte der Modalität als Postulate des empirischen Denkens die Begriffsbestimmungen: möglich sei dasjenige, was der Anschauung und dem Begriffe nach mit den formalen Bedingungen der Erfahrung übereinkommt; wirklich dasjenige, was mit den materialen Bedingungen der Erfahrung, d. h. der Empfindung zusammenhängt; nothwendig endlich dasjenige, dessen Zusammenhang mit dem Wirklichen nach allgemeinen Bedingungen der Erfahrung bestimmt ist. Am wichtigsten aber sind zweifellos unter diesen Grundsätzen des reinen Verstandes die Analogien der Erfahrung, welche aus der Unterordnung aller Erscheinungen unter die Kategorien der Relation sich ergeben. Die Anwendung der Kategorie der Substanzialität auf die Erscheinungen ergibt als erste Analogie den »Grundsatz der Beharrlichkeit der Substanz«, nach welchem bei allem Wechsel der Erscheinungen die Substanz beharrt und das Quantum derselben in der Natur weder vermehrt noch vermindert wird. Aus der Subsumtion aller Erscheinungen unter die Kategorie der Kausalität folgt als zweite Analogie der »Grundsatz der Zeitfolge nach dem Gesetze der Kausalität«, dass alle Veränderungen nach dem Gesetze der Verknüpfung von Ursache und Wirkung geschehen. Die Kategorie der Gemeinschaft erzeugt in ihrer Anwendung auf die Erscheinungen als dritte Analogie den »Grundsatz des Zugleichseins nach dem Gesetz der Wechselwirkung«, wonach alle Substanzen, insofern sie im Raum als zugleich wahrgenommen werden können, in durchgängiger Wechselwirkung stehen. Diese Analogien enthalten nicht mehr und nicht weniger als die Grundzüge einer Metaphysik der Erfahrungswelt; sie lehren, dass nach den Gesetzen unserer geistigen Organisation sich alle Erfahrung als ein System von räumlichen Substanzen darstellen muss, deren Zustände im Verhältniss wechselseitiger Kausalität stehen. In ihnen erst entwickelt sich die besondere Darstellung davon, dass die Natur als das System von Ordnung und Gesetzmässigkeit, welches wir wahrzunehmen glauben, in Wahrheit auf dem Grundriss der gesetzmässigen Funktion unseres Verstandesgebrauches aufgebaut ist: und so hat Kant erwiesen, dass wir die Welt in diesem ihren Zusammenhange vermöge unserer Organisation so wie es geschieht anschauen und denken müssen, ganz unabhängig davon, ob sie — worüber wir Nichts entscheiden können und was uns auch gar nichts angeht — ausserhalb unseres Geistes so ist oder nicht.

Die so gefundenen und deducirten Grundsätze des reinen Verstandes enthalten also die Metaphysik, d. h. die apriorische Verstandeserkenntniss der Erscheinungswelt. Allein sie bedürfen behufs ihrer Anwendung auf die Erfahrungswissenschaften noch einer Ergänzung. Wenn die Erfahrung nur durch die gemeinsame Wirkung der Sinnlichkeit und des Verstandes erzeugt wird, so steht ihr Gegenstand, d. h. die Natur a priori unter den Gesetzen, d. h. den reinen Formen der Sinnlichkeit und des Verstandes. Nun zeigte sich zwar schon die Anwendung der letzteren durch die zeitliche Schematisirung bedingt, und in den Grundsätzen des reinen Verstandes liegt in dieser Weise schon eine Verknüpfung der beiden Prinzipien vor. Allein da alle Erscheinungen sinnlichen Charakters sind, so muss sich in ihnen auch die besondere Gesetzgebung von Raum und Zeit, d. h. die mathematische als massgebend erweisen. Mit jenen zwölf Grundsätzen ist, da die Tafel der Kategorien als ein vollständiges System gilt, der Umfang dessen, was man durch blosse Begriffe a priori von der Erfahrung weiss und wissen kann, erschöpft. Erst die mathematische Erkenntniss fügt dieser apriorischen Metaphysik der Erscheinungen das anschauliche Element hinzu. Ohne dieses Element ist eine Verknüpfung zwischen jenen höchsten Grundsätzen und den besonderen Erfahrungen nicht denkbar, mithin auch eine Subsumtion der letzteren unter die ersteren nicht vollziehbar. Die psychologische Construktion, welche Kant seiner Erkenntnisstheorie zu Grunde legte, lässt die Formen der Sinnlichkeit als das unentbehrliche Zwischenglied zwischen dem Empfindungsmaterial und den reinen Formen des Denkens erscheinen, und deshalb ist ihm die Mathematik das einzige Medium, durch welches unsere Erfahrung von der Natur auf jene reinen Grundsätze bezogen werden kann. Darum erklärt Kant, dass in jeder Naturlehre sich nur soviel Wissenschaft (d. h. Wissenschaft im eigentlichsten Sinne oder apriorische Wissenschaft) finde, als sie Mathematik enthalte. Hier zeigt sich nun, wie Kant durch seine kritische Arbeit sich die Möglichkeit geschaffen hatte, die mathematischen Principien der Naturphilosophie ganz in dem Sinne von Newton durchzuführen, — mit dem Unterschiede nur, dass die Natur für Newton eine absolute Realität, für Kant eine in der Organisation des menschlichen Geistes begründete Erscheinung ist, dass Raum und Zeit bei jenem die Möglichkeit der realen, bei diesem diejenige der Vorstellungswelt bildete. Metaphysik der Erscheinungen oder Naturphilosophie reicht also für Kant soweit, als es eine mathematische Behandlung der Erscheinungen gibt; wo diese aufhört, da gibt es auch keine apriorische Erkenntniss mehr, sondern nur noch eine Sammlung von Thatsachen. Dieses Verhältniss waltet nun in Bezug auf die Erscheinungen des inneren Sinnes ob. Es gibt für die psychischen Thatsachen weder eine messbare Bestimmung der einzelnen noch in Folge dessen eine mathematisch formulirbare Bestimmung ihrer Verhältnisse und Gesetze. Darum gibt es keine Metaphysik des Seelenlebens, selbst nicht einmal in dem bescheidenen Sinne, welchen die Vernunftkritik unter Metaphysik versteht. Da nun eine rationale Psychologie im alten Sinne, eine Lehre von der Seele als Ding an sich nach Kants Ansicht erst recht nicht möglich ist, so bleibt für die Psychologie nur der Charakter einer deskriptiven und mangelt ihr derjenige einer erklärenden Wissenschaft. Kants Ansicht von der Aufgabe der Erfahrungswissenschaften ist bei seiner aprioristischen Tendenz durchaus von dem Newtonschen Princip beherrscht, dass Exaktheit und wahre Wissenschaftlichkeit nur da zu finden sei, wo es eine korrekte Subsumtion der Erfahrung unter a priori aufgestellte Gesetze gibt. Diese Forderung ist eben im strengsten Sinne nur da zu erfüllen, wo das apriorische Element in mathematischen Deduktionen und das empirische in messbaren Grössen besteht, sodass die Übereinstimmung zwischen beiden unmittelbar anschaulich und einleuchtend gemacht werden kann. Dieses naturwissenschaftliche Ideal lässt sich an der Psychologie nicht erfüllen: und deshalb erklärt Kant, sie werde niemals den Charakter der Exaktheit erlangen.

Aus diesem Grunde beziehen sich »die metaphysischen Anfangsgründe der Naturwissenschaft« nur auf die äussere Natur, auf die Erscheinungen im Raum, auf die Körperwelt. Ihre Aufgabe also ist zu untersuchen, welche Folgerungen sich aus den Grundsätzen des reinen Verstandes und aus der mathematischen Gesetzgebung für unsere erfahrungsmässige Theorie der Körperwelt ergeben. Es wird sich also darum handeln, dasjenige, was an der Körperwelt erfahrungsmässig ist, bis zu einem gewissen Grade jener apriorischen Gesetzgebung zu unterwerfen. Nun beziehen sich alle besonderen Naturgesetze, welche die Physik aufstellt, auf die gesetzmässigen Veränderungen der Körperwelt; jedes Gesetz ist ein Gesetz des Geschehens. Da aber die Körper nichts als Erscheinungen im Raume sind, so ist alles Geschehen der äusseren Natur räumliche Veränderung, d. h. Bewegung. Die Bewegung erweist sich aber auch dadurch als Centralbegriff unserer Naturauffassung, weil in ihrer Messung und mathematischen Bestimmung sowol das räumliche als auch das zeitliche Merkmal unentbehrlich ist. Deshalb gestaltet sich Kants Naturphilosophie

als eine **begriffliche und mathematische Bewegungs-
lehre a priori.** In der Ausführung bedient sich Kant des Schemas der Kategorientafel, indem er nach den vier Gesichtspunkten
derselben seine Naturphilosophie eintheilt in Phoronomie, Dynamik,
Mechanik und Phänomenologie. Den Begriff der Bewegung bestimmt Kant im Einklang mit jenem für seine Entwicklung wichtigen Schriftchen aus dem Jahre 1758 auch hier in dem relativen
Sinne als die Entfernungsveränderung zweier Punkte. Er leitet
daraus die ersten Grundsätze von der Zusammensetzbarkeit der
Bewegungen oder die Principien der Disciplin, welche man heutzutage Kinematik nennt, besonders aber die Folgerung ab, dass,
sobald im Universum sich irgend etwas bewegt, nichts in absoluter Ruhe bleiben kann. Was sich bewegt, nennen wir die Materie,
aber deren raumerfüllendes Dasein ist nicht als eine stoffliche Existenz, sondern vielmehr als ein Produkt der ursprünglichen Kräfte
zu betrachten, die einander in verschiedenem Masse das Gleichgewicht halten. Diese **dynamische Naturerklärung** steht
dem Atomismus und der Corpuscularphilosophie gleich scharf gegenüber. Die unendliche Theilbarkeit des Raumes, welcher das
gesammte Wesen der Körper beherrscht, lässt die Annahme der
Atome als unzulässig erscheinen. Die verschiedenen Aggregatzustände, zu deren Erklärung man hauptsächlich den Atomismus
benutzt, begreifen sich vielmehr aus dem verschiedenen quantitativen Verhältniss der beiden antagonistischen Kräfte, die erst in
ihrer Zusammenwirkung die Materie constituiren, der Attraktion
und der Repulsion. Ist Kants Naturauffassung in dieser Hinsicht
dynamisch, indem sie als den eigentlichen Grund der stofflichen
Erscheinung ein Verhältniss von Kräften bezeichnet, so ist sie in
ihrer Lehre von den Ursachen der Veränderung streng mechanisti-
schen Charakters. In der Natur als räumlicher Erscheinungswelt
kann für die Ursache einer räumlichen Bewegung immer nur eine
andere räumliche Bewegung angesehen werden. Jede Abhängigkeit einer körperlichen Veränderung von nichträumlichen Processen würde dem gesetzmässigen Zusammenhang der Natur, d. h.
der Funktion unseres reinen Verstandes widersprechen. Deshalb
sind in der exakten Naturwissenschaft alle Versuche teleologischer
Erklärungen eine Absurdität. Nur die mechanischen Gesetze von
dem Beharren der Substanz und der Kraft und von der Gleichheit
der Wirkung und Gegenwirkung beherrschen den ganzen Ablauf des

körperlichen Geschehens. Alle Vorstellungen, welche wir von demselben haben, beruhen allein darauf, dass wir im Stande sind, Bewegungen als möglich zu denken, als wirklich zu constatiren, als nothwendig zu begreifen. Aber so sehr wir dazu durch unsere Erfahrung und durch die mathematisch-physikalische Gesetzgebung befähigt sein mögen, so zwingt uns doch unser Begriff der Bewegung dabei stets eine Voraussetzung zu machen, welche wir weder erfahrungsmässig constatiren, noch durch Anschauungen oder Begriffe zu beweisen im Stande sind: es ist diejenige des leeren Raumes. Die Erfahrung zeigt nichts als erfüllten Raum. Denn wahrnehmen kann man nur, was auf unsere Sinne wirkt, und das thun nur die den Raum erfüllenden Kräfte. Um uns aber gegenüber dem mechanischen Begriff der Undurchdringlichkeit die Möglichkeit der Bewegung überhaupt vorzustellen, bedürfen wir der Annahme des leeren Raumes, und die Newtonschen Gesetze beweisen sogar, dass die Grösse dieses leeren Raumes den entscheidenden Coefficienten für die Intensität der Kraftwirkung bildet. Hier liegt das alte Räthsel von der Wirkung in die Ferne vor, dem Leibniz und Newton so verschiedene Lösungen geben wollten. Innerhalb der Naturauffassung bleibt Kant auch hier auf dem Standpunkte Newtons. Aber er fügt auch hinzu, dass der leere Raum nur eine nothwendige Voraussetzung für unsere besonderen naturwissenschaftlichen Erklärungen, niemals aber selbst ein Objekt der Erkenntniss sein kann. Der leere Raum ist das Ding an sich in der Naturphilosophie, d. h. er ist ihr Grenzbegriff, er enthält das Bewusstsein davon, dass für unsere Auffassung der Natur noch ein Etwas vorausgesetzt werden muss, was wir nicht kennen, und was sich weder durch Anschauungen noch durch Begriffe umschreiben lässt.

So schliesst Kants Naturphilosophie mit der Rückkehr zu der phänomenalistischen Grundlage, auf der sie beruht, und mit der Einsicht, dass in den reinen Formen der sinnlichen und begrifflichen Erkenntniss, sobald sie auf einen empirischen Gegenstand, wie denjenigen der Bewegung angewendet werden, sich eine Hindeutung auf jene unbekannte Realität entwickelt, ohne welche der gesammte Inhalt, welchen wir für jene Formen vorfinden, uns unbegreiflich wäre. Die Stellung Kants in der Geschichte des Phänomenalismus wird erst hier völlig klar, aber zugleich auch von einer ausserordentlichen Verwickeltheit. Die transscendentale Analytik hat zu dem Resultat geführt, dass nicht nur die sinnlichen

Qualitäten und die räumlichen Formen, wie das schon früher behauptet worden war, nicht nur die zeitlichen Formen, wie die transscendentale Ästhetik bewies, sondern auch die begrifflichen Beziehungen, in welche jenes gesammte Material durch den Verstand gesetzt wird, lediglich Funktionen des menschlichen Geistes sind. Das Weltbild in unserem Kopfe mit seinem gesammten Inhalt und seinen gesammten Formen ist ein Produkt unserer Organisation, ein Produkt, welches aus derselben mit innerer Nothwendigkeit und Allgemeingültigkeit hervorgeht, und von dem aus daher gar kein Schluss auf eine dieser Organisation etwa gegenüberstehende Welt möglich ist. Es ist in dieser Entdeckung Kants, die bestehen bleiben wird, auch wenn die einzelnen Formen ihrer Begründung sich verändern und verschieben sollten, — es ist in ihr etwas von dem Ei des Kolumbus. Dass alle Erkenntniss der Welt diese Welt nicht realiter, sondern nur in der Vorstellung enthalten und deshalb nur durch die Organisation der Vorstellungsthätigkeit selbst bedingt sein kann, ist eigentlich eine Binsenwahrheit, und nur das ist das Wundersame, dass in der Geschichte der menschlichen Wissenschaft erst die Riesenarbeit des Kantischen Denkens nothwendig war, um dieselbe zum Bewusstsein zu bringen.

In Kants Begriffsbestimmungen und Formulirungen begründet sich die Lehre vom absoluten Phänomenalismus des menschlichen Wissens gerade durch seine Theorie der Erfahrung. In der Deduktion der reinen Verstandesbegriffe erwies sich, dass dieselben die synthetischen Formen sind, in denen die transscendentale Apperception das Material der sinnlichen Empfindungen zu Gegenständen gestaltet. Daraus ergibt sich zunächst, dass die Kategorien nur Sinn haben, insofern ein Material vorliegt, dessen Mannigfaltigkeit der Vereinheitlichung bedarf. Eine synthetische Form ohne etwas, was verknüpft werden soll, ist eine leere Abstraktion. Zweitens aber zeigte sowol die Deduktion als auch der Schematismus der reinen Verstandesbegriffe, dass die begriffliche Synthese des Vorstellungsmaterials nur durch Vermittlung einer sinnlichen Synthese einzutreten vermag. So ist bewiesen, dass die Kategorien nur als Verknüpfungsformen einer sich sinnlich anordnenden Vorstellungswelt in Funktion treten. Ohne Anschauungen sind diese Begriffe leer, wie andererseits die blossen Anschauungen ohne die begriffliche Verknüpfung »blind«, d. h. ohne Erkenntnisswerth sind. Alle Anwendung der Kategorien ist also durch Anschauung bedingt.

Weil nun aber wir Menschen nur eine sinnliche Anschauung haben, so haben für uns die Kategorien nur Sinn, insofern sie auf die Welt unserer sinnlichen Erfahrung bezogen werden. Nach der psychologisch-erkenntnisstheoretischen Ansicht Kants beruht die Phänomenalität der reinen Formen des Verstandes nicht sowol in ihnen selbst, als vielmehr darin, dass ihre Anwendung stets als Bedingung ein anschauliches Material voraussetzt. An sich würden also die Kategorien für anderen Vorstellungsinhalt sehr wohl verwendbar sein, sofern derselbe nur anschaulich wäre. Da wir Menschen aber keine andere als unsere sinnliche Anschauung haben, so wird dadurch für uns die Anwendung der Kategorien auf die sinnliche Welt — und das ist nach der transscendentalen Ästhetik nur eine Erscheinungswelt — beschränkt. Unsere nur sinnliche Anschauungsweise also ist es, welche den Gebrauch der Kategorien ausserhalb der Erfahrungswelt als unberechtigt erscheinen lässt. Hätten wir eine andere Anschauungsform, so wäre es denkbar, dass auch für diese durch einen ähnlichen Schematismus, wie jetzt den zeitlichen sich die Kategorien als anwendbar erwiesen.

Eine solche andere als sinnliche Anschauungsweise fehlt uns. Aber es ist gar kein Grund, anzunehmen, dass sie überhaupt unmöglich sei, dass es nicht andere Wesen geben könnte, denen eine solche andere Art von Anschauung beiwohnte. Andererseits aber liegen auf dem theoretischen Gebiete auch gar keine Veranlassungen vor, die Existenz einer solchen anderen Anschauungsweise bei anderen Wesen anzunehmen, und der Begriff einer nicht sinnlichen Anschauung ist daher rein problematisch, d. h. es gibt, theoretisch betrachtet, weder Gründe, seine Existenz anzunehmen, noch solche, sie zu leugnen.

Mit diesem Begriffe einer nicht sinnlichen Anschauung steht nun aber derjenige des Dinges an sich in einer sehr innigen Beziehung, und durch diese Beziehung ist Kants Lehre auf diesem Höhepunkte ihres theoretischen Theiles zu einer ganz ausserordentlich schwierigen geworden. Denkt man zurück an das gemeinsame Kriterium, welches seiner Begründung und Rechtfertigung der Apriorität sowol der mathematischen Gesetze als auch der reinen Grundsätze des Verstandes die Richtschnur gab, so beruhte dasselbe darauf, dass wir eine allgemeingültige und nothwendige Erkenntniss nur von demjenigen haben können, was wir aus der inneren Organisation unseres Geistes heraus selbst erzeugen. Das

ist aber nicht der besondere Empfindungsinhalt, sondern es sind
die allgemeinen Formen der Erfahrung, Raum, Zeit und die Kategorien. Wir erkennen a priori nur, was wir nach der Organisation
unseres Geistes selbst schaffen. Wir würden daher Dinge an sich
auch nur dann a priori erkennen können, wenn wir sie erzeugten.
Eine Erkenntniss der Welt an sich ist a priori nur für ihren
Schöpfer möglich. Der Anspruch auf apriorische Erkenntniss der
Dinge an sich wäre identisch mit demjenigen, sie zu schaffen.
Was wir schaffen, ist unsere Vorstellungsweise von den Dingen,
d. h. ihre Erscheinung, und von dieser haben wir in der That eine
apriorische Erkenntniss. So bedingen sich das positive und das
negative Resultat der Vernunftkritik gegenseitig. Der Apriorismus
ist nur als Phänomenalismus möglich.

Allein wenn es eine Erkenntniss der Dinge an sich nicht gibt,
wie kommen wir dazu, sie überhaupt vorzustellen und mit Rücksicht auf ihre Annahme unsere Vorstellungswelt als eine Welt der
Erscheinungen zu bezeichnen? Diese Frage, welche von Kant auf
dem Übergange aus der transscendentalen Analytik in die Dialektik
in dem Abschnitte »Über den Grund der Unterscheidung aller
Gegenstände in Phänomena und Noumena« behandelt wird, bildet
den Herd aller der Widersprüche, welche man in der Kritik der
reinen Vernunft und weiterhin in Kants gesammten System aufzufinden vermocht hat, und zwar deshalb, weil es gerade diese Frage
ist, in deren Lösung die verschiedenen Gedankenströmungen, die
sich bei Kant entwickelt hatten, sich kreuzen, und weil Kants Darstellung keines der ihn bewegenden Motive unterdrückt, aber auch
keine endgiltige Aussöhnung derselben erzielt hat. Fixirt man sich
nämlich auf dem rein erkenntnisstheoretischen Gesichtspunkte, so
ist durch die obigen Ausführungen begründet, dass es sich zwar
nicht verbietet, dass aber auch nicht die geringste Veranlassung
vorhanden ist, Dinge an sich ausserhalb der Vorstellungsthätigkeit
anzunehmen. Schon die Begriffe, welche wir bei dieser Annahme
anwenden, z. B. diejenigen des Dinges und der Realität sind ja
Kategorien, gelten also im eigentlichen Sinne wiederum nur in anschaulicher Vermittlung für die Welt der Erfahrung und dürfen streng
genommen auf das ausserhalb der Vorstellung Befindliche gar nicht
angewendet werden. Das Letztere bleibt danach also ein völlig unbekanntes x, für welches, wie keine unserer Anschauungen so auch
keiner unserer Begriffe gilt. So wenig es eine Thür gibt, durch

welche eine Aussenwelt, so wie sie da ist, in die Vorstellungen
»hineinspazirte«, so wenig gibt es eine Thür, durch welche die Vorstellungsthätigkeit ihren eigenen Kreis zu überschreiten und eine
solche Aussenwelt zu erfassen vermöchte. Damit aber wird der Begriff des Dinges an sich hinfällig. Für die rein theoretische Analyse gibt es nichts als Vorstellungen, deren verschiedener Inhalt
nach verschiedenen Kategorien geformt ist, und innerhalb deren
dasjenige, was wir ein Ding nennen, nur eine allgemeingültige
und nothwendige Verknüpfung nach der Kategorie der Substantialität enthält. Ist dies die eine Tendenz des Kantischen Denkens,
so spricht sie sich darin aus, dass er erklärt, jene Unterscheidung
aller Gegenstände in Phänomena und Noumena, welche er im Anschluss an Leibniz in der Inauguraldissertation selbst noch vorgetragen hatte, sei völlig grundlos. Alles, was wir Gegenstände
nennen, ist Erscheinung in dem Sinne, dass es ein Produkt unserer
Vorstellungsthätigkeit bildet, und jeder dieser Gegenstände ist Objekt nur dadurch, dass er durch die Anschauung und den Verstand
zugleich vorgestellt wird. Will man die Art und Weise, wie wir
den Zusammenhang der Erfahrung nach Begriffen in der wissenschaftlichen Theorie denken, als intelligible Welt, dagegen die unmittelbaren Erfahrungen des gewöhnlichen Bewusstseins als sen-
sible Welt bezeichnen, so ist dagegen nichts einzuwenden: aber man
muss sich klar bleiben, dass das Objekt von beiden immer nur die
Erfahrung ist und beide nur eine nothwendige und gesetzmässige
Vorstellungsweise derselben darstellen. Noumena dagegen in dem
Sinne von Dingen an sich, die vom reinen Verstand ohne Anschauung
erkannt werden, gibt es für uns nicht. Die Vorstellung eines Gegenstandes an sich ist vielmehr geradezu ein innerer Widerspruch.
Gegenstände gibt es nur in der Vorstellungsthätigkeit und nicht
ausserhalb derselben. Jenes unbekannte x wird nur so angenommen, dass man die allgemeine Funktion der Vergegenständlichung,
ohne die es kein Bewusstsein gibt, selbst für ein Ding, für etwas
Bestehendes ausserhalb der Vorstellung ansieht. Das Ding an sich
ist das hypostasirte Correlatum der synthetischen Funktion, welche
das gemeinsame Wesen der Kategorien ausmacht. Die alte rationalistische Metaphysik besteht darin, dass die Gesetze unseres Verstandes, deren Gültigkeit für unsere Erfahrung unzweifelhaft, aber
auch auf diese eingeschränkt ist, als Gesetze einer ausser dem Verstande bestehenden Welt angesehen werden; aber die blosse An-

nahme der letzteren ist, rein theoretisch betrachtet, nur dadurch möglich, dass die allgemeine synthetische Funktion der Gegenständlichkeit sich den Vorstellungen gegenüber zu einer Welt an sich hypostasirt.

Diesen Überlegungen läuft nun aber eine zweite Tendenz des Kantischen Denkens zuwider. Die theoretisch unbegründbare und unverwendbare, aber auch nicht widerlegbare Annahme einer übererfahrungsmässigen Welt war für Kant selbst durch das sittliche Bewusstsein begründet. Diesen praktischen Nerv seiner Überzeugung konnte er jedoch in der Kritik der reinen Vernunft nicht blosslegen, sondern nur andeuten. Aber dieselbe machte sich natürlich trotzdem in seiner Auffassung vom Dinge an sich geltend. Von ihr erfüllt, wich er von der bloss theoretischen Consequenz, dass es für unser Wissen nichts gibt, als die Vorstellungen mit ihren immanenten begrifflichen Beziehungen, wieder ab und identificirte sich mit jenem naiven Realismus, dem nichts gewisser ist, als die Annahme einer Existenz von Dingen an sich ausserhalb der Vorstellungen. Ja, er scheute selbst gelegentlich nicht vor der Benutzung des plausibelsten Arguments der gewöhnlichen Meinung zurück, eine solche Welt ausserhalb der Vorstellungen müsse als Ursache der Empfindungen oder als das, was der Erscheinung entspricht, angenommen werden, obwol er sich doch nicht hätte verbergen können, dass er die Anwendung der Kategorien des Seins, der Substantialität und der Kausalität über die Erfahrung hinaus soeben verboten hatte.

Danach musste der Begriff des Dinges an sich noch anders formulirt werden, und auch dafür liess sich das psychologische Schema seiner Lehre benutzen. Die Beschränkung der Kategorien auf die Erfahrung hatte ihren Grund darin, dass die Anschauung, welche die Anwendung derselben stets vermitteln muss, beim Menschen nur die sinnlich-receptive ist. Wir schaffen nur Erscheinungen und können nur solche erkennen. Dinge an sich würden nur einem (göttlichen) Geiste erkennbar sein, der durch seine Vorstellungen nicht nur Erscheinungen, sondern eben diese Dinge an sich erzeugte. Für einen solchen Geist müsste also der Gebrauch der Kategorien durch eine Anschauung vermittelt sein, welche sich zu den Dingen an sich ebenso verhielte, wie unsere Anschauung zu den Erscheinungen, nämlich erzeugend. Eine solche Anschauung wäre nicht mehr von sinnlicher Receptivität, sondern von jener

Spontaneität, die nach Kants Lehre nur dem Denken zukommt. Es wäre ein »anschauender Verstand« oder eine intellektuelle Anschauung. Sollen daher Dinge an sich überhaupt möglich sein, so müssen sie gedacht werden als die Objekte zugleich der Erzeugung und der Erkenntniss eines anschauenden Verstandes, d. h. einer Intelligenz, bei der jene beiden Stämme der Erkenntniss, welche im menschlichen Geiste nur in ihrer Besonderung auftreten, von vorn herein und in ihrer ganzen Ausdehnung identisch sind. Die Annahme eines solchen Geistes enthält keinen Widerspruch, und danach erscheint für die theoretische Vernunft die Existenz von Dingen an sich als möglich.

Aus dieser Möglichkeit folgt nun zwar noch nicht die Wirklichkeit, und es bleibt in Kants Lehre eben der praktischen Vernunft vorbehalten, diese Möglichkeit zu realisiren. Die theoretische muss sich damit begnügen, nachzuweisen, dass die Annahme von Dingen an sich keinen Widerstand involvirt. Aber sie gibt noch eine weitere Hindeutung. Es ist zwar richtig, dass sich die rein theoretische Erkenntniss diesen problematischen Begriffen der Dinge an sich und der intellektuellen Anschauung gegenüber völlig indifferent zu verhalten hat: allein sobald jemand behaupten wollte, dass, weil sich kein Beweis für die Realität dieser Dinge auf theoretischem Wege erbringen lässt, dieselben gänzlich eliminirt werden müssten, so würde das so viel heissen, als ob unsere sinnliche Anschauungsweise die einzige und die Welt unserer erfahrungsmässigen Vorstellungen das einzig Reale wäre. Sofern wir daher nicht die ungeheuerliche Behauptung machen wollen, dass es nicht nur in Rücksicht auf unsere Erkenntniss, sondern überhaupt und an sich gar nichts weiter gibt als unsere Vorstellungen, so bleibt uns nichts anderes übrig, als anzunehmen, dass es eine solche nicht sinnliche d. h. intellektuelle Anschauung und damit als Objekte derselben Noumena, Dinge an sich gibt. Jene problematischen Begriffe der intellektuellen Anschauung und des Dinges an sich erweisen sich daher als echt kritische Grenzbegriffe, als das Bewusstsein davon, dass unsere Sinnenwelt, auf welche wir mit unserer Erkenntniss beschränkt sind, nicht das einzig Reale ist. Freilich auch dieses Bewusstsein ist theoretisch nur in seiner Möglichkeit zu deduciren, nicht aber zu beweisen, und der entscheidende Grund für diese Überzeugung liegt in dem sittlichen Bewusstsein, dass unsere Bestimmung über diese erfahrungsmässige Sinnenwelt in ein Reich des Übersinnlichen hinaufreicht.

So vollendet sich Kants theoretische Lehre, indem sie die praktische als ihre unentbehrliche Ergänzung verlangt. Der Zusammenhang zwischen diesen beiden Theilen des Kantischen Systems ist der innigste, den es überhaupt geben kann. Die Kritik der praktischen Vernunft ist nicht ein Anhängsel, ist nicht, wie sie verlästert worden ist, ein Abfall des alternden Kant von dem Geiste der Kritik der reinen Vernunft, sondern sie enthält die Entwicklung desjenigen Gedankens, ohne welchen der Höhepunkt der Kantischen Erkenntnisstheorie, die Lehre vom Ding an sich, die verworrenste und thörichtste Phantasie wäre, die je in der Philosophie sich breit gemacht hätte.

Von diesem Höhepunkte aus gibt nun Kant seine berühmte Kritik der rationalistischen Metaphysik, welche sich als die »zermalmende« Analyse der Leibniz-Wolff'schen und der herrschenden Popularphilosophie darstellt. Er beginnt dieselbe in dem Abschnitt über die »Amphibolie der Reflexionsbegriffe«, indem er zu zeigen sucht, dass alle ontologischen Grundbestimmungen des Leibniz-Wolff'schen Systemes eine rein verstandesmässige Ausdeutung der Kategorien enthalten, welche in Wahrheit nur für anschauliche Gegenstände gelten, dass also Sätze, welche nur auf das Verhältniss von Begriffen Anwendung finden dürften, auf dasjenige von Gegenständen bezogen werden. Daraus habe sich dann die monadologische Metaphysik mit allen ihren einzelnen Lehrsätzen nothwendig ergeben, und dadurch habe Leibniz sich genöthigt gesehen, der sensiblen Welt die intelligible Welt von Substanzen gegenüber zu stellen, die doch im Grunde keine eigentlich intelligible, sondern vielmehr heimlich mit sinnlichen Bestimmungen durchsetzt geblieben sei.

Ihre volle Energie aber entwickelt Kants Kritik erst in der transscendentalen Dialektik, welche hinter einander die einzelnen metaphysischen Wissenschaften, die rationale Psychologie, Kosmologie und Theologie, als principiell verfehlte nachweist. Auch diese Wissenschaften und ihre kritische Betrachtung konstruirt Kant in das psychologische Schema hinein. Er geht dabei von der Frage aus, wie Metaphysik (in der alten Terminologie) d. h. rationale Erkenntniss des Übersinnlichen als Versuch oder als Bestreben möglich sei, wenn nachgewiesen worden ist, dass keine Berechtigung für sie existirt. Synthetische Urtheile

a priori über Dinge an sich sind nur für die intellektuelle Anschauung möglich, die dem Menschen versagt ist. Wie kann es
nun kommen, dass wir jemals glauben, die Überschreitung der
Grenze der Erfahrung zu vollziehen, die uns doch unmöglich ist?
Die Beantwortung dieser Fragen gibt, wie man sieht, nicht nur die
kritische Verwerfung, sondern auch die psychologische Erklärung
der bisherigen Metaphysik. Kant hat diese Beantwortung ebenso
nach der in der formalen Logik üblichen Lehre vom Schluss sche-
matisirt, wie die Kategorienlehre nach demjenigen vom Urtheil,
offenbar hier noch viel mehr künstlich und äusserlich. Was die
Anwendung der Schlusslehre dabei sichtlich veranlasst hat, ist die
Thatsache, dass das Übersinnliche, welches den Gegenstand der
metaphysischen Erkenntniss bilden soll, niemals durch Erfahrung
erkannt, sondern immer nur durch begriffliche Operationen erschlossen werden kann. Schlüsse auf die Existenz nicht unmittelbar erfahrener Gegenstände sind nun nach Kants transscendentaler
Logik vollkommen berechtigt, solange sie sich eben in den Grenzen
der sinnlichen Vorstellung halten. Kants Definitionen von »wirklich«
und »nothwendig« in den Postulaten des empirischen Denkens geben
ja das ausdrückliche Recht, etwas als existirend zu erschliessen,
was selbst nicht unmittelbar wahrgenommen worden ist. Aber dies
zu Erschliessende muss so beschaffen sein, dass es in den immanenten Zusammenhang der Erscheinungen sich einreiht. Kant hat
niemals verlangt, dass für die wissenschaftliche Erkenntniss nur
das als existirend gelten solle, was direkt wahrgenommen worden ist,
sondern sein rationaler Empirismus verlangt durchaus die Anerkennung des aus den Erfahrungen begrifflich Erschlossenen: nur darf
dieses Erschliessen aus der Sphäre des Erfahrbaren, d. h. der sinnlichen Welt nicht herausgehen. Denn da die Kategorien für uns nur
Verknüpfungsformen des anschaulichen Inhaltes sind, so gibt es
keine Erkenntnissthätigkeit, welche einen sinnlichen mit einem
übersinnlichen Inhalt in allgemeingültiger und nothwendiger Weise
zu verknüpfen im Stande wäre. Allein die Vorstellung der übersinnlichen Welt existirt, wenn nicht als Objekt einer Erkenntniss,
so doch als eine thatsächliche Bildung im menschlichen Denken.
Auf diese Weise nun lässt sich begreifen, wie es möglich ist, dass
das ungeschulte und unkritische Denken die kategorialen Beziehungen auf das Verhältniss eines sinnlichen und eines übersinnlichen Inhaltes anzuwenden, sich berechtigt glaubt. Auch ist diese

Anwendung ungefährlich, solange man sich bewusst bleibt, dabei die Gegenstände der Erfahrung nur so zu betrachten, als ob sie in irgend einer solchen Beziehung zu etwas Übersinnlichem und Unerfahrbaren stünden. Sobald man aber eine solche Betrachtung für eine Erkenntniss ausgibt, so überschreitet man die durch die transscendentale Analytik gesteckten Grenzen. Eine Erkenntniss spräche in einem solchen Falle das Verhältniss zweier Gegenstände aus. Nun sind aber nur die anschaulichen Begriffe, niemals aber die übersinnlichen auf Gegenstände zu beziehen. Die Umwandlung also einer solchen Betrachtung in den Versuch einer metaphysischen Erkenntniss setzt jedesmal die Täuschung voraus, als ob der Inhalt einer übersinnlichen Vorstellung, deren Erzeugung im Denken möglich ist, einen Gegenstand der Erkenntniss bilden könnte. Diese Täuschung nennt Kant den transscendentalen Schein. In ihm erblickt er das πρῶτον ψεῦδος aller rationalistischen Metaphysik, und indem er nachzuweisen sucht, dass dieser Schein in der menschlichen Erkenntnissthätigkeit selbst begründet ist, spricht er der darauf beruhenden rationalistischen Metaphysik mit derselben Untersuchung, welche ihre erkenntnisstheoretische Unberechtigtheit ein für allemal in der entscheidendsten Weise festgestellt hat, eine gewisse psychologische Berechtigung zu.

Die Veranlassung, das Übersinnliche, das nicht erfahren, nicht erkannt werden kann, wenigstens zu denken, ist für Kant freilich in erster Linie auf dem Gebiete der Ethik zu suchen. Allein davon ist hier nicht die Rede, und es fragt sich daher, ob nicht auch theoretische Veranlassungen vorliegen, den Kreis der Erfahrung, in den das Erkennen gebannt ist, mit dem Denken zu überschreiten. Sollten sich solche aus gewissen Aufgaben der Erfahrungswissenschaft ergeben, so würde sich dadurch die Ansicht über den Begriff des Dinges an sich noch weiter ergänzen. Zunächst in der Weise, dass die allgemeine Möglichkeit, welche ihm als dem Grenzbegriffe der Erkenntniss beiwohnt, sich für verschiedene Richtungen der Erkenntniss in besonderer Weise gestaltete, und zweitens in der Weise, dass innerhalb der theoretischen Funktion selbst wenigstens eine Tendenz sich geltend machte, dem Erkennbaren ein Unerkennbares problematisch gegenüberzustellen.

Im Grunde genommen handelt es sich also darum, zu untersuchen, ob der Erkenntnisstrieb durch die Erfahrung, in welcher allein er befriedigt werden kann, wirklich befriedigt wird. Stellt sich heraus, dass das nicht der Fall ist und nicht der Fall sein kann, so muss die Erkenntnissthätigkeit selbst auf all' den Punkten, wo dieses einleuchtet, sich ihre Grenze setzen; aber es wird dann auch begreiflich, dass, wo sie dieser kritischen Vorsicht entbehrt, sie den Versuch machen wird, ihre Aufgabe, deren Nothwendigkeit sie erweisen kann, jenseits der Erfahrung zu lösen, und dadurch dem »transscendentalen Scheine« verfallen muss. Die transscendentale Dialektik hat deshalb die höchst interessante Aufgabe, einen inneren Widerspruch in dem Wesen der menschlichen Erkenntnissthätigkeit aufzudecken. Sie hat zu zeigen, dass aus dieser Erkenntnissthätigkeit selbst mit Nothwendigkeit Aufgaben entstehen, welche durch dieselben nicht zu lösen sind. Sie hat die Unhaltbarkeit jedes Versuchs zu zeigen, diese Aufgaben mit der Erkenntnissthätigkeit zu bewältigen, und sich mit der Resignation zu bescheiden, dass die Einschränkung auf die Erfahrung, welche das Wesen des Erkennens constituirt, dasselbe zugleich auf immer von der Erreichung der Ziele fernhält, denen es immer und immer wieder nachstreben muss.

Die transscendentale Dialektik hat deshalb zunächst zu bestimmen, worin jener Erkenntnisstrieb besteht, welcher das für die wirkliche Erkenntniss unmögliche Überschreiten der Erfahrung verlangt, sie hat das Bedürfniss zu definiren, aus welchem alle Versuche hervorgehen, die Sinnenwelt an eine übersinnliche Welt anzuknüpfen. Und sie geht deshalb von einer Beschreibung desjenigen aus, was man später das metaphysische Bedürfniss genannt hat. Sie trifft auch zweifellos den Kern der Psychologie der Metaphysik, wenn sie sagt, dass dieses Bestreben immer darauf hinausgeht, den ganzen Zusammenhang des Bedingten, welchen uns die Erfahrung darbietet, auf ein »Unbedingtes« zu beziehen. Alle besonderen Aufgaben der Erkenntniss kommen doch schliesslich darin überein, die einzelnen Gegenstände der Erfahrung mit einander in denjenigen Beziehungen zu denken, durch welche sie sich gegenseitig bedingen. Dieser Process des Bedingtseins geht aber, nach welcher Kategorie man ihn auch zu denken beginnt, stets in das Endlose. Soll daher die Erkenntniss diesen ganzen Process vollständig begreifen, so ist sie selbst zu einer endlosen Funktion verurtheilt. Sie würde jedoch dieser Endlosigkeit mit einem Schlage überhoben sein, wenn es ihr möglich wäre, ein Unbedingtes zu begreifen, welches den Abschluss jener Kette bildete. Dies Unbedingte ist in der Erfahrung nicht gegeben und kann nicht in ihr gegeben sein, da jeder ihrer Gegenstände unter den Bedingungen der Kategorien steht. Um die Aufgabe der Erkenntniss zu lösen, würde also ein Unbedingtes erkannt werden müssen, welches in der Erfahrung, auf die das Erkennen beschränkt ist, niemals enthalten sein kann. Das Unbedingte ist also die Vorstellung von der Lösung der Aufgabe, die durch das Erkennen wirklich nicht gelöst werden kann. Das Unbedingte ist das niemals zu realisirende Ideal der Erkenntniss, und trotz dieser Unerfüllbarkeit ist doch die ganze Arbeit der Erkenntniss durch dieses Ideal beherrscht und bestimmt. Denn die Aufsuchung der einzelnen Zusammenhänge, die Einsicht in die Verhältnisse der Bedingtheit hat nur dadurch Werth, dass dieselben in immer höheren und tieferen Zusammenhängen durchschaut werden und dass die Erkenntniss damit auf das Ziel des letzten und absoluten Zusammenhanges hinstrebt, welches sie niemals erreichen kann. Das ist das Erschütternde, es ist das Tragische in dieser Kantischen Untersuchung, dass der Werth der menschlichen Erkenntnissthätigkeit nur in der Arbeit für ein Ziel besteht, welches seinem Begriffe nach niemals erreicht werden kann, dass ein unlösbarer Widerspruch hervortritt zwischen den Aufgaben der Erkenntniss und den Mitteln, welche sie zur Lösung derselben besitzt. In diesem Geiste verlangt Kant von der Erkenntnissthätigkeit dieselbe klare und bewusste Resignation wie Lessing. Bei beiden Männern ist dieses Verlangen der Ausfluss ihres sittlichen Bewusstseins. Aber bei Kant ist es zugleich eine die verborgenste Tiefe des menschlichen Denklebens enthüllende Theorie. Wer nun diese Klarheit und Resignation nicht besitzt und die Nothwendigkeit jener Aufgabe begriffen hat, dass sich die Erkenntniss des Bedingten nur in derjenigen des Unbedingten vollenden kann, der wird geneigt sein, den Begriff der Lösung der Aufgabe für die Lösung selbst zu halten, der wird versucht sein, das Unbedingte, welches nichts als die ideale Vorstellung von einem Abschluss der Kette des Bedingten enthält, als einen Gegenstand möglicher Erkenntniss aufzufassen und zu dem Bedingten in die Beziehungen der Verstandeserkenntniss zu setzen. Da nun das Unbedingte seinem Begriffe nach ausserhalb der sinnlichen Erfahrung steht, so entspringen auf diese Weise Vorstellungen von unbedingten übersinnlichen Gegenständen, welche in ihrem Wesen und in ihren Beziehungen zu der sinnlichen Welt erkannt werden sollen.

Ist nun die Aufgabe des Verstandes die begriffliche Synthese der Anschauung, so versteht Kant unter Vernunft im engeren Sinne des Wortes das Bewusstsein der Unterwerfung aller Verstandesthätigkeiten unter das Princip einer gemeinsamen Aufgabe, und jene Vorstellungen des Unbedingten, in denen sich diese Aufgaben erfüllen müssten, nennt er I d e e n. Idee ist also nach Kant die nothwendige Vorstellung von einer Aufgabe der menschlichen Erkenntniss*). Insofern sind die Ideen a priori. Auch sie gehören zum Wesen und zur Organisation der menschlichen Gattungsvernunft. Aber diese Aufgaben sind ebenso unerfüllbar, wie sie unentfliehbar sind. Die Ideen bezeichnen eine Aufgabe der Erkenntniss, aber sie sind nicht selbst Erkenntniss. Es entspricht ihnen kein Gegenstand. Der transscendentale Schein besteht darin, dass diese Ideen für Erkenntnisse, dass diese nothwendigen Vorstellungen für Vorstellungen von Gegenständen gehalten werden. Jede Idee ist daher als solche berechtigt; sie ist das Licht, welches den erkennenden Verstand durch das Reich der Erfahrung leitet; aber sie wird zum Irrlicht, sobald sie dasselbe überschreiten und in eine übersinnliche Welt hinüberführen will.

Dieser Ideen sind nun nach Kants System drei. Die Vorstellung eines unbedingten Substrats aller Erscheinungen des inneren Sinns ist die Idee der S e e l e. Die Vorstellung eines unbedingten Zusammenhanges aller äusseren Erscheinungen ist die Idee der W e l t. Die Vorstellung endlich des unbedingten Wesens, welches allen Erscheinungen überhaupt zu Grunde liegt, ist die Idee der G o t t h e i t. Sobald man diese Ideen als Objekte der Erkenntniss betrachtet, entspringen daraus die drei metaphysischen Spezialwissenschaften, welche sich an die Ontologie anzuschliessen pflegen, die rationale Psychologie, Kosmologie und Theologie. Aber zunächst zeigt sich schon die Werthlosigkeit dieser drei vermeintlichen Wissenschaften darin, dass es in alle Wege unmöglich ist,

---

*) Damit gibt Kant dem Terminus Idee eine neue Bedeutung, welche sowol von dem ursprünglichen Platonischen Sinne, als auch von dem Gebrauch des Wortes in der scholastischen und neueren Philosophie genau zu unterscheiden ist. Da aber auch für ihn die Ideen ein Überschreiten der sinnlichen Erfahrung involvirten, so ist es begreiflich, dass die Platonische und die Kantische Bedeutung des Worts in der Folge vielfach in einander griffen.

aus der Idee der Seele irgend eine Thatsache des psychischen Lebens, aus der Idee der Welt irgend ein Geschehen in der Körperwelt, aus der Idee der Gottheit irgend einen besonderen Verlauf des Weltprocesses wissenschaftlich abzuleiten. Es gibt gar keine Beziehungen zwischen der rationalen Metaphysik und der empirischen Erkenntniss, und wenn jene Ideen gebildet worden sind, um die Aufgaben der Erfahrungserkenntniss zu lösen, so erfüllen sie diesen Zweck offenbar nicht, da die Erscheinungen nicht unter die Ideen der Vernunft wie unter die Kategorien des Verstandes in concreter Anschaulichkeit zu subsumiren sind. Allein der tiefere Grund dieser Werthlosigkeit der rationalen Metaphysik für die empirische Wissenschaft liegt eben darin, dass diese eine nur scheinbare und principiell unmögliche Erkenntniss zu besitzen vorgibt, und in ihrer Kritik handelt es sich also hauptsächlich darum, aufzuzeigen, dass der Grundfehler dieser Disciplinen darin besteht, die nothwendige Idee als einen Gegenstand möglicher Erkenntniss zu betrachten.

Am klarsten tritt das bei der ersten hervor, indem sich die Kritik der rationalen Psychologie in Kants Lehre von den Paralogismen der reinen Vernunft entwickelt. Er sucht hier nämlich zu zeigen, dass alle Schlüsse, mit denen man in der Schul- und Popularphilosophie die Substanzialität, die Simplicität, die Personalität und die erkenntnisstheoretische Priorität der Seele zu beweisen pflegte, Fehlschlüsse seien. Sie beruhen alle auf einer Quaternio terminorum, indem das Ich, welches in dem einen Satze als die allgemeine Form des Denkens verwendet wird, in dem andern als ein substanziell bestehendes Wesen angesehen werden soll. Kant führt zunächst im Hinblick auf die transscendentale Analytik aus, dass die Anwendung der Kategorie der Substanzialität auf den äusseren Sinn beschränkt bleiben müsse, dass in Folge dessen die Identität des empirischen Selbstbewusstseins nur eine identische Funktion, nicht ein gleichbleibendes Ding bedeute und dass der Cartesianische Versuch, das Selbstbewusstsein zum Ausgangspunkt des Wissens zu machen und von ihm aus erst auf einem Umwege die Erkenntniss der äusseren Substanzen, der Körper, zu gewinnen, geradezu umgekehrt werden müsse*).

---

*) Es ist zu bemerken und unrichtigen Deutungen gegenüber zu betonen, dass die erste Auflage der Vernunftkritik an dieser Stelle genau denselben Ge-

Erweisbar also ist die Seele als Ding an sich nicht, aber sie ist ebensowenig widerlegbar. Dieselbe Kritik, welche sich gegen den Spiritualismus richtet, trifft auch den Materialismus. Der transscendentale Idealismus aber will auch nicht dem metaphysischen Dualismus das Wort reden, der die Frage nach dem Connex zwischen Leib und Seele durch keine seiner drei Formen, weder durch den influxus physicus noch durch den Occasionalismus noch durch die prästabilirte Harmonie, zu lösen vermag. Aber Kant stellt sich hier zunächst auf den Standpunkt des phänomenalistischen Dualismus. Statt des landläufigen Gegensatzes von Körperwelt und Geisterwelt tritt für ihn der principielle Unterschied zwischen äusserem und innerem Sinn in den Vordergrund, und es gibt für ihn keine Möglichkeit, die Frage zu entscheiden, ob das Ding an sich, welches im äusseren Sinne, und dasjenige, welches im inneren Sinne erscheint, vielleicht identisch seien oder nicht. Auf dem transscendentalen Standpunkt verwandelt sich die Frage nach dem Verhältniss der körperlichen zur geistigen Welt — diese wahre crux metaphysica — vielmehr in die psychologische Frage nach der Möglichkeit der Verknüpfung des äusseren und inneren Sinnes in demselben Bewusstsein. Da nun zum inneren Sinne dem Inhalte nach die Funktionen des Denkens gehören, so lässt sich die Frage auch dahin formuliren: wie ist die Vereinigung von Sinnlichkeit und Verstand in demselben Bewusstsein möglich? Diese Frage aber ist unlösbar; sie bildet die Grenze der Psychologie. Sie betrifft nicht mehr und nicht weniger als die Organisation unserer Intelligenz, und diese ist für unsere Erkenntniss eine letzte Thatsache, über welche die Forschung nie hinausgehen kann. Allein es ist die Aufgabe aller Psychologie, die Vereinigung der Funktionen der Sinnlichkeit und des Verstandes auf allen Gebieten des psychischen Lebens zu erforschen. Das letzte Ziel aller psychologischen Erkenntniss würde die Einsicht in die absolute Einheit unserer gesammten psychischen Funktionen sein. Nennen wir die Vorstellung dieser Einheit Seele, so bildet diese Idee das

---

danken ausspricht, den die zweite Auflage in der oben erwähnten »Widerlegung des Idealismus« (vgl. pag. 78 f.) mit entschiedener Polemik gegen die missverständliche Auslegung des transscendentalen Idealismus ausführte. Kant widerlegt auch in der zweiten Auflage nur den »empirischen Idealismus«, und zwar thut er dies lediglich vom Standpunkte des transscendentalen Idealismus aus.

7*

regulative Princip für alle psychologische Erkenntniss, aber sie selbst ist kein Gegenstand mehr, der sich begreifen liesse.

Kants Kritik der rationalen Kosmologie schlägt einen ganz anderen Weg ein. Die Unerkennbarkeit der Idee der Welt wird von ihm durch die Antinomien der reinen Vernunft bewiesen. Alles, was wir sollen erkennen können, muss sich den formal logischen Gesetzen unterworfen zeigen. Zu diesen gehört in erster Linie der Satz des Widerspruches, dass von zwei contradictorisch entgegengesetzten Behauptungen nicht beide richtig sein können. Wenn man über einen vermeintlichen Gegenstand mit logischer Unanfechtbarkeit das positive und das negative Urtheil gleichen Inhalts beweisen kann, so folgt daraus unmittelbar, dass derselbe kein wirklicher Gegenstand sein kann. Betrachtet man nun die Totalität aller Gegenstände des äusseren Sinnes selbst als einen Gegenstand der Erkenntniss, so sucht Kant in den Antinomien nachzuweisen, dass sich von demselben in Rücksicht auf alle vier Gesichtspunkte der Kategorien die contradictorischen Sätze gleichmässig beweisen lassen. Hinsichtlich der Qantität lässt sich zeigen, dass die Welt in Raum und Zeit begrenzt und dass sie in beiden unendlich ist. Hinsichtlich der Qualität lässt sich beweisen, dass die Welt aus Atomen besteht, und dass sie nicht daraus bestehen kann. Hinsichtlich der Relation ergibt sich, dass es in dem Processe des Geschehens unbedingte, selbst nicht mehr kausal vermittelte Ursachen gibt, und dass solche nicht vorhanden sind. Hinsichtlich der Modalität endlich lässt sich die Annahme eines unbedingt nothwendigen Wesens ebenso begründen, wie widerlegen. Den Beweis für diese vier Paare von Thesis und Antithesis führt Kant (mit Ausnahme der vierten These) apagogisch, sodass schon darin die dialektische Antinomie zu Tage tritt, indem stets die Thesis durch die Widerlegung der Antithesis und umgekehrt bewiesen wird. Selbst wenn sich nun herausstellen sollte, dass diese acht Beweise nicht so absolut stringent und unanfechtbar sind, wie sie von Kant angesehen wurden, so würde das doch nichts an der werthvollen Entdeckung ändern, die Kant an diesem Punkte gemacht hat. Es wird nämlich dadurch die Thatsache aufgedeckt, dass unserer gesammten Weltauffassung eine solche Antinomie zu Grunde liegt. Es ist ein Bedürfniss unserer Verstandeserkenntniss, die Totalität der Dinge als ein Fertiges und Geschlossenes zu betrachten. Aber jeder Versuch, dies in einer bestimmten Vorstellung zu thun, scheitert daran, dass die sinnliche Anschauungsweise über jede Grenze hinaus, welche wir im Raum, in der Zeit, in der Causalreihe des Geschehens ansetzen wollen, ihre constructive Tendenz fortführen muss. Die Gegensätze, die Kant hier behandelt, sind deshalb so alt, wie das philosophische Denken überhaupt. Räumliche Begrenztheit und Unendlichkeit, Zeitlichkeit und Ewigkeit der Welt, Atomismus und Monismus, Freiheitslehre und Mechanismus, Schöpfungstheorie und Naturalismus, — diese Thesen und Antithesen stehen sich nothwendig immer und immer wieder gegenüber.

Indem nun Kant annimmt, dass diese Antinomien nothwendige und allgemeingültige Behauptungen seien, so folgt ihm daraus, dass der Gegenstand dieser Urtheile, den ja in allen Fällen der Begriff der Welt repräsentirt, nicht ein Gegenstand möglicher Erkenntniss sein kann. Wenn Thesis und Antithesis gleich wahr sind, so sind sie auch gleich falsch. Der Satz des ausgeschlossenen Dritten hat hier deshalb keine Gültigkeit, weil es überhaupt von vornherein sinnlos ist, den Begriff der Welt zum Subjekt eines Erkenntnissurtheils zu machen. Die Räthselhaftigkeit eines den Gesetzen der formalen Logik so vollkommen widersprechenden und doch mit Nothwendigkeit aus der Vernunft entspringenden Verhältnisses erklärt Kant daraus, dass Thesis und Antithesis beide auf der gleichen falschen Voraussetzung beruhen, als sei die Welt, diese unerfahrbare Idee eines totalen Zusammenhanges der Erscheinungen, das Objekt einer möglichen Erkenntniss.

Bis zu diesem Punkte bewegt sich die Antinomienlehre durchaus in der gesammten Tendenz der transscendentalen Dialektik. Dadurch aber, das Kant nun noch mit Hülfe der transscendentalen Ästhetik eine »kritische Auflösung« des nothwendigen Widerstreites, in welchen die Vernunft mit sich selbst geräth, zu geben versucht, beginnen sich in diesem Abschnitte gleichfalls die verschiedenen Richtungen seines Denkens durcheinander zu schlingen, und so ist derselbe zu einem zweiten Nest von schwer entwirrbaren Widersprüchen geworden. Ganz im Gegensatz nämlich zu dem Resultate der transscendentalen Analytik behandelt Kant die beiden letzten Antinomien unter dem Gesichtspunkte, dass möglicherweise die Thesen für die Dinge an sich, die Antithesen dagegen für die Erscheinungen gelten sollten. Für die »mathematischen« Antinomien, diejenigen der Quantität und der Qualität, in denen es sich um die räumliche und zeitliche Ausdehnung und um die materielle Theilbarkeit der äusseren Welt handelt, bot die Lösung des Widerspruches durch die transscendentale Ästhetik keine Schwierigkeiten. Wenn die räumliche Welt nichts als Erscheinungen enthält, so sind jene Widersprüche nicht real, sondern nur in unserer Auffassungsweise der Dinge begründet. Es ist die erwähnte Antinomie zwischen unserem Begriffe der Totalität und der Unaufhörlichkeit unseres anschauenden Processes, welche sich darin ausspricht. In gleicher Weise hätte sich die Lehre der transscendentalen Analytik auf die beiden letzten, die »dynamischen« Antinomien anwenden lassen, und es wäre dann wiederum die Entscheidung gefallen, dass, da auch die begrifflichen Beziehungen nur phänomenalen Charakters sind, jene Antinomien ihre Wurzel in dem Widerstreite haben, welcher zwischen den Begriffen und der als Bedingung für ihre Anwendung unerlässlichen Zeitanschauung besteht. Allein die Fragen, welche diese beiden Antinomien behandeln, diejenigen der Kausalität durch Freiheit und der Existenz der Gottheit, betrafen gerade diejenigen Punkte, an welchen Kant überzeugt war, mit dem sittlichen Bewusstsein den Bann der empirischen Erkenntniss durchbrechen und eine Gewissheit der übersinnlichen Welt gewinnen zu können. Hier bejahte er also die Thesen aus ethischen Gründen. Wenn sich nun zeigte, dass auch die Antithesen beweisbar seien, so ging er der Möglichkeit nach, ob nicht vielleicht diese für die Erscheinungen gelten. Dann war auch der Widerspruch aufgehoben, aber anders als in dem ersten Falle. In den mathematischen Antinomien verschwindet die Contradiktion dadurch, dass beide Urtheile falsch sind, weil sie auf derselben falschen Voraussetzung beruhen, in den dynamischen dadurch, dass beide Urtheile richtig sind, nur mit der Einschränkung, dass das eine für Dinge an sich, das andere für Erscheinungen gilt. Dieses Princip verwendet Kant, um die wesentlichsten Punkte seiner praktischen Philosophie schon in der Kritik der reinen Vernunft durchschimmern zu lassen. Die dritte und vierte Antithese haben den gemeinsamen Inhalt, dass der Process des Weltgeschehens eine anfang- und endlose Kette nothwendiger Veränderungen endlicher Dinge darbietet. Diese Sätze sollen nun unbedingt und ausnahmslos für alle Erscheinungen gelten. Aber damit, lehrt Kant, sei nicht ausgeschlossen, dass das Geschehen in der Welt der Dinge an sich einen Akt ursachloser Freiheit bilde, und dass es unter den Dingen an sich ein unbedingtes und absolut nothwendiges Wesen gebe. Die Erscheinungswelt in dem gesammten kausal bedingten Ablauf ihres Geschehens sei eben nur eine Erscheinung. Der für unsere Erkenntniss durchaus bedingte und kausal nothwendige Entwicklungsgang, welchen die Willensentschliessungen in dem empirischen Charakter eines einzelnen Menschen darstellen, sei nichts weiter als die durch Raum, Zeit und die Kategorien bedingte Erscheinungsform eines intelligiblen Charakters, dessen Handlung nicht unter dem Gesetz der Kausalität stehe. Freilich ist sich nun Kant bewusst, dass ein Beweis, d. h. eine theoretische Begründung für die Realität der Freiheit und der Gottheit in der Welt der Dinge an sich niemals gefunden werden kann. Aber die Einschränkung der menschlichen Erkenntniss auf die Erscheinungswelt lässt auch nicht das Gegentheil behaupten, und es bleibt danach für die theoretische Vernunft die Möglichkeit derselben offen. So muss man es in den Kauf nehmen, dass jene Möglichkeit, Dinge an sich anzunehmen, die am Schlusse der transscendentalen Analytik gewonnen war, sich hier schon dahin spezialisirt, dass als diese Dinge an sich theils die intelligiblen Charaktere, theils die Gottheit betrachtet werden, dass also die Anwendung bestimmter Kategorien, wie derjenigen von Wesen und ihren Handlungen auf jenes unbekannte Etwas, welches dort Dinge an sich genannt wurde, schon hier »als möglich betrachtet« und damit die Auffassung von Kants Inauguraldissertation, wenn auch unter veränderten Gesichtspunkten wieder gestreift wird. Allein in einer Rücksicht kehrt sich nun diese Auflösung der Antinomien offenkundig gegen ihren Beweis. Denn indem Kant annimmt, dass die Antithesen für die Erkenntniss der Erscheinungen gelten und dass in der Erscheinungswelt das wissenschaftliche Bewusstsein die Thesen verwirft, so wird es um so unbegreiflicher, wie es vorher möglich gewesen ist, auf rein theoretischem Wege Thesis und Antithesis gleichmässig zu beweisen. Hierin liegt also eine noch tiefere Antinomie zwischen Kants theoretischem und praktischem Denken vor, eine Antinomie, welche wie diejenige des Dinges an sich die Weiterentwicklung der Philosophie bestimmt hat.

In der vierten Antinomie ist nun auch schon der Gegenstand berührt worden, welcher das letzte Objekt der transscendentalen Kritik bildet: die wissenschaftliche Behandlung der Gottesidee. Kant nennt dieselbe das Ideal der reinen Vernunft, weil sie die Idee des Unbedingten in Rücksicht auf die Möglichkeit aller

Erscheinungen überhaupt, der äusseren und der inneren, bildet. Auch dieses Ideal ist nun nach Kant eine nothwendige, es ist die letzte und höchste Aufgabe, welche die Erkenntnissthätigkeit sich setzen kann und setzen muss. Aber auch hier ist die Idee kein Gegenstand der Erkenntniss, und jeder Versuch, diese Nothwendigkeit des Denkens umzudeuten in einen Beweis von der Nothwendigkeit der Existenz der Gottheit, muss durchaus verworfen werden. In diesem Zusammenhange der Gedanken erscheint es selbstverständlich, dass für Kant den Nerv aller Beweise, welche die spekulative Theologie und die Metaphysik für das Dasein Gottes angetreten haben, das Argument bildet, welches man das ontologische nennt, und welches ja gerade darauf hinausläuft, aus dem Begriffe des allerrealsten Wesens dessen Existenz zu erschliessen. In der Kritik desselben trägt nun Kant mit schärferer Formulirung der schon in der vorkritischen Zeit von ihm entwickelten Gedanken eine seiner tiefsten und für die Erkenntnisstheorie werthvollsten Lehren vor. Er zerstört jenen ontologischen Beweis von Grund aus, indem er zeigt, dass »Existenz« kein Merkmal ist, welches wie andere Merkmale zum Inhalt eines Begriffes gehörte und deshalb durch logische Analysis aus demselben gewonnen werden könnte. Ein Begriff bleibt genau derselbe, ob man ihm die Existenz zuschreibe oder nicht. Die Existenz ist vielmehr ein Verhältniss, in welchem sich unsere Erkenntniss zu einem bestimmten begrifflichen Inhalte befindet: sie ist eine Kategorie der Modalität. Die Anwendung dieser Kategorie aber ist nur durch die Anschauung zu vermitteln. Ein theoretischer Beweis für die Existenz ist also immer nur dadurch zu gewinnen, dass die Wirklichkeit des Begriffs, d. h. die Beziehung desselben auf einen Gegenstand in der Anschauung direkt oder indirekt nachgewiesen wird. Existenzialsätze sind immer synthetisch, und die Begründung der Synthesis liegt stets in der Anschauung. Deshalb ist es unmöglich, den Begriff der Gottheit als das Subjekt eines Existenzialsatzes theoretisch zu behandeln. Aus dem Begriffe allein folgt niemals die Existenz.

Aber auch alle anderen Versuche, die Nothwendigkeit des Daseins Gottes zu beweisen, sind damit um so mehr widerlegt, als sie das ontologische noch mit anderen unberechtigten Argumenten compliciren. Der kosmologische Beweis (eigentlich schon durch die vierte Antinomie widerlegt) schliesst von der Bedingtheit und Zufälligkeit der endlichen Gegenstände auf die Existenz eines absolut nothwendigen Wesens. Er hat kein Recht, mit der Kategorie der Kausalität die Erscheinungswelt zu überschreiten, er hat eben so wenig Recht, von den endlichen Dingen auf eine unendliche, von den bedingten auf eine unbedingte Ursache zu schliessen und damit eine μετάβασις εἰς ἄλλο γένος zu vollziehen. Aber wenn man ihm all dies zugeben wollte, so würde er doch seine Behauptung, dass diese letzte Ursache aller Dinge zugleich das allerrealste und absolut nothwendige Wesen sei, d. h. dem Begriffe der Gottheit entspreche, immer wieder nicht durch sich selbst, sondern nur durch das ontologische Argument erhärten können. Und wie so der kosmologische auf den ontologischen, so führt der p h y s i k o - t h e o l o g i s c h e auf den kosmologischen Beweis zurück. Gesetzt er hätte das Recht, als die Ursache der Zweckmässigkeit, Güte, Schönheit und Vollkommenheit der Welt (die Kant als Thatsachen behandelt und nach deren Beweise er gar nicht einmal erst fragt) eine höchste Intelligenz anzunehmen, so würde dieser Beweis nur bis zu dem Begriffe eines weltbildenden, nicht aber bis zu demjenigen eines weltschaffenden Gottes führen. Für diesen müsste immer wieder auf den kosmologischen und in letzter Instanz auf den ontologischen Beweis rekurrirt werden.

Diese Widerlegung richtet sich mit echt kritischem Bewusstsein nicht gegen den Satz von der Existenz der Gottheit selbst, sondern nur gegen die Versuche einer t h e o r e t i s c h e n Beweisführung für denselben, und der Scharfsinn dieser Kritik, deren Argumentationen von den besonderen Eigenthümlichkeiten der transscendentalen Erkenntnisstheorie durchaus unabhängig sind, (wie sie ja auch von Kant im Wesentlichen schon im Jahre 1763 vorgetragen worden waren), hat damit jene Lieblingsgebilde der speculativen Theologie und der rationalen Metaphysik für immer aus dem Sattel gehoben. Aber auch in diesem Falle richtet sich die Widerlegung der positiven Behauptung mit gleicher Energie gegen ihre negative Kehrseite. Dasselbe Argument, welches den wissenschaftlichen Beweis für die Existenz der Gottheit verbietet, schlägt auch jeden Versuch, diese Existenz zu leugnen oder zu widerlegen, nieder. Der Atheismus ist wissenschaftlich eben so unmöglich wie der Theismus. Gerade wie die Kritik der rationalen Psychologie gleichmässig den Spiritualismus und den Materialismus als Anmassungen der Metaphysik verdammte, so sieht die Kantische Kritik auch die rationale Theologie und den Atheismus für gleich unbe-

wiesene dogmatische Behauptungen an. Der eine überschreitet
die Grenze der menschlichen Erkenntnissfähigkeit so gut wie die
andere. Aber die rationale Theologie unterliegt nur in ver-
zeihlichem Eifer dem transscendentalen Schein, als könne das
Ideal der Vernunft Gegenstand einer objektiven Erkenntniss sein:
der Atheismus macht den viel schlimmeren Fehler, dies Ideal der
menschlichen Erkenntniss als eine Illusion zerstören zu wollen.
Er sträubt sich daher, meint Kant, gegen eine in der Organisation
des menschlichen Geistes selbst angelegte Nothwendigkeit. Wenn
wir die Zusammenhänge der inneren und diejenigen der äusseren
Erscheinungen, wenn wir die geheimnissvolleren Zusammenhänge,
die zwischen beiden obwalten, in der wissenschaftlichen Erkenntniss zu begreifen suchen, so schwebt uns als der Trieb für diese
gesammte Arbeit des Verstandes die Idee der Vernunft vor, einen
letzten und absoluten Zusammenhang aller Erscheinungen in einem
höchsten Wesen zu begreifen. Dies Ideal der Vernunft ist durch
den Verstand und seine Erkenntniss nie zu erreichen. Aber aller
Werth der Verstandesarbeit liegt in der Annäherung an das unerreichbare Ziel.

Und woher denn nun — das ist die letzte Frage — diese
Werthschätzung und jener ihr zu Grunde liegende Trieb? Woher
jenes metaphysische Bedürfniss, welches unsere Erkenntniss erst
vollendbar erscheinen lässt in einem Unerkennbaren? Aus dem
blossen Material der Erscheinungen ergäbe sich für die Erkenntniss
nur der Trieb, ihre endlosen Ketten endlos weiter zu verfolgen.
Wenn daher in unserem Denken das Bedürfniss auftritt, aus dieser
Sinnenwelt herauszugehen und ein von ihr Verschiedenes zu erfassen, so liegt die Veranlassung dafür nicht mehr in unserem theoretischen Verhalten. Die theoretische Betrachtung kann nur die
Thatsache constatiren, dass sie selbst in ihrem ganzen Fortschritte
durch das wenn auch niemals zu erfüllende Streben bestimmt ist,
ihren Horizont zu überschreiten. Aber die Erklärung dieser Thatsache liegt in einem tieferen Bedürfniss, welches das theoretische
Leben beherrscht, und dieses tiefere Bedürfniss kann nur in dem
sittlichen Bewusstsein von unserer Bestimmung bestehen, welche
über die Welt unserer Erkenntniss hinausreicht. So zeigt sich,
dass das Leben der Erkenntniss in seiner ganzen Ausdehnung
durch den ethischen Trieb nach der übersinnlichen Welt bedingt
ist, dem es doch selber niemals genüge thun kann. Das ist es,

was Kant den Primat der praktischen über die theoretische Vernunft genannt hat, und was den innersten Zusammenhang seiner wissenschaftlichen so gut wie seiner persönlichen
Überzeugung am klarsten hervortreten lässt.

§ 60. Kants praktische Philosophie.

Die Nachfolger haben Kants Philosophie als subjektiven Idealismus oder als Subjektivismus charakterisirt, und in den
historischen Darstellungen ist diese Bezeichnung vielfach adoptirt
worden. Die Wenigsten wissen, was sie bedeutet. Sie will besagen, dass der Kriticismus seinen Standpunkt lediglich in der
menschlichen Vernunft nimmt. Er lässt alle die Meinungen dahin-
gestellt, welche, sei es im populären Bewusstsein sei es in philosophischen Versuchen, vor ihm über das Verhältniss dieser menschlichen Vernunft zu den Dingen, zu Subjekten und Objekten, aufgestellt sind, und er sucht lediglich die nothwendigen und allgemeingültigen Principien auf, welche in den Formen der Vernunft
begründet sind. Er ist in dieser Hinsicht nichts als eine Selbsterkenntniss der menschlichen Vernunft. Aber die
Folge davon ist eben die, dass sich auch die theoretische Kritik
vollkommen in den Umkreis dieser Vernunftformen gebannt sieht,
und dass ihr alles, was über die Vorstellungen und ihre immanenten Beziehungen hinaus geht, problematisch bleiben muss.
Innerhalb der Vorstellungsbewegung gibt es gewisse gesetzmässige
Verknüpfungen, welche Dinge genannt werden, und gibt es vor
allem das nothwendige Grundverhältniss von Subjekt und Objekt,
welche nur in Beziehung auf einander gedacht werden können.
Ob es aber auch ausserhalb der Vorstellung Dinge gibt, ob dem
Subjekt und dem Objekt reale Wesen entsprechen, darüber
fehlen der theoretischen Vernunft so sehr alle Argumente, dass sie
es weder bejahen noch verneinen kann. Für die theoretische Philosophie ist die Vorstellungsthätigkeit mit ihren gesetzmässigen
Formen das Absolute. Schon von einem vorstellenden Subjekt
kann sie nicht als von einem diese Thätigkeit ausführenden metaphysischen Wesen, sondern nur als von einem Inhalte der Vorstellungsthätigkeit sprechen. Die Vernunft also ist ein System von
Formen, ist der vollständig in sich geschlossene Kreis, aus dem die
theoretische Philosophie nicht heraus kann. Der Kriticismus fragt

weder nach ihrem Ursprunge, noch nach ihrem Verhältniss zu jener problematischen Realität, die er nur als ein völlig Unbekanntes jenseits der Grenze ansieht, welche die Vernunft sich selbst zu setzen vermag.

Betrachtet man dies Resultat vom Standpunkte des »naiven Realismus«, so heisst es, dass die Vernunft nichts weiter zu erkennen vermag als sich selbst. Und wer von vornherein, von dem populären Bewusstsein ausgehend, das Wesen der Erkenntniss in der Identität von Vorstellungen und Dingen sucht, dem muss die Kantische Kritik den Eindruck hinterlassen, dass dieses Ziel der Erkenntniss niemals zu erreichen ist. In diesem Sinne ist seine theoretische Philosophie a b s o l u t e r S k e p t i c i s m u s. Aber diese Skepsis beweist ihren kritischen Ursprung dadurch, dass sie in vollkommen präciser Formulirung die Unfähigkeit der menschlichen Vernunft, von etwas anderem als von ihren eigenen Formen gewiss zu sein, auf die theoretische Funktion der Erkenntniss beschränkt. Kants Subjektivismus ist nur theoretischer Natur. Wenn die Klarheit seiner Darstellung der Lehre vom Ding an sich in der Kritik der reinen Vernunft durch seine felsenfeste Überzeugung von dessen Existenz getrübt wurde, so rührte das daher, dass der Kriticismus in seinem praktischen Theil die selbst gezogene Schranke des Subjektivismus siegreich durchbricht und von derselben Selbsterkenntniss der Vernunft aus deren Zusammenhang mit einer bestehenden Welt und ihre Unterordnung unter die allgemeine Gesetzgebung derselben begreift. Theoretisch betrachtet, sieht die Vernunft sich auf sich selbst beschränkt, praktisch betrachtet, glaubt sie sich im lebendigen Zusammenhange mit einer höheren Welt, von der ihre ganze Erkenntniss nur den Schatten ergreift.

Und doch ist auch diese Überwindung des Subjektivismus bei Kant nur aus dem subjektiven Gesichtspunkte selbst zu verstehen. Denn so wie die Vernunft auf dem theoretischen Felde zu ihrer Selbstkritik nichts hat als sich selber, so kann auch die praktische Gewissheit von ihrem Zusammenhange mit einer absoluten Weltordnung nur aus ihrer eigenen Tiefe geschöpft sein; nur in sich selbst vermag sie das Motiv zu entdecken, mit ihrer Überzeugung die Schranken ihres Wissens zu überschreiten. Auch der Glaube, mit dem die Vernunft sich einem Weltgesetze unterwirft, gehört zu ihren eigenen Principien, und dieser Glaube darf deshalb nur solche Gestalten annehmen, welche durch die allgemeine und noth-

wendige Form der Vernunft selbst bestimmt sind. Konnte die
theoretische Vernunft in allgemeiner und nothwendiger Weise nur
das erkennen, was sie selbst erzeugt, so kann die praktische Vernunft sich nur einem Weltgesetze unterordnen, welches sie in allgemeiner und nothwendiger Weise sich selbst gibt.

Indem Kant an die Kritik des sittlichen Bewusstseins geht,
fragt er auch hier nach dem allgemeinen und nothwendigen
Charakter, der demselben innewohnt. In seiner empiristischen
Periode hatte er sich mit den anthropologischen »Beobachtungen«
beschäftigt, welche die psychologische Verschiedenheit in der Gestaltung des sittlichen Lebens der Menschheit zu ihrem Gegenstande
haben. Derartige Fragen liegen der kritischen Moralphilosophie
fern; sie richtet vielmehr ihren Blick darauf, dass auf dem Grunde
aller dieser Verschiedenheiten eine gemeinsame sittliche Vernunft
der menschlichen Gattung ruht, und dass das Bewusstsein derselben sich in dem Anspruche auf Apodikticität zeigt, mit dem
die sittlichen Urtheile ausgesprochen werden. Diese aber
sind zwiefacher Art. Theilweise bestehen sie in gewissen Gesetzen, welche wir als die allgemeingültigen Normen für das sittliche Leben ansehen, theilweise aber in Beurtheilungen, welche
auf Grund dieser Normen über Handlungen und Willensentscheidungen der Menschen ausgesprochen werden. Die letzteren sind
offenbar die Form des sittlichen Lebens, welche dem populären
Bewusstsein am geläufigsten ist. Sie kommt in denjenigen Urtheilen zur Geltung, welche ihr Subjekt mit dem Prädikate gut
oder böse bezeichnen. Kant sucht nun, um aus diesem populären Verhalten in das moralphilosophische Problem hinüberzu-
führen, zunächst die Eigenthümlichkeit dieser Urtheile scharf zu
umgränzen. Sie enthalten keine Erkenntniss im theoretischen
Sinne, sondern vielmehr ein Verhältniss der Beurtheilung, in welches sich der Beurtheilende zu dem erkannten oder für erkannt
angesehenen Gegenstande des Urtheils versetzt. Aber nicht alle
Beurtheilungen sind ethischer Natur. Ein grosser Theil derselben
hat die Tendenz, den Gegenstand als etwas dem Individuum An-
genehmes oder Unangenehmes zu bezeichnen. Diese Beurtheilung
ist stets empirischer Natur, sie setzt die Beziehung des Gegenstandes zu irgend einem Bedürfniss des Individuums, bestehe dasselbe
nun in einem unmittelbaren sinnlichen Triebe oder in einem Zwecke
des persönlichen Interesses, voraus. Solche Beurtheilungen sind

deshalb zwar synthetisch, aber nicht a priori. Von ihnen gibt es in Folge dessen keine über das jedesmalige Bedürfniss des Individuums hinausgehende Nothwendigkeit und Allgemeingültigkeit. Wo dagegen etwas als gut oder böse bezeichnet wird, da geschieht es stets mit dem Anspruch auf Allgemeingültigkeit und Nothwendigkeit, und dieser charakterisirt sich dadurch, dass er den Gegenstand der Beurtheilung in Beziehung zu einem allgemeinen und nothwendigen Princip setzt. Hier haben wir also ein Verfahren unseres Geistes, welches auf Apriorität Anspruch erhebt, und es fragt sich nach der Methode des Kriticismus, ob die Bedingungen erfüllt sind, unter denen dieser Anspruch gerechtfertigt ist. Nun enthält jede sittliche Beurtheilung, sofern sie sich ihrer Berechtigung bewusst wird, die Subsumtion des betreffenden Gegenstandes unter ein Princip, welches wir ein sittliches Gesetz nennen, und die Beurtheilung kann nur dann als berechtigt gelten, wenn die Allgemeingültigkeit und Nothwendigkeit dieses Gesetzes feststeht. Alle sittliche Beurtheilung setzt ein Sittengesetz voraus, welches a priori gilt. Für die praktische Philosophie handelt es sich zunächst darum, ob es ein solches allgemeines Sittengesetz gibt, und wie dessen Allgemeingültigkeit und Nothwendigkeit eingesehen werden kann.

Der Aufsuchung des Sittengesetzes selbst scheint nun die Schwierigkeit im Wege zu stehen, dass erfahrungsmässig der Inhalt desselben ein wechselnder und, historisch betrachtet, sogar ein schwankender ist. Heute und hier gilt anderes als sittlich, als morgen und dort, und wenn sich so der Inhalt der sittlichen Principien empirisch bedingt zeigt, was am allerwenigsten die kritische Philosophie leugnet, so bleibt der letzteren nur die Möglichkeit, die Apriorität des Sittengesetzes in derselben Richtung zu suchen, wo sie diejenige der Erkenntniss gefunden hatte: in einer formalen Bestimmung.

Schon in den Vorbereitungen für diese Fundamentaluntersuchung sind fast unmerklich die charakteristischen Züge angelegt, welche die Eigenthümlichkeit der Kantischen Moralphilosophie ausmachen. Das Prädikat gut pflegt zwar selbst in seinem sittlichen Sinne von der populären Bezeichnungsweise auch Handlungen beigelegt zu werden, welche den Anforderungen des Sittengesetzes entsprechen. Allein, meint Kant, das geschieht doch nur im übertragenen Sinne und nur insofern, als dieselben für den Ausdruck einer guten Gesinnung angesehen werden. Im schärfsten Sinne des Wortes ist nichts gut als der W i l l e. Er bleibt gut, wenn er durch den Mechanismus der äusseren Natur an der Umsetzung in die Handlung gehindert worden ist, und andererseits verdient eine Handlung, die dem Sittengesetze völlig conform ist, das Prädikat gut nur insofern, als sie aus der sittlichen Gesinnung hervorgegangen ist. Wo irgend ein äusserer Zwang den Menschen eine solche Handlung ausführen lässt, da kann sie ihm nicht als moralisches Verdienst zugerechnet, nicht als gut bezeichnet werden. Aber Kant geht sogleich weiter. Was vom äusseren Zwang gilt, dehnt er auch auf den inneren aus. Wenn der Mechanismus des Trieb- lebens, wenn die persönlichen Interessen des Individuums dasselbe zu einer Handlung führen, welche den Anforderungen des Sitten- gesetzes entspricht, so ist eine solche Handlung zwar nicht böse, aber auch nicht gut zu nennen, sondern sie ist moralisch indiffe- rent. In solchem Falle hat das Individuum das Glück, dass seine Neigungen es nicht mit dem Sittengesetz in Conflikt bringen; aber das ist ein Zufall und kein Verdienst. Ächt moralisch ist deshalb die den Anforderungen des Sittengesetzes entsprechende Handlung nur dann, wenn sie aus guter Gesinnung hervorgegangen ist, d. h. wenn der Wille, der ihre Ursache enthält, ·selbst durch das Be- wusstsein des Sittengesetzes bestimmt war. Das Bewusstsein von der Anforderung, welche ein sittliches Gesetz an unsere Handlungs- weise stellt, heisst P f l i c h t, und ächt moralisch sind daher nur diejenigen Handlungen, bei denen die Pflicht als Maxime, d. h. als subjektives Princip der Willensentscheidung zur Geltung gekom- men ist. In der kritischen Tendenz scharfer Grenzscheidungen macht Kant jenen berühmten principiellen Unterschied zwischen Pflicht und Neigung, der sich durch seine ganze Ethik hindurch- zieht. Die äussere Conformität unserer Handlungen mit den An- forderungen des Sittengesetzes nennt er L e g a l i t ä t. Alles, was wir aus Neigung thun, ist im besten Falle nur legal, und von M o r a l i t ä t ist erst da die Rede, wo die pflichtmässige Gesin- nung und sie allein die Ursache der Handlung gewesen ist. In dieser Verinnerlichung des moralischen Princips liegt auch auf diesem Gebiete das subjektivistische Princip der kritischen Philo- sophie; es ist zugleich diese Basirung der Ethik· auf dem Begriff des Pflichtbewusstseins eine abstrakte und rein ethische Formu- lirung desjenigen Princips, welches der Protestantismus von Anfang an in seinem Kampfe gegen die katholische Kirche am lebhaftesten betont hatte.

Die Moralität der Handlungen ist also nicht in ihrer legalen Äusserlichkeit, sondern lediglich in der ihr zu Grunde liegenden Gesinnung zu suchen, und die Gesinnung ist nur da gut, wo ihre Maxime das Bewusstsein der Pflicht, wo also das Motiv des Handelns kein anderes ist, als die Achtung vor dem sittlichen Gesetz. Die sittlichen Gesetze aber erscheinen in unserem Bewusstsein als die Vorstellung von etwas, was wir thun sollen, es sind Gesetze des Sollens, welche den sogenannten Naturgesetzen als denjenigen des Müssens gegenüberstehen. Ein Naturgesetz ist eine Regel, nach der unter allen Umständen etwas geschehen muss, das Sittengesetz ist eine Maxime, nach der unter allen Umständen etwas geschehen soll. Beide können nicht mit einander identisch sein; denn es hätte gar keinen Sinn, etwas zu verlangen, was mit naturgesetzlicher Nothwendigkeit so wie so geschieht. Das Sittengesetz hat also nur darin seine Bedeutung, dass der Mechanismus des natürlichen Geschehens es vollkommen unbestimmt lässt, ob dasselbe erfüllt wird oder nicht. Die moralische Gesetzgebung ist also eine gänzlich andere als die natürliche und deshalb aus dieser nicht abzuleiten. Moralische Gesetze sind Imperative, Aufgaben, welche erfüllt werden sollen, ohne es zu müssen und ohne immer erfüllt zu werden. In diesem Sinne ist Kant der klassische Vertreter der imperatorischen Richtung in der Ethik, d. h. derjenigen, welche die Aufgabe dieser Wissenschaft nicht in einer Beschreibung und Erklärung des wirklichen sittlichen Lebens der Menschen, sondern vielmehr in der Aufstellung einer absoluten Gesetzgebung für dasselbe sieht.

Prüft man nun, welcher Art die Imperative sind, welche in der praktischen Bethätigung des menschlichen Lebens auftreten, so zeigt sich, dass der bei weitem grösste Theil derselben nur in bedingter Weise gelten kann. Die Vorschriften, welche wir uns und anderen für bestimmte einzelne Thätigkeiten machen, sind selbstverständlich von den Zwecken abhängig, welche durch diese Thätigkeiten erfüllt werden sollen, und gelten nur soweit, als diese Zwecke als erstrebenswerth angesehen werden. Das Gebiet unserer praktischen Thätigkeit ist dasjenige der Zwecke. Der Begriff des Zwecks, den Kant aus dem System der Kategorien ausschloss und der deshalb in seiner theoretischen Philosophie mit

Einschluss seiner Naturlehre keine Rolle spielte noch spielen durfte, gewinnt hier die Bedeutung einer Grundbestimmung für die praktische Welt. Zwecke sind die Bedingungen, unter denen die meisten Imperative stehen, insofern sie die Handlungen verlangen, welche das Mittel zur Herbeiführung dieser Zwecke bilden. Alle diese Imperative sind somit, ausgesprochen oder unausgesprochen, hypothetischen Charakters. Diese Reihe der hypothetischen Imperative oder der teleologischen Verhältnisse von Zweck und Mittel scheint sich nun ähnlich in eine endlose Kette auszudehnen, wie diejenige der Kausalität und der Verhältnisse von Ursache und Wirkung. Ich will eine bestimmte Handlung thun, um einen Gegenstand umzugestalten oder zu verfertigen, aber ich will diesen Gegenstand nur haben, um mit ihm irgend welche andere Funktionen ausführen zu können, und ich will diese Funktionen wieder ausführen, um dies und jenes Andere herbeizuführen, und so fort. In dieser Weise hängt der letzte hypothetische Imperativ als Schlussglied an einer langen Kette von teleologischen Beziehungen. Aber dieser ganze Process ist nur dadurch möglich, dass es einen letzten Zweck gibt, der selbst nicht mehr Mittel für einen höheren, sondern vielmehr der bestimmende Grund für die ganze teleologische Reihe ist. Während die kausalen Ketten, diejenigen der Erkenntniss, kein Anfangs- und kein Endglied haben, sind die teleologischen Reihen, diejenigen des Willens, durch den unbedingten oder a b s o l u t e n Z w e c k geschlossen. Ein solches Schlussglied des teleologischen Processes bietet der natürliche Mechanismus der Motivation in dem Glückseligkeitstrieb dar, welcher für den bloss natürlichen Menschen den höchsten und letzten Zweck aller seiner Handlungen ausmacht. Aber das Glückseligkeitsstreben ist ein Naturgesetz. Es braucht nicht als ein höchster und abschliessender Imperativ ausgesprochen zu werden, sondern es regelt vielmehr das ganze System des natürlichen Triebmechanismus von selbst. Die sittliche Gesetzgebung wäre daher von einer naturgesetzlichen Nothwendigkeit bedingt, wenn die Glückseligkeit der absolute Zweck wäre, um dessentwillen sie alle ihre einzelnen Imperative aufstellte. Soll es also in der sittlichen Gesetzgebung einen höchsten Zweck geben, um dessentwillen alle übrigen einzelnen Gesetze da sind, so muss derselbe an das Pflichtbewusstsein ein Verlangen stellen, welches dem menschlichen Willen nicht schon durch den natürlichen Mechanismus eingepflanzt ist.

Nun besteht aber das Hypothetische in den Imperativen stets darin, dass sie ihre Vorschrift von einem bestimmten inhaltlichen Zwecke abhängig machen. Sollte daher das oberste Princip der Sittenlehre einen bestimmten besonderen Inhalt repräsentiren, so wäre es von diesem abhängig und entspräche nicht mehr dem Begriffe eines absoluten Zweckes. Ein Imperativ, der kategorisch, d. h. ohne jede Bedingung gelten soll, kann also niemals eine einzelne bestimmte Handlung verlangen, sondern nur eine formale Bestimmung enthalten, deren Anwendung auf den einzelnen Inhalt dann durch die besonderen Verhältnisse der Erfahrung bestimmt wird. Das oberste, nicht erfahrungsmässige, das apriorische Gesetz der Sittlichkeit kann deshalb nur das Gesetz der Gesetzmässigkeit sein. Der kategorische Imperativ verlangt nichts anderes, als dass die Maxime, aus welcher eine Handlung hervorgeht, derartig sei, dass sie ein allgemeingültiges und nothwendiges Gesetz für alle vernünftigen Wesen bilden kann. Deshalb formulirt Kant den kategorischen Imperativ dahin: Handle so, als ob die Maxime deiner Handlung durch deinen Willen zum allgemeinen Naturgesetz werden sollte.

Man hat wol gemeint, dieser ganze Apparat von Begriffsentwicklungen bei Kant führe doch schliesslich im Grunde genommen auf die triviale Formel hinaus: was du nicht willst, dass man dir thu', das füg' auch keinem andern zu. Nun würde es nicht einmal ein Vorwurf sein, wenn es wirklich so wäre, dass die wissenschaftliche Untersuchung als das Fundamentalprincip der Ethik einen Satz begründete, der dem allgemeinen sittlichen Bewusstsein als der bestimmende von vornherein einleuchtete. Allein ganz so ist die Sache doch nicht, so wenig sich andererseits leugnen lässt, dass Kants Darstellung für eine solche Deutung den breitesten Spielraum gegeben hat. Fragt man nämlich, aus welchen Gesichtspunkten denn nun beurtheilt werden soll, welche Maximen sich zu allgemeinen Naturgesetzen eignen würden und welche nicht, so behauptet Kant von den strengeren, »unnachlässlichen« Pflichten, es seien solche, bei denen die gegentheilige Maxime als Naturgesetz nicht einmal gedacht werden könnte, sodass den unsittlichen Grundsätzen die Fähigkeit, allgemeines Gesetz zu werden, schon aus rein logischen und theoretischen Gründen abgesprochen werden müsse. Hieraus geht hervor, dass Kant jene Deutung gerade für die wichtigsten sittlichen Maximen nicht im Auge hatte. Allein

schon hinsichtlich des Egoismus z. B. kann es nicht zweifelhaft
sein, dass die Thatsachen geradezu beweisen, wie diese unsittliche Maxime als allgemeines Naturgesetz, was sie ja in der That
ist, den Bestand der organischen Welt nicht nur nicht gefährdet,
sondern sogar in ihrer empirischen Gestalt erst möglich macht.
Deshalb sieht sich Kant genöthigt, hinzuzufügen, dass es Maximen
gibt, bei denen es theoretisch keinen Widerspruch involvire, sie
als Naturgesetze zu denken, bei denen man aber nicht wollen
könne, dass sie es seien. Das ist nun freilich sehr bedenklich:
denn der Grund dieses »Nicht wollen Könnens« ist doch in diesem
Falle entweder ein sittlicher — und dann bewegt sich die ganze
Erklärung im Kreise — oder durch ein Interesse bestimmt — und
dann liegt die Entscheidung ja doch wieder bei dem von Kant so
lebhaft verworfenen Glückseligkeitsbestreben. Dem letzteren
Widerspruche mit sich selbst ist er sogar in seinen Beispielen
zweifellos verfallen. Aber die grosse Schwierigkeit der Sache liegt
in Folgendem: so tief und gross der Kantische Grundgedanke ist,
als das absolute und oberste Princip der Moral den kategorischen
Imperativ in der Form des Gesetzes der Gesetzmässigkeit aufzustellen, so völlig unmöglich ist es auf der anderen Seite, aus dieser
rein formalen Bestimmung irgend eine empirische Maxime abzuleiten oder auch nur sie darunter zu subsumiren*). Das letztere
gelang dem Philosophen nur durch eine sich schon inhaltlich gestaltende Umformung, nicht durch die rein formale Fassung des
kategorischen Imperativs.

Principiell jedoch benutzt Kant gerade diese rein formale Fassung des kategorischen Imperativs, um seine Auffassung des Sittengesetzes gegen alle früheren energisch abzugrenzen. Sobald man
die sittlichen Handlungen von der Erfüllung eines sachlichen
Zweckes in letzter Instanz abhängig macht, so betrachtet man die
sittliche Thätigkeit als ein Mittel für diesen Zweck und setzt somit

---

*) Diese Andeutung hat Kant in dem Abschnitte der Kritik der prakti-
schen Vernunft gegeben, welcher von der Typik der reinen praktischen Urtheilskraft handelt, indem er hier die Frage nach der Möglichkeit, konkrete Bestimmungen unter die Anforderung des kategorischen Imperativs zu subsumiren, aufwirft und das Naturgesetz als den Typus des Sittengesetzes in demselben
Sinne bezeichnet, wie in der Kritik der reinen Vernunft die Zeit als Schema
für die Subsumtion der Erscheinungen unter Kategorien figurirte, mit dem
Unterschiede nur, dass die Anwendung dieses Typus eine noch viel vagere und
unklarere ist, als die jenes Schemas.

den kategorischen zu einem hypothetischen Imperativ herab. Unter
diesen materialen Principien der ethischen Gesetzgebung sind
neben anderen hauptsächlich zwei von wesentlicher Bedeutung,
weil sie den grössten Theil der in der Philosophie aufgestellten
Moralprincipien bestimmt haben: die Glückseligkeit und der göttliche Wille. Der Eudämonismus betrachtet die sittliche Handlungsweise als das einzige oder das beste Mittel, die Glückseligkeit,
wenn er roh verfährt, des Einzelnen, wenn er verfeinert erscheint,
der menschlichen Gesellschaft herbeizuführen. Damit geht erstens
die eigentliche Würde und Selbständigkeit der moralischen Handlung verloren, indem dieselbe einem fremden Zwecke dienen soll.
Zweitens aber enthält dieser Eudämonismus einen inneren Widerspruch. Eine unbefangene Prüfung der Thatsachen lehrt, dass die
moralischen Handlungen, weit davon entfernt, die Glückseligkeit
zu ihrer nothwendigen Folge zu haben, derselben vielmehr vielfach
entgegenstehen. Für das Individuum wenigstens ist die Moralität
unter allen Mitteln zur Herbeiführung der Glückseligkeit das un-
sicherste und das verfehlteste. Hätte die Natur uns zur Glückseligkeit bestimmt, so hätte sie nichts thörichteres thun können, als
neben den Trieben des Egoismus uns dies Bewusstsein einer moralischen Pflicht einzupflanzen, welches denselben immer im Wege
steht. Aus dem Glückseligkeitsbestreben lässt sich das ethische
Leben niemals deduciren. Wenn auf der anderen Seite die Gültigkeit der moralischen Gesetze aus einer göttlichen Gesetzgebung
abgeleitet werden soll, so heisst dies, das sittliche Leben des Menschen einem fremden Willen unterwerfen. Die Unterwerfung
unter einen fremden Willen aber kann entweder aus den psychologischen Triebfedern der Furcht und der Hoffnung, welche die
Vorstellung von der Mächtigkeit dieses fremden Willens mit sich
bringt, oder aber aus der Überzeugung von der sittlichen Güte
dieses Willens hervorgehen. Ist das Erstere, wie bei dieser Begründung der Moral wol in der Mehrzahl der Fälle, vorhanden, so
wird die moralische Thätigkeit wiederum als ein Mittel für ein
wenn auch noch so verfeinertes und aus dem zeitlichen in das
ewige Leben übertragenes Glückseligkeitsbestreben angesehen,
und es fällt diese Form des Eudämonismus unter die allgemeine
Kritik desselben. Wird aber der göttliche Wille deshalb befolgt,
weil man von seiner sittlichen Güte und Vollkommenheit überzeugt
ist, so kann diese Überzeugung, soll sie nicht eine gedankenlose

Meinung sein, nur darauf beruhen, dass der Inhalt des göttlichen
Willens vom Standpunkt des sittlichen Bewusstseins als ein demselben durchaus conformer erkannt worden ist. In diesem Falle
liegt also das letzte Beurtheilungsprincip doch in dem sittlichen
Bewusstsein selbst, und die theologische Begründung ist nur eine
scheinbare.

Der kategorische Imperativ enthält also in seiner bloss formalen Bestimmung und in seiner ausdrücklichen Unabhängigkeit
von allen inhaltlichen Zwecken der Willensentscheidung doch die
sehr wesentliche Bedeutung, dass er von dem sittlichen Willen
die Befolgung nur solcher Gesetze, aber dieser auch unbedingt
verlangt, welche er sich selbst gegeben hat. In diesem Sinne bezeichnet Kant den Grundbegriff seiner Moralphilosophie als denjenigen der Autonomie. Sittlich gut ist der Wille, der das
selbstgegebene Gesetz befolgt. Die praktische Überzeugungstreue
ist der tiefste Gehalt des moralischen Lebens. Der reine Wille,
d. h. der allgemeine und nothwendige Wille oder die praktische
Gattungsvernunft des Menschen kann sich kein anderes Gesetz als
das sittliche geben; aber der empirische Wille, der individuelle
Wille des Einzelnen vermag diese Gesetze zu überschreiten, weil
er durch anderes als durch sich selbst, weil er durch die sinnlichen Triebe bestimmt ist. Jeder Versuch deshalb, die sittliche
Handlungsweise in den Dienst eines anderen Zweckes zu stellen,
zieht die Sittlichkeit auf den Standpunkt der Heteronomie herab.
Mag es die individuelle oder die allgemeine Glückseligkeit, mag es
irgend ein empirisches Gefühl, mag es ein göttliches Gebot oder ein
metaphysischer Begriff der Vollkommenheit sein, was man als Be-
stimmungsgrund für das sittliche Handeln angibt, — immer wird
dadurch das sittliche Leben zu einem Mittel herabgesetzt und hört
auf, in sich selbst einen absoluten, nothwendigen und allgemeingültigen Zweck zu bilden.

Jede heteronomische Begründung widerspricht nach Kant der
Würde des moralischen Lebens. Alles, was einem anderen Zwecke
dient, hat in der Welt der Zwecke nur einen Preis. Würde
kommt nur demjenigen zu, was an und für sich ein Zweck und
um dessen allein willen das Übrige da ist. Diese Würde gebührt
im ersten und eigenlichsten Sinne des Wortes nur dem Sittengesetz selbst. Aber indem das Individuum dieses Sittengesetz sich
selber gibt, indem es aus Achtung vor diesem Gesetz ohne alle

Interessen seiner Neigung in pflichtmässiger Gesinnung dies Gesetz
befolgt und sich so mit ihm identificirt, theilt sich ihm jene Würde
des Sittengesetzes mit, und in der Welt der Erscheinungen ist deshalb die menschliche Person, als ein vernünftiges, zwecksetzen-
des und sich selbst Gesetze gebendes Wesen der einzige, absolute
Selbstzweck, der die Bedingung aller relativen Zwecke enthält und dem gegenüber alle übrigen Erscheinungen Sachen sind.
Mit dieser Überlegung geht der kategorische Imperativ aus der
rein formalen in eine inhaltliche Bestimmung über, und das Gesetz
der Gesetzmässigkeit verwandelt sich in das Gesetz von der
Wahrung der Menschenwürde. Alle Sachen können als
Mittel zum Zwecke, aber eine Person darf niemals nur als Mittel
gebraucht, sondern muss stets in ihrer absoluten Würde geachtet
werden, und so lautet das oberste Princip des Sittengesetzes:
Handle so, dass du die Würde der Menschheit sowol in deiner Person als auch in der Person jedes Anderen jederzeit achtest, und die
Person immer zugleich als Zweck, nie bloss als Mittel gebrauchst.

Der Begriff der Autonomie ist also in ganz ähnlicher Weise
der Schlüssel für die Erkenntniss des praktischen Lebens wie die
Kategorien für diejenige des theoretischen. Wie es apriorische
Erkenntniss der Natur nur dadurch gibt, dass die Gesetze derselben vom Verstande als seine eigenen Funktionsformen erzeugt
werden, so ist ein allgemeingültiges und nothwendiges Sittengesetz nur dadurch möglich, dass der reine Wille sich selbst das
Gesetz gibt. So wenig von einer gegebenen Natur apriorische Erkenntniss, so wenig ist wahre Sittlichkeit unter einem nur em-
pfangenen Gesetze möglich. Die Kriterien der theoretischen und
der praktischen Kritik sind genau parallele Gedanken. Allein
während die Berechtigung einer apriorischen Erkenntniss durch
die Kategorien sich darauf zurückführen liess, dass ihre die Erfahrung producirende Funktion in der Erfahrung selbst nachgewiesen wurde, muss die Kritik der praktischen Vernunft einen anderen Weg einschlagen.

Allgemeingültigkeit und Nothwendigkeit der synthetischen
Urtheile a priori, welche die praktische Vernunft als sittliche Gesetze aufstellt, ist nur denkbar unter Voraussetzung der Autonomie.
Ein Wille aber, der lediglich sich selbst das Gesetz gibt und von
demselben aus die Handlung mit allen ihren Folgen bestimmt, ist
ein Akt, welcher zwar als Ursache eine unabsehbare Reihe von

Wirkungen hat, welcher aber selbst nicht mehr nach dem naturgesetzlichen Princip als die Wirkung einer Ursache angesehen
werden kann. Eine solche Funktion nennt Kant Kausalität
durch Freiheit. Der autonome Wille ist innerhalb der Kausal-
kette der Erscheinungen nicht möglich, er ist vielmehr das Vermögen, eine Kausalreihe von vorn anzufangen. Autonomie also
gibt es nur, insoweit es einen dem Kausalgesetz der Erscheinungen nicht unterworfenen freien Willen gibt. Die Freiheit ist
also das letzte Princip, auf welches die Analyse des sittlichen
Lebens hinausläuft, und das Resultat derselben ist dahin zusammenzufassen, dass es allgemeingültige und nothwendige Sittlichkeit nur unter der Bedingung der Freiheit gibt. Nach dem Princip der Kritik der reinen Vernunft würde nun die menschliche
Willensthätigkeit darauf hin untersucht werden müssen, ob es in
ihr Freiheit gibt. Allein diese Untersuchung ist nicht möglich, und
in dieselbe darf deshalb gar nicht erst eingetreten werden. Denn
die Kritik der reinen Vernunft hat nachgewiesen, dass in der Erfahrung und ihrer theoretischen Erkenntniss niemals Freiheit gefunden werden kann. Alle Erscheinungen sind unbedingt dem
Grundsatze der Kausalität in der Weise unterworfen, wie es die
zweite Analogie der Erfahrung ausgesprochen hat. So ist durch
die Kritik der reinen Vernunft festgestellt worden, dass nach der
Bedingung des sittlichen Lebens nicht wie nach denjenigen des
theoretischen in der Erfahrung selbst gesucht werden kann.
Raum, Zeit und die Kategorien sind in der Erfahrung selbst anzutreffen, denn sie bilden deren constituirende Formen, und die
Transscendentalphilosophie ist in diesem Falle nur die Reflexion
auf Thätigkeiten, aus denen das Wesen der Erfahrung selbst besteht. Freiheit aber ist in der Erfahrung niemals anzutreffen.
Sollte deshalb die Entscheidung der Frage, ob die Apriorität, auf
welche das Sittengesetz Anspruch erhebt, berechtigt sei, durch
eine theoretische Erkenntniss, wie es bei den parallelen Untersuchungen der Kritik der reinen Vernunft der Fall war, gewonnen
werden, so müsste dieser Anspruch gerade so wie derjenige der
Metaphysik zurückgewiesen werden. Denn sowenig wie die intellektuelle Anschauung, ist die Freiheit in dem erfahrungsmässigen Bestande des menschlichen Geistes aufzufinden. Allein die
Kritik der reinen Vernunft verhielt sich doch beiden Begriffen
gegenüber nicht ganz gleichmässig. Bei dem einen ergibt sich

aús der Thatsache unserer sinnlichen Anschauungsweise, dass wir
Menschen eine intellektuelle nicht haben können. Bei der Freiheit
dagegen wurde in der dritten Antinomie die Möglichkeit gewonnen, dass der naturnothwendige Ablauf der Willensentscheidungen,
den die Erfahrung zeigt oder postuliren muss, nur die Erscheinung
eines intelligiblen Charakters sei, dem die Kausalität durch Freiheit ohne Widerspruch als Merkmal zugesprochen werden könne.
So gibt die Kritik der reinen Vernunft die Möglichkeit der Freiheit
für den Menschen als intelligibles Wesen zu, während sie diejenige einer intellektuellen Anschauung für die Erkenntnissthätigkeit ablehnen muss.

Die Kritik der praktischen Vernunft stützt sich also ausdrücklich auf diejenige der theoretischen, indem sie es als von dieser
erwiesen ansieht, dass über die Realität der Freiheit, welche als
die Bedingung des sittlichen Lebens deducirt worden ist, die auf
die Erfahrung beschränkte Erkenntniss nicht zu urtheilen, d. h.
dieselbe nicht zu bejahen und nur für den Umkreis der Erscheinungswelt zu verneinen im Stande ist. Damit ist innerhalb der
transscendentalen Methode der Gesichtspunkt gewonnen, dass
über die Berechtigung der Apriorität, welche das Sittengesetz
beansprucht, die theoretische Erkenntniss nicht absprechen darf,
und dass jeder Versuch, auf einem solchen Wege diese Berechtigung zu begründen, ebenso verfehlt ist, wie derjenige, sie zu
bestreiten. Die praktische Überzeugung ist also von dem theoretischen Wissen vollständig unabhängig; sie kann von demselben
weder Unterstützung hoffen noch Bestreitung befürchten. Hier
gibt Kant jener Scheidung der Moral von der Metaphysik, welche
vor ihm stets in der Weise aufgetreten war, dass man dem Wissen
gegenüber das empirische Gefühl betonte, eine Vertiefung bis in
die innerste Analyse der menschlichen Vernunft. Nicht das vage
Gefühl des Einzelnen, sondern die die gesammte menschliche Gesellschaft erfüllende und zusammenhaltende Überzeugung von einer
absolut verbindenden Würde der sittlichen Gesetzgebung stellt er
den metaphysischen Spekulationen und der empirischen Erkenntniss gleichmässig gegenüber. Wenn sich gezeigt hat, dass diese
nothwendige und allgemeingültige Überzeugung vom Wissen weder
Bestätigung noch Widerlegung zu erwarten hat, so ergibt sich für
sie, dass sie lediglich durch sich selbst besteht, und dass ihre Apriorität niemals theoretisch bewiesen, aber auch niemals theoretisch

angegriffen, dass sie nur geglaubt werden kann, aber auch geglaubt werden soll. Niemand ist ein sittlicher Mensch, der nicht von der absoluten Allgemeingültigkeit und Nothwendigkeit einer sittlichen Verpflichtung, mag dieselbe in ihrem besonderen Inhalte noch so sehr empirisch bedingt sein, der nicht von der Apriorität des kategorischen Imperativs überzeugt ist, und diese Überzeugung ist ein integrirender Bestandtheil der menschlichen Gattungsvernunft: sie ist der absolute Grundsatz der reinen praktischen Vernunft. Es ist vergebens, die Berechtigung dieser sittlichen Überzeugung theoretisch erweisen, vergebens, sie untergraben zu wollen. Sie ist da als die absolute Thatsache des sittlichen Bewusstseins, und an ihre Realität zu glauben ist eine allgemeine Nothwendigkeit der menschlichen Vernunft. Wie es sich in der Kritik der reinen Vernunft um die Aufweisung eines allgemeinen und nothwendigen Wissens handelt, so in der Kritik der praktischen Vernunft um diejenige eines allgemeinen und nothwendigen Glaubens. Dieser aber kann seinem Begriffe nach nicht auf ein Wissen gestützt, sondern nur aufgedeckt und aus den wechselnden Verhüllungen seiner empirischen Gestaltung herausgeschält werden.

Ist nun der centrale Inhalt dieses sittlichen Glaubens die apriorische Geltung des Sittengesetzes, so muss sich derselbe auf alle diejenigen Bedingungen erstrecken, unter denen das letztere allein möglich ist. Der praktische Glaube realisirt danach alle diejenigen Ideen, welche als Bedingungen des sittlichen Lebens deducirt werden können. Aber diese Realisation geschieht nicht in der Form des Wissens, sondern in derjenigen des Glaubens. Wenn daher Kant auf diesem Grunde eine ethische Metaphysik des Übersinnlichen aufbaut, so darf man diesen »moralischen Beweis« niemals als einen Beweis im theoretischen Sinne auffassen. Man hat Kant sehr bald so missverstanden, als ob die Grundzüge dieses Theils seiner Lehre etwa folgende wären: das sittliche Leben ist eine Thatsache, diese Thatsache ist nur möglich unter den Bedingungen der Freiheit und der übersinnlichen Welt, folglich ist erwiesen, dass auch die Freiheit und die übersinnliche Welt existiren. Ein solcher »Beweis« liefe allen Grundsätzen der Transscendentalphilosophie und dem Resultat der Kritik der reinen Vernunft stricte zuwider, und wer ihn der Kantischen Lehre imputirt, der kann sich nicht wundern, wenn er in derselben nur einen grossen Widerspruch zu erblicken vermag. In Wahrheit ist Kants

Argumentation eine solche ad hominem, und sie spricht: du glaubst
an die Nothwendigkeit und Allgemeingültigkeit des Sittengesetzes,
du musst also auch an alle Bedingungen glauben, unter denen dieselbe allein möglich ist. Diese Bedingungen sind die Freiheit und
die übersinnliche Welt: folglich musst du, sofern nicht deine ganze
sittliche Überzeugung hinfällig werden soll, nothwendig auch an
die Realität der Freiheit und der übersinnlichen Welt glauben.
Deshalb nennt Kant die Ideen, auf welche sich die Wirksamkeit
des praktischen Glaubens erstrecken muss, die Postulate der
reinen praktischen Vernunft. Deshalb gilt es, was Schiller
gesagt hat, dass diese Lehre Einem, was sich nicht beweisen lässt,
»ins Gewissen hinein schiebt«.

Hier erscheinen nun in der praktischen Philosophie jene Ideen
wieder, welche die theoretische nur als die höchsten, für die Erkenntniss unerfüllbaren Aufgaben des Vorstellungsprocesses ansehen durfte, und so erklärt es sich, dass diese Aufgaben dort nicht
sowol in theoretischen als in praktischen Motiven ihre Wurzeln
haben. Aber sie erscheinen in einer etwas veränderten Reihenfolge. Denn den Ausgangspunkt dieser Metaphysik des sittlichen Glaubens muss die Idee der Freiheit bilden, auf welche
die Analyse des sittlichen Bewusstseins als auf ihre Grundlage hin-
geführt hatte. Sofern wir an der Nothwendigkeit und Allgemeingültigkeit einer sittlichen Verpflichtung festhalten wollen, müssen
wir glauben, dass unser Wille im Stande ist, sich selbst Gesetze
zu geben und danach seine Handlungen zu bestimmen, d. h. dass er
frei ist. Sonst wurde wol vor Kant der Versuch gemacht, theoretisch zu beweisen, dass es Willensfreiheit gibt, und daraus die sittliche Gesetzgebung abzuleiten, also das Sollen durch das Können
zu begründen. Kants praktischer Glaube geht den umgekehrten
Weg. Er geht von der kategorischen, undiskutirbaren Überzeugung
des Sollens aus, und gewinnt aus ihr die sittliche Gewissheit des
Könnens. Für ihn »gilt der praktische Satz: du kannst, denn du
sollst«.

Die Glaubensgewissheit von der Freiheit hat aber ihre wesentlichste Bedeutung gerade darin, dass sie zugleich die Gewissheit
von der Realität einer übersinnlichen Welt von Dingen
an sich enthält. Denn da Freiheit in dem gesammten Umkreise der
Sinnenwelt nicht angetroffen werden kann, so muss sie einer über-

sinnlichen Welt angehören. Da alle Erscheinungen dem Gesetz der Kausalität unterworfen sind, so ist Freiheit nur bei den Dingen an sich zu suchen. Unsere Überzeugung also davon, dass unser Wille frei ist, realisirt den für die theoretische Philosophie nur problematischen Begriff der Dinge an sich. Unser sittliches Bewusstsein zwingt uns zu glauben, dass es neben unserer Erfahrungswelt noch jene andere Welt gibt, welche die Erkenntniss nur als möglich ansetzen konnte, und rechtfertigt es, dass unsere Vorstellungswelt das Reich der Erscheinungen genannt wurde. Im moralischen Glauben müssen wir daran festhalten, dass wir nicht nur Erscheinungen in der Sinnenwelt, sondern zugleich Personen in der intelligiblen Welt sind. Unsere sittliche Selbsterkenntniss zeigt uns, dass wir Doppelwesen sind, und dass unser Leben sich auf der Grenze einer sinnlichen und einer übersinnlichen Welt bewegt. Als Sinnenwesen sind wir den Gesetzen des Raumes und der Zeit und der Kategorien unterworfen, als intelligible Wesen sind wir frei und geben uns selbst das Weltgesetz der Pflicht. Als empirischer Charakter sind wir in der gesammten Entwicklung unseres Willenslebens naturnothwendig bedingt; aber dieser empirische Charakter ist lediglich die uns erkennbare Erscheinungsform unseres intelligiblen Charakters, der die wahre Ursache dieser Erscheinungen bildet und die Verantwortung dafür trägt. Die Stimme dieses intelligiblen Charakters wird im empirischen durch das Gewissen laut. Denn so sehr unser Wissen uns lehren mag, dass unsere einzelne Willensentscheidung nach unentfliehbaren Naturgesetzen erfolgte, so sagt uns doch unser sittliches Bewusstsein, dass dieser unser ganzer empirischer Charakter eine Folge des intelligiblen ist, der vermöge seiner Freiheit hätte anders sein können. Die Nothwendigkeit ist nur die dem Wissen zugängliche Erscheinung unseres Wesens, die Freiheit ist dieses innere Wesen selbst. So löst Kant die Antinomie von Freiheit und Naturnothwendigkeit durch den Phänomenalismus, und seine Lehre vom intelligiblen und empirischen Charakter ist eine tiefsinnige begriffliche Formulirung jenes Platonischen Mythos, welcher für den nothwendigen Process der Willensentscheidungen einen ausserzeitlichen und vorweltlichen Akt der freien Wahl des Individuums verantwortlich machte. In der That liegt beiden nahe verwandten Lehren das gemeinsame Bestreben zu Grunde, die wissenschaftliche Einsicht in den psychologischen Mechanismus des menschlichen Willenslebens mit dem sittlichen Bewusstsein der Verantwortlichkeit zu vereinigen.

Nachdem so durch den Glauben an das Sittengesetz derjenige an die Freiheit und an die Realität einer übersinnlichen Welt von Dingen an sich begründet worden ist, meint Kant, diese praktische Metaphysik noch weiter führen zu können. Aber er benutzt dazu ein Argument, welches ihn über den Standpunkt seiner moral-philosophischen Grundlegung hinaus und theilweise zu früheren Lehren zurückführt. Jene wunderbare Verknüpfung des Sinnlichen und des Übersinnlichen im Wesen des Menschen spiegelt sich in dem Antagonismus unseres natürlichen und unseres sittlichen Trieb-lebens. Jenes hat zum obersten Princip die Glückseligkeit, dieses die Erfüllung des Sittengesetzes, welche wir als Tugend bezeich-nen. Aber die menschliche Natur ist nur eine, und diese Einheit verlangt eine höchste Synthesis beider Seiten unseres Wesens. Da aber nach dem Primat der praktischen Vernunft diese Synthesis nur in der Unterordnung des sinnlichen unter das übersinnliche Moment bestehen kann, so ergibt sich daraus der synthetische Satz, dass für unser sittliches Bewusstsein die Tugend allein würdig ist, die Glückseligkeit zu erlangen. Während nun Kant vorher den vollen Rigorismus gewahrt hat, zu lehren, dass die sittliche Tugend in der bedingungslosen Unterwerfung unter das Pflichtgesetz ohne jede Rücksicht auf die Glückseligkeit bestehe, stellt er als den Be-griff des höchsten Gutes die Forderung hin, wir müssten die Welt so denken, dass in ihr die Tugend der Glückseligkeit nicht nur würdig, sondern auch theilhaftig sei. Derselbe Mann, der das Leben ernst genug fasste, um den Ausspruch zu thun, dass wir nicht da seien, um glückselig zu werden, sondern um unsere Schuldigkeit zu thun — derselbe konnte sich von dem letzten Reste des in der Seele des Menschen begründeten Eudämonismus so wenig losreissen, dass er es für einen integrirenden Bestandtheil des all-gemeinen und nothwendigen sittlichen Glaubens hielt, davon über-zeugt zu sein, dass in letzter Instanz dem sittlich Handelnden auch die höchste Glückseligkeit zufallen müsse. Darauf begründen sich dann die beiden anderen Postulate der praktischen Vernunft. Es ist Thatsache, dass in dem irdischen Leben der tugendhafte Mensch durch seine sittliche Handlungsweise die Glückseligkeit nicht er-reicht. Muss deshalb an die Realität des höchsten Gutes geglaubt werden, so ist dasselbe nicht in der sinnlichen Erscheinungswelt, sondern nur dadurch zu erreichen, dass der Mensch eine über dieselbe hinausgehende ausserzeitliche Existenz in der übersinnlichen Welt führt. Das ist die kritische Idee von der Unsterblichkeit der menschlichen Seele. Aber auch in einem unsterblichen Leben ist die Realisation des höchsten Gutes an und für sich noch nicht gesichert; denn es liegt nicht im Begriffe der kausalen Naturnothwendigkeit, dass vermöge derselben die Tugend auch in dem processus in infinitum die Glückseligkeit herbeiführte. Der Verwirklichung des höchsten Gutes sind wir also nur dadurch sicher, dass wir an eine moralische Weltordnung glauben, welche den naturnothwendigen Process so eingerichtet hat, dass er in letzter Instanz die Tugend zur Glückseligkeit führt. Eine solche gemeinsame Ordnung und gegenseitige Ergänzung der sinnlichen und der übersinnlichen Welt ist nur durch ein allerhöchstes und absolutes Wesen, durch die Gottheit, denkbar. So gewiss daher der Glaube an die Realität des höchsten Gutes, so gewiss muss auch derjenige an die Existenz der Gottheit sein.

So verwandeln sich die drei Ideen der theoretischen Vernunft, die kosmologische, psychologische und theologische, in die drei Postulate der praktischen Vernunft: Freiheit, Unsterblichkeit und Gottheit. Der allgemeine und nothwendige Glaube des sittlichen Bewusstseins involvirt für Kant eine Metaphysik der übersinnlichen Welt, in welcher unser Vernunftglaube uns lehrt, dass wir freie und unsterbliche Wesen sind, die einer sittlichen, durch die Gottheit bestimmten Weltordnung angehören. Die menschliche Vernunft zeigt sich in ihrer praktischen Tiefe an den Zusammenhang einer übersinnlichen Welt gebunden, von der das theoretische Bewusstsein nur die Andeutungen ihrer Möglichkeit und auch diese nur deshalb besitzt, weil es seine Aufgaben durch den sittlichen Willen bestimmt erhält.

Erst in diesem Zusammenhange begreift man völlig Kants Stellung zur Metaphysik, insofern dieselbe eine Vorstellung von der übersinnlichen und unerfahrbaren Welt geben will. Als Erkenntniss des Wissens ist sie unmöglich, als Überzeugung des Glaubens ist sie nicht nur möglich, sondern auch allgemein und nothwendig in der sittlichen Vernunft des Menschen begründet. Deshalb aber kann die Lehre von der letzteren, die Ethik, weder auf irgendwelche besondere erfahrungsmässige Grundlage, noch auf irgend einen Versuch wissenschaftlicher Metaphysik, sondern lediglich auf

die Analyse der Apriorität des sittlichen Bewusstseins gebaut werden, und weit davon entfernt, aus einer theoretisch gewonnenen
Weltanschauung ableitbar zu sein, ist die Ethik vielmehr der einzige Weg, auf dem man eine Überzeugung von dem übersinnlichen
Wesen der Dinge erwerben kann, die aber dann niemals bewiesen,
sondern immer nur geglaubt wird.

In diesem Sinne bezeichnet Kant den Vernunftglauben als
den »orientirenden« Gesichtspunkt, welcher die kritische Philosophie in der »Nacht des Übersinnlichen« leitet und allein davor
behütet, sich darin zu verirren. Von der wissenschaftlichen Erkenntniss aus gibt es keinen Weg, der zum Übersinnlichen führte.
Aber auch jenes besondere mystische Wahrnehmungsvermögen,
welches als ein eigenes Gefühl die unmittelbare Gewissheit der
übersinnlichen Mächte gewähren soll, verwirft Kant, weil in dem
Umkreise der menschlichen Erfahrung ein solches nicht gefunden
werden kann. Mag man dasselbe mit den positiven Religionen
eine übernatürliche Offenbarung, mag man es mit den Mystikern
und Gefühlsphilosophen eine übersinnliche Wahrnehmungsfähigkeit nennen, — für Kant gilt es als eine Einbildung und im gün-
stigen Falle als Schwärmerei. Die letzte Entscheidung darüber,
ob derartige für Offenbarungen oder übersinnliche Wahrnehmungen ausgegebene Vorstellungen für wahr und für göttlich gelten
sollen, kann in einer allgemeingültigen und nothwendigen Weise
nur durch die Vernunft, aber freilich nicht durch die theoretische,
sondern nur durch die praktische gewonnen werden. Aller Inhalt der Vorstellung von der übersinnlichen Welt muss vor das
sittliche Forum gebracht und auf seine Übereinstimmung mit dem
Vernunftglauben geprüft werden. Der autonome Wille kann ein
Gebot nur darum als göttlich ansehen, weil es sittlich ist und
weil er von dem Glauben an die Realität einer durch die Gottheit bedingten moralischen Weltordnung erfüllt ist. In dieser
Hinsicht gilt es von den empirischen Formen des Glaubens: »an
ihren Früchten sollt ihr sie erkennen«. An die Stelle der theologischen oder metaphysischen Moral setzt also Kant einen Begriff
der Moraltheologie: der apriorische Glaube der praktischen
Vernunft bedingt eine Metaphysik des Übersinnlichen, welche in
der Idee der Gottheit gipfelt. Die Religionsphilosophie
würde jedoch auf diese Postulate des moralischen Glaubens beschränkt bleiben, wenn sie sich nur auf die Überzeugungsquelle

der reinen praktischen Vernunft beschränken wollte. Das religiöse Leben aber ist eine empirische Thatsache. Es enthält die Beziehungen des wirklichen Menschen zu den Ideen der praktischen Vernunft. Religionsphilosophie ist daher im kritischen System die Subsumtion des wirklichen religiösen Lebens des Menschen unter jene Metaphysik des Glaubens. Sie ist keine Beschreibung des wirklichen, so unendlich vielspältigen religiösen Lebens der Menschheit, sie ist auch keine wissenschaftliche Begründung irgend welcher religiösen Lehren, sondern sie hat festzustellen, was innerhalb des religiösen Lebens durch die blosse Vernunft, d. h. durch die praktische Postulate bedingt ist. Wenn jede der bestehenden Religionen vermöge ihres historischen Ursprungs mit empirischen Elementen versetzt ist, so hat die Religionsphilosophie aufzudecken, welches die Glaubensartikel sind, die durch den rein moralischen Glauben dem religiösen Process aufgenöthigt werden.

Wie es nun für die Metaphysik der Natur nothwendig war, der Erfahrung den allgemeinen Begriff der Bewegung zu entnehmen, um ihn unter die Kategorien zu subsumiren, so muss die Religionsphilosophie die Fundamentalthatsache des religiösen Lebens constatiren, um sie auf den moralischen Glauben zu beziehen. Bei der Analyse derselben geht Kant von dem Grundverhältniss des empirischen Menschen zum Sittengesetze aus. Das Sittengesetz erscheint in unserem Bewusstsein als ein kategorischer Imperativ, als eine Forderung, welche unbedingt erfüllt werden soll, aber es nicht ist. Der imperative Charakter des Sittengesetzes würde unmöglich sein, wenn der Mensch dasselbe vollkommen erfüllte. Wenn daher jenes »Soll« für den moralischen Glauben die Überzeugung des Könnens mit sich führt, so involvirt es nicht weniger auch das Bewusstsein von seiner empirischen Nichterfüllung. Es gibt für den Menschen kein sittliches Bewusstsein ohne dasjenige der eigenen sittlichen Unvollkommenheit und Unangemessenheit. Daraus entwickelt sich ein ebenso nothwendiges und allgemeines Vernunftbedürfniss, von dieser Unvollkommenheit frei zu werden, und da die Unvollkommenheit im sittlichen Bewusstsein selber als ein unentflichbarer Bestandtheil der menschlichen Natur erkannt wird, so gestaltet es sich zu dem Wunsche, davon erlöst zu werden. So erweist sich das Erlösungsbedürfniss, in seinem moralischen Sinne gefasst, als ein nothwendiger Bestandtheil der allgemeinen menschlichen Organisation, als ein Ausfluss der praktischen Vernunft, und in ihm sieht Kant die Grundthatsache des religiösen Lebens.

Es begreift sich hienach die nahe und innige Beziehung, in welcher Kants Religionsphilosophie zum Christenthum steht. Denn dies ist diejenige Religion, welche diesen thatsächlichen Kern alles religiösen Lebens am klarsten und eindringlichsten zum Bewusstsein gebracht und auch ihrer ganzen dogmatischen Gestaltung zu Grunde gelegt hat. Deshalb entwickelt sich Kants religionsphilosophische Lehre so, dass sie zu zeigen sucht, in welchem Sinne die Grundlehren des Christenthums aus blosser Vernunft aufzufassen und als Anwendungen des rein moralischen Glaubens auf die Thatsache des Erlösungsbedürfnisses zu begreifen sind. Ihren Ausgangspunkt bildet daher die philosophische Untersuchung derjenigen Lehre, welche dem Erlösungsbedürfniss den schärfsten Ausdruck gibt: derjenigen von der Sünde. Die Thatsache der Erlösungsbedürftigkeit beruht zweifellos irgendwie in der menschlichen Doppelnatur, vermöge deren dem Sittengesetze der natürliche Mechanismus mit seinem Glückseligkeitsstreben antagonistisch gegenübersteht. Aber das Glückseligkeitsstreben der sinnlichen Triebfedern kann unmöglich als ein an sich böses bezeichnet werden, da böse ebenso wie gut ein moralisches Kriterium bedeutet und innerhalb des Triebmechanismus der Erscheinungen allein keinen Sinn hat. Die Prädikate gut und böse sind weder in der intelligiblen noch in der sensiblen Welt allein von Anwendung. Wo nur das Sittengesetz und wo nur das Naturgesetz gilt, da gibt es weder gut noch böse. Gut und böse setzen ein Verhältniss der sinnlichen und der sittlichen Triebfedern voraus. Nun verlangt das Sittengesetz die Unterordnung des sinnlichen unter den sittlichen Trieb, und den Willen, in dem dieses Verhältniss wirklich obwaltet, nennen wir gut oder heilig. In der That aber ist im Wesen des Menschen dies richtige Verhältniss der Triebfedern von Anfang an umgekehrt. Mit dem Bewusstsein des Sittengesetzes verbindet sich in dem natürlichen Menschen doch eine Unterordnung desselben unter seine sinnlichen Triebfedern. Diesen ursprünglichen »Hang«, das erkannte Sittengesetz bei Seite zu setzen und dem sinnlichen Triebe zu folgen, nennt Kant das Radikalböse in der menschlichen Natur. Dasselbe sei eine Thatsache aber eine unbegreifliche Thatsache. Es ist weder aus dem empirischen Charakter des Einzelnen noch aus einem thatsächlichen

Verhältniss der in der Zeit auf einander folgenden Exemplare der menschlichen Gattung zu erklären. Der Sündenfall ist weder als eine einmalige und in ihren Folgen sich vererbende noch als eine in jedem Individuum neu sich vollziehende Thatsache zu begreifen. Aber die biblische Erzählung davon ist als der symbolische Ausdruck unseres Bewusstseins von dieser Thatsache anzusehen. Der moralische Glaube aber, der dem empirischen Charakter gegenüber den intelligiblen kennt, hat in dem letzteren die Ursache für die gesammte böse Erscheinungsform des ersteren zu suchen, und wenn er dieses Verhältniss auch ganz und gar nicht begreift, so bekommt doch dieser Glaube dadurch für ihn seine erschütternde Gewalt, dass er vermöge desselben überzeugt sein muss, es sei nicht die naturnothwendig bedingte Erscheinungsform, sondern es sei das innerste Wesen des Menschen selbst, welches die Schuld an diesem Radikalbösen trage.

Hieraus ergibt sich die gesammte Aufgabe des religiösen Lebens von selbst. Es ist der Kampf des guten und des bösen Princips im Menschen, der zum endlichen Siege des Guten führen soll, welches wir als das absolute Bewusstsein der Verpflichtung in uns tragen. Diese Aufgabe läuft also darauf hinaus, dass jenes böse Verhältniss der Triebfedern aufgehoben und das entgegengesetzte hergestellt werde. Aber der Gegensatz ist kein gradueller, sondern ein principieller. Die geforderte Umkehrung kann daher nicht durch einen allmählichen Process, nicht durch das empirische Geschehen im empirischen Charakter von Statten gehen. Die Umkehrung setzt vielmehr voraus, dass in jenem intelligiblen Charakter, der die Ursache des Radikalbösen war, ein vollkommene Umkehrung und damit eine spontane Neuschöpfung seines ganzen Wesens stattfinde. Diese That des intelligiblen Charakters, diese seine freie »Wiedergeburt« ist nun ebensowenig zu begreifen, wie der Ursprung des Bösen. Eine Veränderung in der intelligiblen Welt kann nie erkannt werden, weil für sie die Bedingung, unter der allein Veränderungen erkannt werden können, die Anschauung der Zeit, fortfällt: ja, eigentlich ist sogar schon der Begriff der Veränderung, weil er die Zeit voraussetzt, für die intelligible Welt inhaltslos. Aber geglaubt werden muss die Möglichkeit einer solchen Wiedergeburt, weil ohne sie eine Aufhebung des Radikalbösen und eine Erfüllung des Erlösungsbedürfnisses unmöglich wäre. Ist nun auch nie zu verstehen, wie die Wiedergeburt zu Stande kommt, so sind doch dem Glauben die Bedingungen davon zugänglich. Der gesammte Kampf gegen das Böse ist bedingt durch die Idee des Guten in uns. Aber auch diese wäre unwirksam, wenn wir nicht von ihrer Realisirbarkeit überzeugt wären. Die erlösende Macht kann also nur in der Lebendigkeit bestehen, mit welcher das Ideal eines absolut guten und vollkommenen Menschen in unserem Bewusstsein wirkt. Diese Vorstellung des sittlichen Idealmenschen und der Glaube an seine Realität ist deshalb die wahre Bedingung zur Herbeiführung der Wiedergeburt. Insofern, als in diesem Ideale die göttliche Weltordnung zur vollen Herrschaft gekommen ist, ist es die Vorstellung eines göttlichen Menschen oder des Gottmenschen, und insofern als dies Ideal eben dasjenige unserer eigenen praktischen Vernunft ist, bildet der Gottmensch die erlösende Kraft, durch welche die Wiedergeburt herbeigeführt wird. In diesem sittlichen Menschheitsideal und in dem Streben nach seiner Herbeiführung werden die Schwächen der Individuen versöhnt und ihre Sünde gesühnt. Die praktische Liebe zu diesem Ideal tritt stellvertretend ein für die an sich untilgbare Schuld, welche das Radikalböse auf sich geladen hat.

In diesem Geiste gibt Kant seine moralphilosophische Deutung der Grundlehren des Christenthums. Er ist weit entfernt von jener Verständnisslosigkeit, mit welcher der landläufige Rationalismus ein paar metaphysische Begriffe zu populärem Moralisiren ausbeutete. Mit dem ganzen Ernst seiner tiefsittlichen Natur begreift er das Bedürfniss der Erlösung als einen nothwendigen Trieb der menschlichen Vernunft, begreift in tiefsinniger Weise die Formen, welche es aus rein sittlichen Gründen annehmen muss, und zeigt, dass gerade die Unterscheidungslehren des Christenthums, der spezifische Charakter desselben, mit diesen Formen identisch sind. Er kennt keine Naturreligion als rationale Erkenntniss. Aber er hält auch das religiöse Leben nicht für ein imaginäres, sondern für einen nothwendigen Ausfluss der sittlichen Vernunftbethätigung, und statt von einem vornehmen Gesichtspunkte her über das wirkliche Menschenleben abzuurtheilen, begreift er vielmehr, dass das Christenthum als das höchste Produkt der Entwicklung des religiösen Lebens den wahren Kern desselben zu seinem tiefsten Gehalte gemacht und die Ideen des vernünftigen Glaubens symbolisch in seinen Dogmen niedergelegt hat.

In diesem Sinne steht Kant, wie schon Lessing, der spekulativen Theologie, welche die Mystik des Mittelalters und der Reformationszeit zu entwickeln suchte, verhältnissmässig sehr nahe, nur dass es niemals theoretische Erkenntnisse, sondern immer nur Bedürfnisse des sittlichen Glaubens sind, die er als den allgemeinen und nothwendigen Inhalt der positiven Formulirungen nachzuweisen suchte. Deshalb waren die Rationalisten über das intime Verhältniss seiner Religionsphilosophie zum positiven Christenthum enttäuscht. Während sie selbst gerade die Mysterien des Christenthums verwarfen, sah Kant darin den symbolischen Ausdruck sittlicher Vernunftbedürfnisse. Je mehr ihnen die Begründung der Religion auf Moral sympathisch war, umsomehr scheuten sie davor zurück, dass Kant diese Begründung im vollen Ernste nahm, dass er sich nicht mit den Redensarten von Gottgefälligkeit und Vervollkommnung im unsterblichen Leben begnügte, sondern die unergründlichen Geheimnisse aufdeckte, welche das sittliche Bewusstsein mit seinen Bedürfnissen und seinem Glauben in sich trägt, und diese Geheimnisse dann in der positiven Religion wiederfand, die jene abgeschüttelt zu haben glaubten und deren Ernst sie in Wahrheit nie begriffen hatten.

Aber auch hier erhellt Kants Stellung über den Parteien aus der nicht minder begründeten Antipathie, mit der der confessionelle Orthodoxismus die »Religion innerhalb der Grenzen der blossen Vernunft« aufnahm und verfolgte. Denn wie das rationale, so wies der Philosoph auch das positive Element in seine Schranken zurück. Weshalb treten denn, musste gefragt werden, die Grundsätze des Vernunftglaubens nicht in der rein moralischen, sondern in der positiven Form der Dogmen auf? Der Grund ist, antwortet Kant, die sittliche Schwäche der menschlichen Natur. Der Mensch ist unfähig, dem sittlichen Triebe allein zu folgen, so lange ihm derselbe nur in der ehernen Majestät des Sittengesetzes entgegentritt. Er vermag dasselbe nicht zu befolgen, so lange er es nur als das selbstgegebene Gesetz auffasst, was es in Wahrheit allein sein kann. Es wird für ihn erst dadurch kräftig, dass er es sich in der Form göttlicher Gebote vorstellt. Nun ist diese Vorstellung als Glaube berechtigt, wenn sich auch gezeigt hat, dass für die philosophische Begründung Gebote immer nur deshalb als göttlich gelten können, weil sie als sittlich erkannt sind, und niemals umgekehrt. Aber der Mensch in dem wirklichen, gesellschaft-

9*

lichen Leben muss den Glauben an ihren göttlichen Ursprung in seiner empirischen Motivation als eine die Wirkung des Sittengesetzes unterstützende Triebfeder benutzen. Hier liegt der Ursprung und die Berechtigung für alle weiteren Formen, welche unter Mitwirkung empirischer Vorstellungsmomente der reine Vernunftglaube in den positiven Religionen angenommen hat. Allein dieses Moment würde für sich nur zur Ausbildung individueller Überzeugungen auf dem Gebiete des religiösen Lebens führen. In Wahrheit handelt es sich um die Bethätigung des praktischen Glaubens in der menschlichen Gemeinschaft. Daraus entsteht das Vernunftbedürfniss, dass diejenigen, welche in diesem Glauben mit einander einig sind und leben wollen, einen ethischen Staat mit einander bilden: die Kirche. Dem Begriffe nach oder dem Glaubensideale nach ist diese eine allgemeine und nothwendige sittliche Gemeinschaft aller wiedergeborenen Menschen. Allein dies ist das Ideal, an dessen Realisirbarkeit geglaubt werden muss und das doch in der Erfahrung nicht realisirt wird. In der Erfahrung gestaltet sich die Idee der Kirche zu den empirisch begründeten Formen, welche in der Geschichte aufgetreten sind. Ihr Verhältniss und ihr Werth bestimmt sich somit nach der Annäherung, welche sie an das Ideal der »unsichtbaren Kirche« enthalten. In dieser Beziehung steht Kant durchaus auf dem historischen Standpunkte von Lessings Erziehung des Menschengeschlechts, nur mit dem Unterschiede, dass er an Stelle der Erziehung durch Offenbarung die Entwicklung des allgemeinen und nothwendigen Vernunftbedürfnisses setzt. Die Geschichte der Religionen ist der Process der sittlichen Aufklärung, in welchem die Menschheit immer vollkommener und immer reiner sich jenes apriorischen Glaubens bewusst wird, welcher in der Organisation der Vernunft selbst begründet ist. Diese Entwicklung gipfelt bisher im Christenthum, und sie hat in den Grundlehren desselben das Ziel der vollen Selbsterkenntniss des praktischen Glaubens in symbolischer Form erreicht. Aber diese Geschichte ist damit nicht abgeschlossen. Die unsichtbare Kirche ist nicht da, und wo die sichtbaren Kirchen sich selbst als den Abschluss dieser Entwicklung fixiren wollen, wo sie sich für mehr halten, als für historisch bedingte Erziehungsanstalten zu der unsichtbaren Kirche, wo das »statutarische Moment«, ohne welches sie in ihrer empirischen Organisation nicht möglich sind, den wahrhaft moralischen Sinn, um dessentwillen allein es Werth und Bedeutung hat, zu verdrängen sucht, wo aus der Religion des sittlichen Glaubens der Cultusdienst der Gunstbewerbung geworden ist —: da, sagt Kant, werden die sichtbaren Kirchen zu Brutstätten der Sklaverei und der Heuchelei. Auch Kant vollzieht also wie der Rationalismus eine Kritik der positiven durch die »reine« Religion. Aber die letztere ist für ihn nicht ein System natürlicher Wahrheiten, sondern der sittliche Glaube, welcher mit dem apriorischen Erlösungsbedürfniss des Menschen auf nothwendige und allgemeingültige Weise verknüpft ist. Ob diese »reine« Religion empirisch existirt oder nicht, ist eben so gleichgültig für ihre Geltung, wie die empirische Realität des sittlichen Handelns für die Geltung des Sittengesetzes. Beide, Sittengesetz und Vernunftglaube, sind absolute Ideale, welche die Entwicklung des empirischen Menschenlebens bedingen und seinen Werth beurtheilen, ohne jemals darin völlig erreicht zu werden.

Aus der Apriorität des Sittengesetzes folgt also die Metaphysik des Glaubens und in ihrer Anwendung auf das Erlösungsbedürfniss des Menschen die Religionsphilosophie. Aber auch eine Metaphysik in dem kritischen Sinne einer apriorischen Erfahrungserkenntniss muss sich daraus ergeben, eine Metaphysik der Sitten, welche zwar nicht, wie diejenige der Natur eine allgemeine und nothwendige Erkenntniss eines wirklichen Geschehens, aber eine allgemeine und nothwendige Gesetzgebung der sittlichen Welt enthalten wird. Das Princip derselben muss die Subsumtion der empirischen Verhältnisse des menschlichen Lebens unter das Sittengesetz und die daraus sich ergebende Ableitung besonderer Imperative sein. Nun verlangt das Sittengesetz von uns Handlungen, die aus einer bestimmten Gesinnung hervorgehen sollen. Vom sittlichen Standpunkte aus gesehen, sind Handlungen und Gesinnungen insofern nicht zu trennen, als aus der rechten Gesinnung die rechte Handlung naturnothwendig folgt. Aber in dem lediglich äusseren Zusammenhange des menschlichen Lebens können jene Handlungen ausgeführt werden aus persönlichen Interessen, aus Gewohnheit, durch inneren oder gar äusseren Zwang. Hier ist also die Handlung möglich ohne die Gesinnung. Jener Gegensatz von Moralität und Legalität theilt danach die Metaphysik der Sitten in zwei Theile. Wenn alles, was das Sittengesetz verlangt, eine Pflicht genannt wird, so bezeichnet Kant die von demselben erforderten Gesinnungen als Tugendpflichten, die von demselben verlangten äusseren Handlungen als Rechtspflichten und behandelt danach gesondert die metaphysischen Anfangsgründe der Tugend- und diejenigen der Rechtslehre.

Für die Ableitung der besonderen sittlichen Vorschriften zeigt sich der kategorische Imperativ nur in der Form des Satzes von der Wahrung der Menschenwürde, aber in dieser auch völlig ausreichend. Derselbe bestimmt positiv und negativ die Richtung von Kants Tugendlehre. Wenn die tugendhafte Gesinnung in der Wahrung der Menschenwürde besteht, so kann es Pflichten lediglich zwischen Mensch und Mensch geben. Deshalb schliesst die Kantische Lehre Pflichten sowol gegen höhere als gegen niedere Wesen aus. Pflichten gegen Thiere gibt es nach ihm überhaupt nicht: es ist eine Pflicht gegen uns selbst und unsere Nebenmenschen, die Thiere »menschlich« zu behandeln. Von einer Pflicht gegen Gott dagegen kann nur in dem religiösen Glauben, nicht aber in der Sittenlehre die Rede sein, welche die Anwendung des kategorischen Imperativs auf die Erfahrung zu ihrer Aufgabe hat. Auf der anderen Seite theilen sich positiv die deducirbaren Pflichten in solche ein, welche der Mensch gegen sich selbst, und solche, die er seinen Nebenmenschen gegenüber hat. In der Ausführung derselben kommt nun die Persönlichkeit Kants in ihren bewunderungswürdigen und in ihren durch das Alter schon bis zur äussersten Schroffheit ausgebildeten Zügen zur Geltung. Der ganze Mann steht vor uns, wenn wir ihn verlangen sehen, dass der Mensch niemals sich selbst wegwerfe, dass er nie sein Recht mit Füssen treten lasse, dass er Alles thue, was körperlich und geistig ihn in seinem ganzen sittlichen Werthe aufrecht erhalten und befördern soll. Charakteristisch ist es dabei, dass Kant unter diese Pflichten des Menschen gegen sich selbst auch die Wahrhaftigkeit rechnet. Nicht etwa in schädlichen socialen Folgen, sondern darin allein sucht er die Verwerflichkeit der Lüge, dass sie den Menschen vor sich selber schändet, dass sie in ihm das Gefühl seiner sittlichen Würde rettungslos untergräbt. Den Werth der Wahrhaftigkeit schätzte er so hoch, dass er diese Pflicht des Menschen gegen sich selbst sogar über die Pflichten gegen andere zu stellen keinen Anstand nahm. In einem eigenen Schriftchen entwickelt er, dass es kein sittliches Recht gäbe, »aus Menschenliebe zu lügen«, dass selbst die Rettung eines Freundes aus sicherer Todesgefahr nicht durch eine Lüge erkauft werden dürfe. Denn es sei besser, dass das sinnliche

Leben eines Menschen zu Grunde gehe, als dass die sittliche Würde eines anderen vernichtet werde. Auch in seiner Pädagogik, in der er im Allgemeinen den Rousseauschen Grundsätzen folgte, ohne dieselben weiter als durch die feinen Bemerkungen seiner tiefen Menschenkenntniss zu fördern, legt er ein Hauptgewicht darauf, dass das Kind zur Wahrhaftigkeit erzogen und ihm der sittliche Widerwille von Anfang an gegen die Lüge eingepflanzt werde, welche den Anfang aller Laster bilde. Nur, wo das Kind lügt, seien die schwersten, die persönliche Würde beeinträchtigenden Strafen am Platz; als die Folge der Lüge müsse das Kind es fühlen, dass es »nichtswürdig« sei. Bezeichnend ist ferner für den bis ans Wunderliche streifenden Ernst, mit dem Kant das gesammte eigene Leben unter den kategorischen Imperativ subsumirte, dass er in seinen kasuistischen Fragen sich damit abmühte, festzustellen, in welcher Weise und in welchen Grenzen die Pflichten des Menschen gegen sich selbst bei den kleinen Wechselfällen des Lebens aufrecht zu erhalten seien, und dass er dabei bis zu den Regeln der Diät, der gesellschaftlichen Vergnügungen, der Höflichkeit u. s. w. herabstieg. Aber so pedantisch diese Betrachtungen klingen mögen, sie sind doch nur der Beweis davon, dass er selbst ausführte, was er als oberstes Princip für das gesammte sittliche Leben verlangte: immer und überall sich der Pflicht bewusst zu bleiben, nur nach ihr zu handeln und bei jedem Schritte im praktischen Leben die ernste Selbstprüfung vor dem Gewissen nicht zu versäumen.

In der Behandlung der Pflichten gegen Andere dagegen tritt der Rigorismus Kants noch viel stärker hervor. Hier wehrt er sich vor allem dagegen, denjenigen Handlungen einen sittlichen Werth zuzuerkennen, welche aus einem natürlichen Gefühle hervorgegangen sind; die »Pathologie des Mitleids« gehört nicht in die Moral. Wenn ein Mensch anderen wohlthut, weil er sie nicht leiden sehen kann, so mag das recht günstige Folgen haben und in dem gemeinsamen Leben recht hoch angeschlagen werden; einen sittlichen Werth hat die Handlung nur dann, wenn sie aus der Gesinnung hervorgegangen ist, die das Wohlthun als eine Pflicht erkannte und es im Gegensatz zur eigenen Neigung ausführte. An dieser Stelle schreitet Kant in der That bis zu der Consequenz, dass es aussieht, als sei für eine wirklich sittliche Handlung eine recht unsittliche Neigung des Individuums die unentbehrliche Bedingung, und als könne die Sittlichkeit gerade am meisten durch die sogenannten guten Neigungen des Herzens gefährdet werden. In dieser Richtung zielten die bekannten Schillerschen Epigramme gegen den Kantischen Rigorismus, und sie trafen wirklich dessen wunde Stelle. Kants Begriffbestimmung des sittlichen Lebens setzt für dasselbe einen Sieg des sittlichen Triebes in seinem Kampfe mit dem sinnlichen voraus, und so würde für ihn das Sittengesetz dadurch seinen Werth verlieren, dass das Naturgesetz des psychologischen Mechanismus zu demselben Resultate führte. Der Werth des Sittengesetzes und der durch dasselbe bedingten freien Handlung besteht für Kant gerade darin, dass es etwas anderes verlangt, als das Naturgesetz herbeiführen würde. Das Soll hat nur Sinn im Gegensatz zum Muss. Der imperativische Charakter der Kantischen Ethik involvirt nothwendig eine Auffassung des natürlichen Trieblebens, wonach dasselbe, sich selbst überlassen, nicht nothwendig, sondern höchstens einmal zufällig zu legalen Resultaten führen, meistens aber dem Sittengesetz direkt in seinen Folgen widersprechen würde. Deshalb ist Kant nothwendig der Vertreter eines ethischen Pessimismus. In dem unbedingten Soll des Sittengesetzes liegt es als Voraussetzung, dass der natürliche Trieb ihm widerspricht. Der Mensch empfindet das Sittengesetz nur deshalb als eine Norm, weil sein natürlicher Trieb sich gegen dasselbe auflehnt. Dieser ethische Pessimismus kam in der Lehre vom Radikalbösen zum Vorschein, und er ist es, der Kant principiell von Rousseau trennt, für welchen die ursprüngliche Güte der menschlichen Natur ein unerschütterliches Dogma gewesen war.

In der besonderen Ausführung theilt Kant die Pflichten gegen Andere in solche der Liebe und solche der Achtung ein und findet schliesslich, dass sie sich beide in dem Verhältnisse der Freundschaft am vollkommensten vereinigen, demjenigen Verhältnisse, welchem er als dem reinsten und sittlichsten, welches zwischen Menschen möglich sei, ein begeistertes Lob spricht. Indem er so die Pflichten der Sittlichkeit auf die persönlichen Verhältnisse der einzelnen Menschen beschränkt, steht seine Moralphilosophie noch unter der allgemeinen Tendenz des achtzehnten Jahrhunderts, welches den sittlichen Werth der politischen Institutionen principiell nicht zu begreifen vermochte. Auch seine Ethik bleibt daher im letzten Sinne individualistisch: der einzelne Mensch in seiner eigenen sittlichen Arbeit und dem anderen Menschen gegenüber in seinen persönlichen Verhältnissen, — das ist ihm der Gegenstand der sittlichen Gesetzgebung; den öffentlichen Institutionen steht auch Kant noch principiell in der Gliederung seiner Lehre mit der Vorstellung gegenüber, dass sie keine innere, im eigentlichen Sinne sittliche, sondern nur die »legale« Gemeinschaft des menschlichen Lebens enthalten. Und doch hat gerade er in seiner Behandlung derselben den kräftigsten Anfang gemacht, um den sittlichen Zweck, welchen sie zu erfüllen haben, und die sittliche Grundlage, auf der sie ruhen, auch in der wissenschaftlichen Aufgabe zum Bewusstsein zu bringen.

Dieses eigenthümliche Verhältniss tritt besonders darin hervor, dass bei Kant die Beziehungen zwischen der Rechtsphilosophie und der Ethik merkwürdig getheilte und complicirte sind. Vermöge seiner Scheidung von Legalität und Moralität hält er an der von Thomasius und nach diesem von Wolff hervorgehobenen Bestimmung fest, dass die Rechtslehre es nur mit der äusseren Gestaltung des Menschenlebens zu thun habe. In ihr handelt es sich um Handlungen und gar nicht um Gesinnungen. Sie ist das Reich der Äusserlichkeit und des Zwanges. Handlungen können erzwungen werden, Gesinnungen nie. Andererseits aber ist doch auch für Kant das rechtliche Zusammenleben der Menschen eine Bethätigung ihres praktischen Wesens, und es muss deshalb auch in ihm das allgemeine Princip der praktischen Vernunft zur Geltung kommen. Mit anderer Begründung, in ganz anderen Formen und Formeln tritt also Kant doch schliesslich dem Gedanken von Leibniz bei, dass die Rechtsphilosophie nur einen Theil der allgemeinen praktischen Philosophie zu bilden und von deren Grundprincipien auszugehen habe, wenn er auch jede Anknüpfung der Rechtslehre an die Ethik, d. h. an die Lehre von den besonderen sittlichen Pflichten des einzelnen Menschen ablehnt. Ist es deshalb auch kein sittliches Verhältniss, welches Kant principiell der philosophischen Erklärung des Rechtslebens zu Grunde legt, so ist ihm doch auch dieses ein Ausdruck der praktischen Vernunft und aus dem Grundgesetz derselben abzuleiten. Dies Grundgesetz ist dasjenige der Autonomie oder der Freiheit. Freiheit ist für Kant der Centralbegriff der praktischen Philosophie, sie ist die Grundlage der individuellen Sittlichkeit, sie ist der richtende Zielbegriff des gemeinsamen Lebens. Denn in dem letzteren muss die Bethätigung der Freiheit der Individuen nothwendig

Conflikte herbeiführen. Das politische Leben ist der Kampf der Menschen um die Bethätigung ihrer Freiheit. Wollte nun jeder die Freiheit nur benützen, um das sittliche Gesetz durchzuführen, so gäbe es keinen Conflikt. Aber der Mensch ist böse, seine Freiheit wandelt er in Willkür um, und es fragt sich deshalb, ob es Bedingungen gibt, unter denen die Willkür des einen gegen die des anderen durch ein allgemeines Freiheitsgesetz abgegrenzt und dadurch jene Conflikte vermieden werden können. Den Inbegriff dieser Bedingungen nennt Kant Recht.

Hieraus ist sogleich abzuleiten, wie sich Kant zu jener Vorstellung verhalten muss, welche das Naturrecht mit dem Namen der angebornen Rechte bezeichnete. Angeboren ist dem Menschen nach Kant nichts als die Freiheit und das unveräusserliche Recht ihrer Bethätigung, als die Fähigkeit, sich selbst das Gesetz zu geben, und das Recht, nach einem solchen Gesetz zu handeln. Alles andere muss auf Grund dieser Freiheit und vermittelst derselben erworben sein. Aber auch nicht für sich allein kann das Individuum ein Rechtsverhältniss erzeugen, sondern ein solches entsteht erst dadurch, dass es einen Gesammtwillen gibt, der die Bethätigung der Freiheit des Einzelnen in gewissen Grenzen und so, dass sie diejenige des Anderen nicht aufhebt, sanktionirt und dadurch die Ansprüche des Einzelnen für die Gesammtheit verbindlich macht. Ein solcher Gesammtwille ist nur möglich durch den Staat, und es gibt deshalb für Kant im eigentlichen Sinne des Worts ein Recht nur innerhalb des Staates und durch den Staat. Denn es gehört zum Wesen des Rechts, dass seine Gesetze, da sie sich auf den äusseren Zusammenhang des Menschenlebens beziehen, erzwingbar sein müssen, und das sind sie nur durch die Herrschaft eines in gemeinsamen Institutionen ausgeprägten Gesammtwillens. Alle diejenigen Verhältnisse daher, welche unter den Begriff des sogen. Privatrechts gehören und die Beziehung des einzelnen Menschen zum einzelnen anderen regeln, kommen zwar schon im Naturzustande vor, aber sie gelten in diesem nur provisorisch und werden erst im Staat »peremtorisch«. Unter diesen privatrechtlichen Verhältnissen behandelt Kant neben dem sachlichen Rechte des Eigenthums und dem persönlichen Rechte des Vertrages das »dinglich-persönliche« Recht der Ehe und der Familie. Diesen Verhältnissen weiss Kant nur ihre rechtliche Seite abzugewinnen; gegen die sittliche Bedeutung der Ehe hat er sich in einer Weise, die kaum durch seine eigene Fremdheit derselben gegenüber verzeihlich erscheinen kann, unzugänglich gezeigt. Er behandelt die Ehe nur als ein rechtliches Verhältniss, und sie kommt in seiner Ethik überhaupt nicht vor. Und doch sind es wiederum sittliche Gründe, Ableitungen aus dem kategorischen Imperativ und seinem Verbot, den Menschen je nur als Mittel zu gebrauchen, auf welche er hier die Begründung der Monogamie als der einzig rechtlichen Form der Ehe zurückführt.

Für die Lehre vom Staat schliesst sich Kant scheinbar der Theorie von der Begründung derselben auf den Vertrag an. Aber man muss sich ganz auf das Wesen der kritischen Methode besinnen, um diese Lehre nicht misszuverstehen. Bei den Naturrechtslehrern erscheint die Lehre vom Vertrag als eine Erklärung der Genesis desselben, bei ihnen enthält sie die Fiktion, dass die Menschen, nachdem sie die Unmöglichkeit des Naturzustandes eingesehen hatten, mit einander den Vertrag schlossen, den Staat zu bilden und dem Gesammtwillen jeder Einzelne zu gehorchen. Für Kant ist ein rechtlich bindender Vertrag nur im Staate selbst möglich. Wenn er daher davon spricht, dass der Staat auf einen Vertrag hinauslaufe, so kann das nur soviel heissen, dass, wenn man für den Staat eine rechtliche Begründung suchen wollte, sie nur in einem Vertrage gefunden werden kann, der ihn selbst schon voraussetzt. Der Staatsvertrag ist deshalb »die regulative Idee« von einer absoluten Begründung des Staatslebens, welche aber nur in diesem selbst zu finden ist. Das Staatsleben ist die absolute Thatsache des gemeinsamen Menschenlebens und die selbst unbedingte Bedingung für alle einzelnen rechtlichen Formen desselben. In der besonderen Ausführung der Staatslehre sieht Kant als das Wesen des Staats das Princip der Gerechtigkeit an und sucht die Realisirung derselben in der Trennung der Gewalten in die gesetzgebende, die ausführende und die richtende. Nur bei dieser Trennung ist die Herrschaft des Gesetzes und der Ausschluss der Ungerechtigkeit möglich. Die Gesetzgebung aber muss der volle und ganze Ausdruck des Gesammtwillens sein; in der gesetzgebenden Thätigkeit muss deshalb jeder Bürger frei und mit gleichem Recht wie der andere mitwirken. Sie ist rechtlich nur in der republikanischen Form möglich; aber diese ist mit einer monarchischen Exekutive in der constitutionellen Monarchie nicht nur vereinbart, sondern garantirt auch in dieser Verbindung am meisten die faktische Durchführung des Allgemeinwillens. Nur in diesem Sinne begrüsste Kant mit lebhafter Freude die republikanischen Tendenzen der Neubildung der nordamerikanischen Union und der französischen Revolution. Aber das Staatsideal war für ihn dasjenige Lockes und Montesquieus, und die Republik schien ihm die verdammungswürdigste aller Staatsformen in dem Augenblicke, wo sie die absolute Geltung der Gesetze preisgibt und der Willkür der Individuen Spielraum lässt. In der entgegengesetzten Richtung einer reinen Herrschaft des Rechts bewunderte Kant den Staat Friedrichs des Grossen, in welchem ihm das Pflichtbewusstsein des kategorischen Imperativs in politischer Verkörperung entgegentrat. Er fand zugleich in diesem Staate die Bedingung realisirt, welche er für ausreichend hielt, um die Mitwirkung des Einzelnen an der Gestaltung des öffentlichen Lebens zu garantiren: die Freiheit der Meinungsäusserung, die unbeschränkte Publicität.

Die Aufgabe der Staatsgewalt ist jedoch nach Kants Ansicht mit der Durchführung der Rechtsvorschriften noch nicht erschöpft, und ihr Recht, in das Leben des Individuums einzugreifen, beschränkt sich nicht darauf, dass die Befolgung der staatlichen Gebote und Verbote durch die äussere Macht erzwungen wird. Sondern zu dem sittlichen Begriffe der Gerechtigkeit, den der Staat realisiren soll, gehört nach Kants Ansicht auch derjenige der Vergeltung. Damit begründet sich das Strafrecht nicht als ein Ausfluss der pragmatischen Bedürfnisse und Nöthigungen, nicht als ein Mittel, dem Gesetze Achtung zu verschaffen und vor seiner Verletzung abzuschrecken, auch nicht als ein pädagogisches Mittel zur Besserung, sondern als der öffentliche Akt der Vergeltung, welche durch die Gerechtigkeit, wie Kant meint, gefordert ist. Das sittliche Bewusstsein, meint Kant, verlangt, dass das Verbrechen durch Leiden gesühnt sei, und diese Sühne muss, weil der Einzelne dazu nicht im Stande ist, vom Staat vollzogen werden. In diesem strengen Sinne verlangt Kant die Beibehaltung der Todesstrafe. Wenn die Gerechtigkeit untergeht, so hat es keinen Werth mehr, dass Menschen leben. Ohne jede Rücksicht auf die Nützlichkeit ist die Strafe um ihrer sittlichen Nothwendigkeit wegen zu vollziehen. Kants Strafrechstheorie, so angreifbar ihr Princip sein mag, dass das Gefühl der Vergeltung ein integrirender Bestandtheil des sittlichen Bewusstseins sei, enthält doch den besten Beweis davon, dass ihm der Staat nicht nur ein Me-

chanismus für die Einrichtung des äusseren Zusammenlebens der
Menschen, sondern im tiefsten Sinne eine Institution der praktischen Vernunft der menschlichen Gattung, ein Produkt der Sittlichkeit war. Seine ganze Staatslehre führt auf den Grundgedanken
hinaus, dass das staatliche Rechtsleben eine Ordnung des äusseren
Zusammenlebens der Menschen nach den Principien der sittlichen
Vernunft sein soll.

Er tritt gerade damit in den lebhaftesten Gegensatz gegen alle
früheren Theorien, welche den Zweck des Staates immer in der
Richtung des Eudämonismus gesucht hatten, mochten sie die individuelle oder die sociale Glückseligkeit zur Richtschnur nehmen.
Von diesem Gesichtspunkte aus vertiefte sich aber zugleich für
Kant die Auffassung der Geschichte. Und wenn nicht in der Ausführung, so hat er in der principiellen Grundlegung der G e -
s c h i c h t s p h i l o s o p h i e die wichtigste Förderung dadurch gegeben, dass er die naturalistische Auffassung Herders, wie er sie
in ihrer Einseitigkeit bekämpfte, seinerseits durch einen höheren
Gesichtspunkt ergänzte. Auch Kant muss anerkennen, dass es in
der Geschichte sich um einen in seinen einzelnen Fortschritten
durchaus naturnothwendig bedingten Process handelt, dass also
das Princip der natürlichen Entwicklung das einzige ist, nach
welchem der Zusammenhang der einzelnen Thatsachen erkannt
werden kann. Aber für ihn soll die »Philosophie der Geschichte«
mehr leisten, als die blosse Zergliederung des viel verschlungenen
Gewebes, welches ihren Gegenstand bildet. Es ist der Mensch,
der sich in ihr entwickelt, und der Mensch ist nicht nur die Blüthe
der sinnlichen Welt, sondern zugleich ein Glied der übersinnlichen.
Seine Entwicklung muss daher auch unter dem Gesichtspunkt des
Zwecks betrachtet werden, welcher die Grundkategorie der sittlichen Welt bildet. Diese Geschichte ist philosophisch nicht zu
verstehen, wenn man nicht ihr Ziel kennt. Erst aus der Kenntniss der Aufgabe, die durch diese Entwicklung erreicht werden
soll, ist die Möglichkeit einer Beurtheilung davon gegeben, ob die
einzelnen Bewegungen wirkliche Fortschritte oder Rückschritte
waren. Geschichtsphilosophie als Beurtheilung des historischen
Processes gibt es nur unter dem teleologischen Gesichtspunkte.
Der Naturalismus wendet denselben heimlich an; aber sein teleologischer Gesichtspunkt ist dabei die Glückseligkeit: bei Kant ist
der Zweck der Geschichte der sittliche. Auf der anderen Seite aber

muss man sich aus demselben Grunde klar machen, dass von jenem allmählichen Übergange aus der Natur in die sittliche Welt, den Herder als ächter Leibnizianer in seinen »Ideen« darzustellen gesucht hatte, bei der Kantischen Auffassung des Gegensatzes der sinnlichen und der übersinnlichen Welt keine Rede sein konnte. Hier verlangten die Grundbegriffe seines Systems von ihm eine ganz andere Formulirung der Fragen und der Antworten, und es ist in jenen kleinen Schriftchen, die diese Fragen behandeln, die ganze Überlegenheit, mit welcher Kant die Principien der Aufklärung zugleich zu den seinigen machte und in ihre Schranken zurückwies, am klarsten erkennbar. Er stand hier vor jenem grössten Problem, welches die Geister des 18. Jahrhunderts bewegte, vor der Frage nach dem ·Verhältniss der menschlichen Kultur zur Natur. Die Herrschaft des Eudämonismus hatte die Antwort darauf immer in der Richtung ausfallen lassen, dass die Bedeutung, der Ursprung und der Zweck der Kultur in der Herbeiführung einer grösseren Glückseligkeit bestehen müsse, als die Natur allein zu gewähren im Stande sei. Und diese Antwort hatte schliesslich in Rousseau zu der Einsicht geführt, dass die Kultur diesen Zweck verfehle, dass sie schlimmer sei als der Naturzustand, und dass man deshalb mit ihr brechen müsse, um zur Natur zurückzukehren. Diese Gedanken hat Kant in ihrer ganzen Energie aufrecht erhalten, und er hat sich über die Rousseausche Auffassung nur dadurch erhoben, dass er aus seiner Philosophie selbst einen anderen Begriff der Kultur mitbrachte.

Kultur ist eine bewusste Arbeit des menschlichen Willens und hat daher ihren Werth in dessen sittlichem Charakter. Wenn von einem Naturzustand des Menschen die Rede sein soll, so hat das nur insofern Sinn, als man sich das natürliche, auf die Glückseligkeit gerichtete Triebleben noch ohne jedes Bewusstsein einer sittlichen Aufgabe denkt. Dieser Zustand ist derjenige der absoluten Unschuld, der paradiesische Zustand. Er ist keine Thatsache der Erfahrung. Aber wenn man ihn — und Kant thut es mit Rousseau — als der Kultur vorhergegangen denkt, so ist eine allmähliche Entwicklung des sittlichen Bewusstseins aus diesem eudämonistischen Zustande nicht zu begreifen. Die Erkenntniss des Sittengesetzes ist eine einmalige, sie kann nur darauf beruhen, dass dasselbe an seiner Übertretung zum Bewusstsein kommt. Wenn das Radikalböse in der menschlichen Natur zum Durchbruch kommt, dann muss damit auch das Gewissen und das Bewusstsein der sittlichen Aufgabe erwachen. Der »muthmassliche Anfang« der Weltgeschichte, d. h. die durch die Erfahrungserkenntniss zwar ermöglichte, aber nicht zu begründende Idee eines solchen Anfangs ist der Durchbruch des Radikalbösen, die Auflehnung gegen das in der Auflehnung selbst zum Bewusstsein kommende Sittengesetz, — es ist der Sündenfall. Und nachdem so das sittliche Bewusstsein entsprungen ist, bildet die ganze menschliche Geschichte nur die Arbeit des Willens, diesem Sittengesetze angemessen zu werden. Mit dem Sündenfall ist der Naturzustand verloren, und für immer verloren. Denn das sittliche Bewusstsein, einmal vorhanden, kann niemals zu Grunde gehen. Aber mit dem Naturzustande ist auch die unbefangene Erfüllung des Glückseligkeitstriebes für immer dahin. Aus dem Paradies vertrieben, erfährt der Mensch das Leid der Arbeit. Nun beginnt der Antagonismus der Kräfte, nun verschränkt sich und drängt sich das Spiel des gesellschaftlichen Lebens, nun wächst die Tugend und mit ihr das Laster. Immer schärfer werden die Kräfte angespannt, aus der Lösung jeder Aufgabe entspringt eine schwierigere, und während die sittliche Arbeit ihrem Ziele, wenn auch nicht stetig und unendlich langsam entgegenrückt, compliciren sich die äusseren Verhältnisse des Menschenlebens derartig, dass das Glück des Individuums immer zweifelhafter und immer seltener wird. Jeder Gewinn an der sittlichen Kultur wird durch einen Verlust an der natürlichen Glückseligkeit erkauft. Die sittliche Arbeit des Menschen ist nur möglich als Resignation auf seine natürliche Glückseligkeit. Die Kultur mit ihrer ganzen Arbeit und dem ganzen Leid, das nothwendig und in stets steigendem Masse mit ihr verknüpft ist, wäre darum in der That, wie sie für Rousseau erschien, eine Thorheit und ein Frevel an dem Glück des Einzelnen, wenn die Glückseligkeit die Bestimmung des Menschengeschlechts wäre, und wenn nicht mit diesem Verzicht auf das paradiesische Glück das höhere, das absolute Gut der Sittlichkeit gewonnen würde. Der Trost dafür, dass der Einzelne bei dieser Kulturarbeit verliert, kann nur darin bestehen, dass das Ganze gewinnt. Aber dieser Gewinn des Ganzen liegt nicht in der Glückseligkeit, sondern in der Herbeiführung des sittlichen Zwecks. Denn von einem Wachsen der Gesammtglückseligkeit bei steigendem Unglück aller Einzelnen zu sprechen, wie es wol geschehen, ist eine Absurdität. Nun ist das höchste Princip

aller Sittlichkeit die Freiheit. Wenn es daher einen Zweck geben
soll, der die Kultur begreiflich macht, und um dessen willen ihre
nothwendigen Schäden ertragen werden müssen, so ist es die Freiheit. Die menschliche Geschichte ist die Geschichte
der Freiheit. Aber die Geschichte ist der Process des äusseren
Zusammenlebens vernünftiger Wesen. Ihr Ziel ist deshalb das
politische, es ist die Herbeiführung der Freiheit in der vollkommensten Staatsverfassung. Dieses Ziel würde nicht erreicht
sein, wenn etwa nur ein Staat mit seinen Institutionen dabei angekommen wäre. Denn er stünde dann jeden Augenblick in Gefahr,
von anderen Staaten darin gestört zu werden. Der gegenwärtige
Zustand, in welchem sich die Staaten mit einander befinden, ist ein
Naturzustand, ein Naturzustand des Kampfes, in welchem alle
Mächte der Unsittlichkeit ihr Wesen treiben. In ihm hat der Krieg
nur insofern einen sittlichen Rechtsgrund, als ein Volk in seiner
staatlichen Existenz bedroht ist und dieselbe vertheidigt. Die Möglichkeit dieser Bedrohung wäre nur dann ausgeschlossen, wenn es
einen wirklichen Rechtszustand der Staaten unter einander gäbe,
wenn die Idee des Völkerrechts realisirt wäre. Sie wäre es
nur dann, wenn alle Staaten mit einander einen Bund bildeten,
der als oberster Gerichtshof ihre Streitigkeiten entschiede. An der
Nothwendigkeit der besonderen Staatenbildung hält Kant den kosmopolitischen Träumereien einer Universalrepublik gegenüber auf
das Entschiedenste fest, ohne jedoch dafür eine nationale Begründung zu suchen. Für ihn beschränkt sich das Weltbürger-
recht auf die allgemeine Hospitalität und Freizügigkeit, und auch
dieser Zustand, worin der Bürger des einen Staates nicht mehr,
wie es im Naturzustande geschieht, in dem anderen als Feind angesehen werden soll, ist in seiner Vollkommenheit nur durch den
Staatenbund rechtmässig herbeizuführen. In einen solchen
Bund würden aber nur solche Staaten eintreten können, in denen
nicht nur über die innere Gesetzgebung, sondern auch über die
Fragen der äusseren Politik lediglich der Wille des Volkes entschiede. Eine republikanische Verfassung aller Staaten und ein
schiedsrichterlicher Bund derselben unter einander würden deshalb die Bedingungen des »ewigen Friedens« sein, welchen
Kant als das »höchste politische Gut« in der unendlichen Ferne des
Endes der Weltgeschichte sieht. Weit entfernt von der utopisti-
schen Schwärmerei, dieses Ende in dem gegenwärtigen Zustande

herbeizuführen zu wollen oder für herbeiführbar zu halten, legt
Kant diesen idealen Zweck als den Massstab an, nach dem allein
der Werth der weltgeschichtlichen Begebenheiten beurtheilt werden kann. Es ist immer derselbe Lessingsche Gesichtspunkt, unter
dem auch Kant die Geschichte der Religionen, unter dem er das
sittliche Leben des Individuums und unter dem er die gesammte
Kulturentwicklung des menschlichen Geschlechtes betrachtet. Die
sittliche Aufgabe und die natürliche Nothwendigkeit des socialen
Processes haben dasselbe Ziel: die Realität der Freiheit in der Sinnenwelt. Aber dies Ziel ist eine Idee, deren Realisirung in der
Unendlichkeit liegt und welche die Erfahrung nie realisirt sehen
kann. Die Herrschaft der einen unsichtbaren Kirche, die sittliche
Vollkommenheit des Individuums und der ewige Frieden der
Staaten, sie liegen alle an einem und demselben Punkte: an dem
Schneidepunkte der Parallelen.

In dem sittlichen Massstabe, den er an die Beurtheilung aller
Entwicklung legt, und in dem Princip der nie endenden Arbeit für
ein in der Erfahrung unerreichbares Ziel liegt Kants Grösse der
A u f k l ä r u n g gegenüber. Er theilt mit ihr die unerschütterliche
Überzeugung, dass es keine Wahrheit gibt, an die der Mensch
glauben darf, als diejenige der Vernunft, und behauptet deshalb,
dass die philosophische Erkenntniss den kritischen Massstab für alle
positiven Facultäten bildet. Aber wenn das 18. Jahrhundert die
Vernunftwahrheit in der theoretischen Erkenntniss zu besitzen
meinte, so zerstört Kant diese Illusion, und wenn die Männer,
die sich für die Aufgeklärten hielten, diese ihre vermeintliche Erkenntniss als ein neues Dogma predigten, so tritt Kant dieser
Anmassung der »Aufklärerei« auf das Schärfste entgegen. Gerade durch diesen starren Rationalismus beweist das Zeitalter,
dass es kein aufgeklärtes ist. Aber es enthält in sich die Anlagen,
es zu werden. Je mehr das Princip zum Durchbruch kommt, dass
der wahre Besitz der Vernunft nur der selbsterworbene ist, dass
nicht die Annahme sogenannter freisinniger Meinungen, sondern
vielmehr die selbstprüfende Arbeit des Denkens das Wesen des
sich aufklärenden Geistes ausmacht, um so mehr reift die menschliche Vernunft der sittlichen Bestimmung entgegen, welche den tiefsten Gehalt auch ihres Erkenntnisslebens bildet. Nicht Ansichten
und Theoreme, sondern Absichten und Zwecke sind es, welche über
die Erfahrung hinaus dem Triebe der Vernunft genugthun. In

ihnen sich einig zu wissen und an ihrer Durchführung mit dem
vollen Bewusstsein der Menschenpflichten zu arbeiten und in dieser
Arbeit sich mit einer höheren Weltordnung im lebendigen Zusammenhange zu glauben: das und das allein ist wahre Aufklärung.
Wenn Kant es aussprach, dass in diesem Sinne sein Zeitalter ein
Zeitalter der Aufklärung sei, so konnte er es nur insofern sagen,
als er selbst mit seiner Philosophie ihm diesen Charakter aufprägte
und es über sich selbst emporhob.

§ 64. Kants ästhetische Philosophie.

Die Weltanschauung des Kriticismus charakterisirt sich vor
allen anderen dadurch, dass ihre Wurzeln mit vollem und mit
wissenschaftlich sich begründendem Bewusstsein nicht lediglich in
der theoretischen, sondern hauptsächlich in der praktischen Vernunft liegen. Daraus aber entspringt ihr dualistischer Charakter.
Der Dualismus von Ding an sich und Erscheinung, von übersinnlicher und sinnlicher Welt, der sich durch Kants ganze Lehre
hindurchzieht, ist derjenige von praktischer und theoretischer Vernunft. Aber es wäre nach jeder Richtung unrichtig zu behaupten,
dass die Kantische Lehre in diesem Dualismus aufgehe. Seine
Überzeugung von der innersten Identität dieser beiden Formen der
menschlichen Vernunftthätigkeit tritt an allen Stellen seiner Lehre
hervor. Die gesammte Arbeit der theoretischen Vernunft zeigt
sich zuletzt durch die Aufgaben bestimmt, welche ihr die praktische setzt, und die Energie der sittlichen Aufgabe findet andererseits ihre Begründung gerade in dem Widerspruche, in welchem
sie zu der sinnlichen Natur des Menschen steht. So weisen in allen
ihren Ausgestaltungen die praktische und die theoretische Vernunft
stets auf einander hin und deuten mit einander auf eine Einheit,
die in keiner von beiden allein ganz und voll zum Austrage kommt.
In der theoretischen Vernunft hat nur der sinnliche Mensch seine
volle Geltung, nur er ist das Princip der Erkenntniss, und der übersinnliche erscheint nur als eine problematische Grenzbestimmung.
In der praktischen Vernunft gebietet der übersinnliche über den
sinnlichen, aber er findet in dem letzteren eine nur am unendlichen
Ziel zu überwindende Schranke für die Erfüllung seines Zweckes.
So einander bestimmend und beschränkend, verlangen die theoretische und die praktische Vernunft den Begriff einer einheitlichen

Funktion, in der ihre ursprüngliche Identität, vermöge deren allein sie jene Beziehungen entwickeln konnten, selbst zum Ausdruck kommt. Gäbe es nur theoretische und praktische Formen und Thätigkeiten der Vernunft, so wäre deren inniges Ineinandergeflochtensein, welches die Kantische Lehre an allen einzelnen Punkten aufgedeckt hat, die räthselhafteste aller Thatsachen.

Die Überwindung des Dualismus ist daher nur in einer Vernunftfunktion zu suchen, an der das theoretische und das praktische Leben gleichmässig betheiligt sind und welche doch beiden gegenüber eine ursprüngliche Eigenhaftigkeit behauptet. Hier begreift man, weshalb Kant sich jenen Bestrebungen der empirischen Psychologie anschloss, welche neben dem Vorstellen und dem Begehren eine dritte Grundfunktion der menschlichen Psyche unter dem Namen des Gefühls einzuführen im Begriffe war. Empirisch zeigte das Gefühl die erforderte Doppelbeziehung auf die beiden anderen Thätigkeitsweisen. Es enthält einen Vorstellungsinhalt und setzt denselben in mehr oder minder ausgesprochener Weise mit einem Zweck in Beziehung, welcher eine Form des Begehrens repräsentirt. Der Dualismus der Kantischen Lehre war daher nur dadurch zu überwinden, dass sich eine Vernunftform des Gefühls, d. h. eine allgemeine und nothwendige Gefühlsfunktion nachweisen liess, und neben die beiden Fragen: gibt es Erkenntnisse a priori und gibt es Begehrungen a priori, trat die dritte: gibt es Gefühle a priori?

Die Kritik der Urtheilskraft, welche die Lösung dieser Aufgabe zum Gegenstande hat, gibt derselben noch eine andere Formulirung, die zu gleicher Zeit ihren Gegenstand erweitert. Zwei Welten stehen sich in der Kantischen Weltauffassung gegenüber, die sinnliche und die sittliche. Die eine ist die Welt der Erkenntniss, die andere diejenige des Glaubens. Die eine ist das Reich der Natur, die andere ist das Reich der Freiheit; in der einen herrscht die Nothwendigkeit, in der anderen der Zweck. Ein absoluter Dualismus, der zwischen beiden eine unüberschreitliche Kluft befestigte, ist durch die Thatsache des menschlichen Bewusstseins widerlegt, welches mit seiner einheitlichen Funktion sich in beiden gleich heimisch weiss. Können sie aber so unmöglich beziehungslos einander coordinirt werden, so ist zwischen beiden nur dadurch eine Vereinigung zu finden, dass die eine der anderen untergeordnet wird. Nun kann in der Kantischen Philosophie kein Zweifel darüber sein, wie sich bei dieser Unterordnung die Rollen

vertheilen sollen. Aus der Unterordnung der praktischen unter
die theoretische Vernunft haben sich alle Irrthümer der früheren
Philosophie ergeben. Aus ihr folgte die verfehlte Tendenz, die
Moral auf eine Metaphysik zu gründen, die nicht möglich ist. Aus
ihr folgte die fatalistische Meinung, dass, was man für Freiheit
hält, nur eine Art der Nothwendigkeit sei, — aus ihr der ganze
Naturalismus, welcher die Welt der Zwecke als ein Produkt der natürlichen Nothwendigkeit angesehen haben will. In der That kann
man alle die Gegensätze, welche in den einzelnen Lehren zwischen
Kant und z. B. Leibniz obwalten, darauf zurückführen, dass bei
dem letzteren die theoretische, bei dem ersteren dagegen die praktische Vernunft den Primat über die andere führt. Die Verlegung
des philosophischen Standpunktes aus der theoretischen in die
praktische Vernunft ist vielleicht der schärfste Ausdruck für die
totale Umwälzung, welche in der Geschichte des modernen Denkens
an den Namen Kants geknüpft ist.

Die Unterordnung der sinnlichen unter die sittliche Welt ist
nun eine Forderung der praktischen Vernunft, welche im Handeln
des Menschen niemals vollständig erreicht wird. Es fragt sich,
ob nicht auch unsere vorstellende Thätigkeit dieser Forderung gerecht werden und wir damit zu einem unmittelbaren Bewusstsein
von der Einheitlichkeit unseres vernünftigen Wesens gelangen
können. Es fragt sich, ob wir das Reich der Natur dem
Reiche der Freiheit untergeordnet denken können, und
ob es nothwendige und allgemeingültige Formen gibt, in denen
dies sogar geschehen muss. Von vornherein ist aber klar, dass
diese Unterordnung niemals eine Funktion der Erkenntniss sein
kann. Denn die Erkenntniss reicht an die sittliche Welt nicht
heran und kann deshalb auch kein Verhältniss der sinnlichen zu
ihr erfassen. In Kants psychologischem Schema wird die Funktion
der Unterordnung allgemein mit dem Namen der Urtheilskraft bezeichnet. Insofern dieselbe rein theoretischen Charakters sein soll,
muss sie entweder logisch einen Begriff seinem Gattungsbegriffe
oder transscendental eine sinnliche Anschauung einer Kategorie
subsumiren. In beiden Fällen gibt sie eine nothwendige Bestimmung für die Erkenntniss des Gegenstandes. Dieser »bestimmenden« Urtheilskraft gegenüber nennt Kant die reflektirende
Urtheilskraft diejenige, vermöge deren wir einen Gegenstand,
ohne damit seine Erkenntniss zu erweitern, einem Gesichtspunkt

der Betrachtung unterwerfen, deren Princip wir eben nicht der
Erkenntniss des Gegenstandes, sondern vielmehr unseren eigenen
Verhältnissen entnehmen. Die Erkenntniss bestimmt den Begriff
eines Naturereignisses, indem sie dasselbe aus seinen Ursachen
erklärt und allgemeinen Gesetzen unterordnet; wenn wir dagegen
dasselbe als angenehm oder unangenehm bezeichnen, so ist dies
nur eine Art der Betrachtung, welche wir von uns aus an den
Gegenstand heranbringen, und womit wir die theoretische Auffassung desselben durch die reflektirende Urtheilskraft überschreiten. Es ist nun klar, dass alle diese Reflexionen auf das Innigste
mit den Gefühlen zusammenhangen, die wir den erkannten Gegenständen gegenüber haben. Jedes Gefühl ist ein Akt der Synthesis, wodurch wir die Vorstellung eines Gegenstandes auf unsern
subjektiven Zustand beziehen. In diesem Sinne ist die Kritik der
reflektirenden Urtheilskraft eine Untersuchung über die apriorischen Formen des Gefühlslebens.

Jedes Gefühl enthält entweder Lust oder Unlust. Dies »Entweder oder« kann nur darauf beruhen, dass der Gegenstand, auf
den sich der Gegenstand bezieht, irgend einem Bedürfniss entspricht oder nicht entspricht. Im allgemeinsten Sinne bezeichnen
wir diese Bedürfnisse als Zwecke, und es ergibt sich daraus, dass
alles Zweckmässige mit einem Lustgefühl, alles Unzweckmässige mit einem Unlustgefühl verknüpft ist. In jedem Gefühl haben
wir eine Unterordnung des vorgestellten Gegenstandes unter einen
Zweck. Die reflektirende Urtheilskraft also, in ihrer empirischen
Gestalt zunächst mit dem Gefühlsleben identisch, lässt uns die
einheitliche Funktion unserer Vernunft darin erkennen, dass sie
einen Gegenstand der Erkenntniss einem Zwecke unterordnet.
Aber diese empirischen Reflexionen würden, als vollständig willkürlich und subjektiv, niemals nothwendigen und allgemeingültigen Charakters sein können. Von der Apriorität jener Vernunfteinheit können wir uns nur dadurch überzeugen, dass es nothwendige und allgemeine Reflexionen gibt, die mit ebenso nothwendigen und allgemeinen Gefühlen verbunden sind.

In der That machen wir den Anspruch, solche zu haben. Es
gibt zwei Arten eines solchen Verhaltens unserer Vernunft, welche
sich dadurch unterscheiden, dass in der einen Art das Betrachten,
in der anderen Art das Fühlen überwiegt. Die eine Art hat daher
mehr Verwandtschaft mit unserer theoretischen Thätigkeit und ist

in Gefahr, für eine Erkenntniss gehalten zu werden. Erst in der anderen tritt das Wesen des Gefühls vollkommen rein hervor.

Die ganze Thätigkeit der reflektirenden Urtheilskraft läuft darauf hinaus, die natürlichen Gegenstände unter dem Gesichtspunkte der Zweckmässigkeit zu betrachten. Darin besteht die Unterordnung der Natur unter die Grundkategorie des Reiches der Freiheit. Aber diese Zweckmässigkeit stellt sich in unserer Betrachtung entweder so dar, dass wir den Gegenstand, abgesehen von seiner Wirkung auf uns, zweckmässig nennen, oder so, dass wir seine Wirkung auf uns als eine zweckmässige fühlen und ihn in diesem Sinne schön oder erhaben nennen. Im ersteren Falle handelt es sich um objektive, im zweiten um subjektive Zweckmässigkeit der natürlichen Gegenstände. Im ersteren Falle verfährt die Urtheilskraft t e l e o l o g i s c h, im letzteren Falle ä s t h e - t i s c h. Im ersteren Falle liegt der Schwerpunkt der Funktion in der verstandesmässigen Auffassung der Beziehungen des Gegenstandes, welche wir als zweckmässig beurtheilen, und das Gefühl des Wohlgefallens knüpft sich nur nebensächlich daran. Im zweiten Falle liegt das Ursprüngliche in der Gefühlswirkung auf uns, und erst in der analytischen Untersuchung kommen uns die Zweckmässigkeitsverhältnisse ausdrücklich zum Bewusstsein. Offenbar aber funktioniren wir in beiden Fällen weder rein theoretisch noch rein praktisch, sondern derartig, dass wir die Gegenstände nach Gesichtspunkten betrachten, die aus unseren Bedürfnissen, seien es auch allgemeine und nothwendige, hervorgehen. Insofern als wir jetzt gewöhnt sind, ein solches Verfahren in allgemeinerem Sinne als ästhetisch zu bezeichnen, darf dieser gesammte Theil der Kantischen Lehre den Namen seiner ästhetischen Philosophie tragen; umsomehr, als eine den beiden anderen Theilen der kritischen Philosophie ebenbürtige Selbständigkeit nur in Kants Ästhetik liegt, während seine Lehre von der Teleologie eine etwas zweifelhafte Mittelstellung zwischen der theoretischen und der ästhetischen Funktion einnimmt. Insofern die teleologische Betrachtung nur Betrachtung und nicht Erkenntniss enthalten soll, bleibt sie ästhetische Funktion. Insofern aber, als sie die Zweckmässigkeit im Gegenstande sucht und ihre Objektivität behauptet, wird sie theoretischen Charakters und ist nur schwer von einer Thätigkeit des Erkennens zu scheiden.

Die Methode des Kriticismus verlangt für die Begründung

teleologischer Urtheile a priori zunächst die Analyse der Bedingungen, unter denen allein sie möglich sind. Dieselben verstehen sich am besten, wenn man wiederum die Veranlassungen aufsucht, welche in der Erkenntnissthätigkeit für eine teleologische Betrachtung vorliegen. In dieser Hinsicht entwickelt die Kritik der Urtheilskraft zwei neue Grenzbegriffe der theoretischen Vernunft, und wenn man mit Recht sagen darf, dass Kants erkenntnisstheoretische Untersuchungen erst hier ihren Abschluss finden, so zeigt sich daran am besten, dass die Teleologie ein Grenzgebiet zwischen dem theoretischen und dem ästhetischen Verhalten der Vernunft darstellt.

Der eine dieser beiden Grenzbegriffe entwickelt sich durch die Reflexion auf die Schranken, welche der apriorischen Naturerkenntniss durch ihre Form der Gesetzmässigkeit selbst gezogen werden. Eine allgemeine und nothwendige Erkenntniss des Naturverlaufs beschränkt sich von selbst auf die Darstellung der Gesetze, welche in demselben herrschen. Der besondere Inhalt jeder einzelnen Naturerscheinung, ihre spezifische Eigenthümlichkeit ist a priori nicht zu erkennen. Sie ist aber eine Thatsache, und auch sie bedarf nach dem Gesetze der Kausalität einer Erklärung. Es gehört zu den tiefsten Einsichten Kants, dass er dieses Bedürfniss der Wissenschaft klar formulirt hat. Es zeigte sich früher als ein Fundamentalfehler der Aufklärungsphilosophie, dass sie in ihrer Bewunderung der grossen Gesetzmässigkeit der Natur den Werth der individuellen Erscheinung vernachlässigte, und dass nur hie und da die historische Betrachtung oder die Gefühlsphilosophie darauf aufmerksam wurde. Kant widerlegt hier zum zweiten Male die Meinung derjenigen, welche die Tendenz seiner Kritik nur in der Erklärung von Gesetzen sehen. Er constatirt, dass die »Spezifikation« der Natur nur durch Erfahrung uns zum Bewusstsein kommt und deshalb für die Erkenntniss »zufällig« bleibt. Zwar vermögen wir den spezifischen Charakter der einzelnen Erscheinung nach dem Princip der Kausalität aus anderen Erscheinungen gesetzmässig abzuleiten: aber deren spezifischer Eigenthümlichkeit gegenüber befinden wir uns wieder in derselben Lage, und dieser Process geht für die Erkenntniss bis ins Endlose. Der Weltlauf in seiner kausalen Nothwendigkeit ist ein Gewebe von zahllosen Fäden, welche sich fortwährend kreuzen und zu immer neuen Gebilden verschlingen. Vermöchten wir es auch, den naturnothwendigen Verlauf jedes dieser Fäden, vermöchten wir es, die nothwendigen Folgen, welche jedesmal das selbst wieder kausalnothwendige Zusammentreffen der Fäden haben muss, vollkommen zu verfolgen, so würde doch dies ganze »System der Erfahrung« für uns eine unerklärte Thatsache bleiben. Jeder Weltzustand sei in seiner ganzen Ausdehnung als die kausal nothwendige Wirkung des nächst vorhergehenden nach Naturgesetzen erklärt, — so würde doch dieser ganze Process nur dadurch erklärlich sein, dass irgend ein Anfangszustand den ganzen folgenden Verlauf bedingt hätte. Es ist unmöglich, nach unserer Zeitanschauung einen solchen zu denken, geschweige ihn zu erkennen. Und selbst wenn wir ihn erkennen könnten, so würde eben dieser Anfangszustand für uns bloss ein Gegebenes, eine unbegriffene Thatsache sein. Ja, wir müssen es überhaupt schon als eine glückliche, obschon für unsere Erkenntniss völlig zufällige Thatsache ansehen, dass der gegebene Inhalt der Wahrnehmung sich unserer Organisation wenigstens so weit angemessen erweist, dass wir unsere logischen und transscendentalen Vernunftformen darauf anzuwenden im Stande sind. ... Dieses Zweckmässigkeitsverhältniss zwischen unsern Denkformen und dem für sie gegebenen Inhalt ist für unsere Erkenntniss durchaus zufällig. Das ist eben darin begründet, dass der besondere Inhalt der Erfahrung von uns nicht wie die Formen derselben erzeugt, sondern in uns vorgefunden wird. Eine allgemeine und nothwendige Erkenntniss auch dieses besonderen Inhaltes der Erfahrung und des Grundes seiner Angemessenheit zu den Formen derselben wäre nur für einen Geist möglich, welcher auch den Inhalt durch seine Anschauung erzeugte. Der Begriff eines solchen Geistes ist in der Kritik der reinen Vernunft schon aufgestellt worden: es ist der der intellektuellen Anschauung oder des intuitiven Verstandes*). Für ihn würde auch die Spezifikation der Natur a priori erkannt sein; denn er wäre ihr Urheber**). Es ist nun constatirt, dass wir

---

*) Kant braucht hier und auch sonst, namentlich in dem Briefe an M. Herz (vgl. oben pag. 44) für diesen Begriff gern den älteren Namen des Intellectus archetypus.

**) Kant verfolgt hier in seinen Formeln und philosophischen Interessen genau denselben Gedankengang, der bei Leibniz sich dahin ausgesprochen hatte, dass die »thatsächlichen Wahrheiten«, welche sich für die menschliche Erkenntniss nicht auf die ewigen Wahrheiten zurückführen lassen, im gött-

diesen intuitiven Verstand nicht haben, dass wir denselben nicht zu erkennen und deshalb nicht einzusehen vermögen, wie er den gesammten Weltlauf auch seinem spezifischen Inhalte nach hervorbringe; aber es ist ebenso constatirt, dass die Realität eines solchen intuitiven Verstandes theoretisch auch nicht geleugnet werden kann, dass wir vielmehr im sittlichen Bewusstsein den apriorischen Grund haben, an die Realität eines gemeinsamen Schöpfers der sinnlichen und der übersinnlichen Welt zu glauben. Wenn es deshalb ein allgemeines und nothwendiges Bedürfniss unseres Verstandes ist, eine letzte Ursache für das gesammte System der Erfahrung mit ihrem uns nur gegebenen Inhalte, welchem gegenüber sich doch unsere ganze Organisation der Denkthätigkeit als zweckmässig angepasst erweist, zu denken, so ergibt sich daraus das allgemeine und nothwendige Bedürfniss, die Natur so zu betrachten, als ob sie das Produkt eines intuitiven, d. h. eines göttlichen Verstandes wäre.

Erzeugung aber durch den Verstand und zweckmässige Erzeugung sind mit einander identisch. Denn der Verstand operirt aus Begriffen; wenn der Verstand etwas erzeugt, so erzeugt er es als das seinem Begriffe angemessene. Die Betrachtung der Natur als des Werkes eines göttlichen Verstandes ist deshalb die Betrachtung der Natur als eines zweckmässigen Systems der Erfahrung. Soweit also als das Bedürfniss, einen Grund für die Spezifikation der Natur zu denken, und als der moralische Glaube an die Realität eines göttlichen intuitiven Verstandes allgemein und nothwendig sind, soweit ist die Vernunft auch a priori genöthigt und berechtigt, **den gesammten Kausalzusammenhang des Weltlaufes unter dem teleologischen Gesichtspunkt zu betrachten, dass seine Zweckmässigkeit in seinem Ursprung aus der göttlichen Schöpferthätigkeit beruhe.** Diese Betrachtung ist keine Erkenntniss. Der physikotheologische Beweis für das Dasein Gottes ist unmöglich, und man

---

lichen Verstande aus denselben müssten abgeleitet werden können. Der Unterschied zwischen beiden Denkern ist dabei wesentlich der, dass für Leibniz seinem dogmatischen Charakter gemäss sich daraus eine metaphysische Erkenntniss des Gegensatzes der ewigen und der thatsächlichen Welt ergab, während der Kriticismus diesen Gegensatz in den subjektiven Gegensatz der Erkenntniss und der Betrachtung umwandelte. Vgl. Bd. I. d. Werkes. pag. 450—55.

muss deshalb diesen kritischen Gedankengang Kants durchaus von dem Newtonschen unterscheiden, den er in der »Naturgeschichte des Himmels« vorgetragen hatte. Gab es dort den kausalen Schluss von der vollkommensten Maschine auf den intelligenten Urheber, so wird hier ein solcher Schluss geradezu verworfen, dabei aber doch an dem Unbeweisbaren in der Gestalt einer vernunftnothwendigen Betrachtungsweise festgehalten. Für die persönliche Gewissheit läuft freilich beides auf dasselbe hinaus: aber die Begründung ist eine principiell durchaus verschiedene. Die Teleologie wird auf eine Betrachtungsweise, auf ein moralisch-ästhetisches Verhalten reducirt und aus der Wissenschaft verwiesen. Jeder Versuch, die einzelne Naturerscheinung für die wissenschaftliche Erkenntniss aus einem Zweck, den dieselbe erfüllen solle, zu erklären, ist verfehlt; in der Erkenntniss kann jedes Ding und jedes Geschehen der Natur immer nur aus seinen Ursachen abgeleitet werden, und es ist der »Tod« aller Naturwissenschaft, für die Erklärung der einzelnen Erscheinungen zweckthätige Kräfte anzunehmen. Die Ursachen, die wir erkennen können, wirken mit mechanischer Nothwendigkeit. Wenn sich zeigt, dass wir aus dieser mechanischen Nothwendigkeit das Ganze der Natur nicht begreifen können, so stehen wir eben damit an der Grenze des kausalen Begreifens, und es ist dann eine zwar nothwendige und allgemeingültige Betrachtungsweise, aber auch nur eine Betrachtungsweise, wenn wir den gesammten Zusammenhang der Natur so ansehen, als ob er nur die Erscheinungsform für die Realisirung einer göttlichen Zweckthätigkeit sei.

Fragen wir nun nach dem Inhalte, welchen der göttliche Zweck haben kann, dem wir den Kausalmechanismus in unserer Betrachtung zu unterwerfen genöthigt sind, so ist auch dieser natürlich nicht theoretisch erkennbar, sondern nur ein Gegenstand des praktischen Glaubens. Grundverfehlt ist daher jeder Versuch, nachzuweisen, wie die Kräfte der Natur ineinandergreifen, um Glückseligkeit herbeizuführen und die Funktion der einen Wesen in den Dienst des Nutzens der anderen zu stellen, und in diesem Sinne »misslingt jeder Versuch der Theodicee« nicht minder, als die Nützlichkeitskrämerei, aus welcher die Aufklärungsphilosophie ihre erbaulichen Betrachtungen machte. Der einzige göttliche Zweck, an dessen Realität wir glauben können, ist der, welchen uns die praktische Vernunft lehrt: die Realisirung des Sittengesetzes.

An dieser Stelle überwindet die Kritik der Urtheilskraft den Rigorismus der ethischen Auffassung durch diese selbst und den Dualismus der Kritik der praktischen Vernunft durch den moralischen Glauben. Wenn es dort hiess, dass die natürliche Nothwendigkeit den Antagonismus gegen das Sittengesetz nothwendig involvire, so wird diese Auffassung hier auf das individuelle Triebleben beschränkt, und es tritt ihr der höhere Gedanke entgegen, dass der gesammte Kausalmechanismus des Weltlaufes in letzter Instanz doch als der Realisirung des Sittengesetzes unterworfen und ihr allein dienend nothwendig betrachtet werden müsse. Es ist für die Naturauffassung ganz dieselbe Versöhnung der Gegensätze, wie sie die Kantische Geschichtsphilosophie für die Auffassung des empirischen Menschheitslebens anstrebte: lehrte die Geschichtsphilosophie, dass das letzte Ziel der historischen Entwicklung die Realisirung der Freiheit in der sinnlichen Welt sei, so lehrt die Teleologie, dass nur unter dem Gesichtspunkte dieses Zwecks auch der gesammte Mechanismus des allgemeinen Naturlebens betrachtet werden muss. Immer weisen die Bedürfnisse unseres Erkennens in die Unendlichkeit: diese selbst aber kann nicht erkannt werden, sie ist ein Postulat des Glaubens oder ein Gesichtspunkt der Betrachtung.

Kants Teleologie ist also nicht nur in ihrer Begründung und in dem Anspruch, den sie erhebt, nicht sowol eine Erkenntniss, als vielmehr eine vernunftnothwendige Betrachtungsweise zu sein, sondern sie ist auch in ihrem ganzen Inhalte von der früheren wesentlich verschieden. Sie erklärt ausdrücklich, dass der Nutzen in keiner Weise ein teleologisches Princip sei, und sie lässt die Nützlichkeitsverhältnisse zwischen den verschiedenen Dingen, welche überdies für die Erkenntniss nur kausal zu begreifen sind, in der teleologischen Betrachtung höchstens als Mittel gelten, welche man dem einzigen absoluten Zwecke, dem Sittengesetze, untergeordnet denken kann. Aber niemals ergeben sich aus dieser allgemeinen teleologischen Beziehung des Naturmechanismus auf einen göttlichen Weltzweck einzelne teleologische Urtheile über die Zweckmässigkeit besonderer Vorgänge. Denn jeder Vorgang ist nur ein Glied in der unendlichen Kette des Kausalmechanismus, und welche teleologische Bedeutung in demselben einem einzelnen Vorgange zukommt, würden wir nur dann verstehen können, wenn wir den ganzen Kausalnexus bis in seine feinste Gliederung durchschauten und die Art und Weise, wie er sich dem sittlichen End-

zweck unterordnet, uns vorzustellen vermöchten. Da beides nicht
der Fall ist, so liefert der Grenzbegriff der Spezifikation und des
Systems der Erfahrung in Verbindung mit dem praktischen Glauben nur die Berechtigung für eine ganz allgemeine Betrachtung
der Natur als eines in letzter Instanz zweckmässigen Zusammenhanges der Erscheinungen.

Besondere teleologische Urtheile bedürfen deshalb vor der
Kritik der Urtheilskraft noch einer anderen Rechtfertigung. Sie
werden nur dann möglich sein, wenn es Erscheinungen gibt, die
in sich selbst ohne Rücksicht auf irgend etwas anderes, sogar ohne
Rücksicht auf den sittlichen Zweck sich unserer Betrachtung als
zweckmässig darstellen und der kausalen Erklärung unübersteig-
liche Hindernisse darbieten. Derartige Erscheinungen müssten
also für zweckmässig gelten ohne Beziehung auf irgend etwas, was
durch sie erreicht werden sollte; ihr Zweck müsste nicht ausserhalb, sondern in ihnen selbst liegen. Das ist nur dadurch möglich, dass wir uns für berechtigt halten, in gewissem Sinne sie sowol als Ursache als auch als Wirkung ihrer selbst anzusehen. Eine
solche Identität liegt überall da vor, wo etwas aus bewusster Absicht zweckmässig erzeugt worden ist. Die Ursache der Artefakten
des Menschen bildet die Idee der Wirkung, welche sie hervor-
bringen sollen. Nun ist aber die bewusste Absicht niemals als
eine Ursache in der uns als Natur gegebenen Erscheinungswelt anzuerkennen; die Natur kennt nur mechanische Wirksamkeit. Wenn
aber gewisse ihrer Erscheinungen den Eindruck machen, als ob
auch bei ihnen die Idee des Ganzen die Genesis der einzelnen
Theile und ihre Wirksamkeit bestimmte, und wenn zur Erklärung
dieses Verhältnisses unsere kausale Einsicht nicht ausreicht, so
sind wir genöthigt, dieselben so zu betrachten, als ob sie aus dem
Gedanken ihres Zweckes hervorgegangen wären.

Alle diese Bedingungen nun treffen zu bei den Organismen. Der Lebenszusammenhang eines Organismus ist derartig,
dass derselbe nur aus seinen bestimmten Theilen zusammengesetzt
gedacht werden kann. Aber diese Theile sind nicht etwa vor ihm
vorhanden, sodass er erst aus ihnen entstünde, sondern umgekehrt sind diese Theile wieder in ihrer ganz bestimmten Gestalt
und Funktion nur in diesem Organismus möglich. So wenig wie
das Ganze ohne die Theile, so wenig sind die Theile ohne das
Ganze möglich. Darin besteht die Zweckmässigkeit der Organis-

men, dass ihre Organe geradeso gebildet sind und geradeso funktioniren, wie es für die Lebensthätigkeit des Ganzen nothwendig
ist, und dass umgekehrt erst der Zusammenhang des ganzen Organismus nöthig ist, um der Gestalt und der Funktion des einzelnen
Gliedes Sinn und Bedeutung zu geben. Diese Zweckmässigkeit
der Organismen aber ist, wie Kant meint, ganz auf sie selbst beschränkt, sie gilt ohne Rücksicht auf dasjenige, was ein Organismus
etwa in der sonstigen Welt für Wirkungen ausübt. Das Wechselverhältniss zwischen dem Ganzen und den Theilen trägt die Zweckmässigkeit insofern an sich, als beide nur durch einander zu
existiren vermögen. Aber diese Thatsache des Lebens ist
zugleich ein grosses Räthsel für unsere Erkenntniss. Gerade dieses Wechselverhältniss des Ganzen zu seinen Theilen ist für die
mechanische Naturerklärung ein undurchdringliches Geheimniss.
Kant sucht hier die Behauptung zu begründen, welche er in der
»Naturgeschichte des Himmels« aufgestellt hatte, dass die Organisation eine unerkennbare Thatsache sei. Er gibt nicht nur zu, sondern er verlangt ausdrücklich, dass die wissenschaftliche Erkenntniss, soweit sie irgend zu dringen vermag, die kausalen Nothwendigkeiten aufdecke, welche sich mit dem Processe des Lebens ab-
spielen. Aber verfolgt man diese an dem einzelnen Organismus,
so wird man immer finden, dass sie nicht nur durch die Einflüsse
der umgebenden Welt, sondern in erster Linie durch die ursprüngliche Anlage bedingt sind, welche der Organismus
vermöge seiner Abstammung von einem anderen Organismus von
Anfang an besass. Die physiologische Erkenntniss des kausalen
Mechanismus im organischen Leben endigt bei dem Begriffe des
Embryo, in dessen ursprünglicher Anlage die Bedingung für alle
mechanischen Reaktionen auf die Einflüsse der Aussenwelt zu
suchen ist. Den Ursprung des Embryo kann aber die Erkenntniss
immer nur wieder in einem anderen Organismus suchen; die
generatio aequivoca ist eine unerwiesene und zu gleicher Zeit
aller kausalen Erklärung widersprechende Hypothese, und so setzt
die Erklärung des organischen Lebens das letztere selbst immer
wieder voraus. Sie thut das auch, wenn sie weitergehend den Ursprung der verschiedenen Racen und selbst denjenigen der Arten
auf mechanischem Wege aus einfacheren Organismen herzuleiten
versucht. Kant hat diesen Gedanken namentlich an dem für seine
anthropologischen Studien wichtigen Begriffe der Menschenrace

entwickelt. Er suchte zu zeigen, dass die verschiedenen Racen, deren er vier annahm, durch ihre Fähigkeit der fruchtbaren Kreuzung ihre Abstammung von einer und derselben Gattung beweisen, und dass sie sich aus derselben unter der Einwirkung klimatischer Verhältnisse im Laufe der Zeit entwickelt hätten. Aber er machte darauf aufmerksam, dass diese Hypothese eben die Entwicklungsfähigkeit, d. h. eine ursprüngliche Anlage in der menschlichen Gattung, auf verschiedene klimatische Einflüsse verschieden zu reagiren, nothwendig voraussetze, und dass diese Voraussetzung selbst sich jeder kausalen Erklärung entziehe. Aber sein Blick in die Wissenschaft des organischen Lebens reicht weiter. Er sieht ein, dass die Betrachtungsweise, welche auf die Racen in ihrer Beziehung zu der gemeinsamen Art angewendet werden konnte, möglicherweise auch für die Arten selbst gilt, und obwol noch alle empirischen Versuche und Nachweise dafür fehlten, hält er die Kühnheit eines »Archäologen der Natur« für möglich, erlaubt und berechtigt, welcher nach den Spuren der ältesten Revolutionen die ganze grosse Familie von Geschöpfen nach mechanischen Gesetzen in immer zweckmässigerer Gestaltung aus einer ursprünglichen Organisation durch den Process der Generationen hervorgehen liesse. Möglich und sogar wahrscheinlich, dass Kant mit den entwicklungsgeschichtlichen Theorien der französischen Denker, welche freilich erst nach dem Erscheinen der Kritik der Urtheilskraft durch Lamarck eine sichere Fassung erhielten, bekannt war, dass sie ihm namentlich durch den in Deutschland viel gelesenen Bonnet näher gelegt waren: — er steht vor ihnen als vor einem »gewagten Abenteuer« der erkennenden Vernunft, dessen Durchführbarkeit seinem naturwissenschaftlichen Geiste principiell nicht unmöglich erscheint. Aber gesetzt, es wäre durchgeführt, so wäre damit das Problem des Lebens nicht gelöst, sondern nur zurückgeschoben; denn jene ursprüngliche Organisation der Hypothese wäre genau so unbegreiflich, wie jede besondere Organisation der Thatsachen. Das Leben ist der Grenzbegriff der mechanischen Naturerklärung. Kant meint, die Entstehung der Organisation aus dem unorganischen Leben sei für uns unerkennbar. Es ist möglich und nicht zu widerlegen, dass sie aus dem unorganischen Dasein nach lediglich mechanischer Kausalität hervorgegangen sei. Aber wir werden diesen Process nie begreifen und ihn niemals beweisen können. Denn — das ist das alte Grundkriterium der kantischen Erkenntnisstheorie — dann könnten wir ihn auch selbst herbeiführen: wir erkennen, was wir selbst schaffen. Das Zweckmässige steht für unsere Erkenntniss wie ein Fremdling in dem mechanischen Naturzusammenhange, den wir verstehen können, und wir sind deshalb berechtigt und genöthigt, ihn als einen Gast aus einer höheren Welt, aus der Welt der Zwecke, zu betrachten. So ordnen sich die besonderen teleologischen Urtheile, mit denen wir berechtigt sind, die kausal unerklärlichen That-sachen des organischen Lebens zu betrachten, von selbst jener all-gemeinen teleologischen Naturbetrachtung durch die Thatsache unter, dass der zweckmässigste und vollendetste aller Organismen, der menschliche, dasjenige Leben enthält, in welchem die Natur mit der sittlichen Welt vereinigt und als ein ihr zwar widerstre-bendes, aber in letzter Instanz dennoch sich ihr unterordnendes Mittel erscheint.

Der »Gebrauch der teleologischen Principien in der Philo-sophie« ist also der, dass sie niemals als constitutive Principien der Naturerkenntniss gelten dürfen. Die Naturerklärung hat mit ihnen gar nichts zu thun. Deren Aufgabe ist vielmehr, den Process des Lebens in den Individuen und in den Gattungen gleichmässig als einen grossen Ablauf kausal nothwendiger Entwicklungen zu ver-stehen. Aber wenn sie konsequent kritisch und ehrlich ist, so muss sie zugestehen, dass das Leben selbst, dass die ursprüngliche Organisation für sie einen Grenzbegriff, eine unerklärliche Thatsache darbietet, und dass sie die Betrachtung nicht widerlegen kann, mit der ein vernunftnothwendiges Bedürfniss diese Thatsache mit ihrer ganzen unabsehbaren Folge von zweckmässigen Gestaltungen auf eine zweckthätige Ursache zurückführt. Die Betrachtung der einzelnen Zweckmässigkeiten aber hat für die Naturforschung den werthvollen Sinn, dass sie stets die Frage hervorruft, durch wel-chen kausalen Mechanismus die besondere Zweckmässigkeit zu Stande gekommen ist. Muss dann auch in der Lösung dieser Auf-gabe immer der Rest bleiben, dass die ursprüngliche organische An-lage als ein unentbehrliches Glied in dem so erkannten Kausalnexus auftritt, so hat doch gerade die Beobachtung der Zweckmässigkeit das Problem und die Veranlassung gebildet, wodurch die kausale Erkenntniss eine werthvolle Bereicherung und Erweiterung ge-funden hat. Man darf wol sagen, dass diese Behandlung des teleologischen Problems, wie sie Kant hier gegeben hat, das Reifste

ist, was über dasselbe von jeher und bis heut gesagt worden ist.
Es gibt eine faule Teleologie, welche den kausalen Zusammenhang
der Dinge nicht mehr erforschen zu brauchen meint, wenn sie den
Eindruck ihres zweckmässigen Ineinandergreifens constatirt hat.
Dieser tritt Kant auf das Schärfste entgegen. Zweckmässigkeit ist
kein Princip der Naturerklärung. Aber es gibt eine ächte, die
Kantische Teleologie, welche in dem Eindruck der Zweckmässigkeit, den das organische Leben der Vernunftbetrachtung nothwendig macht, nur die Aufgabe sieht, sich den kausalen Connex klar
zu machen, durch welchen dieses zweckmässige Ineinandergreifen
zu Stande kommt. Alles Zweckmässige in der Natur ist ein Wun-
der. . Die faule Teleologie — wie sie sich auch sonst nenne —
begnügt sich mit dem »admirari«; der ächten ist die Verwunderung
nur ein Stachel, um die kausale Vermittelung des zweckmässigen
Zusammenhanges zu erforschen. Die teleologische Betrachtung
ist kein constitutives Princip der Erkenntniss, sondern ein h e u -
r i s t i s c h e s P r i n c i p d e r F o r s c h u n g, und sie ist in der Erkenntniss des organischen Lebens das vornehmste von allen. Der
Charakter und die Aufgabe der organischen Naturforschung ist
niemals tiefer und niemals grossartiger formulirt worden, als in
Kants Kritik der teleologischen Urtheilskraft.

. Die teleologischen Principien bleiben also für die objektive
Erkenntniss problematisch und erweisen sich nur als subjektive
Nothwendigkeiten der Betrachtung. Noch stärker aber kommt
Kants Subjektivismus in seiner Ästhetik zum Austrage. Schon
mit der Formulirung des ästhetischen Problems verlegt er diese
Untersuchungen völlig auf den subjektiven Standpunkt. Er
fragt nicht, was schön ist, sondern wie der subjektive Zustand
entsteht, in welchem wir von einem Gegenstande so berührt werden, dass wir ihn schön nennen, und worauf die Nothwendigkeit
und allgemeine Mittheilbarkeit dieses Zustandes beruht. Das
ästhetische Urtheil mit seinem Anspruche auf Apriorität ist der
Gegenstand der Kritik der ästhetischen Urtheilskraft. Es gilt zunächst diesen Gegenstand ganz scharf abzugrenzen, da er sowol in
der empirischen Bethätigung als auch in der populären Bezeichnungsweise gegen die angrenzenden Gebiete nur sehr unbestimmt
abgeschlossen ist. Sowol von dem Angenehmen und Nützlichen
als auch andererseits von dem Guten, den beiden Gegensätzen,
zwischen denen die Ästhetik der Wolffschen Schule das Schöne als

einen allmählich vermittelnden Übergang auffasste, sucht Kant
den Begriff der Schönheit scharf zu sondern. Wenn er auch der
Urtheilskraft eine ähnlich vermittelnde Stellung zwischen Sinnlichkeit und Vernunft anwies, so ist ihm doch diese Vermittlung
nicht diejenige eines allmählichen Überganges, sondern vielmehr
eine Synthesis principiell verschiedener Funktionen. Angenehm
nennen wir Alles, was unseren Sinnen und ihren Bedürfnissen
wohlthut, nützlich, was einem auf diese Annehmlichkeit gerichteten Bestreben entspricht; gut nennen wir, was einer sittlichen
Aufgabe genügt. So verschieden diese Thätigkeiten sein mögen,
so haben sie doch den gemeinsamen Charakter, dass das Wohlgefallen, welches uns dem Angenehmen und dem Guten gegenüber
ergreift, auf der Erfüllung eines Bedürfnisses, eines Interesses beruht. In dem einen Falle sind dies die sinnlichen Interessen des
Individuums, in dem anderen Falle ist es das sittliche Vernunftinteresse der Gattung. Aber in beiden Fällen muss das Interesse
dem Wohlgefallen als seine Bedingung vorhergehen. Diese Arten
des Wohlgefallens beruhen daher, um in Kants Formel zu sprechen, auf der Übereinstimmung des Gegenstandes mit einem Begriff, den wir uns als gedanklichen Ausdruck des darin erfüllten
Interesses bilden oder bilden können. Und gerade darin besteht
nun das Wesen des Schönen, dass ein solches Interesse bei ihm
nicht vorliegt. Weder sinnliche, noch sittliche Bedürfnisse sollen
durch das Schöne erfüllt werden. Alles, was uns als schön gefallen
soll, muss von jeder Beziehung auf eine Absicht frei sein. Das spezifische Wohlgefallen, welches wir das ästhetische nennen, ist ein
Wohlgefallen ohne Interesse und ohne Begriff. Die
Wohlgefälligkeit des Angenehmen hängt von sinnlichen Bedürfnissen, Stimmungen und Verhältnissen des Individuums ab. In
diesen gibt es keine Allgemeingültigkeit und Nothwendigkeit.
Darum ist eine philosophische Hedonik unmöglich. Die Wohlgefälligkeit des Guten hängt von dem sittlichen Vernunftinteresse
ab. Dieses ist a priori, und darum gibt es eine philosophische
Ethik. Während aber niemand verlangt, dass, was ihm angenehm
und nützlich ist, es auch jedem anderen sei, erheben wir den Anspruch, unsere ästhetischen Urtheile als nothwendig und allgemein
anerkannt zu sehen, wenn wir darauf auch nicht ebensoviel Gewicht zu legen pflegen, als bei den ethischen Urtheilen. Die Principien einer philosophischen Ästhetik werden somit nur dadurch

gefunden werden können, dass die Wohlgefälligkeit des Schönen auf einen allgemeingültigen und nothwendigen Grund zurückgeführt wird. Wenn dieser aber weder in einem sinnlichen, noch in einem sittlichen, wenn er überhaupt in keinem Interesse gesucht werden kann, so muss er in einem Gefühl liegen, welches unabhängig von jedem Interesse einen nothwendigen und allgemeingültigen Ursprung hat. Ästhetische Urtheile also sind nur durch ein Gefühl a priori möglich, und es fragt sich, ob es ein solches gibt.

Jedes ästhetische Urtheil setzt einen in der Anschauung gegebenen Gegenstand voraus, auf welchen das Prädikat schön angewendet werden soll. Diese Prädicirung ist nur möglich in einer vollkommen interesselosen Betrachtung. Der ästhetische Zustand des Menschen kann in nichts weiterem, als in dieser reinen Betrachtungsthätigkeit, die von jedem Interesse frei ist, bestehen. Indem Kant diesen Begriff fixirt, ist er weit davon entfernt, eine Behauptung darüber aussprechen zu wollen, in wie weit derselbe in dem empirischen Dasein des Menschen völlig rein auftritt. Die naturnothwendige Erregung sinnlicher Bedürfnisse und die sittlich nothwendige Erweckung des Vernunftinteresses werden jeden Augenblick in die ästhetische Funktion hinübergreifen. Und völlig rein ist diese eben nur da, wo die beiden anderen schweigen. Dieser Zustand der Bedürfnisslosigkeit und der praktischen Indifferenz ist derjenige des Spiels. Die reine spielende Betrachtung ist aber von der empirischen Wirklichkeit ihres Gegenstandes völlig unabhängig. Die Interessen des sinnlichen Gefühls und diejenigen des sittlichen Wohlgefallens beziehen sich gleichmässig auf die empirische Realität des Gegenstandes, welche von dem einen vorausgesetzt, von dem anderen verlangt wird. Die interesselose Betrachtung wendet sich nur an die Vorstellung des Gegenstandes ohne Rücksicht darauf, ob derselbe in der Erfahrung wirklich ist oder nicht. Sie bezieht sich deshalb nicht auf den erfahrungsmässig gegebenen Inhalt der Vorstellung, sondern nur auf die Vorstellungsform, und so muss ihr Wesen in einem Verhältniss der Vorstellungsfunktionen und nicht in einer Beziehung auf die empirische Wirklichkeit zu suchen sein.

Nun setzt alles Wohlgefallen, folglich auch das ästhetische eine Zweckmässigkeit des Gegenstandes voraus, auf welchen es sich bezieht. In dem spielenden Zustande also, der jede Absicht ausschliesst, muss doch irgendwie ein Verhältniss aufgefunden werden können, vermöge dessen die Zweckmässigkeit eines Gegenstandes beurtheilt werden kann. In der reinen Betrachtung muss es eine Zweckmässigkeit der Gegenstände ohne Beziehung auf einen dem Bewusstsein gegenwärtigen Zweck geben. Zweckmässigkeit ohne Zweck oder, genauer gesagt, ohne Absicht ist also das Wesen der Schönheit. Jede Absichtlichkeit stört den ästhetischen Eindruck. Der Gegenstand, der schön genannt sein soll, muss in vollendeter Zweckmässigkeit sich vor einer Betrachtung darstellen, in der auch nicht eine Spur von Absicht zum Bewusstsein kommt. Damit ist das Wesen der Schönheit bestimmt, aber auch die ganze Schwierigkeit des Problems aufgedeckt. Denn worin kann eine solche a b s i c h t s l o s e Z w e c k m ä s s i g k e i t gesucht werden? Im Gegenstande selbst nicht: denn jede objektive Zweckmässigkeit ist immer nur auf ein Interesse zu beziehen. Deshalb kann die Zweckmässigkeit jedes schönen Gegenstandes nur darin beruhen, dass seine Betrachtung uns in einen Zustand versetzt, welcher ohne ein anderes Interesse als das der Betrachtung selbst zweckmässig erscheint. Nun hat die Kritik der reinen Vernunft gelehrt, dass in der Vorstellung eines jeden Gegenstandes die beiden Grundfunktionen der sinnlichen Anschauung und des verstandesmässigen Denkens sich mit einander vereinigen. Aber diese Vereinigung ist nicht immer eine gleich gelungene. Es wird Gegenstände geben, bei denen mit der Fülle der sinnlichen Anschauung die Klarheit der verstandesmässigen Durchdringung nicht Schritt halten kann, bei denen deshalb die Energie der sinnlichen Funktionen überwiegt und die Erregung der sinnlichen Gefühle im Vordergrunde des Bewusstseins steht. Es wird andere Gegenstände geben, in denen das verstandesmässig Gedachte nicht seine volle sinnliche Anschaulichkeit finden kann, bei denen also das Element des Denkens überwiegt und die Interessen desselben, gerade weil sie anschaulich sich noch nicht realisirt haben, die Aufmerksamkeit auf sich ziehen. Der ästhetische Zustand reiner interesseloser Betrachtung wird nur da eintreten können, wo in der Auffassung des Gegenstandes Sinnlichkeit und Verstand mit harmonischer Gleichmässigkeit funktioniren, wo die Deutlichkeit der Anschauung und die Klarheit der Begriffe einander die Wage halten. Dies Verhältniss der H a r m o n i e z w i s c h e n S i n n l i c h k e i t u n d V e r s t a n d ist offenbar für die reine Betrachtung das denkbar zweckmässigste, und diese Zweckmässigkeit empfinden wir in demjenigen Gefühle, womit wir den Gegenstand schön nennen. Die Verknüpfung von anschaulicher und verstandesmässiger Funktion ist aber, wie gleichfalls die Kritik der reinen Vernunft in der transscendentalen Analytik gezeigt hat, eine Sache der »Einbildungskraft«, und diese enthält daher den Boden, auf welchem allein sich jenes harmonische Verhältniss entwickeln kann. Schönheit ist diejenige Funktion der Einbildungskraft, in welcher die Anschauung und das Denken völlig miteinander harmoniren.

Die Zweckmässigkeit des schönen Gegenstandes liegt also nicht in ihm selber, sondern in seiner Wirkung auf unsere Betrachtung. Schönheit ist kein Prädikat der Dinge, welches wir wie andere Eigenschaften desselben wahrzunehmen und deshalb in einem analytischen Urtheile aus seinem Begriffe abzuleiten vermöchten. Wäre sie das, so gäbe es nur empirische Begriffe von Schönheit und keine nothwendigen und allgemeingültigen ästhetischen Urtheile. Diese sind — darin besteht der Parallelismus in dem Gedankengange aller drei grossen Kritiken Kants — nur durch den »Idealismus der Zweckmässigkeit« möglich, wenn dieselbe lediglich in unsere Betrachtungsweise der Gegenstände verlegt wird. Denn jene Harmonie in der Funktion von Sinnlichkeit und Verstand ist keine zufällige und individuell bedingte. Die Auffassung eines Gegenstandes und die verschiedene Energie, mit welcher Sinnlichkeit und Verstand dabei betheiligt sind, gehören der überindividuellen Organisation der menschlichen Vernunft an. Deshalb ist auch das Gefühl des Wohlgefallens, welches diese Harmonie für die reine Betrachtung mit sich bringt, ein allgemeingültiges und nothwendiges: es ist ein Gefühl a priori, und darauf beruht die apriorische Geltung der ästhetischen Urtheile.

Es ist verfehlt, diese Theorie Kants durch den Hinweis auf die empirische Verschiedenheit der ästhetischen Urtheile zu bekämpfen. Das Auftreten des ästhetischen Urtheils in dem einzelnen Individuum muss psychologisch dadurch bedingt sein, dass es nicht unter der Herrschaft besonderer Interessen steht, sondern für die interesselose Betrachtung, für den spielenden Zustand zugänglich ist. Diese Bedingung ist, wenn je, äusserst selten erfüllt, und so wird empirisch das reine ästhetische Urtheil fortwährend durch individuelle Neigungen und Stimmungen gekreuzt werden. Daher der stetige Streit über ästhetische Gegenstände. Und dieser Streit ist dem Wesen der Sache nach nicht durch Beweisführungen zu schlichten. Beweisführung muss in Begriffen von Statten gehen. Jemandem beweisen, dass ein Gegenstand schön sei, hiesse zeigen, dass er einem Begriffe entspräche. Aber das Schöne ist ja das begrifflos Zweckmässige. Es lässt sich nur fühlen. Dieses Gefühl ist zwar allgemein mittheilbar, indem jeder, bei welchem nicht die reine Betrachtung durch individuelle Verhältnisse unmöglich gemacht wird, durch die Anschauung des Gegenstandes in den ästhetischen Zustand jener Harmonie von Sinnlichkeit und Verstand emporgehoben wird. Aber beweisbar ist dies Gefühl nicht. Deshalb gibt es, wie Kant sagt, keine ästhetische Doctrin, sondern nur eine allgemeine Kritik der Ästhetik, d. h. eine transscendentale Untersuchung über die Möglichkeit ästhetischer Urtheile a priori überhaupt.

Diese bahnbrechenden Untersuchungen Kants beschränken nun freilich sogleich den Umfang der Gegenstände, welche in diesem reinen Sinne schön zu nennen sind, auf sehr enge Grenzen. Die reine Schönheit, welche dem Kantischen Begriff völlig entspricht, ist nur die bedeutungslose. Alles, was für uns eine Bedeutung hat, besitzt dieselbe nur durch seine Beziehung auf ein Interesse. Die reine oder, wie Kant sie nennt, die freie Schönheit ist deshalb nur da zu suchen, wo es gar keine Zwecke zu erfüllen gibt. In der idyllischen Natur, in Blumen, in Arabesken, da, wo es nur ein Spiel der Formen gibt, welches die Sinnlichkeit in harmonische Beziehung zum Denken setzt, da allein ist die beziehungslose, die reine Schönheit zu finden. Anders schon stehen wir denjenigen Naturerscheinungen gegenüber, bei welchen bereits für die theoretische Betrachtung das teleologische Moment zur Geltung kommt. Kant macht hier sehr fein auf den Unterschied aufmerksam, dass nur bei den höheren animalischen Wesen uns eine Idee der Gattung vorschwebt, an der wir die einzelnen Exemplare prüfen und, je nach dem sie demselben mehr oder minder angemessen sind, mehr oder minder schön finden. Diese »anhängende Schönheit« ist also von einem Gattungsbegriffe abhängig, obwol derselbe nicht eigentlich als formulirter Begriff, sondern als ein Typus des Anschauungsbedürfnisses unbewusst unser ästhetisches Verhalten beherrscht. Der höchste dieser Gattungstypen ist nun derjenige des Menschen. Er ist derjenige, in welchem sich die Organisation der Erscheinungswelt für uns vollendet:

die menschliche Gestalt ist das Ideal der ästhetischen Vernunft. Darin zeigt sich, dass das ästhetische Verhalten eine charakteristische Eigenthümlichkeit des Menschen ist. Das harmonische Verhältniss von Sinnlichkeit und Verstand ist das Objekt des ästhetischen Wohlgefallens. Dies Verhältniss ist spezifisch menschlich. Nur ein Wesen, welches wie der Mensch zugleich der sinnlichen und der übersinnlichen Welt angehört, kann die Harmonie dieser beiden Richtungen seiner Thätigkeit als Schönheit empfinden. Weder unter ihm in der Sinnenwelt, noch über ihm in der vernünftigen Welt gibt es Schönheit. Er selbst in der sinnlichen Erscheinung seines vernünftigen Wesens ist deshalb auch das Ideal der ästhetischen Betrachtung.

Zeigte sich nun schon in dieser Lehre von der anhängenden Schönheit, dass Kants Begriff einer interesse- und begrifflosen Betrachtung das ästhetische Leben des Menschen in dem empirischen Umfange des Begriffs nicht vollständig erschöpft, so tritt das noch mehr in seiner Lehre vom Erhabenen hervor. Das Erhabene pflegt dem Schönen als eine andere Art des ästhetischen Verhaltens coordinirt zu werden. Kant aber hat den Begriff der ästhetischen Funktion so sehr auf das Schöne concentrirt, dass er in dem Erhabenen nicht mehr eine rein ästhetische, sondern nur noch eine zugleich moralische Funktion erblicken kann. Seine Begriffsbestimmung des Erhabenen lässt die ästhetische Thätigkeit unmittelbar mit dem moralischen Bewusstsein verwachsen erscheinen. Auch sie zeigt dieselbe subjektive Tendenz wie diejenige des Schönen. Wie er das Prädikat der Schönheit nicht in dem Gegenstande, sondern in der Wirkung auf uns begründet fand, so sind ihm auch die Gegenstände nur erhebend, und erst der Zustand, in den sie uns versetzen können, ist erhaben. Auch hier ist es das Verhältniss von Sinnlichkeit und Verstand, worauf das Wesen des erhabenen Zustandes beruht. Aber es ist nicht mehr die harmonische Ruhe der Betrachtung, sondern vielmehr eine durch den Kampf hindurchgegangene Erhebung des menschlichen Bewusstseins, worauf der »ästhetische« Eindruck beruht. Gegenstände sind selbst nicht erhaben, aber sie werden erhaben genannt, wo ihre Auffassung einen Zustand des Bewusstseins hervorruft, der dem moralischen Zwecke gegenüber als zweckmässig erscheint. Es gibt Gegenstände, welche entweder als »mathematisch-erhabene« durch ihre umfassbare Grösse oder als »dynamisch-erhabene« durch

ihre alles Mass übersteigende Kraft unserer Vorstellungsthätigkeit
die unerfüllbare Aufgabe setzen, die Unendlichkeit, welche wir in
ihnen zu denken vermögen, mit unseren Sinnen anzuschauen. Aus
dieser Unangemessenheit der Sinnlichkeit zu den Anforderungen
des Denkens entspringt nothwendig ein Gefühl der Unlust; aber
diese Unlust wird durch das Bewusstsein überwunden, dass unsere
übersinnliche Funktion des Denkens der sinnlichen Funktion des
Anschauens sich überlegen erweist, dass wir als übersinnliche
Wesen mehr verlangen, als wir als sinnliche zu leisten vermögen.
Alles Erhabene wirft uns als Sinnenwesen zu Boden, um uns als
Vernunftwesen desto höher aufzurichten, es hat stets etwas von
dem »gigantischen Schicksal, welches den Menschen erhebt, wenn
es den Menschen zermalmt«. Dies Verhältniss ist vom sittlichen
Standpunkte aus das richtige, und der erhebende Gegenstand versetzt uns daher in einen Zustand, in welchem wir den Triumph
unseres übersinnlichen über das sinnliche Wesen als
einen Gegenstand des Wohlgefallens vom sittlichen Standpunkte
aus empfinden. Ein solches Wohlgefallen ist moralisch, wo es sich
um den in der praktischen Thätigkeit des Willens bewährten
Triumph unseres übersinnlichen Wesens oder desjenigen eines anderen Menschen über die sinnliche Natur handelt: es ist ästhetisch,
wenn es ganz unabhängig von dem wirklichen Geschehen in der
blossen Betrachtung des Gegensatzes sich vollzieht. Aber es ist
auch in diesem Falle von unserem sittlichen Interesse an der Unterwerfung des sinnlichen unter den übersinnlichen Menschen abhängig. Es ist somit durch den sittlichen Zweck bedingt und em-
pfängt durch diesen einen Theil seiner Nothwendigkeit und Allgemeingültigkeit, wenn auch andererseits die Apriorität seines
ästhetischen Moments darauf beruht, dass das in dem Eindruck des
Erhebenden entspringende Gefühl von der Unangemessenheit unseres sinnlichen zu unserem übersinnlichen Wesen und von der
Erhabenheit des letzteren über das erstere in derselben Weise und
in demselben Sinne allgemeingültig und nothwendig, unbeweisbar
und doch allgemein mittheilbar ist, wie das harmonische Gefühl
der Schönheit. Das letztere also zeigt die beiden Seiten unseres
Wesens in harmonischer Vereinigung und ist deshalb ein reines
Lustgefühl: das Erhabene wühlt den tiefen Gegensatz jener beiden
Seiten auf und lässt das Unlustgefühl dieses Kampfes untergehen
in dem Siegesgefühl unseres werthvolleren Theils, der über den

niederen triumphirt. Im Erhabenen bewundern wir unsere
eigene übersinnliche Bestimmung — im Schönen geniessen wir
die harmonische Einheit unseres gesammten sinnlich-übersinn-
lichen Wesens.

So geht Kant in den einander parallelen Begriffsbestimmungen
des Schönen und des Erhabenen auf das Verhältniss der verschiedenen Funktionen des menschlichen Wesens zurück. Auch hier
liegt das psychologische Schema zu Grunde, welches bereits in der
Kritik der reinen Vernunft bestimmend hervortrat; aber dasselbe
führt vielleicht an keinem anderen Punkte der Kantischen Lehre
zu so überraschend grossartigen Resultaten wie hier, wo das Senk-
blei der Kritik bis in die äusserste Tiefe des ästhetischen Lebens
hinabreicht. Aus den gewonnenen Grundbestimmungen entwickeln
sich sodann eine Reihe weiterer Definitionen ästhetischer Begriffe
wie diejenigen des Witzes, des Lächerlichen etc. Feinsinniger noch
und tiefer jedenfalls als die ein Vierteljahrhundert vorher geschriebenen »Beobachtungen«, haben nur alle diese Untersuchungen ein
ihrem Gegenstande nicht völlig entsprechendes Gewand dadurch
angelegt, dass die Kritik der Urtheilskraft sich ebenso gliedern
muss, wie es das Schema der Kritik der reinen Vernunft verlangt.
So sind in ein schulmässiges System alle jene lebendigen Gedanken eingekerkert, welche sich in der Weiterentwicklung der deutschen Ästhetik als ebenso viele fruchtbaren Keime erwiesen haben.
Es gehört dazu unter anderem auch Kants Versuch, aus einem der
allgemeinen Principien der Ästhetik schliesslich das S y s t e m   d e r
K ü n s t e zu entwickeln. Er selbst hat diesen von den spätern
Ästhetikern stets wiederholten Versuch eben nur als einen solchen
angesehen. Aber das Princip desselben bleibt trotz seiner An-
greifbarkeit höchst interessant. Er geht nämlich von dem Gedanken aus, dass die Kunst als diejenige menschliche Thätigkeit,
welche schön wirkende Gegenstände erzeugen soll und welche
deshalb von den Künsten der Annehmlichkeit und der Nützlich-
keitstechnik als »schöne Kunst« genau zu sondern ist, zu ihrem
Ideale eben nichts weiter haben könne, als die sinnliche Erscheinung des Menschen in ihrer ganzen Ausdehnung und mit allem,
was zu ihr gehört. Nun ist die Art, wie der Mensch sein Wesen
in der sinnlichen Welt äussert, die dreifache des Wortes, der Ge-
berde und des Tones, und danach zeigt das System der »schönen
Künste« die Trichotomie der redenden Kunst, der bildenden Kunst

und der Musik. In der zweiten Klasse mussten dann neben der Plastik und der Malerei in etwas gezwungener Weise auch die Architektur, die Tektonik, die Gartenkunst untergebracht werden. Die Palme unter den Künsten reicht Kant der Poesie, weil sie die freiste und die vielseitigste Entfaltung der Phantasie ermögliche, in der die ästhetischen Verhältnisse der Schönheit und der Erhabenheit durch das Spiel der Vorstellungskräfte zu Stande kommen können.

Bedeutsamer jedoch als diese Eintheilung der Künste ist Kants Lehre von der Kunst im Allgemeinen. Alle Kunst ist eine bewusste, also absichtliche Erzeugung, und ihre Aufgabe ist die Erzeugung schöner Gegenstände. Schön aber ist das absichtslos Zweckmässige. Dieser Widerspruch ist nur dadurch zu lösen, dass die Werke der Kunst so erzeugt werden, dass sie auf den Geniessenden den Eindruck machen, als seien sie Produkte der absichtslos schaffenden Natur. Alle Kunst muss als Natur angesehen werden können, und darin besteht das Geheimniss des Künstlers, dass er in der vollendeten Zweckmässigkeit seines Werkes jede Spur der Arbeit verbirgt, durch welche dasselbe erzeugt worden ist. Das Kunstwerk ist verfehlt, sobald man ihm die bewusste Erzeugung anmerkt, aus der es hervorgegangen ist. Keine Spur der Absicht, keinen »Zeugen menschlicher Bedürftigkeit«, wie es nach Kant der Dichter genannt hat, darf es an sich tragen. Es muss vor uns stehen, wie eine Gabe der Natur, bei der wir nicht fragen, woher sie kommt und wohin sie zielt.

Diese Thätigkeit des Künstlers ist in der That ein Geheimniss, und es existirt, um sie hervorzubringen, ein eigenes, von allen übrigen verschiedenes Vermögen des menschlichen Geistes. So wie der Geschmack die Fähigkeit der interesselosen Betrachtung und der Boden für die Entfaltung des apriorischen ästhetischen Gefühls, wie er das Vermögen des ästhetischen Genusses ist, so ist das Genie das Vermögen der ästhetischen Erzeugung. Die Erzeugung des künstlerischen Produkts durch das Genie ist stets originell. Sie verfährt nicht nach begrifflich vorherbestimmten Regeln, sondern sie gibt vielmehr selbst in der Produktion und mit ihr die ästhetischen Regeln, nach denen die hinterherkommende Theorie ihre Kritik vollzieht. Das Genie ist exemplarisch. Es erzeugt seine Werke nicht aus bewusster Reflexion, sondern völlig naiv und in der natürlichen Entfaltung seines eigenen Wesens. Es arbeitet bewusst, und doch arbeitet in ihm Etwas so nothwendig und so absichtslos wie eine Naturgewalt. Soll die Kunst wie eine Natur angesehen werden können, so ist das nur dadurch möglich, dass das sie erzeugende Genie eine Intelligenz ist, die als Natur wirkt. Dieser Charakter des Genies, diese seine naive und absichtslose, naturnothwendige Wirkung eines intelligenten Wesens ist eine Thatsache; aber sie ist unbegreiflich. Die Funktion des Genies bewundern wir, aber wir verstehen sie nicht. Die Thätigkeit des Genies ist deshalb, wie Kant meint, auf die Kunst beschränkt; er will sie vor allem aus der Wissenschaft verwiesen sehen. In ihr gelte nur der »grosse Kopf«. Aber dieser unterscheide sich von dem gewöhnlichen Menschen nur quantitativ und nicht wie das Genie principiell. Während die Produktion des Künstlers mit jedem Schritte ein neues unlernbares Geheimniss enthalte, sei in den Werken eines Newton nichts, was nicht der gewöhnliche Verstand nachrechnend begreifen könnte. Die wissenschaftliche Grösse ist erwerbbar, die künstlerische nie. Sie ist eine Gabe der Natur.

Für die Behauptung, dass das Genie in der Wissenschaft keinen Platz habe, gibt es keine glänzendere Widerlegung als Kant selbst und seine ästhetische Lehre. Er hat Recht, dass auch in den grössten wissenschaftlichen Thaten nichts ist, was, wenn sie einmal geschehen sind, nicht für Jeden begreiflich gemacht werden könnte. Aber eben sie zu thun und das zu finden, was nachher Jeder einsehen kann, das ist selbst nicht mehr eine Sache des Erlernens und Erwerbens, sondern vielmehr der genialen Intuition. In der beweisenden Darstellung der Wissenschaft — darin hat Kant zweifellos Recht — hat die geniale Behauptung auch nicht die Spur eines Bürgerrechts. Aber in der Erforschung muss der grosse Blick des Genies dasjenige unmittelbar erfassen, was erst nachher durch die strenge Arbeit des Verstandes bewiesen werden kann. Oder war es etwa nicht eine geniale Intuition, mit der ein Newton die Identität der Naturwirkung in dem Falle des Apfels und in der Bewegung der Gestirne erfasste? Und ebenso war es nicht erworben und nicht erlernt, wenn Kant in der Kritik der ästhetischen Urtheilskraft das Wesen der Schönheit und des Genies in seiner letzten Tiefe erfasste und in den Begriffen seiner Philosophie formulirte.

Aber unter allen philosophischen Thaten Kants ist dies persönlich gewiss die bewunderungswürdigste. Die Grösse seiner Leistung auf diesem Gebiete wirkt um so eindrucksvoller, je mehr man bedenkt, wie wenig er dem Gegenstande persönlich nahe stand. Im kimmerischen Norden, wo die Natur ihre Reize sparsam ausgestreut hat, den engen Mauern seiner heimatlichen Veste kaum jemals entronnen, von der Anschauung nennenswerther Werke der bildenden Kunst völlig abgeschlossen, mit dem pedantischen Geschmack des Aufklärungszeitalters in die Werke von Dichtern wie Pope und Haller eingelebt, und von dem gewaltigen Aufschwunge der deutschen Poesie, so weit wir wissen, wenig berührt, — so entwirft dieser Mann in seiner Einsamkeit aus der philosophischen Überlegung heraus eine Lehre vom Ursprung der ästhetischen Auffassung und von der Produktionsweise des künstlerischen Genies, welche in ihrer Einfachheit bis auf den heutigen Tag das Tiefste ist, was darüber geschrieben wurde, und dringt in das innerste Wesen dieser ihm völlig heterogenen Thätigkeit so mächtig ein, dass unsere beiden grossen Dichter, sonst zurückgestossen von der schulmässigen Strenge seiner theoretischen Untersuchungen und von der rigoristischen Einseitigkeit seiner sittlichen Überzeugung, in diesem seinem Werke das Geheimniss ihrer eigenen Schöpfungen ausgesprochen finden und es ausdrücklich bekennen: so ist es und nicht anders.

Die Kritik der Urtheilskraft ist der Schlussstein des Kantischen Gedankenbaues: aber sie ist zugleich der mächtigste Eckstein für den Weiterbau der Nachfolger geworden. Denn die glücklichste aller Fügungen wollte es, dass, was Kant in ihr begrifflich erkannte, in der unmittelbaren Gegenwart lebendig wirkte. Für den gesammten Zusammenhang des deutschen Geisteslebens am Ende des 18. Jahrhunderts ist kein Werk bedeutsamer geworden als dies. Es enthält in sich den grössten und einflussreichsten Moment unserer Kulturgeschichte: der grosse Philosoph denkt den grossen Künstler — Kant construirt den Begriff der Goethe'schen Dichtung.

III. Theil.

Die nachkantische Philosophie.

Kants Lehre macht in der Geschichte des modernen Denkens die grösste Epoche aus, welche dasselbe erfahren hat. Aber mannigfache Umstände vereinigten sich, um ihre Wirkungen zunächst auf die deutsche Geistesbewegung zu beschränken. Die anderen Nationen, überdies nicht gewohnt, aus Deutschland Anregungen für das philosophische Denken zu empfangen und, sich mit der deutschen Literatur zu beschäftigen, waren zugleich aus verschiedenen Gründen nicht dazu angethan, den kantischen Gedanken Folge und Ausbildung zu geben. In England war die philosophische Energie mit der grossen Bewegung von Locke zu Hume erschöpft. Die schottische Schule mit ihrem bequemen psychologistischen Untersuchungen des Common-sense beherrschte so gut wie ausschliesslich alles, was sich von philosophischen Tendenzen noch regte. In Frankreich dagegen trat für alle bedeutenderen Geister mit dem Beginne der Revolution und aller ihrer grossartigen Folgeerscheinungen das theoretische Interesse hinter das politische und sociale noch mehr zurück als früher, und die Franzosen hatten damals am wenigsten Zeit, sich mit den tiefsinnigen Untersuchungen eines Kant zu beschäftigen. Auch ihre philosophische Bewegung war bei den letzten Resultaten angelangt, die in ihrer anfänglichen Tendenz angelegt gewesen waren, und nachdem das letzte Wort des Système de la nature einerseits und Rousseaus andrerseits ausgesprochen worden war, gab es auch in der französischen Aufklärung keine Veranlassung mehr zu weiterer selbständiger Bewegung. Für Italien dauerte die Unselbständigkeit, die lethargische Ohnmacht des philosophischen Interesses, welche es seit der Gegenreformation des 16. Jahrhunderts gezeigt hatte, noch fort, und die Verwicklung in die grosse politische Bewegung, bei

der die ersten Regungen seines nationalen Selbstgefühls wieder
zu Tage traten, war eben auch nicht geeignet, eine besondere
philosophische Bewegung hervorzurufen.

Um so günstiger lagen die Verhältnisse in Deutschland. Erst
seit einem halben Jahrhundert waren hier die gebildeten Klassen
in die geistige Bewegung der Aufklärung eingetreten und hatten
jetzt erst recht das brennende Interesse gewonnen, in einer geistigen Gemeinschaft die nationale Zusammengehörigkeit zu finden,
die ihnen politisch abging. War ihnen die Sehnsucht danach durch
die gewaltige Erscheinung Friedrichs des Grossen neu erweckt worden, so zeigte sich der zerrissene und kleinliche Zustand der politischen Verhältnisse so wenig kräftig, das Interesse der bedeutenderen Geister auf sich zu ziehen, dass dieselben vielmehr nur in
ihrem geistigen Leben die nationale Gemeinschaft finden zu sollen
glaubten. Diese Abwendung des gebildeten Interesses von dem
öffentlichen Leben ist vielleicht neben den alten Sünden einer
Jahrhunderte langen politischen Zerfahrenheit eine Veranlassung
dafür geworden, dass der ganze politische Bau der deutschen Nation wie ein Kartenhaus über den Haufen geworfen wurde. Aber
die Concentrirung dieses Interesses auf eine gemeinsame wissenschaftliche und künstlerische Arbeit hat mitten in dem Untergange
der alten politischen Institutionen eine nationale Bildung aufge-
richtet, aus der dann als aus ihrer kräftigsten Wurzel und zugleich
mit der sittlich grössten Berechtigung im 19. Jahrhundert die Neubegründung der deutschen Nationalität hervorgegangen ist.

An dieser nationalen Bildung, welche das wahre Fundament
der heutigen Zustände bildet, haben zwei Mächte des geistigen
Lebens gleichen Antheil: die Dichtung und die Philosophie.
Wenn aber die deutsche Aufklärung, sich selbst überlassen und
nachdem sie die ausländischen Anregungen vollständig in sich
aufgesogen hatte, schliesslich doch derselben trostlosen Versan-
dung des philosophischen Denkens verfiel wie das Ausland, so ist
die Stellung Kants in der Geschichte der deutschen Nation dadurch
in ihrer ganzen eminenten Bedeutung bezeichnet, dass es seine
Lehre war, welche dem philosophischen Interesse einen neuen Inhalt und eine unendlich fruchtbare Energie verschaffte, vermöge
deren sie Jahrzehnte lang zu einem Gesammtinteresse der nationalen Bildung und ihre Fortentwicklung zu einem Sammelplatz
der hervorragendsten Geister werden konnte.

So kam es durch die Gunst der Verhältnisse und durch die
Macht des Gedankens, dass sich an Kant unmittelbar in Deutschland eine der lebhaftesten und rapidesten philosophischen Bewegungen anschloss, welche die Geschichte je gesehen hat. Die
grosse Mannigfaltigkeit der in seiner Lehre verarbeiteten Principien gab den Raum für einen nicht minder grossen Reichthum
von Systemen der Philosophie, die sich in rascher Reihenfolge aus
dem seinigen entwickelten. Die Darstellung der nachkantischen
Philosophie hat daher in erster Linie diese systematische Entwicklung zu ihrem Gegenstande zu machen, in welcher die Kantische
Philosophie alle ihre Anlagen zu selbständiger Gestaltung heraus-
bildete. Diese Zeit reicht bis in die dreissiger Jahre dieses Jahrhunderts. Nach ihr tritt in Deutschland jene Erschlaffung ein,
welche den Zeiten bedeutender Produktion zu folgen pflegt. Während derselben muss sich der Blick der Geschichte auf die Bewegungen des ausländischen Denkens zurücklenken, um zu sehen,
wie inzwischen die andern Nationen allmählich wieder theils mit
originelleren Schöpfungen, theils besonders durch die Anregungen
von Seiten Kants und der übrigen deutschen Denker in die philosophische Bewegung eintreten und bis in die neueste Zeit hinein
mit steigendem Interesse und steigendem Erfolge sich an derselben
betheiligen. Endlich verlangt die frischere Bewegung, welche
etwa seit der Mitte des Jahrhunderts auch in Deutschland wieder
eingetreten ist und welche theilweise auch auf Rückströmungen
aus England und Frankreich hinweist, die Darstellung der neuesten deutschen Philosophie, mit der die Geschichte von selbst in
die kritische Betrachtung der Gegenwart ausläuft. In dieser Weise
wird die Geschichte der nachkantischen Philosophie in vier Kapiteln
darzustellen sein. Das erste behandelt die systematische Entwicklung der deutschen Philosophie nach Kant, das zweite die
französische, das dritte die englische Philosophie des 19. Jahrhunderts. Als Anhang dazu soll eine Übersicht über die philosophische Bewegung bei den übrigen europäischen Nationen gegeben werden, unter denen ganz besonders die Italiener die Aufmerksamkeit auf sich ziehen. Das vierte Kapitel wird der Darstellung der neuesten Philosophie in Deutschland gewidmet sein*).

---

*) Von diesen vier Kapiteln enthält der hier erscheinende Band nur
noch das erste. Vgl. das Vorwort.

I. Kapitel.

Die systematische Entwicklung der deutschen Philosophie nach Kant.

Die Entwicklung der deutschen Philosophie nach Kant ist an dem Sternenhimmel der Geschichte der Philosophie die dichtest besetzte und leuchtendste Stelle. Zu keiner anderen Zeit drängen sich Sterne erster Grösse so nahe wie hier zusammen, und nirgends sind sie von einer solchen Fülle mit leuchtender kleinerer Genossen umgeben. Wol mag es manche Zeiten in der Geschichte geben, welche ein ähnlich intensives Interesse einer ganzen Nation an philosophischen Fortschritten erkennen lassen. Die griechische Bildung in der Zeit um Sokrates und das französische Geistesleben um die Mitte des 18. Jahrhunderts zeigen eine ähnliche Breite des nationalen Interesses an der Philosophie wie die deutsche Bewegung nach Kant. Aber so dicht bei einander, so in unmittelbarer Folge von kaum mehr als drei Jahrzehnten hat selbst die attische Philosophie nicht ihre grossen Systeme erzeugt, wie die deutsche. Sie zeigt eben darin, dass sie mit der lange zurückgestauten Hochflut der deutschen Geistesbewegung wächst und einen ihrer wesentlichsten Theile ausmacht. Die Kantische Philosophie mit ihrem unerschöpflichen Ideenreichthum und mit ihrer nach allen Richtungen fruchtbar auszubildenden Methode wurde sehr bald von der gesammten nationalen Bildung als ein gewaltiges Mittel ergriffen, um den Kulturstoff zu durcharbeiten und abzuklären, der gleichzeitig dem deutschen Geiste neuen Inhalt und neue Aufgaben gegeben hatte. Die kritische Philosophie fiel in die Zeit der zweiten, der vollen und ganzen Renaissance, welche Deutschland erlebt hat und welche den in der Mitte abgebrochenen Process der ersten zu Ende zu führen bestimmt war. Es war die Zeit, in der die deutsche Kunst und die deutsche Dichtung neu in die Schule der Alten gingen und in der auch die Wissenschaft mit reinerem und vollerem Verständniss zu den ewigen Quellen menschlicher Kultur zurückstieg, die in Hellas fliessen. Es war die Zeit, wo der deutsche Geist der Einwirkungen der beiden westlichen Nationen, die ihn zuerst wieder aus dumpfem Schlaf geweckt, Herr zu werden und sich in seiner eigenen Selbständigkeit zu fühlen be-

gann. Es war mit einem Worte die Zeit, wo der deutsche Geist
sich anschickte, in der ganzen Allseitigkeit seines Wesens das Facit
zu ziehen aus zwei grossen Kulturperioden und damit die Bewegung
abzuschliessen, die in der Renaissance begonnen hatte. Wenn
Kants Philosophie als das reife Resultat aller der philosophischen
Bewegungen angesehen werden muss, deren Beginn wir in den
zerstreuten Anfängen des modernen Denkens zu sehen haben, so
begreift sich, weshalb gerade seine Philosophie geeignet war, den
philosophischen Keim zu bilden, der in seinem Wachsthum die
ganze reiche Ideenwelt dieser zweiten Renaissance zu assimiliren
vermochte und so zu einem Baume heranwuchs, in dessen Schatten
ein Jahrhundert wohnen sollte.

Es kann hier nicht ausgeführt werden, wie sich genau derselbe
Process um dieselbe Zeit in der poetischen Literatur der Deutschen
vollzog, wie auch hier die modernen Ideen und Formen in eine congeniale Erneuerung des klassischen Geistes einschmolzen, und wie
es auch hier eine grosse dominirende Persönlichkeit war, in der alle
Fäden dieser Bewegung zusammenliefen. Die Parallelstellung Kants
und Goethes hat in dieser Richtung jener ganzen unvergleichlichen
Zeit ihren Charakter aufgeprägt. Sie sind die beiden königlichen
Geister, um welche sich alle übrigen, die einen dem einen, die anderen dem anderen näher, gruppiren. Sie sind die beiden Pole, um
welche die ganze Bewegung der Geister sich dreht. Ihre Verwandtschaft und noch mehr ihr Gegensatz ist das treibende Moment der
folgenden Entwicklung.

Deshalb zeichnet sich diese höchste Blüthezeit des deutschen
Kulturlebens vor allen anderen Epochen der Geschichte durch eine
so innige Gemeinsamkeit der philosophischen und der poetischen
Bewegung aus, wie sie niemals vorher dagewesen ist. Zu keiner
Zeit waren die Dichter philosophischer; zu keiner Zeit standen die
Philosophen so unmittelbar unter dem Einfluss der Poesie. Zu keiner Zeit war die Bildung einer Nation so gleichmässig poetischen
und philosophischen Charakters wie zu dieser. Die äussere Veranlassung dazu lag eben darin, dass beide und beide allein den
geistigen Boden der Nationalität bildeten. Die innere lag darin,
dass die Philosophie aus ihrem innersten Bedürfniss heraus Fühlung mit dem künstlerischen Leben suchte und suchen musste. Die
letzte Synthese der kritischen Philosophie bildete den Begriff des
künstlerischen Genies. Darin lag eine nothwendige Gedankenver-

bindung zwischen Philosophie und Dichtung, welche beide Theile
zu einander hinziehen und schliesslich zu dem Versuche voller
Verschmelzung führen musste.

Eine besondere äussere Veranlassung trat hinzu, um das, was
die geistige Verwandtschaft nothwendig machte, in kürzester Zeit
zur wirklichen Erscheinung werden zu lassen. Durch eine Anzahl
von persönlichen Beziehungen wurde seit der Mitte des neunten
Jahrzehnts des vorigen Jahrhunderts die Universität Jena »die
zweite Heimat« der kritischen Philosophie. Damit trat der Gedanke
Kants aus der Einsamkeit seines Urhebers mitten in eine lebhafte
Bewegung ein, welche wesentlich poetischen Charakters war. Es
ist das nie genug zu rühmende Verdienst Karl August's von Sachsen-
Weimar, dass er die Träger der poetischen und ebenso diejenigen
der philosophischen Entwicklung so mit einander vereinigt hat, dass
sie in stetiger persönlicher Berührung jene grosse Verschmelzung der
Ideen herbeiführen konnten. Weimar und Jena wurden in wenigen
Jahren und für mehr als ein Jahrzehnt die Hauptstadt des geistigen
Deutschlands. Sie bildeten in der politisch zerrissenen Nation einen
Mittelpunkt, nach welchem alles hinstrebte, was in die Bildung der
Zeit eintreten und sie fördern wollte. Hier fand eine Berührung
und eine rapide Gesammtentwicklung der Geister statt, ähnlich
wie diejenige in Paris in der Mitte des vorigen Jahrhunderts, nur
mit dem Unterschiede, dass der Inhalt dieser Entwicklung und deshalb auch ihr Resultat ungleich bedeutender war als dort.

Die Jenenser Universität ist deshalb der Mittelpunkt, an wel-
chem die philosophische Seite dieser Bewegung, soweit sie von der
poetischen trennbar ist, verfolgt werden muss. Hier folgen sich
Schlag auf Schlag die grossen Systeme der deutschen Philosophie.
Sie entstehen im Universitätsleben; aus dem Haupt ihrer Schöpfer
setzen sie sich sogleich in die Ueberzeugungen lernbegieriger
Männer und Jünglinge um und werden hinausgetragen in alle
Schichten des Volkes, um in kürzester Zeit das geistige Leben der
Nation zu durchdringen und ihm einen neuen Inhalt zu geben.
Zu derselben Zeit, wo der europäische Staatenbau aus den Fugen
geht und das deutsche Reich zusammenbricht, reichen sich Dichtung
und Philosophie die Hände, um die eherne Schlange einer nationalen Bildung zu errichten, in der die Zukunft ihr Heil finden sollte.

Aber auch den Trägern des philosophischen Gedankens erwies sich ihre Wirksamkeit an der Universität als ein mächtiger

Anreiz für die Weiterentwicklung. Sie sind die leuchtenden Typen für jenes »docendo discitur«, welches die Signatur des akademischen Lebens in Deutschland bildet. Genöthigt, den philosophischen Gedanken vor einer in die höchste Bildung eingelebten oder zu ihr aufstrebenden Zuhörerschaft immer neu zu produciren, müssen sie auf die geheimsten Beziehungen und Wendungen desselben aufmerksam werden, und befinden sich in Folge dessen in einer stetigen Umbildung zunächst der Form und dann auch des Inhaltes der Philosophie. In dieser rastlosen Arbeit kommen dann alle die zahlreichen Motive des Kantischen Systems succesive zu präponderirender Geltung und verbinden sich je nach ihrem Inhalte mehr oder minder fest mit den übrigen Elementen der nationalen Bildung. So ist es gerade die Vielseitigkeit, so ist es gerade der innere Antagonismus der Theile der Kantischen Lehre, welcher in der Verbindung mit der unendlichen Reichhaltigkeit des übrigen Bildungsmaterials die Vielgestaltigkeit der folgenden Philosophie und die verhältnissmässig grosse Anzahl bedeutender Systeme, in welchen sich dieselbe ausprägte, ermöglicht hat.

Den Grundstock dieser Entwicklung bilden somit die Systeme, welche in Jena selbst erzeugt worden sind; an sie schliesst sich alles an, was auch ausserhalb und theilweise im Gegensatz zu ihnen mit wirklich fruchtbarer Originalität zu Tage getreten ist. Aber auch hier, wie in dem Paris des 18. Jahrhundets, hat man es mit einer Gesammtentwicklung zu thun. Auch hier ist der Gang, welchen der einzelne Denker nimmt, durch die gemeinsame Arbeit bestimmt. Auch hier ist es oft schwer, den Antheil, welchen der Einzelne daran hat, genau gegen denjenigen des anderen abzugrenzen. Auch hier sind bei aller persönlichen Initiative die einzelnen Werke nur die Etappen des gemeinsamen Fortschritts. Die Führer desselben unterliegen zum Theil selbst den Wandlungen, welche durch das Zusammenströmen der verschiedenen Tendenzen in der gesammten Atmosphäre dieser Bildung entstehen, und sie begegnen uns deshalb in verschiedener Gestalt an verschiedenen Punkten dieser gemeinsamen Entwicklung.

§ 62. Die ersten Wirkungen der kritischen Philosophie.

Der erste Erfolg der Kritik der reinen Vernunft entsprach einerseits der Schwierigkeit ihrer Untersuchungen und der vollkommenen

Neuheit ihres erkenntnisstheoretischen Standpunktes, andererseits dem Umstande, dass das System Kants darin nur zur Hälfte niedergelegt war und seiner Ergänzung noch bedurfte. Sie wurde in den ersten Jahren wenig beachtet und, wo man sie las, missverstanden. Wenn später einmal von Seiten der preussischen Censur das Imprimatur für eine der religionsphilosophischen Abhandlungen Kants mit der Begründung ertheilt wurde, »dass doch nur tiefdenkende Gelehrte die Schriften des Herrn Kant läsen«, so waren solche tiefdenkende Gelehrte die Häupter der zeitgenössischen Popularphilosophie nicht. Sie, die mit ihren dogmatischen Begriffen oder mit ihrem gesunden Menschenverstande am Ende des Wissens angekommen waren, hatten kein Organ mehr, um auch nur die Probleme zu verstehen, mit denen der grosse Denker sich abmühte. Sie fanden in der Kritik nur dasjenige wieder, was sie selbst oder ihre Gegner gesagt hatten, und sie waren auf das äusserste darüber entrüstet, dass nun doch dieses Werk ihre sauberen Beweise für das Dasein Gottes und für die Unsterblichkeit der Seele als eitel Schein und Sophisterei zerstörte. Die Einen hielten Kant für einen Leibnizianer, weil er die Möglichkeit apriorischer Erkenntniss behauptete, die anderen stellten ihn zu Locke, weil er das menschliche Wissen auf die Erfahrung beschränkte, die meisten sahen in ihm eine der vielen Verschmelzungen von Leibniz und Locke, welche die deutsche Philosophie versucht hatte. Den Kern der Sache verstand Niemand. Und doch bemächtigte sich Vieler ein gewisses unbehagliches Gefühl davon, dass man es mit einem grossen Ereigniss zu thun habe, das man nur noch nicht recht zu fassen vermöchte, und dass man sich gegen diese neue Lehre auf Tod und Leben zu vertheidigen haben würde. Ein Nikolai freilich meinte noch spät, als der Sieg bereits entschieden war, die »vonvornige« Philosophie durch seine albernen Satiren wie die »Geschichte eines dicken Mannes« (1794) und »Leben und Meinungen Sempronius Gundiberts« (1798) abgethan zu haben. Aber ein Mendelssohn gab schon seine »Morgenstunden« (1785) mit den alten Beweisen vom Dasein Gottes in einer Art von wehmüthigem Gefühl seiner Überlebtheit dem »alles zermalmenden« Kant gegenüber heraus.

Immerhin gingen die ersten breiteren Wirkungen der Kantischen Philosophie nicht von der Kritik der reinen Vernunft, sondern von anderweitigen Darstellungen aus. Das Hauptwerk selbst fand nur sehr wenige und äusserst unbedeutende Besprechungen, die hauptsäch-

lichste noch in den »Göttinger gelehrten Anzeigen«. Von G a r v e
ursprünglich verfasst (sie ist später in dieser Gestalt mit mancherlei
Zusätzen in Nicolai's »allgemeiner deutscher Bibliothek« reproducirt
worden) und von F e d e r redaktionsmässig zusammengeschnitten
und überarbeitet, zeigt sie durch die Behauptung, Kant stehe etwa
in der Nähe von Berkeley, eine so völlige Unfähigkeit, die neuen
Untersuchungen zu verstehen, dass Kant ihr in den »Prolegomenen«
eine scharfe Zurechtweisung ertheilte. Aber auch die Absicht
dieser Schrift, die kritische Lehre dem allgemeinen Verständniss
näher zu bringen, hatte wenig Erfolg, und erst Kants Freund und
College, der Hofprediger und Professor der Mathematik J o h a n n
S c h u l z e (1739—1805) erwarb sich durch seine »Erläuterungen
über des Herrn Prof. Kant Kritik der reinen Vernunft« (1784) das
Verdienst, der neuen Philosophie Freunde zu werben. Er zielte
darin, wie auch später in der »Prüfung der Kantischen Kritik der
reinen Vernunft« (2 Bd. 1789 und 1792) hauptsächlich auf den
Nachweis der religiösen Ungefährlichkeit des kritischen Systems.
Seine Darstellung, viel elementarer als die Kantische, führte dem
Kriticismus viele Jünger zu. Von noch grösserer Wichtigkeit aber
wurde es, dass die beiden Herausgeber der J e n e n s e r »A l l g e -
m e i n e n L i t e r a t u r z e i t u n g« (seit 1785), S c h ü t z und H u f e -
l a n d, sich auf den Kantischen Standpunkt stellten und dieses Journal geradezu zum Organ der kritischen Philosophie machten. Damit
begann die Einströmung der Kantischen Lehren in die besonderen
Wissenschaften. Namentlich gewann durch Hufeland selbst die
Jurisprudenz Fühlung mit den Kantischen Principien, und R e h -
b e r g, der bekannte Staatsmann und Publicist, gab später seine
geistreiche Beurtheilung der Literatur über die französische Revolution ganz von den Gesichtspunkten der kritischen Rechts- und
Geschichtsphilosophie aus. An der allgemeineren philosophischen
Vertheidigung Kants betheiligte sich neben den beiden Redakteuren
in diesem Journal besonders K r a u s (1753—1807), Kants Special-
kollege in Königsberg, obwol er in seinen eignen Ansichten skep-
tischer war. Die entscheidende That aber für den Durchbruch
der kritischen Philosophie geschah durch K. L. R e i n h o l d. Seine
»Briefe über die Kantische Philosophie« (1786 und 1787 in Wielands
»Deutschem Merkur« erschienen und darauf besonders gedruckt)
haben das Interesse der gebildeten Welt in Deutschland wie mit
Einem Schlage für Kant erobert. Es gelang ihnen desshalb, weil

sie mit glühender Begeisterung und in beredter, schöner Sprache
diese Lehre so schilderten, wie sie auf den Verfasser selbst gewirkt hatte: als eine neue sittlich-religiöse Überzeugung, welche
mit der höchsten Klarheit des Denkens die werthvollsten Gegenstände des Glaubens umfasste. Nicht mehr die religiöse Ungefährlichkeit des Kriticismus wollte er darthun, sondern dieser galt ihm
selbst als eine neue Religion. Als dann Reinhold 1787 auf die
Jenenser Professur berufen wurde, als neben ihm mit Wort und
Schrift der unermüdliche Ehrhard Schmid (1761—1812) für
die Ausbreitung des Kantianismus wirkte, da war der Bann ge-
brochen, und mit rapider Geschwindigkeit wurde die kritische
Philosophie zu einem Gegenstande des lebhaftesten Interesses in
ganz Deutschland.

Inzwischen waren nun auch Kants moralphilosophische Werke
erschienen, und 1790 kam die Kritik der Urtheilskraft. Immer
allseitiger offenbarte sich die Revolution, welche der grosse Mann
in das philosophische Denken brachte, immer breiter wurde die
Berührung, welche seine Lehre mit den allgemeinen wie mit den
besonderen Interessen der wissenschaftlichen und der literarischen
Bildung gewann, immer stattlicher wuchs die Zahl der Anhänger;
aber desto lebhafter und eifriger regte sich auch der Widerspruch
der Gegner. Schon im Jahre 1791 war die Bewegung so gross geworden, dass die Berliner Akademie, in welcher die Wolff'sche
Schule und die Popularphilosophie in holder Eintracht herrschten,
sie nicht mehr ignoriren konnte und im Hinblick auf sie die Preisfrage stellte, »welche Fortschritte die Metaphysik seit Leibnizens
und Wolffs Zeiten in Deutschland gemacht habe«, worauf sie dann
einige Jahre nachher die Antwort eines Wolffianers strenger Obser-
vanz, Schwab in Stuttgart, krönte, weil dieselbe dahin lautete:
die Metaphysik habe keine Fortschritte seit Wolff gemacht, und sie
bedürfe derselben auch nicht. Aber schon vorher hagelten die
Gegenschriften dicht. Von der Ausdehnung der Bewegung gibt
namentlich die Fülle von Broschüren und akademischen Disserta-
tionen Zeugniss, welche sich mit den kantischen Problemen, wenn
auch noch so ablehnend, beschäftigten. Am absprechendsten ur-
theilten die Popularphilosophen. Die »allgemeine deutsche
Bibliothek« eröffnete mit den Waffen des Ernstes und des Scherzes
einen langjährigen Krieg gegen den Kriticismus, Meiners erklärte in seinem »Grundriss der Geschichte der Weltweisheit«

(Lemgo 1786) Kant für einen modernen Sophisten, Feder schrieb eine triviale Schrift »über Raum und Causalität, zur Prüfung der kantischen Philosophie« (Göttingen 1787), deren spärliche Gedanken von seinem Anhänger Weishaupt in Büchern und Recensionen ausgetreten wurden; die beiden ersteren gaben schliesslich sogar eine »Philosophische Bibliothek« zur Bekämpfung Kants heraus. Stellte sich die Popularphilosophie bei ihren Angriffen meist auf den Standpunkt des Empirismus, worin sie von Empiristen niederen Ranges wie Selle, Ouvrier u. A. sich assistirt sah, so machte andererseits der schulmässige Rationalismus Kant den Vorwurf, Leibniz und Wolff verlassen und dafür theils zu Locke theils zu Hume gegriffen zu haben. Das grosse Wort führte hier Eberhard in Halle, der gegen den Kriticismus zwei Zeitschriften hinter einander, das »Philosophische Magazin« (1789—1792) und das »Philosophische Archiv« (1792—95) gründete. Im ersteren führte er selbst den Angriff, den Kant in seiner Replik »über eine Entdeckung, nach der alle neue Kritik der reinen Vernunft durch eine ältere entbehrlich gemacht werden soll« (Königsberg 1790) vorzüglich parirte. An der letzteren wirkte hauptsächlich auch Schwab mit, der ausserdem eine Anzahl eigner Schriften gegen die kantischen Lehren verfasste. In dieselbe Posaune stiess mit dem Brustton Wolff'scher Orthodoxie Flatt in Tübingen, der zwar auch die übrigen Theile der kritischen Philosophie, vorzüglich aber Kants Moraltheologie (1788) angriff. Besonders eifrig that sich auch als Gegner der neuen Philosophie in dieser Richtung J. G. E. Maass in Halle (1766—1823) hervor, der unter Anderem seine scharfsinnigen »Briefe über die Antinomie der Vernunft« (1788) brachte und später sich ganz der empirischen Psychologie mit zahlreichen beachtenswerthen Schriften gewidmet hat.

Während aber bei all diesen Männern der Angriff wesentlich darin bestand, dass sie zeigten, wie wenig sich Kant an das ihnen Feststehende gehalten hatte, und dass sie die Lehren der früheren Richtungen gegen ihn ins Feld führten, erfuhr der Kriticismus verständnissvollere und tiefere Einwürfe von Seiten der Gefühls- und Glaubensphilosophie. Hamann zwar veröffentlichte aus persönlichen Gründen weder seine »Recension« (1781 geschrieben) noch die »Metakritik über den Purismum der Vernunft« (1784): aber er hatte darin vor Allem den Gedanken ausgesprochen, dass die Kritik der reinen Vernunft an der Trennung von Sinnlichkeit und Verstand leide; dass diese beiden Stämme der menschlichen Erkenntniss verdorren müssten, wenn man sie von ihrer »gemeinsamen Wurzel« ablöse. Er hatte hier wie sonst darauf hingewiesen, dass in der Sprache diese concrete Einheit zu Tage trete und dass es falsch sei, sie in der Abstraction auseinander zu reissen. Jener Gedanke, dass die »Vermögen«, die Kant analysirte, auf ihre Grundeinheit zurückgeführt werden müssten, hat in der That nachher die auf Kant folgende Entwicklung nach mehr als einer Richtung beherrscht, aber freilich in ganz anderer Weise, als es Hamann dachte. — Schwieg Hamann, so sprach H e r d e r um so lauter und um so gereizter. Ihn hatte die Recension, welche Kant im ersten Hefte der »Allgemeinen Literaturzeitung« von seinen »Ideen« gab, erbittert. Er fühlte, abgesehen von allen persönlichen Beziehungen, dass sein Princip der Geschichtsphilosophie dem Kantischen gegenüber berechtigt sei. Aber, wie es zu gehen pflegt, sahen die beiden Standpunkte, die sich zu ergänzen berufen waren, zunächst nur ihren Gegensatz. Herder hatte für die Auffassung der Geschichte den Gesichtspunkt der natürlichen Entwicklung geltend gemacht: Kant betonte, dass die Beurtheilung der Fortschritte der historischen Entwicklung nur unter Voraussetzung eines Ziels und Plans derselben möglich sei. Aber der tiefere Gegensatz lag allerdings vor, dass der Leibnizianer Herder die Kluft zwischen Natur und sittlicher Willensthätigkeit, welche Kant statuirte und auch auf die Geschichtsphilosophie anwendete, nicht acceptiren konnte. So richtete sich denn auch Herders unwürdig gereizte und nörgelnde Schrift »Verstand und Erfahrung, eine Metakritik zur Kritik der reinen Vernunft« (1799) auf die Ausführung des Hamannschen Gedankens, dass alle die schroffen Gegensätze der Kantischen Lehre, Sinnlichkeit und Verstand, Erfahrung und reine Begriffe, Form und Inhalt des Denkens, Natur und Freiheit, Neigung und Pflicht, — lauter Gegensätze, die ja alle auf demselben Grunde beruhen, — falsch seien, dass die »Physiologie der menschlichen Erkenntniss« ihren allmählichen Übergang in einander erkennen und ihre Einheit zum Princip machen müsse — eine Aufgabe, die freilich, als die »Metakritik« erschien, schon von ganz anderen Männern und in ganz anderer Weise gelöst war. — Bestimmter und einschneidender endlich waren die Einwürfe, welche J a c o b i gegen die Kantische Erkenntnisstheorie in seiner

Schrift »David Hume über den Glauben oder Idealismus und Realismus« (1787) machte und später in der Abhandlung »über das
Unternehmen des Kriticismus, die Vernunft zu Verstande zu bringen« (1801) und in der »Einleitung in seine sämmtlichen philosophischen Schriften« (1815) über den gesammten nachkantischen
Idealismus ausdehnte. Er sah diese Entwicklung theilweise pro-
phetisch voraus. Die Tiefe seines Einblicks in den Antagonismus
der Kantischen Gedankengänge beweist am besten die Energie,
mit welcher er seine Kritik auf die Achillesferse der kritischen Erkenntnisstheorie richtete : auf den Begriff des Dinges an sich. Er
zeigte zuerst, dass Kant in der Begriffsbestimmung der Sinnlichkeit
von der naiven Voraussetzung der Dinge an sich ausgeht und dass
die spätere Untersuchung nicht nur diese Voraussetzung in Frage
stellt, sondern eben damit den Begriff der Sinnlichkeit wieder aufhebt. Die Sinnlichkeit ist das »Vermögen, afficirt zu werden«, und
zwar soll sie durch Dinge an sich afficirt werden; aber »afficirt zu
werden« ist jedenfalls ein kausales Verhältniss, und die transscendentale Analytik verbietet, das Ding an sich in irgend eine kate-
goriale, also auch in kausale Relation zu setzen. Die Kritik der
reinen Vernunft lehrt, dass unsere ganze Vorstellungswelt ohne
Beziehung zu den Dingen an sich betrachtet werden muss, aus
deren Einwirkung ihr sinnlicher Inhalt anfänglich abgeleitet wurde.
Man kann ohne die Voraussetzung des Realismus in Kants Lehre
nicht hineinkommen und mit derselben nicht darin bleiben. Der
transscendentale Idealist wird daher den Muth haben müssen, den
stärksten Idealismus zu behaupten, der je behauptet worden ist:
er wird den Begriff des Dinges an sich aufheben müssen. Das
war die Anticipation der Fichteschen Lehre. Aber wenn das geschieht, so ist die ganze Vorstellungswelt zu einem sinnlosen
Traum geworden. In einem zwiefachen Hexenraume, Raum und
Zeit genannt, spuken Erscheinungen, in denen Nichts erscheint.
Kant redet von Erscheinungen und behauptet, dass in ihnen Nichts
von dem wahrhaft Wirklichen und wirklich Wahren erscheint.
Die Seele stellt vor, aber nicht sich selbst noch andere Dinge, sondern was weder sie selbst noch andere Dinge sind. Kants Vernunft nimmt nur sich selbst wahr, wie ein Auge, das nur sich
sehen, wie ein Ohr, das nur sich hören wollte. Das Erkenntnissvermögen schwebt zwischen einem problematischen x des Subjekts
und einem gleich problematischen x des Objekts: die Sinnlichkeit

hat Nichts vor sich, und der Verstand hat Nichts hinter sich. So ist Jakobi unermüdlich, die Widersprüche dieser »positiven Unwissenheit« in geistreichen Antithesen auszudrücken.

Während aber diese Einwürfe der zukünftigen Entwicklung unverloren blieben, hielten sie zunächst den Siegeszug der Kantischen Philosophie nicht auf. Einmal durchgedrungen, ergriff sie unwiderstehlich die junge Generation, und im letzten Jahrzehnt des vorigen Jahrhunderts eroberte sie nach und nach fast alle deutschen Katheder, sodass sie auf jeder Universität eine lebendige Vertretung fand. Die Männer dieser Kantischen Schule, deren Namen in den Compendien aufbewahrt sind, waren nun freilich zum grössten Theile auch nicht fähig, dem Meister bis in die innerste Tiefe seiner Gedanken zu folgen, und sie bewiesen dies sehr bald dadurch, dass, als Reinhold die Kantische Lehre in eine gröbere und populärere Form brachte, sie in hellen Haufen zu ihm übergingen. Aber es sickerten doch schon durch ihre Lehrthätigkeit allmählich die Principien der neuen Philosophie in das allgemeine Bewusstsein durch, und nicht minder wirkte dafür die »Kärrnerarbeit« ihrer theilweise sehr zahlreichen Schriften, in denen sie Kant umschrieben, erläuterten und vertheidigten, sowie die Zeitschriften, die sie für denselben Zweck im Gegensatze zu den antikantischen gründeten, z. B. das »Neue philosophische Magazin zur Erläuterung des Kantischen Systems«, welches Abicht und Born, der Übersetzer der Kritik ins Lateinische, 1789 —1791 herausgaben, oder die von dem Hallenser Jakob redigirten »Annalen der Philosophie und des philosophischen Geistes« (1795—97). Auf diese Weise strömten allmählich Kants Lehren auch in die besonderen Wissenschaften ein. Am wenigsten wurde davon verhältnissmässig die Naturforschung berührt, und alle Regungen, die sich namentlich in Betreff der dynamischen Naturauffassung zeigten, wurden sehr schnell von Schellings Naturphilosophie (vgl. § 64) aufgenommen. Wichtiger wurden Kants Lehren für die Jurisprudenz und die historische Gesammtauffassung. Nach Hufeland und Rehberg sind hier Schmalz, Pölitz, Zachariae, besonders aber der berühmte Kriminalist und Strafrechtstheoretiker Anselm v. Feuerbach zu nennen, welche die Gedanken der Kantischen Rechtsphilosophie in die Behandlung der juristischen Probleme einführten. In der Geschichtswissenschaft dürfen K. v. Rotteck und im weiteren Sinne auch Schlosser, der berühmte Historiker des achtzehnten Jahrhunderts, als Kants Schüler gelten. Am tiefsten empfand den Einfluss der kritischen Philosophie die protestantische Theologie. Anfangs freilich wurde Kants Religionsphilosophie sowol von dem orthodoxen Supranaturalismus als auch von den alten, hartgesottenen Rationalisten lebhaft genug bekämpft: jenem missfiel seine moralische Deutung, diesen seine speculative Anerkennung der positiven Lehren des Christenthums. Neue Gedanken brachten aber beide in ihren Dogmatismus eingesponnenen Theile nicht hervor, und je mehr die philosophische Bildung, welche die Theologen auf den Universitäten erhielten, unter den Einfluss Kants trat, um so grösser wurde die Ausdehnung, in welcher bald jene beiden Gegner die Waffen ihres fortdauernden Streites aus der kritischen Rüstkammer holten. Kants Zwischenstellung erlaubte ähnlich, wie einst die Doppellehre Wolffs, dass innerhalb des Rahmens seiner philosophischen Grundlehren alle Nüancen des theologischen Standpunktes Platz fanden. Männer wie Süskind, Ammon, Tieftrunk konnten leicht die negativen Resultate der Vernunftkritik mit einer Offenbarungslehre verknüpfen und gaben dem »moralischen Beweis« eine immer mehr dogmatische, damit freilich von Kants Geiste entschieden abführende Form. Rationalisten andererseits, wie Röhr, Gesenius, Paulus u. A. brauchten nur die »Vernünftigkeit«, welche Kant überall für den Glauben in Anspruch nahm, und seinen Gegensatz gegen das »Statutarische« der positiven Religionen schärfer hervorzuheben, um zu ihrer theoretischen Überzeugung und ihrem negativen Verhalten gegen die Dogmen eine neue, scheinbar tiefere philosophische Begründung zu finden. Langsamer und der Natur der Sache nach auch weniger nachhaltig war der Einfluss Kants auf die katholische Theologie, von welcher seine Lehre theils ignorirt theils a limine abgelehnt wurde. Und wenn später Hermes (1775—1831) den Versuch machte, mit eingehender Benutzung der Kantischen Erkenntnisstheorie und namentlich der Lehre von den praktischen Postulaten den rationalen Theil der katholischen Theologie zu reformiren, zu welchem Zwecke er den ersten Band seiner »Einleitung in die christkatholische Theologie« (1819) schrieb, so bildete er damit zwar zunächst eine stattliche Schule; allein einerseits war doch seine Umformung und Abänderung der Kantischen Lehren nicht bedeutend genug, als dass sich eine nennenswerthe philosophische Bewegung daran angeschlossen hätte, andererseits genügte bald nach seinem Tode die gegen seine Lehre von der kirchlichen Macht ausgesprochene Censur, um dieselbe auch innerhalb ihres Gebietes keine grössere Ausdehnung gewinnen zu lassen.

Drang so der Kriticismus wenigstens theilweise in die besonderen Wissenschaften ein, so konnte es inzwischen nicht ausbleiben, dass er sich auch auf dem philosophischen Gebiete mehr oder minder glücklich mit den älteren, bestehenden Lehrmeinungen vermischte. Die Anhänger Kants kamen ja meistens von irgend einem der früheren Systeme her und suchten von demselben so viel als möglich mit der neuen Überzeugung zusammen festzuhalten. Deshalb ist die Grenzscheide zwischen den Kantianern und den sogenannten Halbkantianern so flüssig und schwer zu bestimmen. Aber auch die letzteren haben es zu keinerlei bedeutenderen oder fruchtbareren Leistungen gebracht und sind schliesslich alle durch die grosse Bewegung fortgeschwemmt worden, in welcher sich die kritische Philosophie den gesammten allgemeinen Bildungsstoff der Nation assimilirte. Die Träger dieser Bewegung aber bildet die Reihe der Männer, welche in Jena die Kantische Lehre fortbildeten. An ihrer Spitze steht derselbe Mann, der auch weit über den akademischen Wirkungskreis hinaus die meisten Schüler für das neue System gesammelt hatte.

Karl Leonhard Reinhold, 1758 in Wien geboren und in einem Jesuitenkloster erzogen, trat nach der Aufhebung des Ordens unter Clemens XIV. in das Barnabitenkollegium ein, wo er bald seiner hervorragenden Begabung nach zum Lehrer der Philosophie gemacht wurde. Aber er athmete zu sehr die Luft des Josephinischen Zeitalters ein, als dass er in dieser Stellung lange hätte bleiben können, und entfloh 1783, um bei Wieland, an den er empfohlen war, eine Zuflucht zu finden. Er wurde später dessen Schwiegersohn und dankte es seiner Vermittlung, dass, nachdem er die erwähnten »Briefe über die Kantische Philosophie« herausgegeben hatte, er in Jena Professor wurde. Hier eröffnete er die Reihe jener glänzenden Lehrer, welche auf dem Katheder für die Kantische Lehre und ihre Weiterentwicklung eintraten. 1794 ging er von dort nach Kiel, wo er bis zu seinem Tode 1823 allmählich verkümmert ist. Reinhold war kein schöpferischer Philosoph: er war eine Natur von grosser Empfänglichkeit, aber auch ebenso grosser Unselbständigkeit. Er hat nach einander die

Standpunkte von Kant, Fichte, Schelling und Jakobi getheilt, er hat schliesslich sein Heil in Bardili und sogar in den etymologischen Spielereien seines Freundes Thorild gefunden. Seine Bedeutung beruht nur auf den Jahren seiner Jenenser Wirksamkeit; aber sie beschränkt sich nicht auf die mächtige Anregung, welche seine glänzende Redegabe für die Anerkennung der kritischen Philosophie gegeben hat, sondern erstreckt sich auch auf einen Versuch der Neubegründung der Kantischen Lehre, welcher zwar dem tiefsten Sinne derselben in keiner Weise gerecht wurde, aber durch seine scharfe Formulirung in negativer und in positiver Richtung die nächste Veranlassung zu ihrer Weiterentwicklung gegeben hat.

Es ist merkwürdig, dass Reinhold zwar persönlich, wie es gerade die »Briefe« bethätigen, von der sittlich-religiösen Seite her für die Kantische Lehre gewonnen worden war, dass er aber von dem wahren Zusammenhange, in dem dieselbe mit der kritischen Erkenntnisstheorie steht, so gut wie gar keine Vorstellung gehabt hat. Er glaubte vielmehr die Grundlehren von Kants Erkenntnisstheorie auf eine rein theoretische Weise entwickeln zu können und brachte gerade dadurch die Lehre vom Ding an sich in eine so verfehlte und so offenbar widerspruchsvolle Position, dass dieselbe zum Hauptangriffspunkt der Gegner und zum Hauptproblem der Anhänger der Kantischen Lehre gemacht wurde. Es war offenbar seine genauere Vertrautheit mit der früheren Philosophie, welche ihn an den ganzen Umfang der Kantischen Kritik eine neue und sehr folgenreiche Forderung heranbringen liess. Kant hat die verschiedenen Funktionen der menschlichen Vernunft untersucht, von jeder die Bedingungen festgestellt, jeder die Grenze ihrer Anwendung zugewiesen. Warum haben alle diese nach Reinhold unwiderleglichen Untersuchungen nicht die allgemeine Anerkennung gefunden, warum nicht das Bedürfniss erfüllt, dass endlich einmal die Philosophie aus der Mannigfaltigkeit persönlicher Meinungen auf den Boden einer gemeinsamen wissenschaftlichen Arbeit geführt wurde, dass aus den vielen Philosophien die Philosophie, die Philosophie ohne Beinamen wurde? Der Grund ist der, dass es der Kantischen Philosophie an dem ausdrücklichen Ausspruch des centralen Satzes mangelt, der allen ihren besonderen Untersuchungen als letzter und höchster zu Grunde liegt. Reinhold ist überzeugt, dass es einen solchen gibt, dass Kant es nur unterlassen hat, ihn wissenschaftlich zu formuliren, und dass es die Aufgabe einer Fundamentalphilosophie, einer philosophia prima oder einer Elementarphilosophie sei, diesen Satz über allen Zweifel zu erheben und zu zeigen, wie sich aus ihm alle Lehren der kritischen Philosophie mit Nothwendigkeit ergeben. Es ist Descartes' Forderung eines Universalprincips für alles philosophische Wissen, welche Reinhold für die deutsche Philosophie erneuert, und welche ihn als den Urheber der universalistischen Tendenz erscheinen lässt, die sich nach ihm in der deutschen Philosophie immer energischer geltend gemacht hat. Es gilt, das, was Kant mit seiner induktiven Analyse von der Peripherie aus gefunden hat, aus dem Centrum her zu deduciren. Das ist nur möglich, wenn es eine centrale Funktion aller Vernunftthätigkeit gibt, deren Charakteristiken sich in allen besonderen Funktionen wiederfinden müssen. Indem Reinhold als diese die Vorstellungsfunktion bezeichnet, merkt er nicht, dass er Kants Primat der praktischen über die theoretische Vernunft damit aufgibt und zu dem psychologischen Princip des dogmatischen Rationalismus zurückkehrt. Seine beiden bedeutendsten Schriften, der »Versuch einer neuen Theorie des menschlichen Vorstellungsvermögens« (1789) und »das Fundament des philosophischen Wissens« (1791), für welche auch die »Beiträge zur Berichtigung bisheriger Missverständnisse der Philosophie« (1790) wichtige Ergänzungen bringen, entwickeln, dass der verlangte Fundamentalsatz, der seinem Begriffe nach nicht beweisbar, sondern unmittelbar evident sein müsse, ein Faktum, aber ein allgemeines und nothwendiges Faktum, das absolute Faktum aller Vernunftthätigkeit in seiner vollen, nur durch sich selbst gegebenen Bestimmtheit enthalten müsse. Dieses Faktum sei das Bewusstsein als das Vermögen aller Vorstellungsthätigkeit überhaupt. Nun enthalte jede Vorstellung das Bewusstsein von einem Subjekt, welches sie ausführe, und von einem Objekt, worauf sie sich beziehe, und von beiden werde die Vorstellungsthätigkeit als solche unterschieden. Der Fundamentalsatz, durch den alle Lehren der kritischen Philosophie bedingt seien, laute daher: Im Bewusstsein wird die Vorstellung durch das Subjekt vom Subjekt und vom Objekt unterschieden und auf beide bezogen. Reinhold berührt hier wirklich die letzte Thatsache aller psychologischen Analyse des Vorstellungsprocesses, jene geheimnissvolle Verschmelzung des Vorstellungsinhaltes mit der Position des Seins. Aber er benutzt

diese Analyse nur, um daraus gerade die Ansicht des naiven
Realismus von einer zwischen Subjekt und Objekt schwebenden
Vorstellungsthätigkeit als thatsächliche Wahrheit abzuleiten, worin
die theoretische Kritik Kants das Problem aller Probleme gesehen hat.

Von diesem Satz her ist es dann natürlich leicht, den Kantischen Gegensatz von Form und Inhalt des Denkens abzuleiten.
Muss in der Vorstellung etwas sein, was sich auf das Subjekt, und
etwas, was sich auf das Objekt bezieht, so ist klar, dass der Inhalt
von den Objekten, die Form vom Subjekte herstammt. Dabei ist
natürlich der Stoff das Gegebene, die Form das aus dem Wesen
des Geistes her Producirte. Der Kantische Gegensatz von Sinnlichkeit und Verstand in Beziehung auf denjenigen von Receptivität
und Spontaneität erscheint danach als das Selbstverständlichste
von der Welt. Um unsere Vorstellungen zu erklären, müssen wir
annehmen, dass ihr Stoff aus der Afficirung unserer Sinnlichkeit
durch die Dinge entspringt, und dass wir von uns aus die Form
hinzuthun. Aber die Wirkungen der Dinge auf uns sind nicht die
Dinge selbst; die Dinge an sich lassen sich also denken, müssen
gedacht werden, sind aber selbst nicht zu erkennen. Es ist klar,
das Reinhold damit aus dem Kantischen in den Lockeschen Phänomenalismus dem Princip nach zurückfällt, wenn er auch hinsichtlich der Lehren von Raum und Zeit (oder der primären Qualitäten)
durchaus auf Seiten Kants steht. Es ist deshalb unnöthig, zu verfolgen, wie Reinhold aus dem so aufgestellten Princip die einzelnen
Theile der Kantischen Lehre systematisch abzuleiten versuchte.
Er zeigt seine Verwandtschaft mit der vorkantischen Philosophie
auch darin, dass er auf diese theoretischen Bestimmungen auch die
praktischen gründete und den Kantischen Gegensatz von sinnlichen
und Vernunfttrieben als denjenigen von »Stofftrieb« und »Formtrieb« bezeichnete, woraus sich sowol die Autonomie der ihr
eigenes Formgesetz befolgenden Vernunft als auch die Heteronomie
jedes auf einen sinnlichen Gegenstand bezüglichen Willens ergab.
Kants Lehre war unter den Händen Reinholds scheinbar einfacher
und durchsichtiger geworden. Aber sie hatte dabei mit ihren
Schwierigkeiten einen grossen Theil ihrer Tiefe verloren. Reinhold
war dem praktischen Gesichtspunkte Kants allerdings darin gefolgt,
dass er den darauf begründeten Dualismus in schroffster Form auch
zum Princip der theoretischen Philosophie machte. Aber er meinte

diesen theoretischen Dualismus auch auf theoretische Gründe basiren zu können und knüpfte in Folge dessen den Kantischen Phänomenalismus an die Weltanschauung des naiven Realismus an. So machte er die Kantische Lehre genau zu dem Ungethüm, als welches Jakobi den kritischen Idealismus geschildert hatte. Bei ihm schwebte in der That die Erscheinungswelt in unerklärlicher Weise zwischen einem unerkennbaren x von Ding an sich und einem ebenso unerkennbaren x von Subjekt.

In dieser Formulirung der kritischen Philosophie waren die Gegensätze der verschiedenen Kantischen Gedankengänge und damit die Widersprüche, welche die Kritik der reinen Vernunft enthält, wenn man sie als ein für sich bestehendes Ganze betrachtet, gewissermassen handgreiflicher geworden, und gegen sie richtete sich deshalb auch der Hauptangriff von Seiten des Skepticismus. Während andere Skeptiker, wie Tiedemann es schon 1784 in den »Hessischen Beiträgen zur Gelehrsamkeit« aussprach, die Vernichtung der rationalistischen Metaphysik mit Freuden begrüssten, aber hinsichtlich Kants apriorischer Vernunfterkenntniss ihm vorwarfen, nicht skeptisch genug verfahren zu sein, gab Gottlob Ernst Schulze (1761—1833, erst Dozent in Wittenberg, dann Professor in Helmstädt, seit 1810 in Göttingen) in seinem »Änesidemus« (anonym 1792) eine vernichtende Kritik der Reinholdschen Elementarphilosophie. Er hat den glänzenden Scharfsinn derselben später noch einmal in seiner allgemeineren »Kritik der theoretischen Philosophie« (2 Bände, Hamburg 1801) bethätigt, in der Folgezeit aber sich mehr der Jakobischen Lehre und der empirischen Psychologie angeschlossen. Sein Hauptwerk sucht zu zeigen, dass auch die kritische Richtung, welche gegen den Rationalismus so vornehm thue, mit einer Reihe von Voraussetzungen desselben weiter operire, ohne auf die unwiderlegten Einwürfe der Skeptiker Rücksicht zu nehmen. Der »Satz des Bewusstseins« statuire für die Möglichkeit der Vorstellungen die vermeintlichen Bedingungen nach dem Grundsatze, dass, was nicht anders gedacht werden kann, auch so sei, wie es gedacht werden muss. Reinholds Theorie des Vorstellungsvermögens setze für alle Vorstellungsthätigkeiten ein gemeinsames Vorstellungsvermögen voraus. Aber dies könne sie nur dadurch erschliessen und seine Existenz nur darauf begründen, dass sie für die gleichartigen Vorstellungsfunktionen den Begriff einer sie alle erzeugenden Kraft hypostasire,

welche wieder nicht anders zu definiren sei, als durch die aus ihr
hervorgehenden Wirkungen selbst. Das Vorstellungsvermögen ist
selbst keine Thatsache. Die Lehre davon schliesst also über die
Erfahrung hinaus mit dem Begriffe der Kausalität. Diese Widerlegung trifft aber auch die Kritik der reinen Vernunft. Auch diese
will ja nur die Bedingungen der Erfahrung untersuchen, und sie
findet dieselben nach der Auffassung des Änesidemus nicht innerhalb, sondern ausserhalb derselben. Auch sie statuirt wie Reinhold, dass die Bedingung für die sinnlichen Empfindungen in der
Einwirkung der Dinge an sich liege. Auch sie statuirt in den reinen Formen der Vernunftthätigkeit allgemeine Vermögen, welche
der Erfahrung zu Grunde liegen sollen. Die Vernunft ist in Kants
Kritik selbst ein Ding an sich, und doch will die Kritik gerade von
diesem Ding an sich die allergenaueste Erkenntniss haben. Die
Kritik der reinen Vernunft behauptet, dass sowol die Vernunft-
vermögen als auch die Dinge an sich als Bedingungen, d. h. doch
wol als Ursachen und zwar ausserhalb der Erfahrung liegende Ursachen der Erfahrung angenommen werden müssen, und sie thut
das in Einem Athem mit ihrem Hauptsatze, dass man mit den Kategorien, also auch derjenigen der Kausalität über die Erfahrung
nicht hinausschliessen dürfe. Diese Einwürfe, die zum Theil
schon auch von den Wolffianern, z. B. von S c h w a b in dem Eber-
hardschen »Magazin« und von F l a t t in den »Tübinger Anzeigen«
hinsichtlich der Lehre vom Ding an sich und ihres Verhältnisses zu
Kants Theorie der Sinnlichkeit gemacht worden waren, treten bei
Änesidemus-Schulze als eine geschlossene und unwiderstehliche
Phalanx auf, und darin besteht die auch von Fichte sogleich er-
kannte Bedeutung dieses Werkes. Innerhalb der Kantischen Er-
kenntnisstheorie ist es der schreiendste aller Widersprüche, die
Ursache der Erfahrung in Dingen an sich und in transscendentalen
Vermögen zu suchen. Wenn die Kritik der reinen Vernunft die
Bedingungen der Erfahrung, d. h. etwas, was der Möglichkeit der
Erfahrung vorhergeht, analysiren und erweisen soll, so setzt sie
sich eine Aufgabe, deren Lösung sie selbst für unmöglich erklärt.
Und wenn darin kein Widerspruch wäre, so bliebe es doch eine
vollständig nutzlose Theorie: denn eine Ableitung des Erkennbaren
aus dem Unerkennbaren macht das Erkennbare in keiner Weise
begreiflicher. Namentlich aber zeige Kants und Reinholds Behandlung des Kausalitätsbegriffs und ihre widerspruchsvolle An-

wendung desselben, dass durch sie die Humesche Skepsis nicht im
Mindesten überwunden sei, sondern noch immer in voller Energie
bestehe.

Man muss bei allen diesen Bewegungen bedenken, dass dieselben sich durchaus nur auf die Kritik der reinen Vernunft bezogen,
und dass deshalb der Begriff des Dinges an sich, welcher bei Kant
das Bindeglied zwischen der theoretischen Philosophie und der
praktischen enthält, lediglich in seiner theoretischen Funktion aufgefasst und in dieser mit Recht als unhaltbar erfunden wurde.
Dadurch aber ist es gekommen, dass dieser Begriff, der für das
eigentliche Interesse von Kants Erkenntnisstheorie weit hinter
demjenigen der apriorischen Erkenntniss zurückstand, bei der
Weiterentwicklung in den Vordergrund trat, und dass man allgemein die Absicht der Kritik der reinen Vernunft, welche in Wahrheit auf die Begründung einer apriorischen Erkenntniss hinzielte,
bei ihrer Lehre vom Ding an sich suchte, eine Wendung, welche
dadurch nur gefördert werden konnte, dass die grosse Masse der
Gegner aus solchen Schul- und Popularphilosophen bestand, denen
es in erster Linie darum zu thun sein musste, Kants Widerlegung
der rationalen Erkenntniss von Dingen an sich als unberechtigt zurück-
zuweisen. Indem diese Einwürfe auf die Anhänger der Kantischen
Lehre zurückwirkten, musste unter denselben das Bestreben entstehen, den Begriff des Dinges an sich, der in der Reinholdschen
Fassung gewiss unhaltbar war, von seinen offenbaren Widersprüchen zu befreien. So lange aber, als man dabei nicht die praktische Tendenz der Kantischen Lehre in ihrer Beziehung zu der
theoretischen aufzufassen wusste und den Begriff des Dinges an
sich noch ebenso wie die Gegner von Seiten der rein theoretischen
Begründung nahm, bedurfte es, um deren Angriffen zu entgehen,
in der That einer wesentlichen Umbildung der Lehre vom Ding an
sich. In Folge dessen vollzog sich die Weiterentwicklung der
kritischen Philosophie zunächst an der Zersetzung des Begriffs des Dinges an sich.

Den ersten Schritt dazu that Salomon Maimon. Ein pol-
nicher Jude, 1757 in Litthauen geboren, hat sich dieser Mann mit
einer seltenen Begabung und mit eiserner Zähigkeit aus den elen-
den Verhältnissen seiner Jugend auf die Höhe der deutschen philosophischen Bildung emporgearbeitet. Als er sich aus dem verrotteten Dasein seiner Heimat, von tiefstem Wissensdurst getrieben,

herausriss, musste er zeitweise die letzte Neige der Noth und der Entwürdigung kosten. Erst die Gunst, welche ihm Mendelssohn zuwandte, gab ihm ein menschenwürdiges Dasein und liess die Kräfte seines Geistes in dem Studium der neueren Philosophie mit staunenswerther Geschwindigkeit sich entwickeln. Aber wieder rissen ihn die Reste seiner jugendlichen Verwahrlosung in das Elend eines vagabundirenden Lebens hinein, und erst im letzten Jahrzehnt seines 1800 endenden Lebens verdankte er der Protektion eines Grafen Kalkreuth eine Existenz, in der er nach dem Studium Kants eine originelle Umbildung der kritischen Erkenntnisstheorie in seinen Schriften ausführen und sich neben der »grenzenlosen Achtung« Fichtes und Schellings das Wort Kants verdienen konnte, dass keiner seiner Gegner ihn besser verstanden habe als er. Von den darauf bezüglichen Schriften sind hervorzuheben: der »Versuch über die Transscendentalphilosophie« (1790), »Über die Progressen der Philosophie« (1793), die »Kategorien des Aristoteles« (1794) und der »Versuch einer neuen Logik oder Theorie des Denkens« (1798).

Auf dem Standpunkt der theoretischen Vernunft, den Maimon allein einnimmt, ist das Ding an sich der absolute Widerspruch. Jedes Merkmal eines Begriffes existirt als Vorstellung im Bewusstsein, ist also vom Bewusstsein selbst abhängig und hat nur innerhalb desselben Sinn. Die Vorstellung eines vom Bewusstsein unabhängigen, merkmallosen (denn das heisst unerkennbaren) Dinges an sich ist deshalb undenkbar und völlig unmöglich. Das Ding an sich ist nicht nur nicht zu erkennen, es ist nicht einmal zu denken. Für die Kritik der Erkenntniss gibt es nur das Bewusstsein mit seinen Vorstellungen. Maimon zuerst hat den Muth, sich zu jenem strengsten Idealismus zu bekennen, den Jakobi als die nothwendige Consequenz des transscendentalen behauptet hatte. Alle Erkenntniss ist deshalb nur aus dem Bewusstsein abzuleiten und reicht nur so weit als dieses selbst. Man versteht aber, wie die Täuschung, das Ding an sich sei wenigstens denkbar, entstanden ist, am besten, wenn man verfolgt, wie Reinhold dieselbe begründet. Er glaubte zur Annahme von Dingen an sich genöthigt zu sein, um den Stoff der Vorstellungen ihren Formen gegenüber zu erklären. Darin ist das richtig, dass dieser Stoff aus dem Bewusstsein nicht abgeleitet werden kann. Das Bewusstsein findet ihn vielmehr in sich als ein nicht von ihm Producirtes, als ein »Gegebenes« vor. Wenn sich

aber die Erklärung dieses Gegebenen aus einer Afficirung durch
Dinge an sich von selbst verbietet, so bleibt nur übrig, dem Begriff des Stoffs unserer Vorstellungen eine andere Formulirung zu
geben. Indem er dieses versucht, führt Maimon eine der wesentlichsten Lehren von Leibniz neu und fruchtbar in die kritische Erkenntnisstheorie ein, ohne davor zurückzuschrecken, dass er damit
der psychologischen Annahme von dem principiellen Gegensatze
von Sinnlichkeit und Denken, der Kant in seiner Entwicklung so
viel verdankte, wieder vollkommen entgegentrat. Wie Leibniz
machte er nämlich darauf aufmerksam, dass wir ein vollständiges
Bewusstsein nur von demjenigen haben, was das Bewusstsein aus
sich selbst erzeugt. In jedem Falle also, wo wir in unserem Bewusstsein etwas vorfinden, von dem wir nicht wissen, wie es zu
Stande gekommen ist, und welches wir deshalb als gegeben oder
empfangen zu bezeichnen pflegen, haben wir von dem Gegenstande
nur ein unvollkommenes Bewusstsein. Es sind die »petites per-
ceptions« von Leibniz, welche Maimon für die kritische Lehre fruchtbar macht. Diese Verwandtschaft kommt auch im Ausdruck zu
Tage: Maimon nennt das Gegebene »die Differentiale des Bewusstseins«.*) Kants Gegensatz von Receptivität und Spontaneität ist
derjenige von unvollständigem und vollständigem Bewusstsein.
Dieser aber ist nicht mehr principieller, sondern gradueller Art.
Von dem vollständigen Bewusstsein her, welches seine eigenen
reinen Formgesetze zum Inhalt hat, bis zu dem unvollständigen Bewusstsein der bloss gegebenen Empfindung ist eine stetige und allmähliche Abnahme der Vollständigkeit des Bewusstseins in unserer
Erfahrung aufzuweisen. Und die Idee eines nur Gegebenen, die Idee
eines von dem Bewusstsein gar nicht producirten Bewusstseinsinhaltes
ist deshalb nach Kantischem Princip nur der Grenzbegriff für diese
unendliche Reihe, in der die Vollständigkeit des Bewusstseins ab-
nimmt. Das Gegebene also, der Stoff der Vorstellung ist dasjenige,
dessen Genesis im Bewusstsein dem Bewusstsein selbst unbekannt
ist; es ist das im Bewusstsein selbst unbewusst Producirte, und
der Begriff des Dinges an sich ist der Grenzbegriff für das vollständige Bewusstsein. Für die Kantisch-Reinholdsche Fassung ist
er nicht ein unbekanntes x, sondern, um in der mathematischen
Formel zu bleiben, eine vollkommen imaginäre Grösse, $\sqrt{-1}$; für

*) Vgl. Bd. I dieses Werkes, pag. 466 f.

13*

Maimon ist er der Grenzbegriff einer unendlichen Reihe oder die Idee
der Lösung einer unlösbaren Aufgabe, eine irrationale Grösse, $\sqrt{2}$.
Der Begriff des Dinges an sich bezeichnet lediglich das Bewusstsein
davon, dass es eine Grenze gibt, an welcher unser Bewusstsein
seinen Inhalt nicht mehr vollständig zu durchdringen vermag. Er
ist das Bewusstsein von einer irrationalen Grenze der
rationalen Erkenntniss. So vollzieht Maimon mit voller
Consequenz diejenige Betrachtung des Ding-an-sich-begriffes, welche auf dem Standpunkte der bloss theoretischen Vernunft die allein
folgerichtige ist, und welche auch bei Kant angeschlagen worden
war, ohne zum vollen Austrage zu kommen, da für ihn diese irrationale Grösse der theoretischen Vernunft zugleich ein Objekt der
praktischen Vernunft darstellte. Jetzt erst ist das Ding an sich zum
wahren und reinen Grenzbegriffe geworden, indem es jede metaphysische Realität abgestreift hat.

Auf diesem Standpunkte hat nun natürlich auch die Frage nach
der Erkennbarkeit der Dinge an sich gar keinen Sinn mehr, sondern die erkenntnisstheoretische Untersuchung hat nur auf den
Umkreis der Vorstellungen das kritische Princip der grösseren oder
geringeren Vollständigkeit des Bewusstseins anzuwenden. Denn
es ist klar, dass von demjenigen, wovon wir nur ein unvollstän-
diges Bewusstsein haben, wir auf immer nur eine unvollständige
Erkenntniss behalten müssen. Das kritische Cardinalprincip, dass
wir nur vollständig erkennen, was wir selbst erzeugen, stellt sich
bei Maimon in dieser neuen Form dar, dass nur die Gegenstände
des vollständigen Bewusstseins auch solche der vollständigen Erkenntniss sein können. Nun ist aber jeder Inhalt der Erfahrung
nur ein Gegenstand des unvollkommenen Bewusstseins. Alle wahr-
hafte Erkenntniss ist also auf die Formen des Bewusstseins beschränkt. Somit gibt es nur zwei absolut evidente Wissenschaften: die Mathematik und die Transscendentalphilosophie, jene die
Lehre von den Formen der Anschauung, diese von denjenigen des
Denkens. Von der gegebenen Erfahrung dagegen gibt es immer
nur unvollständige, niemals nothwendige und allgemeine Erkenntniss, da die Empfindung stets Gegenstand des unvollständigen Bewusstseins ist. Dieser kritische Skepticismus nimmt den
Zweifel an der Apodikticität der Erfahrung in den transscendentalen Apriorismus hinein und schränkt die Grenze der nothwendigen und allgemeingültigen Erkenntnisse noch mehr ein. Jener

Zweifel aber ist von dem Humeschen grundverschieden. Er bezieht sich nicht auf die Nothwendigkeitsverknüpfungen zwischen den einzelnen Elementen der Erfahrung, sondern er behauptet die Unvollständigkeit des Bewusstseins schon hinsichtlich des einzelnen thatsächlichen Empfindungsgehaltes, während Humes Empirismus gerade die reine und nackte Constatirung von Thatsachen als die zweifelloseste Funktion unserer Erkenntniss bezeichnet hatte. Dieser Unterschied des empiristischen und des kritischen Skepticismus hat aber zuletzt darin seinen Grund, dass für jenen auf dem dogmatischen Standpunkte des naiven Realismus das Gegebensein der Empfindung gar kein Problem bildete, während dasselbe für die kritische Erkenntnisstheorie zu dem schwersten aller Probleme werden musste, sobald der problematische Charakter des Ding-an-sich-begriffes zum klaren Bewusstsein gelangte. Kant noch hatte dies Problem nur gestreift. Theils war es in der produktiven Einbildungskraft der transscendentalen Analytik berührt, theils in den Paralogismen dahin angedeutet worden, dass die Verknüpfung des spontanen Denkens mit der sinnlichen Receptivität in demselben Bewusstsein die unlösliche Grenzfrage der Psychologie bilde. Es ist Maimons grosses Verdienst, den skeptischen Angriffen gegenüber dies Problem in seiner Reinheit herausgestellt zu haben. Aber was seine Lehre gibt, ist auch nur die Stellung der Frage und nicht die Lösung. Denn wie das Bewusstsein zu jenen unvollkommenen Funktionen der »Unvollständigkeit« kommt, welche sich in der Empfindungsthätigkeit darstellen, das blieb für ihn eine aus dem Wesen des Bewusstseins selbst undeducirbare Thatsache. Maimon hatte die Grenze der theoretischen Vernunft erreicht; die Lösung seines Problems war nur dadurch möglich, dass der Primat der praktischen Vernunft in seiner ganzen auch erkenntnisstheoretischen Bedeutung erfasst und systematisch zur Lösung der kritischen Gesammtaufgabe verwandt wurde. In dieser Einsicht liegt die grosse und entscheidende Bedeutung Fichtes.

§ 63. Der ethische Idealismus.
Fichte.

Johann Gottlieb Fichte war 1762 in dem Dörfchen Rammenau in der Oberlausitz als der Sohn eines Leinewebers geboren und wurde durch die Unterstützung des Freiherrn von Miltitz in Schulpforta und später im theologischen Studium zu Jena und Leipzig ausgebildet. Nach Beendigung der Studien hatte er lange mit Noth und Armuth zu kämpfen, war an verschiedenen Orten Hauslehrer und fand nur eine Zeit lang in Zürich eine freundliche Existenz. Im Jahre 1790 lebte er sich in Leipzig auf äussere Anregung schnell in die Kantische Philosophie ein, fand in ihr und gerade in ihrem praktischen Theile die Erhebung über die schweren Zweifel, in welche er durch den überwältigenden Eindruck des Spinozistischen Determinismus gestürzt worden war, und beherrschte ihre Gedankenwelt und ihre Methode bald derartig, dass, als er kurz darauf nach Königsberg verschlagen wurde, er dort dem grossen Meister sein schnell geschriebenes Erstlingswerk, die »Kritik aller Offenbarung« vorlegen konnte und dessen vollen Beifall damit erwarb. Kant sorgte für ihn in zartfühlender Weise nicht nur dadurch, dass er ihm eine angenehme Stellung verschaffte, sondern indem er jener Schrift zum Druck verhalf. Der Zufall wollte es, dass der Name des Verfassers auf dem Titel fortblieb, dass in Folge dessen alle Welt in diesem Buche die mit äusserster Spannung erwartete Religionsphilosophie Kants sehen zu dürfen glaubte, und dass, als Kant den Namen des wahren Verfassers öffentlich verkündete, der Ruhm desselben mit Einem Schlage begründet war. 1793 wiederum nach Zürich zurückgekehrt, trat Fichte dort mit Pestalozzi und Baggesen in fruchtbare Berührung, veröffentlichte seine »Beiträge zur Berichtigung der Urtheile des Publikums über die französische Revolution« und seine »Zurückforderung der Denkfreiheit von den Fürsten Europas«, und hielt vor einem ausersehenen Kreise Vorträge über die Kantische Philosophie und die in seinem Kopfe sich bereits gestaltende Umbildung derselben. Im folgenden Jahre ward er bei Reinholds Abgang auf die Jenenser Professur berufen und begann nun hier eine glückliche und grossartige akademische Thätigkeit, welche mehr durch seine eigene Hartnäckigkeit als durch den Widerstand feindlicher Elemente getrübt und schliesslich in traurigster Weise beendet wurde. Fichte war ein Charakter von stählerner Energie, aber auch von jener Rücksichtslosigkeit, welche, indem sie der Welt ihr Gesetz vorschreiben will, an den Gesetzen der Welt so leicht scheitert. Er war getragen von einem reformatorischen Bedürfniss ohne Gleichen; es war ein Prophetengeist in ihm. Ihm war es völlig Ernst damit, dass die neue Philosophie ein Ideal der Überzeugung aufstelle, welches berufen sei, die im Argen liegende

Welt von Grund aus umzugestalten, und er besass die Kantische
Hingebung an dies Ideal, er rang für dasselbe ohne nach rechts und
links zu schauen, und verkündete das Evangelium des kategorischen
Imperativs, ohne darum zu fragen, ob seine eigene, ob irgend eine
andere Existenz darüber zu Grunde ging. Er war der Mann der
Pflicht, wie sie Kant aufgestellt hatte, der eiserne Wille, der nur
selbst sich das Gesetz gibt. Aber er war unfähig, mit den Verhältnissen der Wirklichkeit zu paktiren, und er schadete mit seiner
Starrköpfigkeit nicht nur sich selbst, sondern am meisten der guten
Sache, die er vertrat. Ein geborener Redner, entwickelte er eine
mächtige Wirkung auf die studirende Jugend, und begann sogleich
an der Umgestaltung des Studentenlebens zu arbeiten, welches er
in das wüste [Wesen der Landsmannschaften versunken vorfand.
Trotz des grossen Erfolges ergaben sich daraus [bald Conflikte mit
den Kirchenbehörden und mit der Studentenschaft, welche ihn ver-
anlassten, den Sommer 1795 in Osmannstädt zuzubringen. Am
schärfsten aber trat seine ganze weltfremde Rücksichtslosigkeit
in der Tragödie des Atheismusstreites zu Tage. In dem von ihm und
Niethammer herausgegebenen »philosophischen Journal« hatte
sein Schüler Forberg eine »Entwicklung des Begriffs der Religion« gegeben, welcher Fichte selbst einen Aufsatz »Über den Grund
unseres Glaubens an eine göttliche Weltregierung« beifügte. Ano-
nyme Denunciationen, welche seinen akademischen Feinden nicht
fern standen, brachten es dahin, dass das Journal wegen des
Atheismus seines Inhaltes von der kursächsichen Regierung confis-
cirt und von derselben die Weimarische Regierung zu einem Vorgehen gegen Fichte gedrängt wurde. Goethe gab sich alle erdenk-
liche Mühe, die Sache auf diplomatischem Wege beizulegen. Aber
Fichte verdarb alles, indem er einerseits seiner begründeten Ent-
rüstung über die niederträchtigen Machinationen und Verdächtigungen in seiner »Appellation an das Publikum wegen der Anklage
des Atheismus« und in der »gerichtlichen Verantwortungsschrift«
öffentlich den schärfsten Ausdruck lieh, andererseits in dem naiven
Vertrauen, [die Collegen würden das Versprechen, mit ihm aus
Jena wegzugehen, im Falle der Entscheidung halten, der Regierung
mit seinem und vieler anderen Professoren Abgange drohte, sobald
er auch nur einen Verweis erhielte. Einer solchen Sprache konnte
die Regierung, so wenig sie es gewollt hatte, nur mit dem Verweise
antworten, und Fichte ging 1799 von Jena fort — allein. Er

wandte sich nach Berlin, wo er in den Kreisen der Romantiker
einen für die Umwandlung seiner Anschauungen wichtigen Umgang
fand und in den nächsten Jahren private Vorlesungen hielt. 1805
folgte er einem Ruf an die damals preussische Universität Erlangen
mit der Erlaubniss, im Winter in Berlin seine privaten Vorlesungen
fortzusetzen. Aber das folgende Jahr warf auch seine äussere Existenz zu Boden. Er wanderte mit den Trümmern der preussischen
Monarchie in den fernen Osten, hielt vorübergehend in Königsberg
Vorlesungen und musste schliesslich über Memel und Kopenhagen
fliehen. Trotzdem kehrte er nach Berlin zurück und hielt hier
mitten in der Napoleonischen Herrschaft unangefochten jene gewaltigen »Reden an die deutsche Nation« (1808), welche das lebendige Denkmal seiner feurigen Überzeugung bleiben und in der Geschichte der Erweckung des deutschen Nationalgefühls einen der
ersten Plätze einnehmen. Sie enthalten in populärer Form und in
ergreifender Rethorik den Ausdruck für jene grösste Thatsache der
deutschen Geschichte, dass unsere Nation die Existenz, die sie in
der äusseren Welt durch ihre Schuld verloren, nur durch eine
Wiedergeburt der Gesinnung und der Bildung wiedergewinnen
konnte. Als aus diesem Geiste heraus die Berliner Universität gegründet wurde, geschah das zwar nicht nach dem völlig undurch-
führbaren Plane Fichtes, sondern nach demjenigen Schleiermachers.
Aber Fichte wurde nicht nur der erste Professor der Philosophie,
sondern auch der erste Rektor derselben, und er legte dieses Amt
nur wegen der Conflikte nieder, in die ihn seine Reformpläne
wieder mit der Studentenschaft gebracht hatten. Als dann die
deutsche Nation in neu entflammter Gesinnung und mit dem ganzen
Ernste einer sittlichen Überzeugung auszog, um sich wenigstens
von der äusseren Knechtschaft zu befreien, als es sich Fichte versagt sah, in den Reihen der Kämpfer selbst aufzutreten, da liess
er sein mächtiges Wort »über den wahren Krieg« erschallen und
widmete sich mit seiner Gattin der Pflege der verwundeten Krieger.
In dieser hingebenden Pflichterfüllung fand er seinen Tod, indem
ihn das Lazarethfieber 1814 dahinraffte.

Fichtes Stellung zur Kantischen Philosophie war diejenige,
dass er vermochte, was Reinhold forderte: die methodische Ableitung aller ihrer Lehren aus einem Princip. Wenn Reinhold mit
der Aufstellung dieses Gedankens seine Bedeutung erschöpft hatte,
so kam das daher, dass er ein viel zu wenig systematischer Kopf

war, um für diese Ableitung eine Methode zu finden. Bei Fichte liegt deshalb die Hauptsache in dem methodischen Princip. Die stetigen Umarbeitungen, welchen er seine »Wissenschaftslehre« unterzogen hat, und welche sogar eine Veränderung seiner philosophischen Weltanschauung mitgemacht haben, bewegen sich doch sämmtlich innerhalb derselben Methode, welche er seit 1794 in seinen Schriften wie auf dem Katheder anwandte. Wenn es sich darum handelt, die einzelnen Funktionen der Vernunft, welche Kant aus den einzelnen Problemen heraus analysirt hat, als die nothwendigen Ausgestaltungen einer allgemeinen Grundthätigkeit zu entwickeln, so ist es nur eine äusserliche Lösung dieser Aufgabe, dass Reinhold einen centralen Satz aufgestellt und aus der successiven Application desselben an die verschiedenen empirischen Thätigkeiten die besonderen Lehren abgeleitet hat. Was Fichte verlangt, ist die Einsicht in die innere Nothwendigkeit, mit welcher sich die allgemeine Vernunftfunktion gerade in diese bestimmten aus der Erfahrung bekannten besonderen Funktionsformen gliedert. Diese Erkenntniss aber ist nicht selbst aus der Erfahrung zu gewinnen. Sie kann nur dadurch zu Stande kommen, dass man die Vernunftthätigkeit selbst auf ihre immanenten Nothwendigkeiten hin untersucht. Aber diese Nothwendigkeiten können keine von vornherein gegebenen und damit in letzter Instanz irgend wo anders herstammenden sein. Denn die Vernunft kennt theoretisch wie praktisch nichts als sich selbst. War daher Kants Kritik überall bei der Organisation der menschlichen Gattungsvernunft als bei dem Letzten und Höchsten stehen geblieben, so stellt die Fichtesche Philosophie sich die Aufgabe, diese Organisation zu begreifen: aber sie kann nach Kantischem Princip aus nichts anderem als aus sich selbst begriffen werden. Sie ist autonom: sie selbst, diese Organisation, muss als ein Organismus gedacht werden, der in allen seinen besonderen Funktionen durch die Idee des Ganzen bedingt ist. Soll der Zusammenhang der Vernunftthätigkeiten verstanden werden, so ist derselbe nicht durch naturgesetzliche Nothwendigkeit aus irgend etwas anderem abzuleiten; denn von dieser naturgesetzlichen Nothwendigkeit hat die Kritik der reinen Vernunft bewiesen, dass sie selbst nur eine Vernunftform der Erscheinungswelt ist. Der Zusammenhang der Vernunftthätigkeiten ist nur aus einem absoluten Princip der Vernunft selbst abzuleiten. Ein solches absolutes Princip aber ist nur der Zweck.

Will man die Organisation der menschlichen Vernunft deduciren, so ist das nur dadurch möglich, dass man alle ihre einzelnen Funktionen als die nothwendig zu ergreifenden Mittel entwickelt, welche dem letzten Zwecke der Vernunftthätigkeit dienen müssen. Das ist der Fichtesche Grundgedanke. Es ist die völlige Durchführung des Primates der praktischen über die theoretische Vernunft, und dies ist der Grund für die ausschliesslich teleologische Gestalt, welche die Fichtesche Lehre bis in ihre einzelnen Theile hinein trägt. Die Deduktion der Wissenschaftslehre hat nur die Aufgabe, aus dem höchsten Zwecke der Vernunft das System aller der Thätigkeiten zu entwickeln, mit denen dieselbe diesen Zweck realisirt. In diesem Sinne nennt sich Fichtes Lehre eine »Geschichte des Bewusstseins«. Aber diese Geschichte ist keine Erzählung kausal nothwendiger, sondern eine Entwicklung teleologisch nothwendiger Processe. Alles, was Kant von reinen Formen der Vernunftorganisation gefunden hat, findet darin eine Stelle, an der es als die nothwendige Lösung einer nothwendigen Aufgabe erscheint. Alle Vernunftformen bilden ein teleologisches System, welches durch eine letzte und höchste Aufgabe bedingt ist.

Ein solches System ist nur dadurch möglich, dass das gesammte Wesen der Vernunft in einer Thätigkeit gesucht wird, welche um eines in ihr selbst begründeten Zweckes willen sich vollzieht. Die Fichtesche Lehre muss so in ihren Begriff der Vernunft einen ursprünglichen Gegensatz zwischen der ihr durch sie selbst gesetzten Aufgabe und ihrer Thätigkeit annehmen, und sie muss diesen Gegensatz als einen der Vernunft wesentlichen betrachten, weil sich nur aus ihm jede besondere Vernunftfunktion erklärt. Der Gegensatz einer Aufgabe und eines in unendlicher Annäherung auf die Realisirung derselben gerichteten Strebens bestimmt deshalb den Fichteschen Begriff der Vernunft. Jener sittliche Gesichtspunkt, den Lessing und Kant aufgestellt hatten, wird von Fichte zum Cardinalprincip der Philosophie gemacht, und die Ueberzeugung, dass der Grund aller Wirklichkeit in dem Ideal zu suchen sei, das sie erfüllen soll, diese Grundüberzeugung prägt seiner Lehre den Charakter des ethischen Idealismus auf.

Aus derselben ergibt sich aber auch unmittelbar die so folgenreiche Methode der Wissenschaftslehre. Gelten alle Vernunfthandlungen als das System von Mitteln für die Erfüllung einer Aufgabe, so muss innerhalb der Vernunft selbst ein Widerspruch existiren

zwischen dieser Aufgabe und ihrem Thun. Denn die völlige Coincidenz beider müsste das ganze Wesen dieser Funktionen ebenso
hinfällig machen, wie für Kant das Sittengesetz gegenstandslos erschien, sobald seine völlige Realisirung gesichert war. Der Begriff
des Sollens, der nun von Fichte zum Centralbegriff der gesammten
Philosophie gemacht wird, verlangt den Widerspruch zwischen
der Aufgabe und dem wirklichen Thun, und diesen Widerspruch
verlegt die Wissenschaftslehre in das Wesen der Vernunft. Ihre
teleologische Deduktion der Vernunfthandlungen läuft darauf hinaus, dass gezeigt wird, wie durch den Widerspruch zwischen der
Aufgabe und dem ersten Thun sich die Nothwendigkeit eines
zweiten ergibt, wie auch dieses sich als unzulänglich erweist und
dadurch ein drittes bedingt u. s. f., bis entweder ein processus
in infinitum sich darstellt oder durch die Rückkehr zu der ersten
Thätigkeit der gesammte Kreis der Vernunfthandlungen sich systematisch abschliesst. In diesem Sinne ist Fichtes Methode diejenige
der Widersprüche, und seine Entwicklung der Vernunftformen
aus dem Grundprincip ist deshalb Dialektik. Auf diese dialektische Methode, welche sich am liebsten in der trichotomi-
schen Eintheilung und in dem Verhältniss von Thesis, Antithesis
und Synthesis bewegt, hatte gelegentlich schon Kant hingewiesen;
ja die ganze Dreitheilung seines Systems beruhte ja darauf, dass
zwischen theoretischer und praktischer Philosophie ein Gegensatz
obwaltete, aus welchem sich die Aufgaben der ästhetischen entwickelten. Hatte Kant als Grundverhältniss hier gelehrt, dass die
zunächst unvereinlichen Funktionen des Wissens und des Begehrens
in der Form des Gefühls eine Synthesis zu finden vermögen, hatte
z. B. auch seine theoretische Philosophie in Bezug auf den Gegensatz
von Sinnlichkeit und Verstand in der Einbildungs- oder der Urtheilskraft eine Andeutung von der gemeinsamen Wurzel beider Funktionen hervortreten lassen, so macht Fichte dies Verhältniss zu einer
dialektischen Methode, mit der er das ganze System der Vernunfthandlungen aus ihrer letzten Aufgabe zu entwickeln unternimmt.

Ist damit der Grundcharakter von Fichtes Philosophie gekenn-
zeichnet, so hatte dieselbe diese ihre Aufgabe erst aus dem gegebenen Standpunkte der philosophischen Forschung heraus und
andererseits aus dem allgemeinen Denken zu entwickeln. Die
häufigen Umarbeitungen der Wissenschaftslehre beweisen, dass
Fichte sich damit immer nicht genug that, und doch mögen manche

der anfänglichen Darstellungen die besten geblieben sein. Die ungewöhnliche Höhe der Abstraktion, auf welcher sich diese Untersuchungen bewegen, und die vollkommene Neuheit der sich darin entwickelnden Ansichten bildeten für die sprachliche Darstellung ausserordentlich grosse Schwierigkeiten, und so sehr es dem Denker an gewissen Punkten gelang, derselben Herr zu werden, so gewaltthätig musste er an anderen der gewöhnlichen Sprache gegenüber verfahren. Für den modernen Geschmack, der es liebt, die Gedanken so platt ausgedrückt zu finden, dass er selbst so wenig wie möglich Arbeit daran hat, werden daher alle jene Bearbeitungen Fichtes ungeniessbar bleiben. Um so unberechtigter ist die Keckheit, mit der heutzutage diejenigen, welche nie einen Satz von ihm verstanden haben, über ihn abzusprechen pflegen. Für die Einführung in den Standpunkt der Wissenschaftslehre dürften die beiden Einleitungen in dieselbe (1797), eine Meisterleistung von dialektischer Entwicklung, für die Vertiefung in das Ganze die »Grundlage der gesammten Wissenschaftslehre« (1794) das Geeignetste sein. Die populärste Darstellung des Zusammenhanges seiner theoretischen und seiner ethischen Lehre hat er in »der Bestimmung des Menschen« (Berl. 1800) gegeben, wobei jedoch nicht zu übersehen ist, dass sich in dieser Schrift schon die Anfänge seiner später (§ 67) zu berührenden Umwandlung des metaphysischen Gesichtspunktes zeigen.

Wenn Fichte der Philosophie den deutschen Namen der Wissenschaftslehre gab, so bezeichnete er damit die volle Geltung, welche durch Kant der erkenntnisstheoretische Standpunkt im Mittelpunkte des philosophischen Denkens gewonnen hatte. Sind die übrigen Thatsachen gruppenweise auf die anderen Wissenschaften vertheilt, so ist es die Erklärung des Wissens, was der Philosophie eine besondere Aufgabe gibt und eine besondere Methode aufnöthigt. Zu dieser Erklärung hat das naive Bewusstsein den Gegensatz von Subjekt und Objekt. Der Dogmatismus erklärt das Bewusstsein aus Dingen an sich, der Idealismus erklärt die Dinge aus dem Bewusstsein, der Synkretismus versucht mehr oder minder geschickte Verschmelzungen von beiden und ist als Halbheit für Fichte von vornherein verdammt. Der Dogmatismus, als dessen Typus er die Lehre Spinozas betrachtet, ist unfähig, aus dem Sein die Vorstellung abzuleiten. So consequent er in sich sein mag, er scheitert an dem Probleme des Ich, des Selbstbewusstseins. Deshalb bleibt nur die andere volle und ganze Consequenz übrig, den Idealismus so auszubilden, dass aus dem Subjekt das Objekt, aus der Vorstellung das Sein erklärt wird. Dieser Idealismus hat darin auch seinen besonderen Grund, dass, wie es auch metaphysisch um die Dinge bestellt sein möge, das Bewusstsein jedenfalls sich selbst das Nächste ist und nur von sich aus auch zur Vorstellung des Seins gelangen kann.

Der Begriff des Wissens kann deshalb auch bei Fichte nicht in der Übereinstimmung von Gegenständen und Vorstellungen gesucht werden, sondern setzt die immanente Bestimmung voraus, dass es innerhalb der Vorstellungen solche gibt, welche mit dem Gefühle der Nothwendigkeit auftreten. Kant hat diese einzeln aufgesucht, aber Reinhold hat mit Recht gelehrt, dass das Wissen nur als System möglich ist. Wenn es ein Wissen als kritisches System geben soll, so kann dasselbe nur in einem System nothwendiger Handlungen der Intelligenz gesucht werden. Aber zu dieser Aufsuchung muss die Philosophie von einem Satze ausgehen, der in Form und Inhalt durch sich selbst nothwendig bestimmt ist. Allein dieser Satz darf nicht der Reinholdische sein. Er darf nicht ein todtes Wissen von irgend welchen Verhältnissen und Beziehungen enthalten wollen, sondern er muss nothwendig die voraussetzungslose Urhandlung aller Vernunft, er muss den ursprünglichen Process des Denkens in sich tragen. Er darf nicht der Ausdruck einer Thatsache sein, sondern derjenige einer Funktion, einer Handlung, welche nichts voraussetzt und alles zu ihrer Folge hat, welche deshalb eine freie That im eigentlichsten Sinne des Wortes ist — der Ausdruck einer »Thathandlung«. Diese ursprünglichste und allgemeinste, durch keinen weiteren Inhalt und durch keine Formbeziehung oder Kategorie bedingte Thathandlung besteht darin, dass das Bewusstsein sich selbst denkt. Die räthselhafte Rückbeziehung auf sich selber, welche darin liegt, bezeichnet die Sprache mit dem Worte Ich. In diesem Sinne, nicht als das empirische Selbstbewusstsein einer einzelnen Persönlichkeit, sondern als das allgemeinste und ursprünglichste Handeln des vernünftigen Denkens ist das Ich oder das reine Selbstbewusstsein das Princip der Philosophie.

»Das Ich setzt sich selbst«. Dieser Satz soll im Beginne der Fichteschen Philosophie nicht eine Thatsache behaupten, sondern vielmehr die Funktion aussprechen, durch welche alles Denken bedingt ist. Die Philosophie soll nicht mit einer Behauptung beginnen. Behauptungen sind immer anfechtbar und niemals ein absolutes Princip. Der Anfang der Philosophie bilde nicht irgend ein Satz, über den sich streiten lässt oder der Voraussetzungen enthält, sondern vielmehr eine Forderung, die Urhandlung alles vernünftigen Denkens auszuführen. Wie der Geometer damit beginnt, dass er verlangt: Stelle den Raum vor, — so der Philosoph der Wissenschaftslehre mit dem Postulate: Denke dich selbst. Mit diesem Akte des Selbstdenkens wird die Vernunft erzeugt. Sie ist nur durch diesen Akt. Sie ist deshalb nicht etwas von irgendwo andersher Gegebenes oder Ableitbares. Sie entsteht nur durch diesen räthselhaften Akt des sich selber Denkens. Die Vernunft ist die sich selbst schaffende Handlung, das sich selbst erzeugende Thun, und die Philosophie fordert jeden auf, dieses Thun in sich zu erzeugen. Fichtes Verhältniss zu Kant lässt sich hiebei am besten übersehen. Für Kant war die Vernunft mit ihren Formen eine gegebene Organisation, welche in der kritischen Reflexion sich als allgemeine überindividuelle Thatsache offenbarte. Für Fichte besteht diese Organisation nur in der Selbsterzeugung der Vernunft. Seine Lehre enthält die Ausdehnung des Begriffs der Autonomie über die gesammte und speziell über die theoretische Vernunft. Er will zeigen, dass jene überindividuelle Organisation, in welcher Kant den Grund aller Apriorität suchte, überall, an welchem Inhalt sie sich auch entwickle, eine sich selbst erzeugende That des vernünftigen Denkens enthalte. Kant hatte diesen Gedanken in der Lehre von der transscendentalen Apperception berührt, er hatte darin gezeigt, dass die Kategorien nur die Funktionsformen des reinen Selbstbewusstseins sind, und dieser dunkelste Theil seiner Lehre wurde hier zu dem Lichte, welches den Nachfolgern den Weg zeigte. Der Akt des Selbstbewusstseins, das ist die Summe der Fichteschen Erkenntnisstheorie, ist die ursprüngliche Handlung, aus der die gesammte Vorstellungswelt mit ihrem Inhalte und ihrer Form sich ableitet. Nur wenn man von diesem Standpunkt aus die Kantische Lehre betrachtet, verschwinden die Widersprüche, welche sich aus der realistischen Fassung vom Ding an sich ergeben haben. Es ist unmöglich, die Vorstellung durch Dinge bestimmt zu denken. Aber es ist möglich, in den nothwendigen Handlungen der Intelligenz diejenige aufzudecken, durch welche die Vorstellung von Dingen und ihrer Realität hervorge-

bracht wird. Wenn es unter den Funktionen des empirischen Bewusstseins keine solche gibt, so muss der Grund für die Vorstellung von Dingen in einem ursprünglichen Vorstellen, in jenem
reinen Selbstbewusstsein gesucht werden, ohne welches auch nach
Kant, kein empirisches möglich ist. In diesem Sinne erklärte Fichte
auch gegen den ausdrücklichen Widerspruch von Kant, dass seine
Lehre nichts als der wohlverstandene und consequent durchgeführte
Kriticismus sei, und in diesem Sinne stimmte ihm hinsichtlich der
theoretischen Deduktionen Sigismund Beck (1761—1842, später
Professor in Rostock) bei, welcher unter Billigung des Meisters einen
»erläuternden Auszug aus den Schriften des Herrn Professor Kant«
herausgegeben hatte und nun, vielleicht schon unter dem Einfluss
der Wissenschaftslehre einen dritten Band unter dem Titel: »Einzig
möglicher Standpunkt, aus welchem die kritische Philosophie beurtheilt werden muss« (1796) hinzufügte. Der reine und volle Idealismus, welchen diese interessante »Standpunktslehre« vertrat, wendete sich namentlich gegen Reinhold, welcher Kant durch seine Fassung der Lehre vom Ding an sich zum Dogmatiker gemacht habe, und
suchte den wahren Schlüssel zum Verständniss Kants in der Lehre
von der transscendentalen Apperception. Es gibt kein Band zwischen Vorstellungen und Dingen an sich. Gegenstände, welche
als Norm der Richtigkeit dem individuellen Bewusstsein gegenübergestellt werden sollen, sind mit den Vorstellungen des letzteren
nur dann vergleichbar, wenn sie selbst Vorstellungen sind, und
sie können als solche nur dadurch aufgefasst werden, dass sie als
Produkte eines »ursprünglichen Vorstellens« gelten, welches allem individuellen Bewusstsein vorhergeht. Es ist nicht zu
leugnen, dass zwischen diesem Beckschen Standpunkte und dem
Berkeleyschen nur äusserst schwierig die Grenzen zu ziehen sein
würden. Aber auf ihm standen auch weder Kant noch Fichte;
Kant nicht, insofern er an der Realität der Dinge an sich festhielt,
Fichte nicht, insofern er der spiritualistischen Grundlage des englischen Denkers gänzlich fern stand, namentlich aber insofern er
die Voraussetzungen für jenes ursprüngliche Vorstellen in der
praktischen Vernunft suchte. Auch Beck hat die Lehre vom Ding
an sich lediglich als ein theoretisches Problem behandelt und deshalb konnte auch sein Standpunkt nicht der abschliessende für dieselbe sein.

Aus jenem Grundprincip der Fichteschen Lehre ergibt sich

aber sogleich eine Folgerung, welche dieselbe mit allen ihren dialektischen Consequenzen in einen unversöhnlichen Gegensatz zu
der gewöhnlichen Weltauffassung versetzte. Es ist besser, diesen
Gegensatz ganz scharf herauszuheben, als ihn zu verdecken: er
enthält den letzten Grund für alles dasjenige, was in der idealistischen Philosophie als Paradoxie erschienen ist und noch heute erscheint. Das naive Bewusstsein kann sich eine Funktion nur
denken als den Zustand oder die Thätigkeit eines funktionirenden
Wesens. Wie man sich auch das Verhältniss vorstellen mag, immer denkt das nach den gewöhnlichen Kategorien sich vollziehende
Denken zuerst Dinge und dann erst Funktionen, welche dieselben
ausführen. Die Fichtesche Lehre stellt dies Verhältniss auf den
Kopf. Was wir Dinge nennen, betrachtet sie als Produkte von
Thätigkeiten. Wenn man sonst die Thätigkeiten als etwas ansieht,
was ein Sein voraussetzt, so ist für Fichte alles Sein nur ein
Produkt des ursprünglichen Thuns. Die Funktion ohne ein
funktionirendes Sein ist für ihn das metaphysische Urprincip. Für
das gewöhnliche Bewusstsein scheint eine solche Funktion in der
Luft zu schweben und unvorstellbar zu sein. In der Natur, um es
am besonderen Beispiel zu erläutern, denkt das naive Bewusstsein
die Kräfte und die Bewegungen an existirende Stoffe oder an
seiende Atome gebunden: schon Kants dynamische Naturphilosophie
lehrte, dass, was als Stoff erscheint, nur ein Kraftprodukt sei. Bei
Fichte führt die konsequente Erweiterung dieses Gedankens zur
Zertrümmerung des Ding-an-sich-begriffes: für ihn ist alle Realität
nur ein Produkt des Thuns.

Hier sieht man am deutlichsten den weiten Abstand, der den
deutschen Idealismus von demjenigen eines Descartes oder eines
Berkeley trennt. Diese mochten wol die Körperwelt in Vorstellungen auflösen, aber die Vorstellungen selbst betrachteten sie mit der
naiven Weltauffassung als Funktionen denkender Substanzen. Für
Fichte ist das Selbstbewusstsein eine Thathandlung, welche, statt
eine denkende Subtanz vorauszusetzen, vielmehr ihrerseits erst
eine solche Substanz erzeugt. Der denkende Geist ist nicht erst
und kommt dann hinterher durch irgend welche Veranlassungen
zum Selbstbewusstsein, sondern er kommt erst durch den unableit-
baren, unerklärlichen Akt des Selbstbewusstseins zu Stande. Die
wahre Geburtsstunde des Menschen ist der Moment, wo er zum
ersten Male Ich sagt.

Beginnt also die Philosophie damit, dass sie jeden auffordert, die schöpferische Funktion des Selbstbewusstseins zu vollziehen, so besteht ihr Fortschritt lediglich in der Reflexion auf dasjenige, was in dieser Handlung geschieht und was nothwendig mit ihr als weitere Funktion verbunden ist. Dazu gehört nun in erster Linie, dass das Ich, um sich selbst zu bestimmen, sich von allem Anderen unterscheiden, dass es sich ein Nichtich gegenübersetzen muss. Aber dieses Nichtich ist doch selbst immer wieder etwas Vorgestelltes, es ist also vom Bewusstsein und im Bewusstsein gesetzt. »Das Ich setzt das Nichtich im Ich«. Auf diese Weise entsteht durch den Akt des Selbstbewusstseins in diesem ein doppelter Inhalt, und, im Bewusstsein vereinigt, heben Ich und Nichtich einander theilweise auf und beschränken sich gegenseitig. Keines von beiden nimmt das ganze Selbstbewusstsein ein, und jedes ist nur in Beziehung auf das andere gesetzt und durch dies andere bestimmt. Subjekt und Objekt — wenn man diese populären Bezeichnungsweisen mit der Vorsicht anwenden will, dass die Kategorie der Substanzialität von beiden noch fern gehalten wird — sind die beiden nothwendigen Urgegensätze, welche im Akte des Selbstbewusstseins enthalten sind, und welche nur in Beziehung auf einander gedacht werden können. So wenig wie ein Subjekt an sich ohne Objekt, so wenig ist ein Objekt an sich ohne Subjekt zu denken. Diese gegenseitige Beziehung entwickelt sich in der Kategorie der Wechselwirkung und führt so zu dem Grundsatze, dass das Ich und das Nichtich einander wechselseitig bestimmen. Denkt man die beiden Verhältnisse, die darin vereinigt sind, gesondert, so zeigt sich auf der einen Seite eine Bestimmtheit des Ich durch das Nichtich, auf der anderen eine Bestimmtheit des Nichtich durch das Ich. Wird im Selbstbewusstsein das Subjekt durch das Objekt bestimmt, so ist die Kausalität diejenige des Grundes, und das Ich verhält sich theoretisch: wird umgekehrt das Objekt durch das Subjekt bestimmt, so ist die Kausalität diejenige der That, und das Ich verhält sich praktisch. So theilt sich nach diesen allgemeinsten Begriffsbestimmungen die Wissenschaftslehre, die Fichtesche Philosophie, in einen theoretischen und einen praktischen Theil.

Die Aufgabe des ersteren besteht also in der Entwicklung derjenigen nothwendigen Vernunfthandlungen, welche sich aus der Bestimmtheit des Ich durch das Nichtich ergeben. Es ist klar, dass, wenn das Nichtich als Objekt des Ich erscheint, es nur von diesem producirt sein kann. Es ist ebenso klar, dass, wenn es nichts gibt als das Ich und seinen selbstgeschaffenen Inhalt, das eigentliche Problem darin zu suchen ist, dass die an sich unendliche und unbeschränkte Thätigkeit des Ich sich bei jedem besonderen Bewustseinsakte, der irgend ein Nichtich zum Inhalt hat, selbst beschränkt. Das Nichtich beschränkt die Thätigkeit des Ich, aber es ist ja selbst nur eine Funktion im Ich. Es ist also diejenige Funktion, durch welche dasselbe sich selbst beschränkt. Der einzelne Inhalt des Bewusstseins also mit der ganzen Nothwendigkeit, mit der er sich darin geltend macht, kann nicht aus einer Abhängigkeit des Bewusstseins von irgend welchen Dingen an sich, sondern nur aus dem Ich selbst erklärt werden. Nun ist aber alles bewusste Produciren durch Gründe bestimmt und setzt deshalb immer wieder besonderen Vorstellungsinhalt voraus. Das ursprüngliche Produciren, wodurch zuallererst das Nichtich im Ich gewonnen wird, kann nicht bewusst, sondern nur bewusstlos sein. Es ist auch nicht durch Gründe bestimmt, sondern absolut frei und grundlos. Die Funktionen also, welche Beck als das ursprüngliche Vorstellen bezeichnete, sind für Fichte grundlos freie Akte, welche eben deshalb nicht als solche, sondern erst in ihren Produkten zum Bewusstsein kommen. Dem empirischen Bewusstsein, für welches der Reinholdsche Satz von dem Verhältniss der Vorstellung zum Subjekt und zum Objekt gilt, muss ein unbewusstes Vorstellen vorhergehen, welches, selbst frei und grundlos, den Grund für die Nothwendigkeit enthält, mit der der besondere Inhalt dem Bewusstsein sich aufnöthigt.

Dies ist der wichtigste Schritt, den Fichte über Kant hinaus thut. Es leuchtet ein, dass dieses bewustlose, grundlos freie Vorstellen als eine Funktion eben derselben überindividuellen Vernunfteinheit gedacht wird, welche Kant als transscendentale Apperception bezeichnete. Während aber Kant auf diese nur die formalen synthetischen Verknüpfungen des Empfindungsmaterials zurückführte, ohne sich um die Begründung des letzteren zu kümmern, (da er vielmehr dessen Nothwendigkeit und Allgemeingültigkeit eugn ete), sucht Fichte in der produktiven Einbildungskraft in erster Linie den Ursprung der Empfindung. Die Besonderheit der einzelnen Empfindung ist nicht zu begründen: aus dem empirischen Bewusstsein nicht, weil dieses nicht weiss, wie es dazu kommt; durch Dinge an sich nicht, weil diese über-

haupt nicht gedacht werden können; durch die Vereinigung von
beiden erst recht nicht. So bleibt nur übrig, sie als eine absolute
Urposition zu betrachten und als das Produkt einer vollkommen
freien, grundlosen Handlung anzusehen, deren Ursprung in dem
überindividuellen Ich zu suchen ist.

Diese Lehre Fichtes hat, recht verstanden und von den Formeln
der Wissenschaftslehre befreit, eine enorme Tragweite. Ihr tiefster
Gehalt ist der, dass alles Bewusstsein sekundärer Natur ist und
auf ein Bewusstloses hinweist, welches ihm den Inhalt gibt. Alle Versuche des Rationalismus, aus dem Wesen des Bewusstseins, aus
seinen Formen und Gesetzen auch den Inhalt des Denkens herauszuklauben, werden hier an einer noch viel tieferen Wurzel abge-
schnitten als bei Kant. Das empirische Bewusstsein ist nur möglich, wenn sein Inhalt gegeben ist. Der Empirismus war schnell
mit der Behauptung bereit, dass es eben die Dinge an sich seien, von
denen dieser Inhalt des Bewusstseins stamme. Aber die Kantische
Kritik, wie Fichte sie auffasst, hat die Möglichkeit dieser Erklärung
vernichtet. Auch Dinge an sich sind Vorstellungen. Deshalb sieht
Fichte den einzigen Ausweg für die Erklärung des gegebenen Bewusstseinsinhaltes darin, dass derselbe aus einem Vorstellen höherer Art, einem freien unbewussten Vorstellen herstamme. Zum
zweiten Male wird hier in der deutschen Philosophie der Begriff
einer unbewussten Vorstellungsthätigkeit entdeckt,
aber mit ganz anderem Sinn und in ganz anderem Zusammenhange
als bei Leibniz. Dort handelte es sich (und Maimon hatte diesen
Gedanken innerhalb des Kriticismus erneuert) um die allmähliche
Abnahme der Bewusstseinsenergie bis zu verschwindend kleiner
Grösse. Hier ist es eine toto coelo verschiedene Funktion, als
welche das unbewusste dem bewussten Vorstellen gegenübertritt.
Jenes ist grundlos und frei, dieses ist begründet und nothwendig,
jenes ist ursprünglich und originell, dieses ist abgeleitet und ab-
bildlich. Damit rundet sich die idealistische Erkenntnisstheorie
zu dem geschlossensten System ab, das sie je gefunden hat und finden
kann. Was das naive Bewusstsein als eine fremde Welt von Dingen
an sich ansieht, ist das Produkt einer unbewussten Vorstellungsthätigkeit, welche als die ursprünglichste theoretische Funktion
allem empirischen Bewusstsein zu Grunde liegt.

Ist so die Empfindung aus dem überindividuellen Ich deducirt
worden, so enthält sie einen Widerspruch im Wesen des Ich und

damit eine Aufgabe, welche die Reihe der nothwendigen Formen
bedingt, in denen sich die theoretische Vernunft entwickelt. Bei
der Construktion dieser· Reihe, welche im Wesentlichen darauf
hinausläuft, alle die Vernunftformen darzustellen, die Kants Erkenntnisstheorie analysirt hatte, bewegt sich Fichte mehr oder
minder ausgesprochen in einem räumlichen, theilweise an optische
Verhältnisse erinnernden Bilde, welches mit dem neuplatonischen
Schema gewisse Ähnlichkeiten aufweist. Die an sich unendliche
Thätigkeit des Ich setzt sich durch die freien Handlungen der produktiven Einbildungskraft überall Schranken. Aber sie ist in
Folge dessen bei jeder solchen Handlung begrenzt und unbegrenzt
zugleich, und sie kann das nur dadurch sein, dass sie, indem sie
sich diese Schranke setzt, zugleich auch darüber wieder hinausgeht. Dies Darüberhinausgehen aber ist selbst nur wieder eine
Thätigkeit des Ich, also ein Vorstellen, und muss darin bestehen, dass
das Ich sich die Schranke, welche es sich selbst gesetzt hat, zum
Objekt des Bewusstseins macht. Die Reflexion auf die Empfindung
ist die »Anschauung«, in welcher eben deshalb die Empfindung
als ein dem Bewusstsein Fremdes, Äusserliches und Gegebenes erscheint, und dieser Process wiederholt sich immer wieder. Über
die Anschauung hinaus geht die Thätigkeit des Ich zu der »Einbildungskraft« über, die den Inhalt der Anschauung als ein
Bild mit der synthetischen Anordnung seiner Bestandtheile betrachtet, welche durch die Kategorien bestimmt wird. So erscheinen bei Fichte die Kategorien und mit ihnen auch die sinnlichen
Formen von Raum und Zeit als Funktionen der Einbildungskraft,
welche bei Kant die Beziehung beider vermittelt hatte. Aber auch
über das Bild hinaus muss das Ich seine Thätigkeit entwickeln,
indem es als »Verstand« das Bild für einen realen Gegenstand erklärt, der die Ursache der Empfindungsthätigkeit enthalte, sodass
hier bei Fichte die Kategorie der Kausalität als Grundform der
Verstandesthätigkeit erscheint. Diese Verstandesreflexion aber
weist ihrerseits auf die Fähigkeit des Bewusstseins zurück, sich
seinem eigenen Inhalte in freier Abstraktion gegenüberzustellen,
und wenn diese Fähigkeit die »Urtheilskraft« genannt wird, so wurzelt sie wieder in jenem allgemeinsten Vermögen, mit dem das Ich
über jede beliebige Schranke hinausgehen, sie in der Abstraktion
fixiren und auf sie als. sein eigenes Objekt reflektiren kann. Indem
Fichte dieses allgemeinste Vermögen im engeren Sinne als »Ver-

nunft« bezeichnet und dabei auf den Kantischen Wortgebrauch zurückweist, betrachtet er damit die theoretische Reihe der Handlungen des Ich als geschlossen; denn als der tiefste Grund aller dieser Funktionen ist dieselbe allgemeine Thätigkeit gefunden worden, welche anfänglich das Problem bildete. Damit aber ist zugleich erkannt, dass die theoretische Wissenschaftslehre zwar ein in sich vollständig geschlossenes System bildet, aber ein Grundproblem enthält, welches sie selbst zu lösen nicht im Stande ist.

Es ist keine Frage, dass die Construktion, deren Grundzüge hier nur angedeutet wurden, neben den vielen geistreichen Wendungen und feinen Beobachtungen, welche sie enthält, im Ganzen doch durchaus künstlich und zum Theil überaus willkürlich ist. In dem Aufbau der Vernunftformen spielen dabei namentlich die Kategorien die sonderbare Rolle, dass sie an verschiedenen Punkten wiederkehren und dass somit ihre völlig systematische Ableitung nicht als gelungen betrachtet werden kann. Es kommt hinzu, dass das Grundprincip, wonach jede der deducirten Handlungen erst durch das System der folgenden begründet erscheinen soll, zwar eine gewisse Berechtigung dafür gibt, dass die späteren Funktionen unvermerkt schon in den früheren mitspielen, dass aber dadurch ein Durcheinanderschillern aller dieser Thätigkeiten zuwege gebracht wird, welches gegen die sorgsame Scheidung, die sich Kant überall zur Aufgabe gemacht hatte, wenig vortheilhaft wirkt. Es zeigt sich schon hier die Gefährlichkeit des dialektischen Princips, wonach die verschiedenen Funktionen unter der treibenden Macht einer gemeinsamen Aufgabe aus einander hervorgehen und in einander umschlagen sollen. Aber es tritt auf der anderen Seite auch die ganze Grossartigkeit des Gedankens hervor, die gesammten Formen der Intelligenz als ein System aus Einem Guss zu begreifen und die Grundaufgabe desselben in allen einzelnen Formen wieder zu erkennen.

Dies ganze System enthält also nichts als die Reihe der Handlungen, mit denen die Vernunft über jede selbstgesetzte Schranke immer wieder hinausstrebt: das Wesen der theoretischen Vernunft ist diese Bewegung, sich selbst Grenzen zu setzen und dieselben immer wieder zu überschreiten. Dieselbe hängt also an der Empfindung als der ersten grundlosen und deshalb theoretisch unbegreiflichen Schranke, welche das Ich sich setzt. Den Gegensatz der unbeschränkten und der beschränkten Thätigkeit findet das theoretische Ich als den Grund seiner ganzen Entwicklung vor, ohne ihn verstehen zu können. Jener erste Anstoss für die Entwicklung der ganzen Reihe, der in der Empfindung gesucht werden muss, macht die ganze theoretische Vernunft erst möglich und ist deshalb aus ihr nicht abzuleiten. Die theoretische Vernunft kann keine Rechenschaft darüber geben, weshalb das Ich seine unendliche Thätigkeit durch die freien und grundlosen Handlungen beschränkt und damit den ganzen Process veranlasst, der von da aus nothwendig durch alle die deducirten Formen hindurch sich entwickelt. Der Grund dieses Anstosses kann deshalb nur darin gesucht werden, dass das Ich seinem tiefsten Wesen nach praktischer Natur ist. Die unendliche Thätigkeit, welche das reine Ich ausmacht, würde inhaltslos sein, wenn es für sie nichts zu thun gäbe. Eine Kraft kann sich nur dadurch wirksam erweisen, dass sie einen Widerstand überwindet. Eine unendliche Thätigkeit ist nur dadurch möglich, dass es immer wieder eine Schranke gibt, welche sie zu überwinden hat. Um daher unendliche Thätigkeit zu bleiben, muss das Ich sich Schranken setzen, welche es zu überwinden hat. Der Anstoss für die ganze theoretische Reihe, die ursprüngliche Selbstbeschränkung des Ich in der Empfindung geht daraus hervor, dass das Ich eine unendliche Thätigkeit sein soll und als solche eines Widerstandes bedarf, um sich an ihm zu entfalten. Das Ich setzt sich die Schranke, um sie zu überwinden: es ist theoretisch, um praktisch zu sein.

Den tiefsten Charakter des Ich bildet also die Unendlichkeit seiner Funktion; aber es ist das keine Unendlichkeit des Seins, denn das wäre eine fertige Unendlichkeit, sondern eine Unendlichkeit des Thuns und des Strebens. Es liegt im Wesen der unendlichen Thätigkeit, dass sie ihr Ziel nicht erreichen kann. Sie wäre nicht mehr unendlich, sobald das Streben erfüllt wäre und darin sein Ende hätte. Die Thätigkeit des Ich kann daher nur darin bestehen, dass sie nothwendig durch die Setzung der Schranken sich immer neue Aufgaben steckt und über deren Lösung zu neuen Aufgaben fortschreitet. Der empirische Wille findet den Widerstand, an dem er sich bethätigen soll, im Nichtich vor: das unendliche Streben des reinen Ich findet keinen Widerstand vor und muss deshalb selbst ihn sich setzen. Daher seine Selbstbeschränkung in der unbewussten Vorstellung, deren Produkt die Empfindung und das Nichtich ist. Auch die praktische Vernunft kann nicht deduciren, weshalb deren einzelner Inhalt gerade so und nicht anders bestimmt ist, wie er im Bewusstsein als gegeben erscheint; denn es sind freie, grundlose Handlungen, um welche es sich dabei handelt; aber sie kann im Allgemeinen feststellen, welches der Zweck ist, um dessentwillen alle diese grundlosen Akte des unbewussten Vorstellens, aus denen die objektive Welt hervorgeht, geschehen.

Die Grundbestimmungen der Wissenschaftslehre danach sind folgende. Das reine oder absolute Ich ist die unendliche, nur auf sich selbst gerichtete Thätigkeit (das Thun des Thuns, wie es Jakobi ausdrückte). Diese unendliche Thätigkeit, welche keinen anderen Gegenstand hat als sich selbst, ist aber keine Thatsache; es widerspricht ihrem Begriffe, fertig zu sein, und sie existirt daher nur als unendliches Streben oder T r i e b. Um der Realisirung dieses Triebes willen setzt das reine Ich durch freie Handlungen sich selbst Gegenstände, an denen sich besondere endliche Thätigkeiten entwickeln können, und erzeugt auf diese Weise die Welt der Vorstellung oder die objektive Welt. Der Grund der Welt also ist nicht eine Ursache, die sie mit Nothwendigkeit erzeugte, wie im Spinozistischen System, sondern ein Zweck, der durch sie realisirt werden soll. Dieser Zweck ist die Thätigkeit und zwar die Thätigkeit, die um ihrer selbst willen und nicht zur Herbeiführung irgend eines Zweckes da sein soll, die Thätigkeit als Selbstzweck. Das reine Ich ist also nicht gegeben, sondern vielmehr aufgegeben. Die unendliche Thätigkeit ist die Aufgabe, welche selbst niemals realisirt wird, und um derentwillen alle besonderen Thätigkeiten mit allen ihren Produkten, d. h. mit der ganzen objektiven Welt da sind. Die Thätigkeit als Selbstzweck ist aber nichts anderes als die absolut autonome, nach Kantischer Bestimmung die s i t t l i c h e T h ä t i g k e i t. Wie der kategorische Imperativ das Gesetz der Gesetzmässigkeit, so ist das unendliche Streben der Trieb, Trieb zu sein, der nur auf sich selbst gerichtete Trieb oder der Selbstzweck. Das S i t t e n g e s e t z also, d. h. die Forderung eines Handelns, welches lediglich sich selbst zum Zwecke hat, ist der die Welt erzeugende Trieb des absoluten Ich.

Auf diesem ihrem Höhepunkte zeigt sich nun die Fichtesche Lehre zugleich in ihrer ganzen Abhängigkeit und in ihrer ganzen Verschiedenheit von der Kantischen. Der Primat der praktischen Vernunft über die theoretische ist vollständig durchgeführt: die letztere gilt nur noch als ein Ausfluss der ersteren, und die Umlegung des metaphysischen Standpunktes aus der theoretischen in die praktische Vernunft ist so vollständig vollzogen, dass die letztere als der Urgrund der gesammten Wirklichkeit betrachtet wird. Zugleich aber gilt die Analyse der nothwendigen Vernunftthätigkeiten nicht mehr blos als solche, sondern als die metaphysische Erkenntniss. Die Wissenschaftslehre ist nicht nur Erkenntnisstheorie, sondern zugleich Metaphysik, weil es zu ihren ersten Principien gehört, dass Dinge an sich überhaupt undenkbar sind und dass es nichts weiter geben kann, als die Vernunft und ihre nothwendigen Produkte. Geht man von der landläufigen Betrachtungsweise aus, welche Denken und Sein einander gegenüberstellt, so lehrt diese Consequenz des transscendentalen Idealismus die absolute Identität des Seins mit den nothwendigen Handlungen der Vernunft, und in diesem Sinne pflegt die von Fichte begonnene Richtung als Identitätsphilosophie bezeichnet zu werden. Sie charakterisirt sich in Bezug auf die philosophischen Disciplinen durch die Identificirung von Logik und Metaphysik und hat in dieser Hinsicht ihre Wurzeln in Kants transscendentaler Logik insofern, als schon in dieser die synthetischen Formen der Denkthätigkeit als die bestimmenden Gesetze der objektiven Welt erkannt wurden. Die Restriktion jedoch, welche Kant durch seine Lehre vom Ding an sich gemacht hatte, fiel schon bei Fichte fort, und aus der Metaphysik der Erscheinungen wurde wieder eine absolute Metaphysik. Diese Umänderung kam sogleich an der Behandlung desjenigen Begriffes zu Tage, der bei Kant das Kriterium für die Möglichkeit einer absoluten Metaphysik gebildet hatte, der intellektuellen Anschauung. Während Kant diese dem Menschen absprach, lehrte Fichte, dass die ganzen Untersuchungen der Wissenschaftslehre lediglich auf der intellektuellen Selbstanschauung des Ich beruhen. Auch hier ist wieder die Parallele mit der Mathematik überaus lehrreich. Die Apriorität der Mathematik besteht darin, dass dieselbe die nothwendigen Funktionen der sinnlichen Anschauung entwickelt. Die Apriorität der Transscendentalphilosophie, lehrt Fichte, besteht darin, dass sie die nothwendigen Funktionen der intellektuellen Selbstanschauung des Ich entwickelt. Indem so der menschlichen Erkenntniss die intellektuelle Anschauung zugesprochen wird, bleibt das allgemeine Kriterium der Kantischen Erkenntnisstheorie für Fichte entscheidend. Es gibt eine absolute Welterkenntniss, weil wir die Welt bis auf den letzten Rest aus dem Ich erzeugen. Es gibt Metaphysik, weil wir jene intellektuelle Anschauung besitzen, welche ihre Gegenstände durch das Denken schafft. Formulirt man den Gegensatz beider Denker dahin, so ist klar, das Fichtes Entfernung von Kant in dem Bestreben wurzelt, die menschliche Vernunft zu einer Weltvernunft zu erweitern. Kant hatte diese Tendenz auf die praktische Philosophie beschränkt, indem er lehrte, dass das Sittengesetz für »alle vernünftigen Wesen« Geltung haben müsse: Fichte dehnte sie auch auf die theoretische Philosophie aus.

Das reine Ich, welches den letzten Punkt seiner Construktion bildet, ist also kein Sein, sondern eine Thätigkeit und nicht einmal eine wirkliche Thätigkeit, sondern die Aufgabe einer solchen. Der letzte Grund aller Wirklichkeit liegt im Sollen. Das Ich soll unendlich thätig sein. Darum erzeugt es die Welt seiner Vorstellungen als das Objekt für diese Thätigkeit. Das praktische Ich ist der Trieb zum Handeln. In dem einzelnen empirischen Ich ist somit das Sittengesetz nur das Bewusstsein davon, dass das Ich reines Ich, d. h. unendliche, auf sich selbst gerichtete Thätigkeit sein soll und es nicht ist. Aus diesem Widerspruche geht in ewiger Erzeugung die wirkliche Welt hervor. Nicht aus dem Bewusstsein der wirklichen Welt ist das Bedürfniss des Handelns abzuleiten, denn sonst wäre es heteronom und unsittlich, sondern umgekehrt der Trieb zur Thätigkeit schafft die wirkliche Welt. Er schafft sie nur als ein Objekt der Thätigkeit: die Natur hat Sinn nur als Material unserer Pflichterfüllung. Deshalb gibt es für die Fichtesche Lehre keine Naturphilosophie. Er hätte sie nicht geben können, weil ihm, wie es scheint, bei der Einseitigkeit seiner Jugendbildung alle naturwissenschaftlichen Kenntnisse mangelten. Aber die Principien seiner Philosophie erlaubten sie ihm gar nicht. Als einen in sich bestehenden Kausalmechanismus konnte die Wissenschaftslehre die Natur nicht betrachten. Von einer immanenten Zweckmässigkeit der Natur zu sprechen, war Fichte ein Gräuel. Seine teleologische Naturauffassung besteht nur darin, dass er deduciren will, die Natur, wie sie da ist, habe erzeugt werden müssen, um als ein Widerstand die Realisirung der sittlichen Aufgabe möglich zu machen. So überträgt sich auch in Fichtes Naturauffassung der Widerspruch, bei dem Kant stehen geblieben war. Beiden Denkern gilt das natürliche Wesen und vor allem das dazu gehörige sinnliche Triebleben des Menschen als etwas dem Sittengesetze Widerstrebendes und die Erfüllung desselben Hemmendes. Aber beiden erscheint doch andererseits dieses selbe natürliche Wesen nothwendig, um das sittliche Handeln überhaupt zur Entfaltung zu bringen, und beide betrachten deshalb diesen Widerstand als einen für die sittliche Aufgabe zweckmässig eingerichteten, der die Erfüllung desselben nicht nur hemmt, sondern vielmehr andererseits nur um derselben willen da ist und durch dieselbe in seinem ganzen Wesen bestimmt wird.

In der besonderen Ausführung der praktischen Philosophie (System der Sittenlehre 1798) geht deshalb auch Fichte von dem Gegensatz des Sinnlichen und des Sittlichen oder des sinnlichen und des reinen Triebes aus, und dieser Gegensatz bestimmt für ihn auch die Auffassung dessen, was Kant das Radikalböse in der menschlichen Natur genannt. hat. Wie der eigene rastlos thätige Charakter und das titanische Streben, welche das Wesen von Fichtes Persönlichkeit ausmachen, sich positiv darin kund geben, dass für ihn das sittliche Handeln die Thätigkeit ist, die nur um der Thätigkeit willen geschieht, so kommen sie negativ darin zu Tage, dass für ihn die Erbsünde. in der Trägheit besteht. Der sinnliche Trieb geht auf die Behaglichkeit, auf die Ruhe und den Genuss, er ist die Schlaffheit des Fleisches. Der sittliche Trieb geht auf die Arbeit, auf das immer neue Ringen und Kämpfen. Wer· da handelt, um sich des Fertigen zu freuen, der handelt heteronomisch und unsittlich. Nur der ist der sittliche Mensch, der eine Aufgabe erfüllt zu dem Zwecke, um in ihrer Lösung eine höhere Aufgabe zu finden. Wie das ewige Soll den Urgrund aller Wirklichkeit bildet, so verlangt auch das Sittengesetz, dass jede menschliche Handlung auf ein Ideal gerichtet sei, welches, niemals vollkommen erreichbar, doch jede besondere Aufgabe des Lebens zu bestimmen hat.

In der Formulirung dieser Aufgabe überschreitet Fichte den subjektiven Standpunkt der Kantischen Moral dadurch, dass er noch energischer als dieser die Stellung des Menschen als eines Gliedes in der sittlichen Weltordnung ins Auge fasst. Er deducirt, dass die Realisation des sittlichen Endzweckes die Vielheit der endlichen Ich, der empirischen Persönlichkeiten nothwendig mache, und knüpft daran sogar eine höchst merkwürdige und künstliche Deduktion von deren leiblicher Existenz. Aber auch diese Vielheit ist nicht als ein Aggregat oder als eine Masse, sondern als ein System zu denken, und sie kann dies nur dadurch sein, dass in dem grossen Plane der Realisirung des sittlichen Zweckes jedem einzelnen Ich eine besondere Bestimmung zugewiesen ist. Diese seine Bestimmung hat der Einzelne aus seiner empirischen Existenz und aus seinem sittlichen Bewusstsein zu erkennen und sie als oberste Maxime allen seinen Lebensthätigkeiten zu Grunde zu legen. Seiner Stellung in dem Reiche vernünftiger Wesen macht sich der Mensch nur dadurch würdig, dass er mit dieser seiner Bestimmung all' sein Denken, Wollen und Handeln durchleuchtet, dass er sich ihrer in jedem Augenblicke bewusst bleibt und aus ihr heraus sein ganzes Leben gestaltet. Er weiss sich eben dadurch als ein Glied der gesammten sittlichen Weltordnung und findet seinen Werth darin, an seinem Theile dieselbe zu realisiren. Er denkt nicht an sich, er lebt für das Ganze, für die Gattung: er opfert sich und seine Glückseligkeit dem Ideal seiner Aufgabe, die in der sittlichen Gemeinschaft der Gattung wurzelt. Für Fichte nimmt daher der kategorische Imperativ die inhaltliche Form an: Handle stets nach deiner Bestimmung. Deshalb war er im Stande, in viel tieferer Weise als Kant die sittliche Bedeutung der wirklichen Lebensverhältnisse, vor Allem z. B. der Ehe aufzufassen und viel inniger die grossen Institutionen der menschlichen Gesellschaft in ihrer ethischen Tendenz zu begreifen.

In hervorragender Weise hat sich diese hohe sittliche Lebensauffassung bei Fichte selbst in der Umwandlung seiner Auffassung vom Wesen des Staates bethätigt. Als er seine »Grundlage des Naturrechts« (1796) herausgab, stand er noch völlig unter der äusserlichen Auffassung des 18. Jahrhunderts. Er deducirte zwar hier aus dem Princip der Wissenschaftslehre die Vielheit der leiblich organisirten Persönlichkeiten und fand, dass in deren äusserem Zusammenleben die Freiheit jeder einzelnen durch diejenige aller anderen eingeschränkt werden müsse. Aber wenn er den Staat als das Mittel dazu betrachtete, so bezog er die Funktionen desselben eben nur auf den äusseren Zusammenhang und nicht auf sittliche Zwecke. Im Besonderen stellte er sich ganz auf den Rousseauschen Standpunkt des Staatsvertrages und der Volkssouveränität, fand jedoch, dass die letztere nicht in einer demokratischen Verfassung zum Ausdrucke komme, sondern verlangte, dass die monarchische Exekutive durch ein Ephorat in ihrer Ausführung des allein gesetzgebenden Volkswillens controlirt werden solle. Im Wesentlichen fasste er den Staat von seiner polizeilichen

Seite und als eine Regulirungsmaschine für die gesellschaftlichen Associationen auf. Für sein nationales Wesen zeigt Fichte um diese Zeit bei einer ausgesprochenen Hinneigung zu kosmopolitischen Vorstellungen keinerlei Verständniss. Von einer Andeutung ethischer Aufgaben des Staates finden sich nur Spuren einerseits in seiner Theorie des Strafrechts, welches er auf einen Abbüssungsvertrag gründet, vermöge dessen der Schuldige, um der durch die Verletzung der Staatsgesetze verwirkten Ausschliessung zu entgehen, eine Busse freiwillig übernähme, deren Charakter auf seine eigene Besserung und auf die Abschreckung der übrigen berechnet sein müsse, andererseits aber ganz besonders in dem Verlangen, dass der Staat die Pflicht habe, jedem seiner Bürger das sittliche Grundrecht, von seiner Arbeit leben zu können, vollauf zu garantiren. Diesem Grundgedanken des Sozialismus hat Fichte eine genaue und höchst interessante Ausführung in dem »Geschlossenen Handelsstaat« (1800) gegeben. Er entwickelt hier, jenes Verlangen sei nur dadurch zu erfüllen, dass der Staat nicht den Naturmechanismus der Concurrenz walten lasse, sondern die gesammte Organisation der Arbeit in seine Hand nehme, dass er deshalb jedem Bürger seine Arbeitsthätigkeit anweise und ihm den Lohn für dieselbe in dem entsprechenden Mitgenuss an dem Gesammterwerb des Staates zukommen lasse. Diese Organisation aber setzt voraus, dass der Staat selbst alle Einfuhr und Ausfuhr, d. h. allen Handel mit anderen Staaten in die eigene Hand nimmt. So entwarf Fichte mit seiner rücksichtslosen Consequenz von jenem Princip aus eines der frühesten und interessantesten Bilder des socialistischen Staatsideals. Aber damit schon hörte der Staat für ihn auf, ein blosses Polizeiinstitut zu sein und wurde ihm vielmehr ein gesellschaftlicher Organismus.

Noch weiter aber gestaltete sich seine Auffassung um, als der Umsturz der Polizeistaaten in den Napoleonischen Kriegen dem Gedanken einer sittlichen Neubegründung des politischen Lebens Raum und Veranlassung gab. Je mehr dieser letzte Versuch, ein kosmopolitisches Reich zu gründen, den Charakter einer französischen Eroberungspolitik an sich trug, um so energischer wurde gerade dadurch das lange schlummernde Nationalgefühl der Deutschen geweckt. Indem Fichte von diesen Bestrebungen berührt wurde, musste er sie sogleich auf seinen ethischen Grundgedanken beziehen und dem Probleme nachgehen, ob nicht ebenso wie den einzelnen Persönlichkeiten, auch den einzelnen Nationalitäten in dem grossen Weltplane eine besondere Bestimmung zukomme, in der mit der Pflicht, sie zu erfüllen, auch das sittliche Recht ihrer politischen Selbständigkeit beruhe. Diesen Gedanken verfolgte er dann mit lebhafter Energie, und in der construktiven Weise, die ihm eigen war, deducirte er in den »Reden an die deutsche Nation« eine so gewaltige und hohe Kulturbestimmung derselben, dass sie fast allein neben den Einseitigkeiten der übrigen Nationen für die Erfüllung des Ideals der Humanität berufen erschien. Was sich in dieser Überschwänglichkeit von Fichtes Nationalenthusiasmus ausspricht, ist das Selbstgefühl der Nation, welche in ihren grossen Dichtungen diesem Ideal so nahe gekommen war. Es ist zugleich der radikale, immer gleich bis an die äussersten Grenzen gehende Charakter seines Denkens, welcher ihn zu der Überzeugung führt, dass allein aus der Regeneration der deutschen Nation das Heil für die gesammten verfahrenen und verrotteten Zustände des Zeitalters erhofft werden könne. So betrachtet Fichte die Selbstbefreiung des deutschen Geistes als eine Pflicht, welche die Nation im Hinblick auf ihre Bestimmung zu erfüllen hat. Aber die Deutschen besitzen keine politische Nationalität, sie müssen sie erst erwerben. Nicht durch eine äussere Macht, sondern nur durch eine sittliche Überzeugung kann der deutsche Nationalstaat gegründet werden. Diese Überzeugung muss also geweckt werden, und die Aufgabe der bestehenden Generation kann nur die sein, durch eine nationale Erziehung den Boden für die Zukunft zu bereiten. Das einzige Mittel, die Freiheit wieder zu gewinnen, liegt in der Befestigung der sittlichen Überzeugung und in der Begründung einer gemeinsamen Bildung. Diese allgemeine Tendenz der »Reden« ist werthvoller als vielleicht die einzelnen Vorschläge, welche zum Theil auf die Tendenzen der Rousseauschen Pädagogik und des Philanthropinismus zurückweisen. Die Nation soll zum Pflichtbewusstsein erzogen werden: das ist das Alpha und Omega der Fichteschen Predigt. Es ist ein unvergessliches Verdienst, dass Fichte diese grossen und bleibenden Wahrheiten mit seinem feurigen Wort den Zeitgenossen ins Herz geredet hat. Die »Reden« haben nicht zum wenigsten die Begeisterung jener Freiheitskämpfer entflammt, welche wenige Jahre darauf auszogen, um für die Neugründung der deutschen Nationalität freilich nur den ersten Kampf auszukämpfen. Auf ihren Fahnen stand in der That der katego-

riche Imperativ. Der grosse Corse mochte meinen, dass er den
»Ideologen« ruhig in Berlin seine Vorträge halten lassen könne.
Aber in der geistigen Schlacht, die entbrannte, war es in erster
Linie der sittliche Muth der Kantischen und Fichteschen Philo-
sophie, welcher dem Genius Bonapartes die Stirn bot.

So überzeugte sich denn Fichte, dass der Staat selbst eines
der höchsten sittlichen Güter sei, und dass er andererseits werthvolle sittliche Aufgaben zu erfüllen habe. Denn von einer nationalen Erziehung kann zuletzt nur in dem Falle die Rede sein,
dass der Staat selbst die Erziehung in die Hand nimmt und dass
er sich zum alleinigen Herrn derselben macht. Deshalb stellte
Fichte in seiner späteren Zeit eine der Platonischen sehr nahe kommende Forderung von dem absoluten Erziehungsrecht und der absoluten Erziehungspflicht des Staates auf, und wie für Plato, so
wurde consequenter Weise auch für ihn der Stand, welcher die
Bildung trägt und die Erziehung leitet, nicht nur zu einem integrirenden, sondern geradezu zu dem wichtigsten Bestandtheile der
Verfassung. Seine »Vorlesungen über die Bestimmung des Gelehrten« (zuerst Jena 1794) nahmen bei ihrer Wiederholung in Erlangen und Berlin immer mehr die Tendenz an, dass die höchste
Aufgabe des Gelehrten die Leitung des Staates sei. Darin drückte
sich die Überzeugung aus, dass der Staat kein Mittel zu äusser-
lichem Rechts- und Eigenthumsschutz, sondern vielmehr eine Organisation sein solle, in der ein ganzes Volk mit gemeinsamer Hingebung an seiner geistigen und sittlichen Bildung arbeite, um
dadurch seiner Bestimmung in der Gesammtaufgabe des menschlichen Geschlechtes gerecht zu werden. Fichte hat sich durch sein
ethisches Princip zu der höchsten und edelsten Auffassung vom
Wesen des Staates emporgearbeitet, wenn er dieselbe auch nicht
spezifisch wissenschaftlich formulirte, sondern ihr nur einen be-
redten Ausdruck in seinen populären Vorträgen gab.

Die Lehre von der Bestimmung der einzelnen Nationen weist
aber auf eine durch einen gemeinsamen Plan bestimmte Gesammtentwicklung des menschlichen Geschlechtes hin und vollendet sich
deshalb nur in einer geschichtsphilosophischen Auffassung. Es
gehört zu den Eigenthümlichkeiten der von Kant abhängigen Philosophie, dass zu ihren nothwendigen Bestandtheilen eine Geschichtsphilosophie gehört, welche, statt wie die von Herder begründete Tendenz die natürliche Nothwendigkeit, ihrerseits viel-

mehr das ethische Ziel des historischen Processes als den entscheidenden Gesichtspunkt einnimmt. Fichte zuerst ist dem Beispiel Kants gefolgt und hat in den »Grundzügen des gegenwärtigen Zeitalters« (1806) die im Titel ausgedrückte Aufgabe so zu lösen gesucht, dass er die Stellung der Gegenwart innerhalb der Reihe der nothwendigen Entwicklungsperioden des Menschengeschlechts fixiren wollte. Er ist sich dabei sehr wohl bewusst, dass eine solche Trennung der »Zeitalter« keine absolute ist, dass dieselben vielmehr, namentlich sofern es sich um die besonderen Persönlichkeiten handelt, sich vielfach in einander schieben. Eine philosophische Geschichtsconstruktion hat selbstverständlich nur den allgemeinen und durchschnittlichen Charakter der Zeiten zu ihrem Gegenstande. Fichte entwirft dieselbe im entschiedenen Anschluss an Kant als einen Entwicklungsprocess, der von dem Stande der Unschuld durch die Sünde hindurch bis zu der vollendeten Vernunftherrschaft führt. Da für ihn das ganze natürliche Wesen als ein Produkt des Ich gilt, so bezeichnet er den paradiesischen Anfangszustand als denjenigen des »Vernunftinstinktes«, in welchem das Vernünftige bewusstlos durch den natürlichen Trieb vollzogen wird. Wenn darauf das Vernunftgesetz zum Bewusstsein kommen soll, so tritt es dem Menschen zunächst als ein fremdes, als eine äusserlich gebietende Macht entgegen. Das Gesetz des Ganzen erscheint als »Autorität« dem Individuum gegenüber, als Autorität, der es sich zu fügen gewöhnt ist und gegen die es doch schon sich aufzulehnen vermag. Auf dieses »Zeitalter der beginnenden Sündhaftigkeit« folgt durch die immer fortschreitende Abwerfung der Autorität die vollkommene Entfaltung der individuellen Selbständigkeit. Aber das Individuum, welches sich gegen die Autorität aufgelehnt hat, findet zunächst nur in sich selbst den Massstab seines Denkens und Thuns. Der Freiheit ungewohnt, verfällt das Geschlecht der Willkür, der Anarchie und dem Egoismus. Erst aus dem Elend dieses Zustandes heraus beginnt das Individuum seine Freiheit auf das rechte Ziel zu lenken und zunächst seine Erkenntniss der Gattungsvernunft zu unterwerfen. Dieses »Zeitalter der beginnenden Vernünftigkeit« muss dann allmählich in das letzte überführen, in die »vollendente Vernünftigkeit«, in der der Wille des Individuums seine volle und wahre Freiheit durch seine bewusste und bedingungslose Unterwerfung unter das Sittengesetz findet.

Diese Bestimmungen sind ausserordentlich tief und zu gleicher

Zeit ausserordentlich charakteristisch für ihren Urheber. Sie kenn-
zeichnen das historische Leben durch das Verhältniss des Individuums zur Gattung. Sie zeigen, dass die Geschichte damit beginnt,
dass das Individuum sich gegen die Gattung auflehnt, und darauf
hinleitet, dass es aus eigener Einsicht und eigenem Willen sich der
Gattungsvernunft unterordnet. Sie berühren jene wunderbarste
Thatsache, dass von allen Wesen, die wir kennen, der Mensch auf
der einen Seite das zur selbständigsten Ausbildung der Individualität befähigte und zugleich auf der anderen Seite das am meisten
durch den socialen Zusammenhang der Gattung bedingte ist. Sie
sind um so interessanter, als Fichte selbst eine überaus scharf aus-
geprägte, seine Selbständigkeit bis auf die äusserste Grenze fest-
haltende Individualität war, und als es andererseits gerade in ihm
die bedingungslose Unterwerfung unter das Sittengesetz war,
welche er zum innersten Halt seiner Persönlichkeit machte. Aber
diese Gedanken werfen noch weiter ein überraschendes Licht um
sich. Sie zeigen in noch-schärferer Formulirung die überlegene
und zugleich vollendende Stellung, welche die neue Philosophie
zur Aufklärung einnimmt. Denn jenes dritte Zeitalter, dasjenige
der autoritätslosen Anarchie und des egoistischen Glückseligkeits-
bestrebens, dies »Zeitalter der vollendeten Sündhaftigkeit« trägt an
sich alle Züge der — Aufklärung. Ihr dogmatisches Freigeister-
thum, ihr flacher Eudämonismus mit seiner Nützlichkeitstheorie,
ihre ideallose Selbstgefälligkeit werden von Fichte mit schonungs-
los einschneidender Kritik gebrandmarkt, und der einzige Werth,
den er diesem gefährlichen Abschütteln der Autorität zuerkennt, ist
der, dass es schliesslich doch die Vorbedingung für jenes selbständige Denken bildet, wodurch die individuelle Vernunft in sich
die höhere Gesetzgebung aufzufinden vermag. Von der Aufklärung,
wie Kant und Fichte auf sie herabsehen, gilt das Wort: »Es sind
nicht alle frei, die ihrer Ketten spotten«, und wenn Fichte in seiner
Zeit die ersten Anfänge für das Zeitalter der beginnenden Vernünftigkeit sah, so fand er dieselbe nur in dem Sinne, dass die
neue Philosophie mit dem ganzen sittlichen Ernste ihrer Denkarbeit
und ihrer Weltansicht berufen und befähigt sei, das Bewusstsein
der Gattungsvernunft in den Individuen zu begründen und zu be-
kräftigen. In diesen Gedankengängen von Kant und Fichte liegt
die tiefste Selbsterkenntniss der modernen Denkbewegung. Mit
der Entfesselung des Individuums, mit der Abwerfung der Autorität

beginnt sie, und mit der kritischen Versenkung in die menschliche Gattungsvernunft und deren sittlichen Grundcharakter vollendet sie sich.

Alle moral- und geschichtsphilosophischen Untersuchungen Fichtes weisen durch den teleologischen Grundbegriff der »Bestimmung« auf eine sittliche Weltordnung hin, und der Begriff derselben kann bei Fichte nur mit dem höchsten philosophischen Princip, mit dem absoluten Ich identisch sein. Der letzte Grund aller Wirklichkeit, das letzte Ziel alles Geschehens liegt in der sittlichen Weltordnung. Sie ist das Absolute in Fichtes Lehre. Wie bei Spinoza, den Fichte immer als seinen äussersten Gegensatz betrachtet und von dem er gerade deshalb schon in seiner ersten Periode der Wissenschaftslehre mehr abhängig war als er glaubte, wie bei Spinoza die absolute Substanz, die causa sui, als natura naturans bezeichnet wurde, so wird von Fichte das absolute Ich, der Selbstzweck, der ordo ordinans genannt: und wie für Spinoza die Naturnothwendigkeit, so ist für Fichte die sittliche Weltordnung — Gott. Die Religionsphilosophie ist auf diesem ersten Standpunkte der Wissenschaftslehre derjenigen Kants in der Begründung durchaus conform, in ihrem Inhalte dagegen doch wesentlich von derselben verschieden. Auch Fichte lehrt lediglich eine Moraltheologie. Auch bei ihm stützt sich der Glaube an die Gottheit durchaus auf das sittliche Bewusstsein, wenn auch Fichte vermöge des innigen Ineinandergreifens, welches die Wissenschaftslehre zwischen der theoretischen und der praktischen Vernunft ansetzte, den Gegensatz des Erkennens und des Glaubens nicht mehr so scharf wie Kant accentuirte. Für ihn basirt sich jedoch der Glaube an die sittliche Weltordnung, der ihm mit demjenigen an die Gottheit identisch ist, auch nur auf die ethische Überzeugung, dass nicht nur der Werth, sondern auch die Wirklichkeit aller Dinge in dem sittlichen Streben und in ihrer ethischen Bestimmung begründet ist. Für den populären und confessionellen Standpunkt war diese Lehre freilich in der That Atheismus. Auf dem Standpunkte der Wissenschaftslehre kann die Gottheit gar nicht als Sein, als ein existirendes Wesen gedacht werden. Denn sie wäre in diesem Falle nicht ursprünglich, sondern abgeleitet, da alle Realität für Fichte erst ein Produkt des Thuns ist. Fichte macht vielmehr von der allgemeinen Gewöhnung der Philosophen Gebrauch, den Namen der Gottheit für den höchsten metaphysischen Begriff in

Anspruch zu nehmen, und dieser ist eben bei ihm das Thun des
reinen Ich oder die absolute Funktion der sittlichen Weltordnung.
Auch für Fichte hat deshalb Gott die Merkmale der Weltschöpfung
und Weltregierung. Aber man muss seine Philosophie ganz verstanden haben, um einzusehen, weshalb sein Gottesbegriff nicht
die Merkmale der Realität, der Substanzialität, der Persönlichkeit
tragen konnte, welche für den populären Begriff des Wortes unerlässlich erscheinen. Für Fichte ist die Gottheit das absolute sittliche Ideal, welches, obwol selbst niemals real, doch den Grund
aller Realität in sich trägt. Unser Glaube an sie beruht deshalb
lediglich auf dem Bewusstsein dieses Ideals, auf jenem wahren und
höchsten Selbstbewusstsein, welches uns sagt, dass wir das reine
Ich sein sollen und dass wir nur das empirische sind, auf dem Gewissen, welches die Triebkraft unserer ganzen Existenz bildet.
Man darf diese Lehre als ethischen Pantheismus bezeichnen:
das ἓν καὶ πᾶν ist für sie das Sittengesetz. Fichtes viel verschlun-
gene Lehre vom Selbstbewusstsein enthält das pantheistische Problem in seiner rein ethischen Gestalt. Den innersten Widerspruch
im individuellen Selbst bildet das sittliche Bewusstsein davon, dass
dieses Selbst bestimmt ist, in das Absolute aufzugehen, und dass
es dieser Aufgabe niemals genügen kann. So zeigt sich auch hier
Fichtes Lehre in ihren Grundzügen durch das Problem bedingt,
welche Stellung das Individuum dem Universum gegenüber hat.
Der für die gesammte moderne Philosophie so überaus wichtige
Gegensatz des Individualismus und des Universalismus tritt bei
ihm in seiner rein ethischen Bedeutung hervor und ist deshalb geradezu in das Gewissen hineinverlegt.

Die Lehre von der Gottheit als dem ordo ordinans mit ihrer
Leugnung des Seins der Gottheit ist die strikte Consequenz der
»Philosophie des Thuns«, welche den ersten Standpunkt der Wissenschaftslehre charakterisirt. Von ihr aus muss die von den
Historikern der Philosophie vielfach ventilirte Frage entschieden
werden, ob die Darstellungen der Wissenschaftslehre nach 1800 ein
zweites, ein verändertes System zu ihrem Inhalte haben. Und von
diesem Gesichtspunkte aus muss die Frage entschieden bejaht werden. Denn in der zweiten Lehre erscheint bei Fichte die Gottheit
als das absolute Sein, was sie auf dem ersten Standpunkte gar
nicht sein konnte. Diese Veränderung ist nur dadurch möglich,
dass jener Philosophie des Thuns, welche Fichte zuerst vertrat, in-

zwischen die Spitze abgebrochen worden war. Welche Veranlassungen jedoch dazu vorlagen, kann erst an späterer Stelle besprochen werden; denn dieselben bestehen in Rückwirkungen, welche Fichte selbst von den Consequenzen erfuhr, die Andere aus seiner ersten Lehre gezogen hatten.

§ 64. Der physische Idealismus.
Schelling und die Naturphilosophie.

Die grosse historische Wirkung Fichtes beruht nicht auf der Bildung einer Schule. Die Wissenschaftslehre war ein viel zu sehr von der Individualität ihres Urhebers bestimmtes und getragenes System, als dass sie eine strenge Heeresfolge in weiterer Ausdehnung hätte hervorrufen können, und sie stand mit ihrer abstrakten Tendenz auch den übrigen Wissenschaften zu ferne, um unmittelbar auf dieselben zu wirken. Dies war nur dadurch möglich, dass Männer von ausgebreiteterer Kenntniss und von persönlich lebhafterer Berührung mit den übrigen Wissenschaften das Princip der Fichteschen Lehre für deren Behandlung flüssig zu machen suchten. Dabei jedoch erfuhr dasselbe nothwendig mancherlei mehr oder minder tief greifende Umgestaltungen. In diesem weiteren Sinne darf der ganze Kreis der folgenden Träger der deutschen Philosophie als die Schule Fichtes ebenso sehr wie als diejenige Kants bezeichnet werden. Von Fichte sind persönlich und sachlich alle die grossen systematischen Formen der Philosophie angeregt, welche in diesem Kapitel noch darzustellen sind, und dadurch ist er der entscheidende Durchgangspunkt für das Hervorgehen aller folgenden Systeme aus Kant geworden. Seine nächsten Anhänger, welche an der Wissenschaftslehre festzuhalten suchten, Männer wie Niethammer, Forberg, Schad, Memel, Schauman u. A. haben es zu keiner Bedeutung gebracht: um so wichtiger ist diejenige positive Weiterentwicklung der Wissenschaftslehre geworden, deren hervorragendster Träger in mehreren Phasen Schelling ist.

Friedrich Wilhelm Joseph Schelling, 1775 zu Leonberg in Würtemberg geboren, erhielt seine Ausbildung hauptsächlich auf der lateinischen Schule zu Nürtingen und auf dem Seminar zu Bebenhausen und bezog im Jahre 1790 die Tübinger Universität, an der er als Schüler des Stifts eine vertraute Freundschaft mit

Hölderlin und Hegel schloss. Die Ideale des klassischen Alterthums, dessen Studien mit demjenigen der Philosophie an dieser Anstalt als Basis für das theologische Fachstudium gelten, wurden für die Bildung der drei Freunde in gleicher Weise bedeutsam und entscheidend. Für Hölderlin haben sie das tragische Geschick seines Geistes bedingt: für die beiden Philosophen dagegen ist die griechische Gedankenwelt der fruchtbare Boden geworden, in welchen sie das junge Reis der neuen Philosophie einpflanzten, um es zur Blüthe und zur Frucht zu bringen. Das innige Verständniss, welches beide der klassischen Bildung entgegenbrachten, hat sie — und Hegel freilich noch mehr als Schelling — dazu befähigt, auf dem Gebiete des philosophischen Denkens dieselbe Versöhnung des deutschen und des griechischen Genius herbeizuführen, welche unsere grossen Dichter in ihren Werken darstellen. Schellings allseitige Natur verlangte jedoch bald nach einer Ergänzung dieser Bildung durch die moderne Naturwissenschaft, und nachdem er die theologische Laufbahn aufgegeben hatte, benutzte er eine Hofmeisterstellung in Leipzig, um sich eingehend diesen Studien zu widmen. Inzwischen hatte er sich vollkommen in die Kantische und Fichtesche Lehre hineingearbeitet und schon in den Jahren 1794—96 eine Reihe von Schriften veröffentlicht, in denen er die Principien des transscendentalen Idealismus nach der Fichteschen Auffassung theilweise glücklicher und fasslicher entwickelte als Fichte selbst, und er beherrschte in dieser frühen Jugend die Gedanken dieser Lehre derartig, dass er bereits 1797 daran gehen konnte, seine Anwendung der Wissenschaftslehre auf die philosophische Naturerkenntniss zu veröffentlichen. In Folge dessen wurde er 1798 als ausserordentlicher Professor nach Jena berufen und begann zuerst neben Fichte eine nicht minder erfolgreiche akademische Wirksamkeit. Allein bald brachte die Fortbildung der Wissenschaftslehre eine Umgestaltung derselben hervor, die Fichte eben so wenig anerkannte, wie Kant Fichtes Auffassung seiner Lehre. Dazu kam, dass der Umgang mit den Vertretern der romantischen Schule, vor allem den beiden Schlegels, der zuerst in Dresden angesponnen ward und sich dann in Jena fortsetzte, Schellings Auffassungen denjenigen Fichtes immer mehr entfremdete, und so vollzog sich allmählich zwischen beiden Männern ein Bruch, der auch äusserlich und öffentlich die bedauerliche Form gegenseitiger Beschuldigungen und Verdächtigungen angenommen hat. Ähnlich ist es später zwischen

Schelling und Hegel gegangen, noch akuter und gereizter ist das Verhältniss, in dem sich Jakobi und die Identitätsphilosophie zu einander befanden, und so muss leider gesagt werden, dass das Bild jener grossen Zeit vielfach durch persönliche Zwistigkeiten getrübt ist. Die Wärme der Überzeugung, mit der diese Männer ausnahmslos von der Wahrheit ihrer Lehren durchdrungen waren, machte sie in der Behandlung der Andersdenkenden rücksichtslos, und der bedeutende Kampf ums Dasein, welchen hier die Weltanschauungen führten, brachte theilweise eine grobe Form der Polemik hervor, die schliesslich in der Brutalität Schopenhauers kulminirte. Als Fichte Jena verlassen hatte, beherrschte einige Jahre lang Schelling dies Centrum der philosophischen Bewegung. Dann trat Hegel hinzu, mit dem er in den ersten Jahren des neuen Jahrhunderts das »Kritische Journal der Philosophie« herausgab. Inzwischen gestalteten sich seine persönlichen Verhältnisse in Jena mit und ohne seine Schuld immer unerfreulicher, und er folgte daher gern einem Rufe nach Würzburg, wo die neue baierische Regierung eine bedeutende Universität zu schaffen versprach. 1806 siedelte er dann an die Münchener Akademie der Wissenschaften über, und als wenige Jahre darauf ihm seine Frau, die ehemalige Gattin Wilhelm Schlegels, Caroline, entrissen worden war, verfiel er für lange Zeit in literarische Unthätigkeit. Er hielt gelegentlich in Stuttgart Privatvorlesungen; er trat auch einmal in ein freies Verhältniss zur Universität Erlangen, vermöge dessen er an derselben Vorlesungen hielt. Erst als König Ludwig die Universität München gründete, übernahm er 1827 an derselben die Vertretung der Philosophie. Inzwischen hatte sich nach auswärts die Meinung verbreitet, dass Schelling in der Stille ein neues philosophisches System entwickelt habe, welches nicht nur den Hegelschen Rationalismus von Grund aus widerlege, sondern auch dem religiösen Bedürfniss vollkommen Rechnung trage. Auf Grund dessen wurde er von Friedrich Wilhelm IV. bei dessen Regierungsantritt an die Berliner Akademie berufen und ging 1841 darauf ein. Aber die hochgespannten Erwartungen, welche man auf seinen Erfolg gesetzt, wurden getäuscht. Der Eindruck, den er anfangs machte, verblasste sehr schnell, und so zog er sich nach wenigen Jahren gänzlich aus der Öffentlichkeit zurück. Er ist 1854 im Bade Ragatz gestorben.

Schelling ist der Hauptträger für die Entwicklung der Identitätsphilosophie. Er hat die meisten ihrer Phasen nicht nur mitge-

macht, sondern mit schöpferischer Initiative hervorgerufen. Er ist
durch sein ganzes Leben hindurch, dem eigenen Triebe und den
mannigfachsten Einflüssen folgend, in einer stetigen Umbildung
seiner Lehre begriffen gewesen. Nur die Continuirlichkeit dieser
Umbildung lässt es erklären, dass er selbst fortwährend behauptete, nur immer in neuer Form denselben Gedanken auszuprägen,
und dass er sich über die grossen Gegensätze täuschte, welche
zwischen den Lehren seiner verschiedenen Perioden obwalten. In
der That könnte man ihm kein grösseres Unrecht thun, als wenn
man ihn beim Worte nehmen und die gesammten 14 Bände seiner
gesammelten Werke (1856—61) als ein einheitliches System inter-
pretiren wollte. Sie zeigen vielmehr den Gang, den ein bedeutender Geist vom Jüngling bis zum Greise gegangen ist, und den
die deutsche Philosophie mit ihm mitgemacht hat. Eine gewaltige
und geniale Kraft ist es, welche diese Metamorphosen erlebt hat,
und welche nur vermöge der unendlichen Reichhaltigkeit ihrer
geistigen Interessen hintereinander so verschiedene Wege einzuschlagen vermocht hat. Sieht man von jenen Jugendjahren ab, in
welchen Schelling als ein zwar völlig reifer und ebenbürtiger, aber
doch eben nur als ein Schüler von Fichte erscheint, so sind es fünf
verschiedene Perioden, die mit theilweise sehr leisen und allmählichen Übergängen sich in seiner Entwicklung unterscheiden lassen
und ihn mit allen Gedankenströmungen der nachkantischen Bewegung in wechselndem Contakt zeigen. Ungefähr mit Jahreszahlen
begrenzt, können dieselben folgendermassen bezeichnet werden:
die Naturphilosophie 1797—99, der ästhetische Idealismus 1800
und 1801, der absolute Idealismus 1801—4, die Freiheitslehre
1804—13 und die positive Philosophie, der Standpunkt seines
Alters.

Der Punkt, an welchem Schelling die Fichtesche Lehre zunächst fortzubilden beabsichtigte und dann unwillkürlich umzubilden sich genöthigt sah, betraf die darin entschieden verküm-
merte Naturerkenntniss. In der Wissenschaftslehre galt die Natur
nur als Mittel zur Realisation des sittlichen Zwecks. Aber sie sollte
doch auch hier so betrachtet werden, als ob sie eben um dieses
Zweckes willen von der Vernunft gesetzt wäre, d. h. als ein Produkt der Vernunft, welches deshalb die Züge seines Ursprunges
an der Stirn tragen müsse. Nun hatte zwar auch Kant eine Abhängigkeit der Natur von der Intelligenz gelehrt. In der trans-

scendentalen Analytik schrieb der Verstand der Natur ihre Gesetze
vor. Aber diese Gesetzmässigkeit war bei Kant nur die mechanische. Die teleologische Betrachtung galt ihm eben nur als solche
und nicht als eine philosophische Erklärungsweise des Naturzu-
sammenhanges. Und gerade indem er die teleologische Betrachtung abwies, hatte Kant auf die wissenschaftliche Erkenntniss vom
Ganzen der Natur und von der Rolle, welche innerhalb desselben
die besondere Eigenthümlichkeit der einzelnen Erscheinung spiele,
Verzicht gethan. Fichte umgekehrt, der Kenntniss der kausalen
Gesetzmässigkeit fern stehend, hatte die Natur lediglich in allge-
meinster Weise teleologisch deducirt oder einzelne ihrer Formen,
z. B. den menschlichen Organismus aus besonderen Zwecken erklärt. Er war aber nicht im Stande gewesen, diesen Gesichtspunkt
bis in die Gliederung der besonderen Naturerscheinungen zu verfolgen. Er hatte nur behaupten, aber nicht beweisen können, dass
die ganze Natur ein zweckmässiger Zusammenhang sei, der zur
Lösung der sittlichen Aufgabe diene.

Hierauf richtet sich das jugendliche Denken von Schelling.
Diese Idee soll ausgeführt, die Natur soll als ein grosses System
erkannt werden, welches aus der Vernunft hervorgegangen ist,
um ihrem Zwecke zu genügen. In der Wissenschaftslehre erschien
der einzelne Inhalt der Empfindung, aus welcher wir unsere Erfahrung von der Natur schöpfen, als eine freie Handlung der produktiven Einbildungskraft, also der unbewussten Intelligenz. Aus
dem unbewussten Wesen dieser Schöpferthätigkeit erklärt sich der
mechanische Charakter, welchen der Naturprocess an sich trägt
und welchen Kant hinsichtlich der wissenschaftlichen Behandlung
hervorgehoben hat. Aber es ist Vernunft, was dabei in der unbewussten Form wirkt, und daraus erklärt sich das zweckvolle Ineinandergreifen dieses Kausalmechanismus, welches für Kant nur
ein Gegenstand der Betrachtung war. Soll aber die Natur als ein
teleologisches System erscheinen, so kann der Zweck, um dessentwillen das Ganze da ist, immer nur wieder in der Vernunft gesucht
werden. Es kann jedoch nicht die sittliche Handlung selbst sein,
da diese niemals durch den natürlichen Mechanismus, sondern
immer nur durch Freiheit möglich ist. Der Zweck der Natur kann
also nur darin bestehen, eine Bedingung zu realisiren, unter der die
sittliche Handlung allein möglich ist. Diese Bedingung ist die bewusste Intelligenz, und wenn deshalb auf dem Standpunkte der

Wissenschaftslehre mit dem Versuch einer teleologischen Deduktion der Natur Ernst gemacht werden soll, so muss sie als ein System von Processen aufgefasst werden, dessen höchster Zweck die Produktion der bewussten Intelligenz bildet. Die Natur muss als die unbewusste Form des Vernunftlebens aufgefasst werden, welche keine andere Tendenz hat, als die bewusste zu erzeugen. Die Natur ist die Odyssee, in welcher nach mancherlei Irrwegen der Geist zuletzt schlafend seine Heimat, d. h. sich selbst findet. Auch im System der Wissenschaftslehre wird die Empfindung nur producirt, damit die Intelligenz in der bewussten Anschauung darüber hinausgehe. Die Basis aber, auf der dieser Zweck allein erfüllt wird, ist das organische Leben und im Besonderen das menschliche. Das animalische Leben also ist jenes höchste Produkt der unbewussten Intelligenz, in welchem ihr Zweck, das Bewusstsein, zur Verwirklichung kommt. Soll es eine philosophische Naturerkenntniss geben, so besteht dieselbe darin, den gesammten Naturprocess als ein zweckmässiges Zusammenwirken von Kräften zu betrachten, welche von den niedersten Stufen aus in immer höherer und feinerer Potenzirung zur Genesis des animalischen Lebens und des Bewusstseins führen. Die Natur darf nicht als ein zufälliges Nebeneinander von Erscheinungen und Gesetzen, sondern sie muss selbst als ein grosser Organismus gedacht werden, dessen gesammte Theile nur dazu da sind, das Leben und das Bewusstsein zu Stande zu bringen. Die Philosophie der Natur ist die Geschichte des werdenden Geistes. Sollte bei Fichte die gesammte Wissenschaftslehre eine Geschichte des Bewusstseins sein, so wendet Schelling diesen Begriff auf die Natur als auf das Produkt der Vernunft an und verlangt, dass die verschiedenen Stufen ihres Lebens als die Kategorien der Natur, d. h. als die nothwendigen Formen begriffen werden, in denen die Vernunft aus der unbewussten in die bewusste Gestalt emporstrebt.

Dieser Grundgedanke der Schellingschen Naturphilosophie kam in sehr glücklicher Weise den Strömungen entgegen, welche zu seiner Zeit in der Naturwissenschaft sich geltend machten. Dieselbe zeigt in der neueren Zeit eine Art von oscillatorischer Bewegung zwischen der Vertiefung in die Aufgaben der besonderen Forschung und dem zusammenfassenden Überblick über die Gesammtheit der von ihr gewonnenen Naturerkenntniss. Ist sie in dem einen Falle in Gefahr, sich in die Curiositäten der Detailforschung zu verlieren, so hat sie in dem anderen Falle darüber zu wachen, dass sie den Boden der thatsächlichen Begründung nicht unter den Füssen verliert. Jedesmal wenn eine Zeit lang eine dieser Richtungen vorwiegend befolgt worden ist, macht sich die entgegengesetzte Tendenz wieder geltend, und nur ein anderer Ausdruck für diese Thatsache ist es, dass die moderne Naturforschung abwechselnd bald die Philosophie flieht, bald zu ihr hinstrebt. Schellings Bestrebungen fielen in eine Zeit, in welcher wieder einmal das Letztere der Fall war, und in welcher sich der Naturforschung selbst überall die Tendenz bemächtigt hatte, den Zusammenhang der Naturkräfte ins Auge zu fassen und die Verwandlungen der identischen Grundkräfte in die scheinbar spezifisch verschiedenen Erscheinungsformen zu beobachten. In diesem Bestreben beruhte die grosse Bewegung, welche um jene Zeit sich der gesammten Naturforschung bemächtigte und durch eine Reihe neuer Entdeckungen begünstigt wurde. Von besonderer Wichtigkeit war dabei die Elektricitätslehre, welche seit der Mitte des Jahrhunderts in rapider Weise gefördert worden war und bereits zu der für die Naturphilosophie namentlich wichtigen Coulombschen Theorie des Gegensatzes von einem positiven und einem negativen elektrischen Fluidum geführt hatte. Schon ahnte man, dass zwischen dieser und der magnetischen Polarität ein geheimnissvoller Zusammenhang obwalte. Schon begann man die Beziehungen zu studiren, in welchen dieselbe zum chemischen Processe steht, und schon hörte in Folge der Entdeckung der Oxydation durch Priestley und Lavoisier die alte phlogistische Theorie auf, die Anschauungen der Chemiker zu beherrschen. Von besonderer Wichtigkeit aber war in dieser Bewegung Galvanis Entdeckung der sogenannten thierischen Elektricität. Der elektrische Process, der sich für die Übergänge in den anorganischen Erscheinungen, für den Zusammenhang physikalischer und chemischer Vorgänge so wichtig erwies, schien auch für die organische Natur eine entscheidende Bedeutung zu gewinnen; er schien so gewissermassen den Übergang aus dem unorganischen in das organische Dasein zu vermitteln und eine Lösung der alten Räthselfrage zu versprechen, wie man sich den einheitlichen Charakter der Natur in dem Gegensatze dieser beiden Reiche gewahrt denken sollte. Die Frage nach dem Verhältniss der Organismen zu dem Mechanismus der unorganischen Welt hatte das achtzehnte Jahrhundert auf das lebhafteste bewegt, und auch in Deutschland waren die Bestrebungen im Fluss, welche keine Kluft zwischen beiden annehmen wollten, welche aber gerade deshalb auch zu einer neuen Auffassung von dem Zusammenhange der Organismen untereinander gedrängt wurden. Es galt den Proteus des Lebens in der Identität zu erfassen, welche allen seinen wechselnden Gestaltungen zu Grunde liegt. Schon 1759 hatte Kaspar Friedrich Wolff seine »Theoria generationis« herausgegeben, welche die Identität der physiologischen Grundform im Thier- und Pflanzenreiche behauptete und zum Staunen des Zeitalters den Parallelismus in dem morphologischen Bau der Fledermaus und des Pflanzenblatts nachwies. In dieselbe Richtung gehören die bahnbrechenden Untersuchungen Goethes. Seine Entdeckung des Zwischenknochens fügte den menschlichen Organismus morphologisch dem gemeinsamen Schema der höheren Wirbelthiere ein. Seine »Metamorphose der Pflanze« darf als der erste Versuch zur Ausführung der biologischen Theorie angesehen werden, welche von dem Grundsatze aus, dass jeder Organismus immer nur wieder aus organischen Theilen besteht, die Differenzirung der einheitlichen Grundform durch alle Gebilde des Lebens hindurch verfolgt. So begann die junge Wissenschaft der vergleichenden Morphologie, die später durch Goethes und Okens Theorie von der Bedeutung des Schädels als eines entwickelten Wirbels lebhaft gefördert wurde, die Täuschung zu durchschauen, welche in dem gewöhnlichen Bewusstsein durch die Verschiedenheit der äusseren Configuration der Organismen entsteht, als ob jede Art derselben völlig unabhängig von den übrigen auf einen besonderen Ursprung zurückgeführt werden müsse, und es dämmerten die ersten Ahnungen davon herauf, dass das ganze organische Reich in der Reihenfolge seiner Formen eine einzige grosse Entwicklung darstelle, einen Lebensprocess, welchem nicht nur die Individuen, sondern auch die Arten unterworfen seien, dass es vor allem ein und dasselbe allgemeine Gesetz sei, welches in allen Entwicklungsstufen des Individuums und der gesammten Natur gleichmässig zu Grunde liege. Und schon fing man an, daran zu denken, dass auch die anormalen und pathologischen Erscheinungen auf dieselben Gesetze, wie die normalen, in letzter Instanz zurückgeführt werden müssten. Jene entwicklungsgeschichtliche Auffassung des organischen Lebens war schon von den französischen Philosophen und Naturforschern mehrfach geäussert worden; namentlich Männer wie Robinet und Bonnet, welche mit dem Leibnizischen System vertraut waren, hatten darauf hingewiesen. Auch Kant gab in der Kritik der Urtheilskraft wenigstens die Möglichkeit eines solchen »kühnen Unternehmens« zu, und nach seiner Anregung veröffentlichte 1793 K i e l m e y e r seine bedeutende Schrift »über das Verhältniss der organischen Kräfte in der Reihe der verschiedenen Organisationen«. Es kam dabei der Grundgedanke zu Tage, dass die Verschiedenheit der Organismen zuletzt auf das verschiedene Massverhältniss derselben organischen Grundkräfte zurückgeführt werden müsste, welche, überall dieselben, durch ihre verschiedene Vertheilung die Besonderheiten der einzelnen Arten und Individuen bedingten. Von solchen Vorstellungen liess sich leicht die pathologische Hypothese ableiten, welche die Genesis der anormalen Zustände in eine Verschiebung des normalen Gleichgewichts der Grundkräfte versetzte. In dieser Beziehung wurde namentlich Hallers Lehre von der Irritabilität des Nervensystems und die sogenannte Erregungslehre von John Brown von grosser Wichtigkeit.

Alle diese Bewegungen in einem Kopfe vereinigt und unter den gemeinsamen Gesichtspunkt der Wissenschaftslehre gebracht, geben Schellings Naturphilosophie. Dieselbe ist zuerst in seinen »Ideen zur Philosophie der Natur« (1797), dann in der Abhandlung »Von der Weltseele, eine Hypothese der höheren Physik« (1798), weiterhin in dem »Entwurf eines Systems der Naturphilosophie« (1799) dargestellt. Ausserdem kommen die später geschriebenen Einleitungen und Vorreden zu diesen Schriften, besonders aber eine Reihe von Abhandlungen in den Zeitschriften in Betracht, welche Schelling im Interesse der Naturphilosophie herausgab, auch als er dieselbe bereits einem höhern Gesichtspunkte unterordnete, der »Zeitschrift für spekulative Physik«, die er 1800 gründete, der »Neuen Zeitschrift für spekulative Physik«, welche 1804 erschien, und der »Jahrbücher der Medicin als Wissenschaft« (1806—1808). Es kann kein Zweifel darüber sein, dass die Angriffe, welche diese Lehren später von Seiten der Naturforscher erfahren haben, zum grossen Theil berechtigt waren. Aber die Unrichtigkeiten, denen Schelling verfiel, wurzelten zum grösseren Theile in dem unvollkommenen Zustande der Naturwissenschaft selbst. Für die Ausführung des Gedankens, ein System der Natur zu construiren, war die exacte Forschung damals noch weniger reif, als sie es jetzt noch ist, und wo in der empirischen Kenntniss die

Zwischenglieder fehlten, da glaubte Schelling diese Lücken durch
Hypothesen ausfüllen zu dürfen, welche er aus seinem Grundgedanken construirte. Wo er damit fehlgriff, da hat die spätere Forschung von ihrer experimentellen Sicherheit her auf ihn herab-
lächeln zu können vermeint; wo er damit späteren Theorien und
Nachweisungen vorgriff, da hat man von glücklichen Zufällen und
unbewiesenen Einfällen gesprochen. Aber man hat nicht bedacht,
dass es gerade diese genialen Conceptionen waren, welche die
exacte Forschung der Folgezeit auf den Weg der Untersuchungen
geführt haben, mit denen sie jene Einfälle durch positive Erkenn-
niss widerlegen oder beweisen konnten. Man hat vor Allem vergessen, dass gerade für die Entwicklung der exacten Forschung
der naturphilosophische Gedanke, die Natur wieder als ein Ganzes
zu fassen und die Identität ihres Wirkens in der Mannichfaltigkeit
ihrer Formen zu verstehen, eine mächtige Förderung gewesen ist.
Wenn die Tendenz einer einheitlichen Naturerklärung den heutigen
Naturforschern als selbstverständlich erscheint, so mögen sie nicht
übersehen, dass die Ausführung derselben durch das Princip, die
Umsetzung der Naturkräfte ineinander zu verstehen, in universeller
Weise zuerst von Schelling versucht worden ist.

Diese Bedeutung der Naturphilosophie bleibt bestehen, auch
wenn sich herausstellen sollte, dass ihr Versuch, das identische
Wesen des ganzen Naturprozesses aus dem Zwecke desselben zu
begreifen, misslungen ist. In der Art, wie Schelling von der
Wissenschaftslehre aus diese Aufgabe erfasste, lag es begründet,
dass sein Versuch der Lösung derselben nur teleologisch ausfallen konnte. Die Natur ist die werdende Intelligenz.
Sie ist die bewusstlose Vernunft, welche Ich werden will. Ihr
Wesen besteht daher in dem Triebe, der sein Ziel im Bewusstsein
hat. Sie erreicht dies Ziel im animalischen Leben, und das Leben
ist deshalb der Richtbegriff der gesammten Naturphilosophie.
Schelling geht dabei von dem Kantischen Gedanken aus, der für
den Standpunkt der damaligen Naturforschung noch mehr als heute
berechtigt war, dass aus einer Natur, deren Principien man von
vornherein mechanisch gefasst habe, das Leben niemals begriffen
werden könne. Deshalb muss man die Sache umkehren und die
Natur aus dem Zweck des Lebens begreifen, welcher in der Wissenschaftslehre aus dem Wesen des Ich deducirt worden ist. Somit

sieht Schelling als das ursprüngliche und einheitliche Wesen der Natur ihr Leben an. Was in ihr todt erscheint, ist nur erstarrtes oder noch nicht vollkommenes Leben. Man darf ihre Erscheinungen nicht in ihrer Vereinzelung auffassen; sie ist vielmehr Nichts als ein grosser Lebenszusammenhang, ein ewiges Ineinandergreifen der Kräfte, in welchen es nur auf die Lebendigkeit des Ganzen ankommt. Das war derselbe Gesichtspunkt der Naturauffassung, welchen aus seinem ästhetischen Bewusstsein heraus Goethe vertrat, und dieser bildete daher den ersten Berührungspunkt zwischen Schelling und dem grossen Dichter. Eine merkwürdige und höchst interessante Beziehung gewann diese Lehre zu S p i n o z a. Die Lehre des vergessenen und geschmähten Juden hatte in dem 9. Jahrzehnt des 18. Jahrhunderts in Deutschland plötzlich eine neue Macht gewonnen. Es ist das Verdienst Lessings, ihre Bedeutung erkannt zu haben, und das ungewollte Verdienst Jakobis, durch den Streit, der sich zwischen ihm und Mendelssohn über den Spinozismus Lessings im Anschluss an Jakobis »Briefe über die Lehre Spinozas« (Berlin 1785) entwickelte, die Aufmerksamkeit darauf noch mehr gelenkt zu haben, als durch seine eigene Behauptung, der Spinozismus sei die vollendete Form aller Wissenschaft. Jedenfalls wurde Spinozas Lehre um dieselbe Zeit, als die Kritik der reinen Vernunft ihre ersten Erfolge erlangte, zu einem Gegenstand eifrigen Studiums in Deutschland, und der Gegensatz, in welchem sie zur Kantischen Freiheitslehre stand, welcher aber andererseits durch Kants Anerkennung der absoluten Nothwendigkeit in der Erscheinungswelt sich aufheben liess, wurde nicht nur für Fichte zu einem wichtigen Momente in der Weiterentwicklung des philosophischen Geistes. Für die Wirkung jedoch, welche dasselbe ausübte, war weniger der Spinozismus selbst als die Auffassung desselben entscheidend, welche H e r d e r und G o e t h e hatten und welche sich nun auch Schelling mittheilte. Sie übersahen dabei freilich vollständig den Gegensatz, in welchem sie sich mit ihrer im tiefsten Grunde vitalistischen Naturauffassung zu der rein mechanischen Formalität Spinozas befanden, und sie bewunderten an diesem nur seinen grossen Gedanken eines absolut einheitlichen, unendlichen Naturzusammenhangs. Auch Spinoza freilich hatte zwischen anorganischer und organischer Natur keinen Sprung und keine Verschiedenheit anerkannt, und diese Universalität des Princips zog Herder, Goethe und Schelling zu ihm hin.

Aber es wurde dabei vergessen, dass das Princip der Natureinheit bei Spinoza das mechanische, hier dagegen das organische war.

Aber auch darin fühlte sich die Naturphilosophie wie Goethe dem Spinozismus verwandt, dass beide ihren Blick auf das allgemeine Leben der gesammten Natur richteten. Für beide galt deshalb das Individuum nur als eine vorübergehende Erscheinung in dem Gesammtprocess. Auch für die Wissenschaftslehre war das individuelle Ich nur ein Mittel für das allgemeine, das individuelle Bewusstsein nur der nothwendige Durchgangspunkt für die ewige und unendliche Realisirung des absoluten Zwecks. Deshalb sind auch der Naturphilosophie die Individuen mit ihrem Sonderbewusstsein nicht die letzte Absicht der Natur, aber ihre nothwendigen Mittel. Denn das Leben, auf das es allein ankommt, ist, wie Fichte deducirt hat, nur im Kampf und im Austausch der Kräfte möglich, und das Individuum beruht, wie schon sein Springpunkt, die Empfindung, nur darauf, dass entgegengesetzte Kräfte einander hemmen, binden und beschränken. Alles individuelle Dasein in der Natur ist ein vorübergehender Moment, in welchem das Wechselspiel der Kräfte zum Stillstand kommt, um sogleich wieder zu beginnen.

Der Antagonismus entgegengesetzter Kräfte ist also das eigentliche Wesen der Natur, worauf ihr Leben ruht. Dualismus und Polarität bilden die Grundform alles natürlichen Geschehens, und dasselbe besteht immer in der Synthesis antagonistischer Momente. So wird das triadische System der Wissenschaftslehre zum Princip für die gesammte Deduction der Naturphilosophie, und in diesem Sinne wird für Schelling der Magnet in seiner untrennbaren Vereinigung polar entgegengesetzt wirkender Kräfte zum Typus der gesammten Naturconstruktion. Alles Leben ist das Produkt entgegengesetzter Kräfte, und jede einzelne Naturerscheinung kommt nur als Synthesis antithetischer Kräfte zu Stande. Damit betritt Schelling den Boden von Kants dynamischer Naturanschauung. Was in der Natur als Ding erscheint, was Stoff oder Atom genannt wird, ist nur das Produkt von Kräften. Die Naturphilosophie verlangt dieselbe Abstraktion von der naiven Weltauffassung, wie die Wissenschaftslehre. Was als Seiendes erscheint, ist ein Produkt des Thuns. Auch in der Natur sind nicht zuerst Dinge da, Körper, Stoffe, Atome oder wie man sie sonst genannt hat, welche Kräfte haben und mit ihnen funktioniren, sondern das Wesen der Natur ist der Trieb und die Kraft, und die physische Realität entspringt erst als deren Produkt.

Nur so ist nach der Naturphilosophie die Einheit des Naturlebens zu verstehen. Sie ist unbegreiflich, wenn lauter selbständige Dinge da sein sollen, die nach Gesetzen, von denen Niemand weiss, woher sie kommen und was sie mit diesen Dingen zu thun haben, in Zusammenhang treten. Sie ist aber völlig verständlich, wenn diese Dinge nur die Produkte von Trieben und Kräften sind, welche sämmtlich nur die Ausgestaltung eines Urtriebes sind, der sich in die Gegensätze spaltet, um zu leben und um sein Ziel zu erreichen. Nicht als ein Aggregat von Atomen in mechanischen Beziehungen, sondern als das einheitliche Leben einer Urkraft, die in immer wechselnder Gestaltung ihrem Ziele zustrebt, ist das System der Natur zu begreifen. Diese Ahnung schwebte den Denkern vor, welche von einer »W e l t s e e l e« gesprochen haben, deren lebendige Entfaltung das Universum sei. Weltseele ist das Ich, welches aus dem unbewussten Triebe zum bewussten Leben kommen will und welches durch alle Gestalten der unorganischen und der organischen Natur sich zu dieser Selbsterfassung emporringt; es ist der »Riesengeist«, der sich versteinert findet, der sich wunderlich reckt und dehnt, die rechte Form und Gestalt zu finden, und der endlich in einem Zwerge — »heisst in der Sprache Menschenkind« — vor sich selber staunt.

Hinter dieser grossartigen Conception des Ganzen bleibt nun freilich die besondere Deduction, in der die Naturphilosophie die nothwendige Umbildung der Naturkraft aus den niederen in die höheren Formen zu construiren unternimmt, bedeutend zurück. Es zeigt sich dies vor Allem darin, dass Schelling selbst in den verschiedenen Darstellungen die »K a t e g o r i e n d e r N a t u r« nicht immer in der gleichen Reihenfolge und die theilweise sehr gekünstelten Übergänge aus der einen in die andere in sehr verschiedener Weise entwickelt hat, wenn auch selbstverständlich die Grundzüge des Systems dieselben geblieben sind.

Den Ausgangspunkt bildet immer Kants dynamischer Begriff von der Materie. Der Gegensatz der centrifugalen und der centripetalen Kraft erschien um so fundamentaler, als auch Fichte in der Deduction der Empfindung das Verhältniss der unendlichen zu der beschränkenden Thätigkeit des Ich darauf zurückgeführt hatte. Hatte dieser daraus die subjective Erscheinung der Empfindung abgeleitet, so deducirt nun Schelling mit Kant die objective Erscheinung der Materie aus demselben Gegensatze, welcher in diesem Falle als derjenige der Repulsion und der Attraktion auftritt. Auf das Intensitätsverhältniss dieser beiden Kräfte sucht Schelling mit Kant die Funktionen der Schwere, der Cohäsion, der Elasticität, besonders aber die verschiedenen Aggregatzustände und in einigen Darstellungen sogar einen Theil der chemischen Eigenschaften zurückzuführen. Der gesammten ponderablen Materie tritt aber sodann als der nothwendige Gegensatz die imponderable oder der Äther hinzu, und aus der Synthesis, aus der gegenseitigen Hemmung beider deducirt Schelling das Licht und die Wärme. Erst auf der höheren Stufe jedoch tritt das der Natur eigenthümliche und auch in dem Verhältniss der ponderablen zur imponderablen Materie noch verdeckte Grundgesetz der Dualität und der Polarität klar und deutlich hervor. Dieselbe beginnt mit den elektrischen Erscheinungen, deren tieferen Grund Schelling im Magnetismus sucht. Wenn die spätere Forschung das Verhältniss geradezu umgekehrt hat, so ist doch nicht zu vergessen, dass es wesentlich auf Veranlassung dieses Schellingschen Hinweises war, als die ersten experimentellen Untersuchungen über den Zusammenhang der Elektricität und des Magnetismus von Oerstedt gemacht wurden. Die höchste Form der Polarität glaubte endlich Schelling in den chemischen Wirkungen des elektrischen Processes sehen zu dürfen, und in dieser Beziehung wurde namentlich die Entdeckung der Voltaschen Säule (1800) für die Naturphilosophie von grosser Bedeutung. Endlich bildet der Galvanismus den Übergang in die organische Welt. In dieser hält sich die Schellingsche Construktion wesentlich mit Kielmeyer an das Verhältniss der drei Grundkräfte, der Reproductionsfähigkeit, der Irritabilität d. h. der physischen Reizbarkeit und der Sensibilität d. h. der animalen Empfindungsfähigkeit. In den niedern Organismen überwiegt die Reproduction nicht nur in der ungeheuern Masse der Vermehrung, sondern auch darin, dass das einzelne Individuum fast nichts Anderes als ein Durchgangspunkt in der Continuität der Gattung ist und dass seine selbständige Funktion und noch mehr seine Empfindungsthätigkeit von der allergeringsten Ausdehnung ist. In dem Stufenreich der Organisation kehrt sich dies Verhältniss allmählich um; die Reproduction nimmt immer mehr ab, sowol hinsichtlich ihrer Masse, als auch hinsichtlich der Bedeutung, welche

sie im Leben des Individuums einnimmt, dagegen wächst um so
mehr dessen Verschiedenheit in der Reaction auf äussere Einflüsse,
und die Fähigkeit der spezifischen Reaction auf spezifische Reize
gipfelt endlich in der bewussten Empfindung. In den höchsten
Organismen überwiegt deren Sensibilität derartig, dass die beiden
andern Funktionen untergeordnet erscheinen, und dabei erreicht
zugleich die Reproduktion ihre vollkommenste, die polare Form;
sie tritt als geschlechtliche Zeugung auf. So zeigt sich das ganze
Reich der Organismen als eine Variation des Verhältnisses dieser
drei Funktionen. Diese seine Einheit tritt in dem gemeinsamen
Typus der Organisation hervor, welchen die vergleichende Anatomie zu Tage gefördert hat. Die Verschiedenheit dagegen tritt in
der Gestalt eines continuirlichen Fortschritts auf, in welchem durch
die feinsten und zartesten Übergänge die niedere Form allmählich
in die höhere übergeht. Dieses Verhältniss bezeichnet Schelling
als Entwicklung. Er hat weder geleugnet noch andererseits
ausdrücklich behauptet, dass dieser Übergang des Unvollkommenen
in das Vollkommenere eine historische Thatsache, d. h. ein zeitlicher
Process sei, und seine Entwicklungslehre ist daher nicht im eigentlichsten Sinne als Descendenztheorie aufzufassen. Die Entwicklung ist für ihn ein ideelles Verhältniss, dasselbe wie bei den
grossen Philosophen des Alterthums und wie bei Leibniz; sie will
nur sagen, dass die Stufenleiter der Natur ein System von Erscheinungen bilde, in welchem jede einen bestimmten Platz im Verhältniss zu den übrigen einnimmt und in dessen Zusammenhange sich
die Grundidee in allen ihren Beziehungen ausbreitet. Diese Entwicklungslehre enthält somit nicht sowol eine Theorie der kausalen
Erklärung, als vielmehr eine Deutung der Erscheinungen. Sie
will die Bedeutung begreifen, welche im System des Ganzen dem
Einzelnen gebührt; sie ist in letzter Instanz eine Lehre von dem
Werthe, welcher den einzelnen Erscheinungen in Bezug auf den
Gesammtzweck der Natur zukommt. Darum sind alle ihre De-
ductionen, alle ihre Vermittlungen und Übergänge teleologisch gemeint, und sie wird nur in dem Sinne auch zu einer Descendenztheorie, als sie von dem Gesichtspunkte der Wissenschaftslehre
ausgeht, dass der Ursprung aller Dinge in dem Zweck zu suchen
sei, den sie zu erfüllen haben. Der Übergang der Naturformen
ineinander ist bei Schelling nicht mechanisch, sondern teleologisch
bedingt. Das war der Grund, weshalb die Naturforschung mit

seinen Auffassungen des Zusammenhanges der einzelnen Naturkräfte und insbesondere der organischen Arten direkt nichts anzufangen wusste. Er will gar nicht die mechanische Kausalität verstehen, wodurch diese Umwandlung vollzogen wird, sondern er
begnügt sich damit, zu zeigen, dass der allgemeine Zweck der
Natur diese Umwandlung nothwendig mache, und er betrachtet
diese teleologische Nothwendigkeit als den zureichenden Grund
ihrer Wirklichkeit. Darin liegt sein grosser Abstand von der
Kantischen Teleologie. Für Kant war die Betrachtung der Zweckmässigkeit das heuristische Princip für die Aufsuchung des kausalen Mechanismus, für Schelling ist sie wie für Fichte ein metaphysisches Princip der Erklärung. Dieser Abstand ist gerade so weit
wie derjenige zwischen dem Kriticismus, der die Metaphysik auf
die Erscheinungen beschränkt, und der Wissenschaftslehre, welche
durch Aufhebung des Ding-an-sich-begriffes den Boden für eine
neue Metaphysik gewann.

In der Sensibilität der Organismen gipfelt das System der
Natur. Sie endet da, wo die bewusste Intelligenz anfängt: bei
der Empfindung. Durch die Stufenreihe der Kräfte hindurch erreicht sie zum Schluss den Zweck, auf den sie in bewusstloser
Nothwendigkeit hindrängt. In dem ganzen Stufenreiche ihrer Erscheinungen ist sie nichts als werdender Geist. Sie ist deshalb
im eigentlichen Sinne die sichtbar gewordene Vernunft. Die natürliche und die vernünftige Welt sind im tiefsten Grunde identisch. Die eine enthält unbewusst, was die andere im Bewusstsein
hat, und der ewige Process der Natur ist nur der, in ihrem bewusstlosen Triebe den Geist zu erzeugen. Mit dieser Durchführung des naturphilosophischen Princips überschritt Schelling, ohne
dass er es wollte, den Standpunkt der Kantischen und Fichteschen
Weltauffassung. Der ethischen Metaphysik, welche diese beiden
lehrten, war der Gegensatz von Natur und Vernunft wesentlich
gewesen. Aber sie waren freilich in mehr als eine Schwierigkeit
dadurch verwickelt worden, dass auch sie die Vernunftgesetz-
gebung in der Natur nach der einen oder der anderen Richtung
hin anzuerkennen genöthigt waren. Indem Schelling damit völlig
Ernst machte und die Natur restlos in Vernunft aufzulösen suchte,
gab er jenen Gegensatz auf, und so wurde für ihn die Natur ein
reines Vernunftprodukt. Damit charakterisirt sich diese Lehre,

welche in der Natur nichts anderes als die bewusstlose Erscheinung der Vernunft sehen will, als physischen Idealismus.

Die Naturphilosophie hatte einen mächtigen Erfolg und gewann in kürzester Zeit eine Reihe bedeutender und begeisterter Anhänger. Ihr ideenreicher Versuch, in der Natur den Geist wiederzuerkennen, übte eine zündende Anregung aus. Aber diese Wirkung war nicht so glücklich wie sie lebhaft war. Sie selbst schon überschritt die rein wissenschaftliche Behandlung der Natur und betrachtete ihr Objekt vielfach unter Analogien und Deutungen, die, mochten sie noch so geistreich concipirt sein, doch schliesslich mehr der Phantasie als dem strengen Denken angehörten. Dies Verhältniss trat, wie immer, noch weit mehr bei den Schülern als bei Schelling selbst hervor. Es bemächtigte sich der ihm Nahestehenden eine Art von Rausch der Naturspeculation, und die Phantasie begann mit ihrem Spiel von Deutungen, Vergleichungen und Combinationen jene Orgien zu feiern, welche ihr später die Verachtung der exacten Wissenschaft zugezogen und den Namen der Naturphilosophie zu einem Schmähwort gemacht haben. Am meisten wirkte Schellings Lehre auf poetisch angelegte Gemüther. Seine Construktion der Natur war ja selbst mehr ein grossartig gedachtes Gedicht als ein wissenschaftliches System, ein Gedicht von einer reizenden Schönheit, für welches, wie bei Dichtungen üblich, nur die Beweise fehlten. Wenn er im Leben der Natur das leise Heraufdämmern des Geistes schilderte, so ist es begreiflich, wie ihn freudig die Dichter begrüssten, die in den Gestalten der Natur, in den phantastischen Bildungen des äusseren Daseins, die Stimmungen und die Geschicke der Seele wiedergespiegelt fanden. So sah sich Tieck von der Naturphilosophie tief ergriffen, und vor Allem die Märchendichtung, deren Art es ja ist, den Geist in die Natur hineinzutragen, musste der Schellingschen Lehre wie ihrem wissenschaftlichen Zwillingsbruder entgegenkommen. Auf diese Weise begannen in der Naturphilosophie Poesie und Wissenschaft in einander zu verschwimmen. In der analogischen Betrachtung der Natur verwischten sich ihre Grenzen, und die Phantastik fing an, sich für Wissenschaft zu halten. Als ein Typus dafür dürfen die abgerissenen Bemerkungen gelten, welche N o v a l i s (Friedrich von Hardenberg 1772—1801) in seinen »Fragmenten« niederlegte. Neben feinen und geistreichen Wendungen finden sich hier Sätze, in denen das empirische Denken kaum mehr den Rest eines Sinnes zu entdecken vermag. Da heisst die Natur eine versteinerte Zauberstadt oder ein encyklopädischer Index unseres Geistes, da heisst aber auch der Raum ein Niederschlag aus der Zeit, das Wasser eine nasse Flamme, heisst Farbe das Bestreben des Stoffs, Licht zu werden, und umgekehrt, — da ist Denken Galvanisation, da soll im Schlaf der Körper die Seele verdauen u. s. f. Geht dabei die geistreiche Analogie in Phrase über, welche um so gefährlicher ist, als sie eine tiefe Erkenntniss zu sein glaubt, so sind doch andererseits viel werthvollere Wirkungen von der Naturphilosophie ausgegangen. Sie bot eben doch neben diesen spielenden Deutungen eine Reihe bedeutender Gesichtspunkte dar, welche sich für die Naturwissenschaften fruchtbar entwickeln sollten. So wendete vor Allen Steffens (ein geborener Norwege, 1773 geboren, in Deutschland gebildet und als deutscher Universitätslehrer thätig, in Berlin 1845 gestorben) in seinen »Beiträgen zur inneren Naturgeschichte der Erde« (1801) das Schellingsche Princip auf die in der Umwälzung begriffene und durch seinen Lehrer Werner in Freiberg mächtig geförderte Wissenschaft der Geologie an und stellte zuerst auf Grund der Thatsachen die Idee einer geologischen Entwicklungsgeschichte des Planeten auf, vermöge deren derselbe sich in allmählicher Umbildung zum Träger des organischen Lebens und zu immer höherer Ausbildung desselben befähigt habe. So verfehlt die einzelnen Hypothesen gewesen sein mögen, in denen er diesen Gedanken durchführte, so gross bleibt das Verdienst des letzteren selbst, und auch dieser beruhte doch schliesslich auf dem teleologischen Grundprincip Schellings, dass alles Leben auch der sogenannten unorganischen Natur in dem Zwecke wurzele, den Geist zu erzeugen. Am meisten jedoch lassen sich selbstverständlich die Anregungen Schellings auf dem Gebiete der organischen Naturforschung verfolgen. Es war ausdrücklich unter seinem Einfluss, dass Carus (1789—1869) die vergleichende Anatomie in Deutschland einbürgerte. Der Nachweis der Identität des Baues in der Fülle der Organismen galt auch ihm nur als ein Beweis für die Einheitlichkeit des Planes, nach welchem das gesammte Leben von der unvollkommensten bis zur vollkommensten Form aufgebaut ist. Ein wahrhafter fruchtbarer Vertreter aber dieses Princips war Lorenz Oken (1779—1851). Er ist neben Goethe für Deutschland der Begründer der Entwicklungsgeschichte; auch er lehrte (»Die Bedeutung der Schädelknochen« 1807) die Theorie, dass man

im Schädel nur eine höher entwickelte Form des Wirbels zu sehen
habe, er behauptete bereits ausdrücklich, dass das ganze Stufenreich der Organismen, die Thiere so gut wie die Pflanzen, durch
allmähliche Umbildung aus einem organischen Urschleim entstanden sei, welcher, in unendlicher Weise differenzirt, den Stoff aller
Organismen bilde. Er gliederte das ganze Thierreich nach dem
teleologischen Gesichtspunkte, dass die sechs verschiedenen
Systeme, welche er in der physiologischen Funktion des Menschen
annahm, in den sechs Grundklassen des Thierreiches die innerhalb
jeder derselben mannichfach variirten Typen darstellen sollen, sodass das ganze Thierreich überall den zerstückten Menschen enthält. Er betrachtet also auch den ganzen Process der Organisation
als einen Weg der Entwicklung, den die Natur durch viele verfehlte Bildungen hindurch nimmt, um zu der Erreichung des Zwecks
der bewussten Intelligenz erst im Menschenleben zu gelangen.
Aber ihm lösen sich diese Betrachtungen vollständig von dem Princip der Wissenschaftslehre ab, ihm ist schon die Natur — nicht
ohne Einfluss Spinozas — eine vollkommen selbständige Existenz,
er tritt ganz zum physischen Pantheismus über und sucht denselben
in einer Weise zu begründen, deren Formeln bereits auf Schellings
absolutes Identitätssystem (vgl. § 66) zurückzuführen sind. — Aber
das Princip der Naturphilosophie leitete noch über das organische
Leben hinaus in die Psychologie hinüber. Galt die Natur als bewusstlose Intelligenz, so musste der Übergang von ihr zum Bewusstsein
zuletzt in jenen dunklen Regionen des Geisteslebens gesucht werden, welche dem bewussten Vernunftleben in uns zu Grunde liegen.
Vom Standpunkt der Naturphilosophie aus musste sich daher für
die Psychologie das Bestreben geltend machen, diese »Nachtseite«
der menschlichen Psyche, diesen unbewussten Untergrund des bewussten Lebens eingehend zu erforschen und ihn als den wahren
Übergang der organischen Natur in das vernünftige Dasein zu begreifen. Solche Tendenzen finden sich bei Carus (»Vorlesungen
über Psychologie« 1831 und »Psyche, zur Entwicklungsgeschichte
der Seele« 1846), bei Steffens (»Anthropologie«, Breslau 1822), bei
Burdach (»Anthropologie« 1827), vor Allem aber bei Schubert
(1780—1860), der dem allgemeinen Publikum wie Oken als Verfasser verbreiteter Handbücher der Naturgeschichte bekannt ist.
Seine »Ahndungen einer allgemeinen Geschichte des Lebens«
(1806—1821), mehr noch seine »Geschichte der Seele« stellen

diesen Gesichtspunkt in den Vordergrund, und von demselben aus beschäftigte er sich besonders mit der unbewussten Basis der psychischen Störungen, mit den geheimnissvollen Erscheinungen des Somnambulismus und jenem räthselhaften Ineinandergreifen bewusster und unbewusster Thätigkeiten, welches die menschliche Psyche auf der schwanken Grenze der natürlichen und der vernünftigen Welt erscheinen lässt.

§ 65. Der ästhetische Idealismus.
Schiller und die Romantiker.

Die Naturphilosophie, vom Princip der Wissenschaftslehre aus begonnen und anfänglich derselben untergeordnet, war bei Schelling mehr und mehr zu einer selbständigen Disciplin gereift. Sie erschien ihm jetzt als eine Ergänzung der Wissenschaftslehre. Zeigte die letztere, wie das Ich um seines praktischen Zweckes willen die Natur als das Nichtich setzt, zeigte sie, wie das Ich Natur wird, so hat die Naturphilosophie die umgekehrte Aufgabe, zu entwickeln, wie die Natur zum Ich wird. Indem Schelling noch daran festhält, sich mit Fichte einig wissen zu wollen, fasst er dies Verhältniss so auf, dass die Philosophie oder Wissenschaftslehre nach den allgemeinsten Grundbestimmungen sich in zwei, einander umgekehrt correspondirende Theile zerlege, einen objektiven, welcher als Naturphilosophie die Entwicklung der Natur zum Bewusstsein darstelle, und einen subjektiven, welcher die in Fichtes Wissenschaftslehre behandelte Geschichte des Bewusstseins zu seinem Inhalt habe. Diesen subjektiven Theil der Philosophie benannte Schelling jetzt mit dem Namen der Transscendentalphilosophie oder des transscendentalen Idealismus. Indem er aber an die selbständige Bearbeitung dieser zweiten philosophischen Grundwissenschaft geht, bilden sich ihm unter der Hand die Fichteschen Gedanken derartig um, dass das Gesammtbild dieses nothwendigen Systems der Vernunfthandlungen ein wesentlich anderes wird. Zu dem Gegensatze der theoretischen und der praktischen Wissenschaftslehre, welcher sich selbstverständlich in diese neue Phase des Schellingschen Denkens hinüberzieht, tritt der Begriff einer dritten Vernunftfunktion hinzu, welche in der Versöhnung des Gegensatzes den Abschluss des Systems und die Krönung des Gebäudes bildet. Aus den Grundbestimmungen der Kantischen Philosophie und aus

der schon durch die Naturphilosophie bekundeten Einwirkung der
Kritik der Urtheilskraft auf das Schellingsche Denken ist von vornherein abzusehen, dass diese verknüpfende Funktion nur die ästhetische sein kann. Wenn aber so der ganze Entwurf, den Schelling
hier von der Transscendentalphilosophie machte, auf die Überwindung des Gegensatzes von theoretischer und praktischer durch die
ästhetische Vernunft hinausläuft, so lagen die Prämissen dafür zwar
vollständig schon in Kants Philosophie; allein, bevor Schelling sich
derselben bemächtigte, hatten dieselben bereits eine Weiterbildung
erfahren, die jetzt für ihn bestimmend wurde. Dieselbe war nicht
von allgemein philosophischem Interesse, sondern von spezifisch
ästhetischen Tendenzen ausgegangen, welche durch Kants Werk
eine mächtige Anregung erfahren hatten. Ihre Träger waren daher
Dichter, welche sich in Bezug auf die Theorie des ästhetischen
Lebens mit der neuen Philosophie auseinanderzusetzen suchten
und dadurch die für die Weiterentwicklung entscheidende Verschmelzung der philosophischen und der poetischen Bewegung
herbeiführten. So wurde die Ästhetik nicht nur das lebendige
Zwischenglied zwischen beiden, sondern auch auf der einen Seite
eine Macht in der poetischen Produktion, auf der andern Seite ein
wesentliches Moment für die philosophische Weltauffassung. Nach
beiden Richtungen hin ist diese Wirkung eine mächtige gewesen,
aber sie hatte auch nach beiden ebenso ihre gefährlichen wie ihre
segensreichen Folgen. In der Dichtung gab sie zu einer philosophischen Vertiefung Anlass, welche die höchsten und werthvollsten Interessen des menschlichen Denkens zu Objekten einer
poetischen Darstellung machte, von der Schillers sogenannte philosophische Gedichte das unerreichte und unvergleichliche Muster
sind. Aber sie führte zugleich durch das Überwiegen des theo-
retisirenden Moments eine Absichtlichkeit und Gekünsteltheit her-
bei, die der poetischen Produktion schadete, wie es namentlich bei
den Romantikern ersichtlich ist. Die Philosophie andererseits gewann dadurch nicht nur einen Blick auf den Zusammenhang des
menschlichen Culturlebens, wie er in dieser grossartigen Allseitigkeit bis dahin gemangelt hatte, sondern auch für ihre Darstellung
eine viel lebendigere Form, vermöge deren sie mit dem allgemeinen
Bewusstsein eine viel innigere Fühlung erzielen und erhalten
konnte, als in der abstrakten Schulmässigkeit; aber es drang zugleich damit in sie, wie es schon bei der Naturphilosophie der Fall

war, die phantasievolle Deutung und das ästhetische Bedürfniss überhaupt in einer Ausdehnung ein, welche der strikten Wissenschaftlichkeit feindselig war und dadurch den Erkenntnisswerth ihrer Construktionen auf das lebhafteste geschädigt hat.

Der Führer dieser Bewegung ist S c h i l l e r. Als Dichter wol hie und da überschätzt, ist er in seiner wahrhaft grossartigen Bedeutung für das deutsche Geistesleben selten voll gewürdigt worden. Sie besteht eben darin, dass er die Bahn eröffnet hat, auf der ein Jahrzehnt lang das poetische und das philosophische Schaffen der deutschen Nation Hand in Hand gegangen sind. Und er hat diese Bedeutung dadurch gewonnen, dass er zuerst mit gleich innigem, mit gleich tiefem Verständniss das Wesen Kants und dasjenige Goethes begriff, dass er ihren Gegensatz in sich auszusöhnen und aus ihrer Verknüpfung das Ideal der höchsten Bildung zu gewinnen suchte. Von all den Geistern, in denen der Einfluss jener beiden Genien sich kreuzte, ist er der erste gewesen, ist er mit Schelling der vornehmste geblieben. Er ist zur vollen Reife seines eigenen Geistes erst dadurch gediehen, dass er mit diesen beiden Männern, die ihn merkwürdigerweise anfangs beide abstiessen, die innigste Fühlung gewonnen hat. In seinem Wesen ist von Anfang an eine wunderbare Mischung des künstlerischen Geistes, in welchem er schliesslich seine Verwandtschaft mit Goethe fand, und des ringenden Charakters, worin er Fichte ähnelte und von dem aus er wie dieser das Verständniss Kants gewann.

Der Gegensatz dieser Elemente bedingte die stürmischen Umwälzungen, die ungelösten Widersprüche seiner Jugend, und erst auf der Höhe seines Lebens in Jena und Weimar klärte er sich zu bewunderungswürdiger Reife ab. Es war in ihm ebenso viel sprühende und sprudelnde Genialität wie sittenstrenger Ernst und Neigung zur begrifflichen Abstraktion. Der Rigorismus Kants schlug in seinem Charakter nicht minder verwandte Saiten an, als die schöne Freiheit in der individuellen Lebensgestaltung bei Goethe, und die Gaben des Denkers waren ihm ebenso eigen wie diejenigen des Künstlers. Er besass die naive Kindlichkeit des wahren Dichters und daneben die männliche Reflexion des Charakters, welcher Alles aus Principien zu gestalten und zu begreifen denkt. Es gibt unter seinen Schöpfungen solche, in denen das eine oder das andere Element rein und mit ungetheilter Kraft

waltet, es gibt viele darunter, in denen namentlich das letztere
das erstere beeinträchtigt, und die höchsten sind die, in denen
beide einander die Waage halten. Das gerade ist der Charakter
seiner Abhandlungen, mit denen er in die ästhetisch-philosophische
Bewegung bedeutsam eingegriffen hat. Sie behandeln zum Theil
besondere Gegenstände der ästhetischen Theorie, sie besprechen
den »Grund des Vergnügens an tragischen Gegenständen« (1792)
oder »das Wesen der tragischen Kunst« (1792), sie entwickeln den
Begriff der »Anmuth und der Würde« (1793), den des »Patheti-
schen« (1793) oder den des »Erhabenen« (1793 und umgearbeitet
1801); aber sie beziehen immer jedes besondere Problem auf das
Allgemeine, und sie bewegen sich alle um die gegenseitigen Beziehungen des ästhetischen und des moralischen Lebens. Der
Dichter Schiller sah in der ästhetischen Funktion die werthvollste
und vollkommenste Ausprägung des menschlichen Wesens, der
Charakter Schiller unterwarf mit strenger Überzeugung alles
menschliche Thun dem sittlichen Zweck. Nennt man das eine
das Goethische, das andere das Kantische Ideal, so war der Geist
Schillers von beiden so sympathisch berührt und von beiden so
gleichmässig erfüllt, dass man vom Anfang bis zum Ende in seiner
schriftstellerischen Thätigkeit beide Elemente verfolgen kann. Ja
oft in derselben Schrift überwiegt bald das eine und bald das
andere, je nachdem der Gegenstand das lebhafte Wesen des dichterischen Denkers nach der einen oder nach der andern Seite mit sich
reisst. Dieser Kampf der Elemente hat weder mit dem Siege des
einen oder des anderen noch mit einer vollen und allseitigen Versöhnung derselben geendet, sondern ist vielmehr bis in die letzten
Äusserungen Schillers hinein zu erkennen; aber immer neue und
neue Versuche hat er gemacht, mit demselben zum Abschluss zu
kommen.

Alle diese Versuche bewegen sich in einer Richtung, welche
die Schillersche Lehre in einem interessanten Parallelismus zu
Kants Religionsphilosophie erscheinen lassen. Wenn es sich um
die Aufstellung des moralischen Gesetzes und um die einzelnen
Aufgaben handelt, die der vom Naturtrieb beherrschte Mensch zu
erfüllen hat, so steht Schiller niemals und auch in seinen letzten
Schriften nicht an, dem vollen Rigorismus der Kantischen Moral
zu huldigen; dann gilt auch für ihn als sittlich nur eine bedingungslose und durch die bewusste Maxime herbeigeführte Unter-

werfung des sinnlichen unter den geistigen Menschen. Aber anders ist es, wenn man den Menschen in seiner gesammten Entwicklung betrachtet; hier ist er ein sinnlich-übersinnliches Wesen, hier wirkt in ihm die ganze unwiderstehliche und als Bestandtheil seines Wesens berechtigte Gewalt des Naturtriebes, und hier wäre zu befürchten, dass, wenn wir ihm das Sittengesetz nur im Gegensatze zu seinem natürlichen Wesen zeigten, er vor der Majestät desselben nur zurückschreckte und dass er in der physischen Nothwendigkeit unterginge, ehe er sich zum sittlichen Bewusstsein erhoben hätte. Der im Kampfe begriffene Mensch bedarf einer U n - t e r s t ü t z u n g s e i n e r s i n n l i c h e n N a t u r, um zum moralischen zu werden. Auch Kant hatte das verstanden, und er hatte diese Unterstützung in der Religion gesucht. Schiller hat an vielen Stellen seiner Schriften darauf hingedeutet, dass neben der Religion für diesen Zweck die ä s t h e t i s c h e B i l d u n g das wesentlichste Mittel sei. Durch sie soll das natürliche Triebleben veredelt und verfeinert werden, um zu dem Übergange in das moralische Leben fähig zu werden.

Hienach gewinnt es den Anschein, als solle nach Schillers Überzeugung das ästhetische Leben nur das nothwendige Mittel sein, um den Menschen aus dem sinnlichen in den sittlichen Zustand überzuführen. Und unter diesem Gesichtspunkte entwarf Schiller in der That seine grossartigen »Briefe über die ästhetische Erziehung des Menschengeschlechts« (1795—96). Aber die Ausführung dieses Planes geht in mehr als einer Beziehung über den Kantischen Standpunkt der Ethik hinaus. Sie nimmt zunächst schon ihr Problem nicht in der Aufgabe des einzelnen Menschen, sondern in derjenigen des ganzen Geschlechts. Sie folgt in dieser Hinsicht in entschiedener Weise der Geschichtsphilosophie des Königsberger Denkers. Sie sieht die moralische Ordnung oder, wie Schiller sagt, den »moralischen Staat« als die Aufgabe an, zu welcher sich die Menschheit aus dem Stande des »physischen Staates«, der durch die natürliche Nothwendigkeit herbeigeführten Gewaltherrschaft, entwickeln soll, und sie construirt als das unumgängliche Zwischenglied den »ästhetischen Staat«, d. h. den Stand des veredelten Naturtriebes, durch welchen allein die Kluft zwischen der physischen Wirklichkeit und der moralischen Aufgabe ausgefüllt werden kann. Im physischen Zustand erleidet der Mensch die Macht der Natur, er entledigt sich ihrer im ästhetischen, und er beherrscht sie im moralischen. Diese Klimax entwickelt Schiller noch in einem der letzten dieser Briefe; aber indem er an der Hand der Kantischen Begriffsbestimmung das Wesen des ästhetischen Zustandes untersucht, gewinnt ihm derselbe einen von seinem moralischen Nutzen völlig unabhängigen Werth, und während er ursprünglich eine durch das ästhetische Element sich vollziehende Erziehung zur Moralität schildern wollte, gibt er in der Mitte der »Briefe« eine Theorie der Erziehung zum ästhetischen Leben selbst.

Schillers Auffassung ist dabei wesentlich durch die Kantische bedingt und bewegt sich in der Darstellung theilweise in den durch Reinhold und Fichte geschaffenen Formen. Die letzte Unterscheidung, welche wir in uns finden, ist diejenige unserer identischen Persönlichkeit und ihrer wechselnden Zustände; jene ist die rein geistige Form, diese sind durch den gegebenen Stoff unserer sinnlichen Natur bestimmt. Aus jener stammt daher der »Formtrieb« als die sittliche Bethätigung unseres übersinnlichen Wesens, aus diesen der »Stofftrieb« als die naturnothwendige Entfaltung unserer sinnlichen Natur. In beiden Fällen handeln wir um bestimmter Zwecke willen, gleichviel ob wir dieselben autonom bestimmen oder ob wir darin von dem Einfluss der sinnlichen Reize abhängig sind.

Ein unmittelbarer Übergang nun aus der einen in die andere Art der Bestimmtheit ist nicht denkbar. Der plötzliche Umschlag der sinnlichen Bestimmtheit in die sittliche Selbstbestimmung des Willens ist im psychologischen Mechanismus nicht möglich. (Auch Kant betrachtete die Wiedergeburt als eine unerklärbare That des intelligiblen Charakters). Dieser Übergang muss also dadurch vermittelt werden, dass es einen Zwischenzustand gibt, in welchem weder der Stofftrieb noch der Formtrieb herrscht und in welchem der Wille weder sinnlich noch sittlich bestimmt, sondern völlig unbestimmt ist. Dieser Zwischenzustand ist derjenige der interesselosen Betrachtung, d. h. nach Kant der ästhetische. Er ist derjenige, in welchem wir dem Objekte nur anschauend, d. h. weder mit sinnlichem noch mit sittlichem Bedürfniss, sondern lediglich mit der Betrachtung gegenüberstehen. Er befreit uns deshalb von der Herrschaft der sinnlichen Triebe und macht uns gerade durch seine Unbestimmtheit fähig, dem sittlichen Triebe zu folgen. Der ästhetisch empfindende Mensch steht nicht

mehr unter der Herrschaft der sinnlichen Natur und ist darum
dem sittlichen Motive zugänglich geworden. Die Überführung aus
der natürlichen in den sittlichen Standpunkt, für welchen Kant die
Mysterien des religiösen Glaubens in Anspruch nahm, wird von
Schiller in der ästhetischen Bildung gesucht. In diesem Zwischen-
zustande schweigt also sowol die sinnliche Begierde als auch der
Ernst des sittlichen Strebens. Er ist der bewussten Anspannung
des Willens gegenüber derjenige des Spiels; wir wollen nichts
von den Dingen, wir spielen nur mit ihnen, indem die Anschauung
auf ihnen ruht. Diesen Zustand herbeizuführen, gibt es in unserem
Wesen eine ursprüngliche Tendenz, das ästhetische Bedürfniss oder
den Spieltrieb. Seine Thätigkeit besteht also darin, den Formtrieb und den Stofftrieb gleichmässig zu paralysiren und alle unsere
Thätigkeiten in einem absichtslosen Spiel zu entfalten.

Ist so der Spieltrieb ursprünglich als das Mittel gedacht, vermöge dessen der sinnliche Mensch fähig wird, dem sittlichen Motive die Bestimmung auf seinen Willen zu gewähren, so erweist er
sich nun in seinen Wirkungen derart, dass durch ihn das gesammte
Wesen des Menschen zur vollkommensten Entfaltung gelangt. Ist
der Mensch nun einmal, was auch die Kantische Moral nicht leugnen
kann, ein zugleich sinnliches und übersinnliches Wesen, so ist die
interesselose Betrachtung derjenige Zustand, in welchem keine der
beiden Seiten seines Wesens auf Kosten der anderen überwiegt,
in welchem er für die Einflüsse von beiden Seiten her gleich em-
pfänglich ist und in welchem deshalb seine ganze, ihm spezifisch
eigene Natur in reinster und vollkommenster Harmonie zum Ausdruck kommt. »Der Mensch ist nur da wahrhaft Mensch, wo er
spielt«. Seine sinnliche Natur theilt er mit den niederen Wesen,
seine sittliche Bestimmung mit höhern Geistern; das ästhetische
Leben, die harmonische Ausgleichung des sinnlichen und des
übersinnlichen Elements besitzt er allein. Es ist zu bemerken,
dass Schiller diesen Gedanken völlig selbständig bereits in den
»Künstlern« aussprach, einem Gedichte, dessen Gesammttendenz
auf die Herbeiführung der höchsten sittlichen Cultur durch die
Kunst angelegt ist. Der Antagonismus beider Auffassungen steckte
in Schiller schon, ehe er von Kant einerseits und von Goethe andererseits abhängig wurde. Nur seine theoretische Formulirung
änderte sich. So erscheint denn in seinem Briefwechsel mit Körner
und Humboldt und in den Schriften der ästhetische Zustand

als der spezifisch menschliche und zugleich derjenige, in welchem das sinnlich-übersinnliche Wesen des Menschen seine höchste Ausgestaltung findet. Schönheit ist Freiheit und Zweck- mässigkeit in der Erscheinung, ist die Harmonie der sinnlichen und der übersinnlichen Welt und damit die Vollendung des mensch- lichen Geistes, welcher, sonst um die Grenze beider herüber und hinüber schwankend, hier die Ruhe in beiden findet. Dies ästhe- tische Ideal sieht Schiller in den olympischen Göttern repräsentirt, und das ist bei ihm der kongeniale Zug, der ihn zu den Griechen, der ihn zu Goethe hinführt.

Vor dem Glanz dieses ästhetischen Ideals verblasst, wo sich Schillers Betrachtung in dasselbe versenkt, das Kantische Mo- ralprincip, dem der Dichter an andern Stellen bedingungslos hul- digt. Aus solchen Stimmungen erklärt sich der Widerspruch, dem er schon früh gegen den Rigorismus des Philosophen in Ernst und Scherz äusserte und der in seinen Schriften bis zum Schluss immer wieder mit der Anerkennung desselben abwechselt. Von diesen Gedanken aus verwarf er dann auch auf dem rein ethischen Gebiete die Nothwendigkeit des Antagonismus von Pflicht und Neigung, welche bei Kant geradezu als Merkmal der moralischen Handlung erscheint. Er stellt dagegen das höhere Ideal auf, dass durch die ästhetische Gewöhnung das natürliche Triebleben des Menschen selbst zu einer Veredlung gelange, in welcher er nicht mehr nöthig habe, die Regungen desselben durch die sittliche Ueberzeugung in erhabenem Ernste zu unterdrücken, sondern von selbst und durch die Nothwendigkeit seiner edlen Natur thue, was das Gesetz ver- langt, sodass er nicht mehr Sklave der Pflicht ist, sondern das Sittengesetz zum Naturgesetz seines Wollens gemacht hat. Dabei gibt Schiller immer zu, dass ein solches Handeln der »schönen Seele«, wenn es aus bloss natürlicher Anlage folgt, moralisch indifferent sei, aber er hält dem Kantischen Rigorismus gegenüber daran fest, dass eine solche Veredlung der Natur, wenn sie das unter Mitwir- kung des ästhetischen Lebens gewonnene Resultat der Cultur und der sittlichen Erziehung ist, die höchste Vollendung des mensch- lichen Wesens enthalte, und er begründet den Werth dieses höhe- ren Ideals namentlich auch mit dem Hinweis, dass durch diese Wirkung der veredelten Natur der Zustand der Gesellschaft aus der rohen Natürlichkeit in die Herrschaft des Vernunftgesetzes übergeführt werde. Er macht damit den ersten Versuch, einen

ethischen Werth auch der Handlungen als solcher zu behaupten,
worauf sich ja schliesslich auch Kant in der Rechtslehre gedrängt
sah, und beginnt somit die Bewegung, welche den streng subjektiven Charakter der Ethik wieder verliess, um ein objektives Princip der praktischen Philosophie zu suchen, eine Bewegung, von
der, wie es sich zeigte, auch Fichte in seinen späteren Jahren mehr
und mehr ergriffen wurde.

Aus dieser verwickelten Stellung Schillers zu Kant erklärt sich
nun der grosse Einfluss, welchen des letzteren Geschichtsphilosophie auf den ersteren ausübte. Derselbe war ausserdem durch
die gemeinsame Hinneigung zu Rousseau bedingt. Für beide Männer ist die Geschichte der Process, welcher von der Natur zur Freiheit führt, aber für Schiller war auf diesem Wege das Wesentlichste die ästhetische Bildung. Schon ehe er mit der Kantischen
Lehre vertraut war, hatte er in den »Künstlern« den Gedanken ausgeführt, dass das ästhetische Leben berufen sei, das verlorene Ar-
kadien in höherer Form wieder herbeizuführen und den Menschen
durch die Befreiung von der sinnlichen Bedürftigkeit zur Vollendung
seines Wesens zu führen. Während er so die Kunst zu einem
wesentlichen Momente der historischen Entwicklung machte, führte
er umgekehrt in die Ästhetik das Princip der geschichtsphilosophischen Construktion ein. Die reifste und bedeutendste seiner ästhetischen Schriften, diejenige »Über naive
und sentimentalische Dichtung« (1795—1796), ist für die Entwicklung der Ästhetik nicht minder entscheidend geworden, als die
Kritik der Urtheilskraft. Ihr Schwerpunkt ist darin zu finden, dass
sie sowol die einzelnen ästhetischen Grundbegriffe, als auch die
Arten des künstlerischen, insbesondere des dichterischen Schaffens
aus dem verschiedenen Verhalten abzuleiten sucht, in welchem
sich innerhalb der Entwicklung der menschlichen Kultur der Geist
zu dem natürlichen Zustande des Menschen befindet. Der grosse
Gegensatz des Naiven und des Sentimentalen, aus dem dabei alles
Weitere abgeleitet wird, läuft darauf hinaus, dass in dem ersteren
das geistige Wesen noch in unbefangener Weise in das natürliche
Dasein eingelebt ist, dass dagegen die Wurzel der Sentimentalität
in dem Gegensatze der geistigen Cultur zu ihrer natürlichen Grundlage beruht. Ist einmal die unbefangene Einheit der beiden Seiten
der menschlichen Natur verloren, so ist das ganze Bestreben des
ästhetischen Triebes darauf gerichtet, sie wieder zu gewinnen.

Während der naive Zustand sich dieser Einheit nicht als solcher bewusst ist, da in ihm die Gegensätze noch nicht hervorgetreten sind, empfindet der sentimentale dieselbe als ein verlorenes Ideal oder als eine Aufgabe, die er nicht völlig zu erfüllen im Stande ist. In diesem Sinne deckt sich in der Schillerschen Construktion der Gegensatz des Naiven und des Sentimentalen mit demjenigen des Antiken und des Modernen. Die antike Kunst und ebenso das antike Leben gelten ihm als wesentlich natürlich und naiv. Aber dieser Zustand, den die Menschheit verloren hat und der für die moderne Sentimentalität als das goldene Zeitalter erscheint, ist als solcher nicht wieder zu gewinnen. Für unsere Cultur gilt das natürliche Wesen als ein Mangel, den wir wie eine Krankheit empfinden, und alle Tendenz des modernen Lebens läuft darauf hinaus, jenen Zustand in einer höheren, durch das Bewusstsein hindurchgegangenen Form durch die Cultur selbst wiederzufinden. Die Erreichung dieses Zieles ist für Schiller wie für Kant und Fichte das Ende, das Ziel des historischen Processes. Und das Streben nach demselben wird deshalb erst in der unendlichen Ferne enden. Aber was die wirkliche Cultur des Menschen nicht völlig erreichen kann, das vermag die Kunst in der Anschauung zu leisten. Im ästhetischen Leben ist jene Zurückführung des Culturgeistes zur naiven Natürlichkeit möglich, welche im wirklichen Leben niemals ganz gewonnen werden kann. In der Welt des Schönen ist die Aufgabe erfüllt, welche in dem Gedränge der Wirklichkeit immer wieder in die Ferne weiterrückt. Ist der Dichter von der Aufgabe dieser Arbeit selbst erfüllt und stellt er ihre niemals völlige Erfüllbarkeit in seinen Werken dar, so ist er der grosse Idealist; hat er in seiner ästhetischen Produktion die Aufgabe gelöst, hat er mitten aus der modernen Sentimentalität heraus die antike Naivität wiedergefunden, und vermag er den ganzen Inhalt der mühsam arbeitenden Cultur als ein harmonisches Gebilde natürlicher Einfachheit zu gestalten, so ist er der grosse Realist. Wenn bei dieser Gegenüberstellung zweifellos die höhere ästhetische Vollendung dem Realisten zufällt, und wenn bei der Zeichnung dieses Gegensatzes dem Dichter auf der einen Seite die eigenen, auf der andern die Züge Goethes vorgeschwebt haben, so vollzog er damit eines der grössten und edelsten Selbstbekenntnisse. Auch er verehrte in Goethe das Ideal einer Bildung, in welcher das natürliche und das sittliche Wesen des Menschen aus ihrer Entzweiung, welche die

Cultur mit sich gebracht hat, zu ihrer harmonischen Versöhnung zurückgekehrt sind, und welche dem Naturzustand darin gleich und doch über ihn unendlich erhaben ist, dass sie dasselbe, was jener als Gabe und Instinkt besitzt, ihrerseits als ein Bewusstes und Erworbenes geniesst.

So nimmt schon bei Schiller die Äesthetik gerade vermöge ihrer Begründung in der Kantischen Lehre die Tendenz, eine bewusste Zeichnung des Goethischen Genies zu werden und zugleich das Ideal jener Bildung aufzustellen, deren Typus eben Goethe ist. Gerade im Bewusstsein dieser Bildung überragten die beiden grossen Dichter riesenweit das Zeitalter der Aufklärung, aus dem sie so gut wie Kant hervorgewachsen waren, und sie gaben dieser Ueberlegenheit in den Xenien den klassischen Ausdruck. Wenn später namentlich durch die Romantiker die »Bildung« geradezu zu einem Stichwort im Gegensatz zur Aufklärung wurde, so lag die Berechtigung dazu eben in dem, was die beiden grossen Dichter erreicht hatten. Das achzehnte Jahrhundert verstand unter »Cultur« des Geistes eine nüchterne theoretische Erkenntniss und eine nicht minder nüchterne Moral der Gemeinnützigkeit. Hier dagegen ist Bildung volle und allseitige Entfaltung des menschlichen Wesens, dass nichts in ihm verkümmere, dass jede seiner Thätigkeiten und Fähigkeiten ihre ungehemmte Entwicklung in der Harmonie seiner ganzen Natur finde. Dies Ideal der Bildung erstreckte sich deshalb hauptsächlich auf die gleichmässige Entwicklung der sinnlichen und der übersinnlichen Seite des menschlichen Wesens, und es ist eben darum in seiner tiefsten Bestimmung ästhetischen Charakters. In diesem Sinne ist dies Bildungsbewusstsein der Höhepunkt der modernen Culturentwicklung und die wahre Vertiefung der modernen Cultur in sich selbst. Diese zweite Renaissance der Deutschen ist nicht nur die Vollendung der ersten, welche in der Mitte unterbrochen worden war, sondern sie enthält auch erst die Selbstbewusstwerdung des Grundtriebes, welcher die gesammte europäische Renaissance beseelte. Hier erst wird man sich bewusst, welches der tiefste Sinn aller Gegensätze ist, in deren Versöhnung die moderne Cultur ihre Aufgabe findet. Die beiden Seiten des menschlichen Wesens, deren harmonische Ausgleichung den Inhalt der Bildung darstellt, haben in der historischen Bewegung mannichfache Verhältnisse angenommen. In der antiken Cultur überwiegt der sinnliche, in der christlichen Cultur der über-

sinnliche Mensch. Die volle Versöhnung dieser beiden Entwicklungen zu finden, war von Anfang an die Tendenz der modernen
Cultur. Das sinnliche Wesen des Menschen beherrscht seine wissenschaftliche Erkenntniss, das übersinnliche bedingt sein sittliches Bewusstsein und den daran geknüpften Glauben. Und diese
»zwiefache Wahrheit« auszugleichen, ist das stetige Bestreben des
modernen Denkens. Aber die sinnlich-übersinnliche Natur des
Menschen offenbart sich in ihrer Reinheit nur in seiner ästhetischen
Funktion. Darum war die ganze Renaissance in erster Linie künstlerisch bewegt. Und darum war das Selbstbewusstsein der modernen Cultur in der deutschen »Bildung«, dieses Selbstbewusstsein, welches sich als die aussöhnende Verschmelzung des antiken
und des christlichen Princips fühlte, durch die Einsicht Kants bedingt, dass die ästhetische Funktion die Synthesis der theoretischen
und der praktischen Vernunft sei. Das eben war die grosse Epoche,
dass zu gleicher Zeit diese Synthesis des sinnlichen und des übersinnlichen Menschen in dem modernen Griechen, in Goethe, lebendig war, und es ist das unsterbliche Verdienst Schillers, diesen
Moment bis in seine tiefste Bedeutung begriffen und seinen Sinn
nach allen Richtungen hin formulirt zu haben. Er ist in Wahrheit
der Prophet des Selbstbewusstseins der modernen Cultur.

Als einer der hauptsächlichsten Vertreter dieser vollbewussten
modernen Bildung ist neben Schiller Wilhelm von Humboldt
zu nennen. Auch ihm ist das Gleichgewicht des geistigen und des
sinnlichen Wesens das Ideal der menschlichen Ausbildung, auch
für ihn gilt Goethe als die Verkörperung dieses Ideals, auch sein Interesse breitet sich mit gleichmässiger Wärme über alle Wendungen
des Culturlebens in der Geschichte aus, und der ästhetische
Humanismus, der alle diese Bildungsmomente mit künstlerischer Ausrundung in sich aufgenommen hat, bildet den Grundcharakter seines reichen und vielseitigen Geistes. Aber der feurigen Begeisterung Schillers gegenüber erscheint Humboldt kühler;
der ästhetische Humanismus wird bei ihm oft recht eigentlich eine
»interesselose« Betrachtung, und namentlich kommt gelegentlich
bei ihm auch die Exclusivität zur Geltung, welche einem solchen
Bildungsideal in der That nothwendig eigen sein muss. Auf der
andern Seite ist gerade Humboldt theoretisch und praktisch dafür
eingetreten, den grossen Gedanken Schillers von einer ästhetischen Erziehuug des Menschengeschlechtes zur Durchführung zu

bringen. Er machte in dieser Beziehung eine ähnliche Wandlung durch wie Fichte, und während er anfangs versuchte, die »Grenzen der Wirksamkeit des Staates« ganz nach den Auffassungen des achtzehnten Jahrhunderts zu bestimmen, hat ihm später die Erziehung des Volkes und als ihre Krönung die ästhetische Bildung für eine der wichtigsten Aufgaben des Staates gegolten, eine Aufgabe, an deren Erfüllung er selbst als preussischer Minister besonders bei der Gründung der Berliner Universität in der segensreichsten Weise gearbeitet hat. Derselbe allgemeine Begriff der »Bildung«, in der sich das ganze Wesen des Menschen mit harmonischer Ausgleichung zu entfalten habe, weist auf die Gedanken zurück, durch welche er später neben Herder zum Begründer der Sprachphilosophie geworden ist; denn er sieht in der Sprache, als dem centralen Herde aller menschlichen Cultur, die Thätigkeit des Geistes, sich im sinnlichen Laute darzustellen. Gleich sehr physiologisch und psychologisch, gleich sehr durch das Bedürfniss des Gedankens und durch die Nothwendigkeit des leiblichen Mechanismus bedingt, ist die Sprache die fundamentale Lebensform, in welcher das Gleichgewicht der sinnlichen und der geistigen Natur des Menschen zum Ausdrucke kommt, und alle ihre Bewegungen und Entwicklungen sind durch das Bestreben regulirt, dies Gleichgewicht, welches sich stets nach der einen oder andern Seite zu verschieben droht, immer wieder herzustellen. Hat er auf diese Weise für die philosophische Behandlung der Sprache eine neue Anregung gegeben, der später besonders August Wilhelm von Schlegel gefolgt ist, so ist es auf der andern Seite bekannt, wie er den ersten Schritt zur Begründung der vergleichenden Sprachwissenschaft gethan und damit die exacte Forschung in die Bahnen gelenkt hat, welche sie jetzt geht.

Zu dem Wesen dieses ästhetischen Humanismus gehört in erster Linie die Universalität der historischen Bildung; er folgt jenem von Herder begonnenen Bestreben, die Entwicklung der menschlichen Cultur durch alle ihre Formen hindurch zu verfolgen, die Stellung zu begreifen, welche innerhalb des ganzen Prozesses die einzelnen Völker mit ihrer Bildung einnehmen, und deren reifste Früchte in das eigene geistige Besitzthum aufzunehmen. So beruht auf dieser Tendenz der mächtige Assimilationsprocess, durch welchen um jene Zeit der deutsche Geist in einer Reihe musterhafter Uebersetzungen die grössten Leistungen fremder Literaturen sich zu eigen machte und die Schriftsteller anderer Völker geradezu zu deutschen Nationalschriftstellern umstempelte. So wurde Homer, so wurde bald darauf auch Platon, so Shakespeare, so die romanischen Dichter, so wurden schliesslich auch die Schätze der älteren deutschen Literatur für die deutsche Bildung erobert, und so wurden die Lebenssäfte der frühern Cultur in das Blut des deutschen Geistes aufgenommen. Den Mittelpunkt dieser Bewegung bildete die romantische Schule. In ihr war dieselbe auch durch den ästhetischen Gesichtspunkt bedingt, den Schiller ausgesprochen hatte, dass nemlich die ästhetischen Grundbegriffe und die poetischen Ideale der Menschheit aus einer geschichtsphilosophischen Auffassung gewonnen werden müssten.

, Der Kreis der Romantiker ist eine der bedeutsamsten Erscheinungen in dieser grossen Zeit. So zufällig und verwickelt die persönlichen und die literarischen Beziehungen gewesen sein mögen, durch welche er zusammengeführt wurde, so sehr tritt doch in ihm die ganze Concentration eines ungeheuern Bildungsstoffes, welche den Charakter der Zeitbewegung ausmacht in klarer Gestalt hervor: eine unendliche geistige Regsamkeit, eine unvergleichliche Fülle des Interesses vereinigt in dem Denken dieser Männer die verschiedensten Richtungen, um sie durch einander zu befruchten. Drei Hauptgesichtspunkte sind es, welche sie leiten: der literarisch-ästhetische, der philosophische und der politische; und indem sie dieselben zu vereinigen suchen, leben sie dem Ideale, dass eine völlige Neugestaltung des gesammten menschlichen Culturlebens vor der Thür stehe und dass es jetzt gelte, durch ein reifes Verständniss alle grossen Produkte des menschlichen Geistes in einer allseitigen Entwicklung zu verbinden und die neue Periode seiner vollendeten Entfaltung herbeizuführen. Nach allen drei Richtungen ist es deshalb die historische Erkenntniss, welche für sie den Boden der Verständigung bilden soll. Selbst im geringem Masse schöpferisch, zeichnen sie sich durch die Feinheit des historischen Sinnes und durch die Fähigkeit aus, die Aufgaben der Gegenwart aus dem vollen Verständniss der Leistungen der Vergangenheit zu begreifen. Von ihnen ist deshalb zweifellos die Bewegung ausgegangen, welche das historische Interesse aufs Neue in die wissenschaftliche Bildung eingeführt hat, und sie sind auch in diesem Sinne die äussersten Gegenfüssler der Aufklärung, deren grösster

Mangel in ihrer Unfähigkeit bestand, die Bedeutung der Geschichte zu verstehen. An Lessing und Herder sich anschliessend, sind sie die Schöpfer der Literaturgeschichte und der Culturgeschichte geworden. Durch sie vor Allem hat die historische Forschung aufgehört, eine Curiositätensammlung zu sein, und zwar deshalb, weil sie an dieselbe den philosophischen Massstab einer Gesammtentwicklung legten, deren Facit die Gegenwart zu ziehen habe. Es ist auch bei ihnen der Kantische Gedanke mächtig, dass nur, wo von einem Ziel der Geschichte gesprochen wird, sich beurtheilen lässt, was in ihr als Fortschritt charakterisirt werden darf. So sehr sie sich dabei im Einzelnen vergriffen haben, so oft sie genöthigt gewesen sein mögen, die noch so grossen Lücken ihres historischen Wissens durch Construktionen auszufüllen, welche sie ihrer allgemeinen philosophischen und ästhetischen Tendenz entnahmen, und so Hypothesen aufzustellen, welche die strenge Kritik der späteren Forschung verwerfen musste, so sollte doch diese Kritik nicht vergessen, dass der historische Geist, der ihr Gewissen bildet, gerade durch den ausgedehnten Einfluss der Romantiker am lebhaftesten geweckt worden ist. Als nach mancherlei Vorbereitungen sich zuerst in Jena dieser Kreis zusammenfand, waren es drei grosse Interessen, welche denselben belebten: die französische Revolution, die Goethesche Dichtung und die Kantisch-Fichtesche Philosophie. Aus ihrer Vereinigung sahen die Romantiker die Morgenröthe der neuen Zeit heraufdämmern, und das Licht derselben suchten sie in einer Bildung, in welcher diese drei »Tendenzen« sich gleichmässig concentriren sollten. Die Herbeiführung eines vernünftigen Zustandes der menschlichen Gesellschaft, welche den Trieb der Revolution bildete, schien ihnen nur dadurch möglich, dass der Geist der Vernunftüberzeugung, den Fichte predigte, zum Durchbruch kommt, und ein allgemeiner Durchbruch desselben schien ihnen wiederum nur durch den Sieg jener universellen und harmonischen Bildung möglich, welche Goethe repräsentirte. Die Hoffnung der Gesellschaft müsse deshalb darauf gerichtet sein, dass die Philosophie der Vernunft und die ästhetische Bildung sich miteinander vereinigten. Alle Linien der menschlichen Cultur laufen an dem Punkte zusammen, wo der Dichter und der Philosoph auf derselben Stelle stehen müssen. Die Philosophie soll den ganzen Gehalt der ästhetischen Bildung in sich aufnehmen, und damit soll zugleich die ästhetische Bildung ihre bewusste Vollendung finden, um die Macht des öffentlichen Lebens und die Basis einer neuen Form der Gesellschaft zu werden. Der Grundgedanke der Romantiker ist das totale Ineinanderaufgehen von Dichtung und Philosophie. Sie waren weder grosse Dichter noch grosse Philosophen. Darum konnten ihnen die Grenzen beider Gebiete sich verwischen. Sie waren Männer von universeller Bildung, Kritiker von grossen Gesichtspunkten und feinfühlende Bearbeiter der grossen Gedanken, welche die Zeit producirt hatte und welche sie mit einem einzigen Griffe zusammenzufassen hofften.

In philosophischer Hinsicht sind sie durchgängig von Fichte beeinflusst, unter dessen persönlicher Einwirkung sie sich in Jena befanden, und unter den Grundbegriffen seiner Lehre ist es hauptsächlich derjenige der productiven Einbildungskraft, welcher die Brücke zu den ästhetischen Interessen bildete, von denen sie anfangs herkamen. Fichte gründete im Sinne des transscendentalen Idealismus die äussere Welt auf eine Funktion der schöpferischen Phantasie, — derselben Phantasie, schien es, welche im Künstler thätig ist. Bei geringer Neigung zu begrifflicher Schärfe sahen die Dichterphilosophen der Romantik darin eine vollkommene Gleichsetzung beider Funktionen, und so verwandelte sich für Novalis die natürliche Wirklichkeit in eine traumhafte Schöpfung der Phantasie. Wie schon erwähnt wurde, dass er als Anhänger der Naturphilosophie sich ganz in ein spielerisches Analogisiren verlor, so gerieth er mit seiner allgemeinen Weltauffassung in einen durchaus verschwommenen Idealismus hinein. Zwar billigte er in persönlicher Überzeugung den ethischen Idealismus, mit dem Fichte die Welt als ein Material der Pflicht ansah, aber er selbst war im Gegensatz dazu eine weiche, träumerische Natur, und so ist ihm auch die weltschöpferische Thätigkeit des Ich nicht die ernste Arbeit des sittlichen Willens, sondern vielmehr ein träumerisches, phantastisches, magisches Walten. »Die Welt wird Traum, der Traum wird Welt«. Das Märchen, als die Dichtungsart, in der Wirklichkeit und Phantasie am meisten ineinander übergehen, in der alle Gestalten in unbestimmter Vieldeutigkeit ineinanderfliessen, gilt ihm recht eigentlich als die höchste menschliche Production. In Märchen entwickelt sich seine poetische Philosophie, und in ihr gewinnt deshalb die Welt selbst einen märchenhaften Charakter, vermöge dessen alle bestimmten Gestalten in die allgemeine Verwandelbarkeit untergetaucht werden. Sein unvollendeter Roman »Heinrich von Ofterdingen«, der zugleich eine Philosophie und eine Dichtung sein will, ist ein wunderlicher Vexirspiegel, in welchem vor lauter Gleichnissen, Verwandlungen und Allegorien jeder fassbare Inhalt in ungreifbare Ferne zurückflieht.

Wenn deshalb bei Novalis die Dichtung und die Philosophie gleichmässig sich in eine traumhafte Dämmerung auflösen, so treten die Tendenzen der Romantiker mit um so schärferer Zuspitzung bei Friedrich von Schlegel (1772—1829) hervor. Dieser merkwürdig begabte und doch im letzten Grunde productionslose Kritiker hat jede Wendung, welche das romantische Denken in dem Jahrzehnt von 1794—1804 durchgemacht hat, auf den schärfsten Ausdruck gebracht, mit übermüthiger Rücksichtslosigkeit zugespitzt und durch die Übertreibung selbst wieder zerstört. Persönlich eine intriguante und skandalsüchtige Natur, ist er der Trommelschläger der Romantik gewesen und zeigt nach den guten und nach den schlechten Seiten hin vielleicht am vollkommensten das merkwürdige Wesen dieses interessanten Kreises. Von Lessing und Schiller ausgegangen, an Goethe und Fichte emporgerankt, hat er das Princip der Romantik auf seine classische Form gebracht und hat schliesslich zu derselben Zeit, als Schelling seine theosophische Wendung nahm, aus Verzweiflung an der Durchführung jenes romantischen Ideals einer neuen Gestalt der menschlichen Cultur im Schoosse der katholischen Kirche geendet. Schon bei Novalis tritt die Neigung hervor, jene innige Verschmelzung der philosophischen, literarischen und politischen Bestrebungen, jene volle Durchdringung aller menschlichen Lebensthätigkeiten, welche die Romantik suchte und selbst nicht zu schaffen vermochte, in einer ähnlichen Unterwerfung der gesammten Cultur unter ein religiöses Princip zu finden, wie sie das Wesen des Mittelalters ausmacht, und Friedrich Schlegel ist der erste von den zahlreichen Vertretern des romantischen Princips gewesen, welcher in der radicalen Art, die ihm beiwohnte, durch den Übertritt zur katholischen Kirche diesen Weg in der That einschlug. Derselbe lag weit ab von den Bahnen, die er anfangs gewandelt war. Zu dem Opfer der persönlichen Überzeugung gelangte er erst, nachdem er von der schwindelnden Höhe der äussersten Subjectivität herabgestürzt war. Die Theorie, mit welcher er die Romantik zu begründen gedachte, entwickelte sich in ihm aus seiner Auffassung Schillerscher und Fichtescher Ge-

danken, welche mehr ein Missverständniss als eine absichtliche
Umdeutung derselben enthielt; sie ist hauptsächlich in den »Charakteristiken und Kritiken« (1801) und in den Fragmenten niedergelegt, welche er in dem von ihm und seinem Bruder 1799 und 1800
herausgegebenen »Athenäum« veröffentlichte. Den Schillerschen
Gegensatz von naiv und sentimental führte er zuerst sehr glücklich
namentlich nach der Richtung aus, dass der naive oder classische
Dichter derjenige sei, welcher gewissermassen in seinem Stoff aufgehe und hinter demselben verschwinde, während bei dem sentimentalen oder »romantischen« Dichter seine Persönlichkeit im Vordergrund stünde und auf den behandelten Stoff ihr eigenes Licht
werfe. Den antiken Dichter vergessen wir und versenken uns in
die Welt, die er darstellt; zu dem modernen Dichter haben wir
ein persönliches Verhältniss und beziehen den von ihm behandelten Stoff auf ihn selbst. Das Wesen der modernen oder »romantischen« Dichtung besteht also in dem Vorwalten der Subjectivität.
Der moderne Künstler ist die grosse bedeutende Persönlichkeit,
welche freigestaltend über ihrem Stoffe schwebt und ihn aus ihrer
Phantasie erzeugt. So erscheint hier die productive Einbildungskraft nicht mehr wie bei Fichte als allgemeine Vernunftthätigkeit,
sondern als die schöpferische Phantasie des Dichters; ihm wird
von Schlegel die absolute, grundlose Freiheit zugeschrieben, und
die Vernunftnothwendigkeit verwandelt sich in die Willkür des
genialen Individuums. Das gilt bei den Romantikern zunächst
hinsichtlich der Ästhetik. Was man Gesetze oder Regeln der Kunst
genannt hat, sind die Launen der grossen Künstler, und der ästhetische Genuss ist das congeniale Mitleben in ihrer schöpferischen
Willkür, ist die Bewunderung der Grösse und Freiheit ihrer Persönlichkeit. So gestaltet sich bei diesen Männern das ästhetische
Leben wesentlich zu einem Cultus der Genialität, und ihre
Theorie enthält nach dieser Seite hin die bewusste Vertiefung jener
ersten leidenschaftlichen Bewegung, welche als »Sturm und Drang«
sich gegen die Knechtung des künstlerischen Triebes unter regel-
rechte Formen aufgebäumt hatte; sie wendet sich zugleich mit
verächtlichem Hohne gegen die »platte« Aufklärung, welche auch
das Dichten zu einer verstandesmässigen Arbeit hatte machen
wollen. Aber Friedrich Schlegel führt dies Princip mit kecker
Rücksichtslosigkeit auch in die Moral hinüber. Auch hier statuirte
er wie Jacobi das Recht des genialen Individuums, sich selbst das

Gesetz zu geben und sich über die Regeln zu erheben, welche im
gemeinen Leben für den Philister in seiner prosaischen Nüchtern-
heit gelten. Der Cultus der Genialität nimmt auf diesem Gebiete
die Form der bedenklichsten Exclusivität an. Es gehört zu den
Eigenthümlichkeiten der geistigen Bewegung des vorigen Jahrhunderts, dass sie sich auf enggeschlossenem gesellschaftlichen Boden abgespielt hat, und dieser Umstand ist bei den Romantikern
zu einem bewussten Gegensatze zwischen ihrer eigenen genialen
Freiheit und der grossen Masse der Alltagsmenschen geworden.
Wie sie sich in ihrem wirklichen Leben nicht scheuten, sich über
die Regeln der allgemeinen Moral hinwegzusetzen, so besass Friedrich Schlegel den Uebermuth, diese gesetzlose Willkür als ein
Recht der genialen Naturen in Anspruch zu nehmen. Sein Roman
»Lucinde« (1799) proclamirte eine geniale Moral, der es wesentlich
sei, die Schranken der gewohnten Sitte zu durchbrechen, und
entwickelte dieselbe hauptsächlich in einer Polemik gegen diejenige Institution, an welcher die Romantiker selbst am meisten
sündigten, gegen die Ehe. Indem er den ästhetischen Begriff einer
freien Liebe aufstellte, in welcher das sinnliche und das geistige
Wesen des Menschen gleichmässig zur Geltung kommen solle,
mochte er manchen prosaischen und hyperspirituellen Auffassungen gegenüber soweit im Rechte sein, dass Schleiermacher diesen
im Grunde genommen auf Schillers Ästhetik zurückweisenden
Gedanken in seiner durchaus idealen Weise durch seine »Vertrau-
ten Briefe über die Lucinde« (1800) vertheidigen konnte. Aber die
Durchführung desselben in Schlegels Roman selbst, weit entfernt,
eine harmonische Verschmelzung des sinnlichen und des geistigen
Elementes der Liebe zur Darstellung zu bringen, erging sich vielmehr theils in Lüsternheit, theils in völlig verfehlter Phantastik.
Die geniale Moral der Lucinde zeigt aber auch darin ihren ästhetisirenden Charakter, dass sie die interesselose Betrachtung als ethischen Selbstzweck ansieht. Die sittliche Funktion des Genies ist
der Selbstgenuss seiner schöpferischen Phantasie, sie richtet sich
nicht auf irgend welche praktische Thätigkeit, sie dient weder
dem eigenen noch dem fremden Nutzen, sie hat keines der Ziele,
welche man im gemeinen Leben sittlich nennt, zu ihrem Gegenstande, sie ist keine Arbeit, sondern der in seiner eigenen Freiheit
schwelgende Genuss. Der Müssiggang ist das Ideal des Genies
und die Faulheit die romantische Tugend. Aus der rastlosen Ar-

beit des ethischen Ichs bei Fichte ist bei Schlegel das ästhetische Spiel der Phantasie geworden. Arbeit mit allen ihren Zwecken des Alltagslebens bleibe dem Philister: das Genie hat, wie die olympischen Götter, in seiner Freiheit nur die Aufgabe, sich selbst auszuleben und sich selbst zu geniessen.

Die Abhängigkeit und die Verschiedenheit des romantischen von dem Fichteschen Denken tritt hier in voller Klarheit hervor. Auch das Fichtesche Ich war nur mit sich selbst beschäftigt; aber in der sittlichen Arbeit, die Aufgabe zu realisiren, die sein Wesen ausmacht, war es unendliches Streben. Das romantische Ich soll in seiner Selbstbeschäftigung nur den Launen seiner Phantasie folgen, es ist unendliches Spiel. Von diesem Gegensatze aus gewinnt Schlegel die tiefste Begriffsbestimmung des romantischen Princips unter dem Namen der Ironie. Er knüpft dieselbe an Fichtes Bestimmung, dass das Ich über jede selbstgesetzte Schranke wieder hinausgeht, und überträgt dieselbe auf die Phantasie des Genies. Die Ironie des künstlerischen Schaffens besteht darin, dass das Spiel der Phantasie jedes ihrer eigenen Producte wieder auflöst, dass sich die Freiheit der Subjectivität in der Willkür offenbart, mit der sie in keinen ihrer Gegenstände aufgeht, sondern, stets über dieselben herrschend, ihr Spiel fortsetzt und diesen ihren Triumph über den Stoff geniesst. Das war die theoretische Ansicht, welche in Verbindung mit dem Mangel an wahrer Gestaltungskraft den Producten der Romantiker, besonders von Novalis und Friedrich Schlegel selbst, den Charakter der Formlosigkeit aufdrückte, sodass schon die Lucinde, welche das Muster dieser Art poetischen Schaffens sein sollte, selbst nach dem treffenden Ausspruch der romantischen Chorführerin Caroline ein todtgebornes Kind war, welches der Pedantismus mit der Sünde statt mit der Phantasie gezeugt hatte. Die ironische Willkür lässt es zu keiner bestimmten Gestaltung kommen, jeder Versuch dazu wird wieder vernichtet, und der unendliche Process dieser Selbstironisirung wird schliesslich nur willkürlich abgebrochen. Hierin besteht der wahre Gegensatz des romantischen gegen das klassische Princip. Während nach dem letzteren jedes Object in der künstlerischen Anschauung seine volle Ausprägung findet, ist in der romantischen Kunst Alles nur angedeutet, oft nur allegorisch versucht, und das ganze Werk zeigt ein unendliches Ringen, zu einem Abschluss zu kommen, der nie erreicht wird — ein Erfolg, der auf einem andern Gebiete der Gegenwart als die »unendliche Harmonie« in der Zukunftsmusik bekannt ist. Darin wieder zeigt sich die nahe Verwandtschaft dieses Princips mit dem Fichteschen.

Aber der Begriff der stetigen Beschäftigung mit sich selbst führt Schlegel noch weiter: der Standpunkt der Ironie verlangt von der Philosophie, immer nur das Philosophiren selbst, von der Dichtung, immer nur das Dichten selbst zu ihrem Gegenstande zu machen. Für die romantische Auffassung wird deshalb der reale Inhalt sowol des philosophischen Problems als auch der poetischen Darstellung gleichgültig. Sie philosophirt nur, um zu philosophiren, sie dichtet nur, um zu dichten, und ihr Interesse liegt deshalb nur bei der Form ihrer eigenen Thätigkeit, in der sich deren Freiheit zum Genusse des Bewusstseins bringt. Das »Thun des Thuns« wird ernstlich durchgeführt. Das Wesentliche der Philosophie ist, sich mit den Formen zu beschäftigen, welche sie schon entwickelt hat, und in dem Bewusstsein von dem Wechselspiel derselben ihr eigenes Wesen zu erfassen, und in den poetischen Versuchen der Romantiker nimmt das Wesen des Dichtens und des Dichters eine grosse Ausdehnung in dem Umkreis der Gegenstände ein. Damit hängt denn auch die historische Tendenz zusammen, welche die Romantiker zur Geschichte der Philosophie und der schönen Literatur führte.

Die Anschauungen des romantischen Kreises würden jedoch auf die allgemeine Entwicklung der deutschen Philosophie keinen so grossen Einfluss gewonnen haben, wie es wirklich geschehen ist, wenn ihm nicht der Hauptträger dieser Entwicklung angehört hätte. Durch persönliche Beziehungen war Schelling in den letzten Jahren des Jahrhunderts mit den Romantikern so verbunden, dass er völlig zu ihnen gezählt werden muss. Zu dem unendlichen Reichthum seiner Begabung gehörte nicht nur auch die dichterische, sondern vor Allem auch eine hohe ästhetische Empfänglichkeit. Die Bewunderung Goethes ist dabei ein wesentliches Bindeglied zwischen ihm und den Dichtern, Kritikern und Recensenten, die sich um die romantische Fahne schaarten. Allein, was Schlegel zwar immer geistreich, aber meist paradox und oft als unverdauten Einfall hinwarf, das gestaltete sich in dem grossen Sinne Schellings zu einer klar gedachten Theorie, und so sehr sich die Romantiker persönlich von Schiller entfernen mochten, so war es doch die Aufnahme des Schillerschen Gedankens in die Transscendentalphilosophie, vermöge deren Schelling eine Umwandlung seiner

Lehre vollzog, welche als die abgeklärteste Gestalt der romantischen Philosophie und als das vollkommenste Denkmal der Durchdringung des philosophischen und ästhetischen Denkens angesehen werden muss. Diese Wandlung besteht im Wesentlichen in einer allgemeinen philosophischen Ausbeutung der ästhetischen Theorie, welche Schiller als echter Kantianer auf den subjectiven Process der ästhetischen Funktion des Menschen bezogen, aber doch auch schon theilweise in eine objektive Bestimmung umgedeutet hatte. Sie ist niedergelegt in der Schrift: »Der transscendentale Idealismus« (1800) und in den Vorlesungen über die Philosophie der Kunst, welche Schelling zuerst im Winter 1799 auf 1800 in Jena hielt und deren Inhalt, allerdings in der Redaction, welche sie erst bei ihrer Wiederholung in Würzburg erhielten, in seinen Werken vorliegt.

Der transscendentale Idealismus soll die Lehre vom Ich sein, wie die Naturphilosophie die Lehre vom Werden des Ich's ist. Zum Wesen des Ich aber gehört nach Fichte der Gegensatz der bewusstlosen und der bewussten Thätigkeit; der Akt, durch welchen der Inhalt des Bewusstseins erzeugt wird, ist als solcher nothwendig immer bewusstlos. Aus dem gegenseitigen Verhältniss dieser beiden Elemente ergab sich die Disjunction der theoretischen und der praktischen Wissenschaftslehre. Dieselbe wird von Schelling vollkommen acceptirt. Aus der Abhängigkeit der bewussten von der unbewussten Thätigkeit ergibt sich die theoretische Reihe des Bewusstseins, welche, von der Empfindung anhebend, durch die Anschauung und das Denken bis zur vollen Freiheit des Selbstbewusstseins aufsteigt, in welcher das Ich sich selbst als Wille bewusst wird. Aus der Bestimmtheit der bewusstlosen durch die bewusste Thätigkeit ergibt sich die praktische Reihe des Bewusstseins, welche sich in der gemeinsamen Lebensthätigkeit der Individuen als die Entwicklung der Freiheit durch die Geschichte darstellt.

Während Schelling nach diesen beiden Richtungen nicht ohne grosse Selbständigkeit der allgemeinen Disposition sowol als auch der besonderen Auffassung den Lehren von Kant und Fichte besonders in der Erkenntnisstheorie und Geschichtsphilosophie folgt, fügt er diesen beiden Reihen eine abschliessende Synthese hinzu, welche zwar auf der Kritik der Urtheilskraft und auf der Schillerschen Lehre vom Spieltrieb principiell beruht, aber doch in dieser Ausführung völlig originell ist. Während das Ich sowol in der theoretischen als auch in der praktischen Reihe in einer einseitigen

Bestimmtheit auftritt, muss eine höchste Form seiner Entwicklung gesucht werden, in welcher es zu seiner vollendeten Erscheinung kommt. Bei Fichte wie bei Kant ist der Gegensatz des Theoretischen und des Praktischen derjenige zweier Linien, welche sich erst im Unendlichen treffen; aber das Ich ist einheitlich, und es muss diese seine Einheit des bewusstlosen und des bewussten Thuns auch zur Erscheinung kommen, es muss neben dem theoretischen und dem praktischen Ich eine Funktion des Ich geben, in welcher der Gegensatz jener beiden Thätigkeitsformen aufgehoben ist. Diese Funktion ist die ästhetische; denn das Genie, durch welches sie bedingt ist, ist die bewusstlos-bewusste Thätigkeit des Ich; sein Produkt, die Kunst, ist deshalb die vollendete Darstellung vom Wesen des Ich. Die Wissenschaft als das Produkt des theoretischen Ich und die Moral in ihrer Entwicklung durch die Geschichte als das Produkt des praktischen Ich, enthalten beide einen progressus in infinitum; nur die Kunst als das Produkt des ästhetischen Ich enthält die fertige Lösung der Aufgabe, an der jene beiden arbeiten. Soll in der theoretischen Funktion das Bewusste vollständig durch das Bewusstlose, soll umgekehrt in der praktischen Funktion das Bewusstlose vollständig durch das Bewusste bestimmt sein, so erreichen beide ihr Ziel erst in der Unendlichkeit, d. h. in der Erfahrung niemals. Die Kunst dagegen zeigt in der Erscheinung selbst das volle Gleichgewicht der bewusstlosen und der bewussten Thätigkeit, in der sie sich gegenseitig vollständig bestimmen und in der keine über die andere überwiegt. Das Genie ist die Intelligenz, die als Natur wirkt. In der Kunst allein decken sich die sinnliche und die geistige Welt, die sonst überall entweder aus einander oder auf einander zu streben. Das Kunstwerk ist daher die vollkommene Darstellung des Ich in der Erscheinung, die Kunst ist daher das höchste Organon der Philosophie; denn sie enthält die Lösung des Problems, an welchem das philosophische Denken arbeitet. Jedes wahre Kunstwerk ist eine Welt in sich, eine zur vollkommenen Ausgestaltung gelangte Erscheinung der absoluten Welteinheit; in ihm ruhen der Trieb des Denkens und der Trieb des Willens. Ihr Gegensatz ist aufgehoben, und die Arbeit des Ich, welches sich selbst realisiren will, ist vollendet in der Anschauung, welche die Thätigkeit des Ich in vollkommener Harmonie entwickelt hat.

Getreu dem Zuge der idealistischen Weltanschauung deutet

Schelling die psychologischen Bestimmungen, unter denen Kant und Schiller die künstlerische Produktion und den ästhetischen Genuss begriffen hatten, zu allgemeinen philosopbischen Auffassungen um, und die abschliessende und vollendende Stelle, welche nach Schiller die Romantiker dem ästhetischen Momente für die Entwicklung des menschlichen Geistes zuwiesen, führt bei ihm dazu, dass die Kunst als der Culminationsbegriff in der metaphysischen Construktion der Transscendentalphilosophie erscheint. Die Kunst ist die Vollendung des Weltlebens, sie ist die reifste Erscheinung des Ich, welches den Urgrund aller Wirklichkeit bildet. Damit ist das ästhetische Moment zu dem bestimmenden der Weltauffassung geworden; aus dem Kantischen und Fichteschen hat sich der ästhetische Idealismus entwickelt.

Damit ist aber zugleich die Ästhetik nicht nur zu einer, sondern zu der abschliessenden Disciplin der Philosophie geworden. Sie ist unter diesem Gesichtspunkte wesentlich eine metaphysische Lehre von der Kunst. Sie betrachtet alles ästhetische Leben nur in Beziehung auf die künstlerische Thätigkeit. Der Genuss eines Naturschönen gilt hier nur als abgeleitet und analogisch, und die Ästhetik entwickelt sich demnach in eine Deduktion des Systems der Künste. Nach dem dialektischen Schema werden diese aus dem allgemeinen Wesen der Kunst abgeleitet, und es wird schliesslich gezeigt, dass das allgemeine Wesen der Kunst am reinsten und vollkommensten in der Poesie zur Darstellung kommt. Mit reicher Sachkenntniss und feinstem Geschmack entledigt sich Schelling dieser Aufgabe, und diese seine Vorlesungen über die Philosophie der Kunst sind, obwol erst nach seinem Tode gedruckt, doch durch ihren persönlichen Einfluss das Fundament geworden, auf welchem Jahrzehnte lang der Ausbau der ästhetischen Theorien in Deutschland erfolgt ist.

§ 66. Der absolute Idealismus.
Schellings Identitätssystem.

Der Einfluss des ästhetischen Moments auf die Entwicklung der deutschen Philosophie zeigt sich aber nicht nur materiell in der Bedeutung, welche die Kunst für die Weltanschauung gewann, sondern mit gleicher Energie auch formell. Es ist wesentlich das ästhetische Bedürfniss, vermöge dessen in jener Zeit von den verschie-

densten Seiten her verlangt wurde, dass die Philosophie ein in sich
geschlossenes System absoluter Totalität sein solle, welches aus
seinem inneren Wesen heraus den Gegensatz aller seiner besonderen Aufgaben erzeuge und sich in der Lösung derselben schliesslich
zu einer harmonischen Versöhnung zusammenfasse. Diesen Gedanken, den schon Hamann in seiner mystischen Unklarheit hin-
geworfen hatte, vertritt auf dem Fichteschen Standpunkte die interessante Abhandlung, mit welcher Hülsen die Preisfrage der
Berliner Akademie über die Fortschritte der Metaphysik seit Leibniz
und Wolff beantwortet hatte (gedruckt 1796). Derselbe bewegte
die poetischen, aber nicht zur Klarheit vordringenden Speculatio-
nen, mit denen sich Hölderlin, Schellings und Hegels Freund,
abmühte und später auf Hegel bedeutungsvoll einwirkte. Denselben betont sowol in seiner Correspondenz, als auch in den Fragmenten Friedrich Schlegel. Aber die wichtigsten Folgen, die er
gehabt hat, zeigen die grossen Systeme Schellings und Hegels.
Von ihm aus erhielt Fichtes dialektische Methode eine neue Bedeutung. Die Triplicität derselben mit ihrem Schema von Thesis,
Antithesis und Synthesis brauchte nur vollständig auf alle Theile der
Philosophie angewendet zu werden, um dieselbe im Ganzen wie
im Einzelnen dem ästhetischen Bedürfniss entsprechend zu gestalten. So haben sich die Lehren der deutschen Philosophie zu
dialektischen Begriffsdichtungen entwickelt, Weltgedichten, welche
mit künstlerischer Composition auf die Entfaltung der Gegensätze
und ihre schliesslich voll und ganz austönende Ausgleichung gerichtet sind.

Dies ästhetisch-philosophische Bedürfniss wendet sich bei
Schelling zunächst dem Gegensatze der Naturphilosophie und der
Transscendentalphilosophie zu. Er hatte denselben zwar aus den
Principien der Wissenschaftslehre abgeleitet, aber beide Theile
hatten sich ihm unter den Händen derartig umgebildet, dass er sie
nicht mehr darauf zurückführen konnte. Die Natur war ihm durch
die philosophische Behandlung selbständig geworden und stand
ebenbürtig dem Ich gegenüber, dessen Funktionen die Transscendentalphilosophie deducirte. Aber beide Theile wiesen stetig auf
einander hin. Der Process der Natur hat zu seinem Ziele die Genesis des Ich, und dieses wieder entfaltet den Gegensatz seiner
theoretischen, praktischen und ästhetischen Funktionen nur durch
die Verschiedenheit seiner Beziehungen zur Natur. Darin zeigt

sich, dass die Natur und das Ich beide auf demselben Grunde beruhen und dass jene beiden Theile der Philosophie einer höchsten Begründung bedürfen, vermöge deren ihre Gegenstände aus dem gemeinsamen Grunde abgeleitet werden. Diesen aber konnte Schelling nicht mehr wie Fichte als das reine oder absolute Ich bezeichnen, zumal da er sich mehr und mehr daran gewöhnt hatte, das Wort Ich in dem gewöhnlichen Sinne des individuellen Selbstbewusstseins zu gebrauchen; sondern er nannte ihn jetzt schlechthin das Absolute oder die absolute Vernunft. Das hatte zugleich seinen Grund darin, dass diese Tendenz den romantischen Denker immer energischer von Kant und Fichte zu Spinoza zurückzog, dessen Einfluss, wenn auch in jener von Herder und Goethe vermittelten Form, bereits in dem pantheistischen Zuge der Naturphilosophie sich fühlbar gemacht hatte. Jetzt war Schelling durch die eigene Entwicklung in den beiden Theilen seiner Lehre auf einen Gegensatz von Natur und Geist gestossen, welcher dem Spinozistischen der göttlichen Attribute Ausdehnung und Denken nahe verwandt war, und die Absicht, für die Naturphilosophie und die Transscendentalphilosophie eine gemeinsame Begründung zu finden, führte von selbst zu einer Lehre, welche in Natur und Geist die beiden Erscheinungsweisen des Absoluten sah, das Schelling denn auch bald, wie Spinoza und mit gleich viel und gleich wenig Recht wie dieser, Gott genannt hat. Mit dieser Wendung Schellings beginnt daher dasjenige, was man als Neospinozismus der deutschen Philosophie bezeichnet hat. Wenn man diese Richtung mit Recht als eine Verschmelzung der Kantischen und der Spinozistischen Principien ansieht, so darf man doch eben nicht vergessen, dass die Auffassung Spinozas dabei wesentlich immer durch das vitalistische Princip alterirt war, welches schon bei Herder von der Einwirkung von Leibniz herstammte. Die Stärke des Einflusses Spinozas zeigt sich aber auch äusserlich darin, dass Schelling sogar die geometrische Methode der Ethik mit ihren Axiomen, Lehrsätzen, Beweisen und Corollarien, in der »Darstellung meines Systems der Philosophie« (1801) nachahmte, einer Schrift, welche freilich schon bei der Naturphilosophie abbrach und auch wesentlich nur nach dieser Seite in anderen gleichzeitigen Abhandlungen ergänzt wurde. So veröffentlichte er den Aufsatz »Über den wahren Begriff der Naturphilosophie« in der »Zeitschrift für speculative Physik« (1801) und die »Ferneren Darstellungen aus dem Systeme der Philosophie« in der neuen Zeitschrift für speculative Physik (1802), so das Gespräch »Über das absolute Identitätssystem« und den Aufsatz »Über das Verhältniss der Naturphilosophie zur Philosophie überhaupt« in dem »Kritischen Journale der Philosophie«, so trug er endlich das »System der gesammten Philosophie und der Naturphilosophie insbesondere« in den Würzburger Vorlesungen vor, welche erst aus dem handschriftlichen Nachlass herausgegeben worden sind.

Die intellectuelle Anschauung, von welcher der metaphysische Idealismus nach Kant ausgehen musste, ist bei Schelling nicht mehr die Fichtesche Selbstanschauung des Ich, sondern diejenige des Absoluten. Diese kann nicht auf irgend einem Wege des Denkens erworben und demonstrirt werden, sie ist vielmehr eine geniale Intuition, ohne welche für diesen Standpunkt keine Philosophie möglich ist. Da aber auch der anschauende Geist eine Funktion des Einen Absoluten ist, so enthält dieselbe doch zugleich, was Fichte verlangt hatte, eine Selbstanschauung des Absoluten selber, und es ergibt sich daraus der Begriff desselben als der absoluten Identität von Subject und Object. Indem aber diese Identität, wie es der Begriff des Wissens verlangt, eine vollständige sein soll, ist das Absolute die vollkommene, ungeschiedene Einheit von Subject und Object, es ist keines von beiden, sondern die völlige Indifferenz beider. Der Gegensatz von Subject und Object setzt sich aber bei Schelling sogleich in denjenigen von Idealität und Realität oder in denjenigen von Geist und Natur um. Das Absolute ist weder ideal noch real, es ist weder Geist noch Natur, sondern die absolute Identität oder die Indifferenz beider Bestimmungen. Der Magnet ist nicht nur der naturphilosophische, sondern der allgemeine metaphysische Typus. Wie der ganze Magnet weder Nordmagnetismus noch Südmagnetismus, sondern die Identität beider und in seinem Mittelpunkte ihre Indifferenz enthält, so ist das Absolute die ungeschiedene Vereinigung aller Gegensätze. Deshalb ist in gewissem Sinne das Schellingsche Absolute ebenso wie die Gottheit der Mystiker und wie die Substanz Spinozas — das Nichts, und es erklärt sich daraus, weshalb einer seiner naturphilosophischen Schüler, Oken, zum Ausgangspunkt der dialektischen Construktion das Zero (± 0) nehmen konnte. Dagegen enthält das Absolute bei Schelling als Indifferenz die Möglichkeit seiner Differenzirung, vermöge deren es sich als Universum

zu dem System der verschiedenen Erscheinungen entwickeln
kann. Wenn im Absoluten die Gegensätze mit völliger Gleichheit
sich gegenseitig aufheben, so befinden sie sich in den einzelnen
Erscheinungen in einer Differenz, vermöge deren der eine oder
der andere Theil überwiegt. Auch hier liegt das Schema des
Magneten vor; wie bei diesem an jedem Punkte, sowol der Süd-
als auch der Nordmagnetismus thätig sind, wie die Lage des
Punktes zwischen dem Indifferenzpunkt und einem der Pole das
grössere oder geringere Überwiegen der einen über die andere
Kraft bestimmt, so ist auch in jeder der besonderen Erscheinungen
Subjectivität und Objectivität, Geist und Natur so enthalten, dass
in dem quantitativen Verhältniss beider das Wesen dieser Erscheinung begründet ist. Der grosse Weltmagnet, der die Indifferenz
von Geist und Natur enthält, würde, wenn man ihn zertheilte, auch
in seinem geringsten Theil dieselbe Polarität zeigen. Da er aber
ein einheitliches Leben darstellt, so zeigt jeder Punkt in ihm ein
besonderes Verhältniss der beiden Grundbestimmungen, deren
Indifferenz sein Wesen ausmacht.

Die Verschiedenheit der endlichen Dinge besteht also in der
quantitativen Differenz des natürlichen und des
geistigen Momentes, welche in allen enthalten sind. Darin
besteht der Unterschied dieses Neospinozismus von dem Spinozismus selbst; für diesen theilten sich die endlichen Dinge in zwei
grosse, vollkommen geschiedene Reiche, von denen das eine nur
die Natur und das andere nur der Geist war. Für Schelling entwickelt sich die absolute Vernunft in zwei Reihen, welche sich aus
der Abstufung in dem quantitativen Verhältniss des natürlichen und
des geistigen Elementes derartig constituiren, dass in der einen
die Natur, in der andern der Geist überwiegt. Jede dieser Reihen
stellt deshalb eine Entwicklung dar, die von dem äussersten
Pole her, bei welchem das in ihr überwiegende Moment am
selbständigsten und von dem entgegengesetzten am meisten frei
ist, bis in die Nähe des Indifferenzpunktes zu einer Erscheinung
führt, in welcher es sich mit dem entgegengesetzten Momente am
vollkommensten identificirt. Die einzelnen Stufen dieser Entwicklung bezeichnet Schelling als die Potenzen, und deshalb ist
diese seine Lehre auch als Potenzenlehre charakterisirt worden.

Das ganze System sollte also eine doppelte Entwicklung enthalten, innerhalb deren jede besondere Erscheinung ihren Platz

durch das Verhältniss angewiesen erhielte, welches in ihr zwischen dem geistigen und dem natürlichen Elemente obwaltet. Ausgeführt hat Schelling nur die reale Reihe, diejenige der Natur. Die ideale Reihe, diejenige des Geistes oder der Geschichte, hat er nur angedeutet. Den äussersten Pol der realen Reihe bildet die Materie (oder in den späteren Darstellungen der Raum), worin das objective Element über das subjective vollständig überwiegt. Als zweite Potenz folgt das Licht, als dritte und abschliessende der Organismus, in dessen höchsten Formen und Lebensbewegungen zwar immer noch das physische Element überwiegt, aber doch andererseits das ideelle die grösste Bedeutung erreicht hat, die es innerhalb der natürlichen Reihe erreichen kann. Zwischen diesen drei Stufen sollte in einer Weise, die sich in Schellings Auffassung mehrfach variirt hat, die gesammte Construktion der Naturphilosophie Platz finden. Darf man andererseits nach Andeutungen und nach den Prämissen des Schellingschen Denkens die Gestalt vermuthen, welche die ideelle Reihe gefunden hätte, so würde hier der geistige Pol in dem sittlichen Selbstbewusstsein geruht haben, welches sich zur Natur im Gegensatze weiss, es würde als zweite Potenz die gesammte theoretische Reihe mit ihrer Unterordnung unter das Bewusstlose gefolgt sein, und es würde sich diese Construktion mit der ästhetischen Thätigkeit abgeschlossen haben, deren Produkt, wenn auch überwiegend ideellen Charakters, doch das Sinnlichste und Natürlichste ist, was die Intelligenz erzeugt.

Wenn sich so aus der Indifferenz des Absoluten die beiden Reihen der differenzirten Erscheinungen entwickeln, so erreicht doch in keiner derselben das Absolute selbst seine volle Darstellung; auch im menschlichen Organismus überwiegt das physische, auch im besten Produkt des Künstlers überwiegt das ideelle Moment. Die letzte Synthese, die vollkommenste Entfaltung der absoluten Vernunft, ist in einer besondern Erscheinung nicht möglich. Aber sie muss vollzogen werden, damit das System sich abschliesse, und sie kann deshalb nur in der Totalität aller Erscheinungen, d. h. im Universum gesucht werden. Das Universum ist die vollendete Selbsterscheinung des Absoluten, die totale Entwicklung der Vernunft, es ist die Potenz, in welcher das Absolute aus dem Indifferenzpunkt durch die ganze Fülle der Differenzirungen hindurch seine Identität wiederherstellt. Es ist deshalb der Punkt, an welchem die reale und die ideale Reihe sich treffen und zur absoluten Einheit gelangen; es ist der vollkommenste aller Organismen, und zugleich das vollkommenste Kunstwerk; es ist die **Identität des absoluten Organismus und des absoluten Kunstwerkes**. Von hier aus fühlte sich Schelling zu der grossartigen Weltdichtung hingezogen, mit der die Naturphilosophie der Renaissance das Weltall als einen Organismus und als ein Kunstwerk betrachtet hatte, und er legte diese Lehren, in denen Wahrheit und Schönheit Eins geworden sein sollten, dem grössten der italienischen Naturphilosophen in den Mund. Sein Dialog »Bruno oder über das göttliche und natürliche Princip der Dinge« (1802) bringt diese Phase seiner Entwicklung zur vollständigsten Darstellung. Das Identitätssystem oder der absolute Idealismus ist ein **ästhetischer Pantheismus**, der die Einheit des sinnlichen und des geistigen Elementes, welche die Ästhetik durch Schiller als massgebendes Princip gewonnen hatte, durch alle Erscheinungen der wirklichen Welt hindurch verfolgt und dadurch die starren Linien des Spinozistischen Naturalismus in die schöne Wellenbewegung eines lebendigen Zusammenhanges verwandelt.

Aber schon in die Darstellung des »Bruno« drängt sich ein anderer Einfluss und mit ihm eine Veränderung der Auffassung ein, durch welche schon leise die Motive einer späteren, vom Identitätssystem wieder abführenden Entwicklung Schellings anklingen. Die dialogische Form ist sichtlich Platon nachgebildet und von allen modernen Nachahmungen des grossen hellenischen Vorbildes sicher die vollkommenste. Allein der Einfluss Platons auf Schelling war nicht nur formell, sondern er wurde in den ersten Jahren des neuen Jahrhunderts auch sachlich sehr bedeutsam. Das System der absoluten Vernunft kam aus eigenem Bedürfniss der Ideenlehre entgegen. Es ergriff sie, zog sie in sich hinein und begann sich dadurch innerlich umzubilden. Der grosse Assimilationsprocess, in welchem der deutsche Geist die Resultate der übrigen Cultur verarbeitete, warf sich nun auch auf die reifsten Produkte der griechischen Philosophie. Es ist höchst wahrscheinlich, dass für Schelling die Hauptanregung dazu von der neuen persönlichen Berührung mit Hegel ausging, welcher nicht so wie jener durch seine Entwicklung auf das naturwissenschaftliche Interesse abgelenkt worden war, sondern in der Stille das antike Moment ihrer Jugendbildung zur vollen Kraft in sich hatte ausreifen lassen. Er sollte später die Verschmelzung der deutschen und der antiken Philosophie auf den vollkommensten Ausdruck bringen, und er war es schon jetzt, der in Schellings Denken das bereits vorhandene Platonische Element derartig verstärkte, dass es in der Darstellung des Identitätssystems immer mehr überwog. Dies Moment bestand in dem Begriffe der intellektuellen Anschauung als einer Selbstanschauung des Absoluten. Soll sich dieselbe auch auf das voll entwickelte und durch die Differenzirungen zur Totalität des Universums hindurchgegangene Absolute erstrecken, so muss das letztere auch alle seine Differenzirungen in sich anschauen. Diese Differenzirungen also sind darnach doppelt vorhanden, einmal als objektive Erscheinungen, d. h. als reale Entwicklungsformen des Absoluten und zweitens als die Formen der Selbstanschauung des Absoluten. In diesem zweiten Sinne nun nennt sie Schelling Ideen, und je mehr er diesen Gedanken verfolgt, um so mehr gewöhnt er sich, das in ihnen sich selbst anschauende Absolute Gott zu nennen. Die Gottheit schaut sich selbst in jenen Ideen an und realisirt diese Ideen in den objektiven Erscheinungen der Natur und der Geschichte. So ist aus der Potenzenlehre eine Ideenlehre geworden; die Potenzen der empirischen Wirklichkeit sind nicht die unmittelbaren Differenzirungen des Absoluten, sondern die Realisirung der Ideen, in welche die Gottheit sich bei ihrer Selbstanschauung differenzirt. Eine gewisse Zweideutigkeit entstand dabei in der Anwendung des Terminus ideal oder ideell. In den Potenzen der empirischen Wirklichkeit wurden die reale und die ideale Reihe als ebenbürtig behandelt. Aber indem ihnen nun beiden eine Ideenwelt als Urbild im Platonischen Sinne vorhergehen sollte, erschien das ideelle Moment als das ursprüngliche und das natürliche oder empirische als das abgeleitete. Andere Begriffe kamen hinzu, um die Darstellung dieser Phase der Schellingschen Lehre eher zu verwickeln als zu verdeutlichen. War nemlich das Absolute selbst als das Unendliche den endlichen Erscheinungen gegenübergestellt worden, so offenbarte sich nun das unendliche Wesen der Gottheit in ihren Ideen. Der Gegensatz der Ideen und der Erscheinungen fällt mit demjenigen des Unendlichen und des Endlichen zusammen, und die Gottheit wird nun gerade in dem Sinne die absolute Identität genannt, dass sie zugleich unendlich in der Idee und endlich in der Erscheinung und dabei in beiden Formen dasselbe ist.

Von diesem Standpunkte aus, entwarf nun Schelling das System der Wissenschaften in seinen »Vorlesungen über die Methode des akademischen Studiums.« Ihre Niederschrift (1803) gehört zu dem Formvollendetsten, was in der deutschen Philosophie je geschrieben worden ist; sie ist auch äusserlich ein leuchtendes Denkmal jener Zeit, welcher Schönheit und Wahrheit wie den Griechen als identisch galten. Sie enthält wieder den ersten Versuch, aus dem philosophischen Gedanken heraus den gesammten vielgliedrigen Organismus der Wissenschaften zu entwickeln und damit jeder ihre Aufgabe und ihre Methode anzuweisen. Wenn dabei auch die universalistische Tendenz verfehlt sein mag, wonach die besondern Wissenschaften bis in ihre einzelne Arbeit hinein von der Philosophie aus durch deren gemeinschaftliche dialektische Methode geregelt erscheinen sollen, so ist doch andererseits die gemeinschaftliche Aufgabe und der ideelle Zusammenhang aller wissenschaftlichen Thätigkeiten nie so glänzend dargestellt und so tief begründet worden, wie in diesen Vorlesungen. Sie verbinden damit den andern Zweck, ein ideales Bild von dem Wesen und der Aufgabe der deutschen Universitäten zu entrollen. Sie sehen in denselben diejenige Institution, in welcher jener in sich zusammenhangende Organismus der Wissenschaften zum lebendigen Ausdruck kommen soll. Die Universität ist kein Aggregat von Schulen des Brodstudiums, in welchen man lediglich sich für bestimmte technische Fertigkeiten vorbereiten soll; sie ist noch weniger ein Sammelplatz für Jünglinge, welche einige Jahre ohne praktische Thätigkeit ihre Freiheit geniessen wollen; sondern sie ist eine Schule der wissenschaftlichen Arbeit, an welcher alle Aufgaben der menschlichen Erkenntniss durch ihr stetiges Ineinandergreifen und durch die Gegenseitigkeit der persönlichen und sachlichen Unterstützung zu immer höherer Lösung gedeihen sollen, und an welcher jeder Einzelne lernen muss, den Inhalt seines einstigen praktischen Berufs unter dem wissenschaftlichen Gesichtspunkte und in seinem innigen Zusammenhange mit dem ganzen übrigen Culturleben zu verstehen. Wer den vollen und reinen Idealismus kennen lernen will, der den innersten Lebenstrieb der deutschen Universitäten bildet, soll diese Schrift lesen; sie ist zugleich das edelste Zeugniss von der Auffassung, die Schelling selbst von seinem akademischen Berufe hatte.

Das Identitätssystem war in der Gesammtentwicklung der

deutschen Philosophie ein verhältnissmässig nur kurzer Moment. Schelling selbst verliess es bald und gerieth auf theosophische Wege (vergl. § 69), und die Aufgabe, die er sich darin gestellt hatte, wurde nachher in viel durchgreifenderer Weise von Hegel gelöst. Gleichwol ist eine Reihe von Abzweigungen aus dem Hauptstamm der Entwicklung von diesem Punkte ausgegangen. Als reine Anhänger desselben können Klein (»Beiträge zum Studium der Philosophie« 1805) und Stutzmann (»Philosophie des Universums« 1806) gelten. Die Geschichte der Philosophie behandelte von diesem Standpunkte aus Friedrich Ast (»Grundriss einer Geschichte der Philosophie« 1807); derselbe gab auch ein Handbuch der Ästhetik (1805) heraus, und überhaupt wurde das Identitätssystem namentlich in seiner platonisirenden Form für die Behandlung der Ästhetik ganz ausserordentlich fruchtbar. Schon Schiller konnte in der Lehre von dem Absoluten als der Indifferenz des Geistigen und des Natürlichen seinen eigenen Grundgedanken wiedererkennen und denselben deshalb in dem Vorworte zu der »Braut von Messina« in Formen bringen, welche sich durchaus an die Schellingsche Sprache anschliessen. In der Folge aber wurde für die Ästhetik namentlich das Verhältniss der unendlichen Idee zu der endlichen Erscheinung bestimmend. Während das ideelle Wesen der Gottheit in keiner wirklichen Erscheinung voll zur Entfaltung kommt, ist es die Aufgabe der Kunst, die Identität des Unendlichen und des Endlichen, welche von der wissenschaftlichen Erkenntniss niemals vollständig erreicht werden kann, in jedem Kunstwerke derartig darzustellen, dass die Idee vollständig in die Erscheinung, die Erscheinung vollständig in die Idee aufgebt. Wahrheit und Schönheit sind Eins, sie enthalten beide nichts Anderes, als die Idee in der Erscheinung und sind in diesem Sinne die Synthesis des Sinnlichen und des Übersinnlichen, des Natürlichen und des Geistigen. Mit diesem Begriffe wird in die Ästhetik das Moment des »Bedeutsamen« aufgenommen, welches Herder in seiner Kalligone (1800) im Gegensatz zu dem Formalismus der Kantischen Ästhetik geltend machte, auch hier wie in der Geschichtsphilosophie mit Recht, sofern es sich um die Ergänzung, mit Unrecht, sofern es sich um die gereizte Bestreitung des gegnerischen Standpunktes handelte. Indem nun so der Grundsatz sich befestigte, dass das Schöne das sinnliche Erscheinen der Idee sei, wurde die deutsche Ästhetik immer ausgesprochener eine Theorie der Kunst und wurde darin dadurch bekräftigt, dass ihre Ausbildung hauptsächlich in den Händen von Männern der literarischen Kritik lag, welche in der Dichtung mit Recht nach der Darstellung von Ideen zu fragen hatten. Auch die geschichtsphilosophische Tendenz in der Construktion der ästhetischen Grundbegriffe konnte dieser Wendung gut folgen; in der antiken oder klassischen Kunst sah man ein unbefangenes und naives Walten der Idee in der sinnlichen Gestaltung; als das Wesen der modernen oder romantischen Kunst dagegen begriff man ein Streben des Künstlers, den zum Bewusstsein gekommenen Gegensatz von Idee und Wirklichkeit wieder zu überwinden. Mit diesen Begriffen hat später S o l g e r (1780—1819) das romantische Princip der Ironie auf eine neue Formel gebracht, welche um so origineller erschien, als Schellings eigene Philosophie der Kunst noch nicht veröffentlicht war. Sein »Erwin« (1815) und seine »Philosophischen Gespräche« (1817), deren tiefste Begründung erst durch die posthum (1829) herausgekommenen »Vorlesungen über Ästhetik« zur vollen Klarheit gebracht wurde, entwickelt den romantischen Grundbegriff dahin, dass es sich in dem ironischen Verfahren des modernen Künstlers, bei welchem Idee und sinnliche Darstellung nie mehr zur vollen Deckung gelangen, sondern stets die erstere über die letztere überwiegt, im Wesentlichen darum handelt, das Endliche dem Unendlichen, die Erscheinung der Idee, das Individuum dem Absoluten aufzuopfern, und dass in dieser Aufopferung das tragische Schicksal des Schönen bestehe, — eine Auffassung, die ganz von selbst durch das Aufgehen alles Besonderen in die Gottheit eine religiöse Färbung der Ästhetik mit sich brachte.

Unter den Männern, welche vom Identitätssystem aus eine verhältnissmässig selbständige Laufbahn beschrieben, ist zuerst J. J. W a g n e r (1775—1841) zu nennen. Dieser war schon in der naturphilosophischen Periode als Anhänger Schellings mit mehreren Schriften hervorgetreten und machte auch die Phase des absoluten Idealismus mit, trennte sich jedoch, auf dem letztern Standpunkte principiell beharrend, in seinem »System der Idealphilosophie« (1804) von der theosophischen Richtung, die der Meister einzuschlagen begann. Später versuchte er das triadische Schema des Identitätssystems durch ein tetradisches der Kreuzung von Gegensätzen zu ersetzen und verrannte sich mit seiner »Mathematischen Philosophie« (1811) und seinem »Organon der menschlichen Er-

kenntniss« (1830) derartig in einen trockenen Schematismus des
Methodisirens, dass er alle menschlichen Thätigkeiten nach dieser
viertheiligen Methode geregelt wissen wollte. Die Überzeugung
der Identitätsphilosophie, dass die Denkgesetze Weltgesetze seien,
dehnte er hauptsächlich auf die mathematische Berechnung aus
und behauptete, dass sich nach seiner tetradischen Methode Alles
müsse rechnungsmässig construiren lassen. Seine »Dichterschule«
wendete diesen Gedanken schliesslich sogar auf die poetische
Produktion an, wobei nur anzuerkennen ist, dass er dafür keine
Proben der Ausführung veröffentlicht hat.

Weit erhaben über diese Pedanterie, die von dem tiefen,
sachlichen Denken Schellings so weit abführte, ist ein anderer
Fortbildner des Identitätssystems: Friedrich Krause. 1781
geboren, 1802 als Privatdocent in Jena habilitirt, ist er nach
stetigen Misserfolgen in der akademischen Lehrthätigkeit, die ihn
auch in Berlin und Göttingen verfolgten, und nach einem mit Noth
und Sorge durchrungenen Leben 1832 in München gestorben.
Eine edle Natur, von reinstem Eifer erfüllt, ist er an dem unprak-
tischen Idealismus seines Wesens und an der Wunderlichkeit
seiner philosophischen Darstellung zu Grunde gegangen. In der
an sich berechtigten Absicht, die zufällig zusammengesetzte Terminologie der Philosophie durch eine rein deutsche Darstellung zu
verdrängen, hat er sich in eine neue, völlig willkürliche und individuelle Terminologie verirrt, welche er die Marotte hatte für echt
deutsch zu halten und welche seine Schriften für den uneingeweihten Deutschen unlesbar macht. Er hat damit zugleich seine
historische Stellung verhüllt, indem er die Grundgedanken der
deutschen Philosophie, welche er Kant, Fichte und Schelling verdankte, in seine Sonderlingssprache übersetzte und dadurch auch
bei sich selbst den Anschein erregte, als seien es originelle
Schöpfungen. Als daher sein Schüler Ahrens die Krausesche
Lehre in Vorträgen und Schriften in das Französische übersetzte
(z. B. Cours de philosophie, Paris 1836 und 1838), da perlten die
allgemeinen Grundgedanken der deutschen Philosophie rein aus
der Krauseschen Schale heraus, und so erklärt sich der grosse Erfolg, den dieselben im romanischen Auslande hatten, wo Krause
vielfach heutzutage als der grösste deutsche Philosoph gilt. Eine
ähnliche Übersetzung ins Deutsche steht noch aus; die wichtigsten
und verhältnissmässig lesbarsten seiner Schriften sind der »Ent-

wurf eines Systems der Philosophie« (1804), »das Urbild der Menschheit« (1811), die »Vorlesungen über das System der Philosophie« (1828) und diejenigen »Über die Grundwahrheiten der Wissenschaft« (1829). Was Krause dem Identitätssystem hinzugefügt hat, besteht einerseits in einer grösseren Verselbständigung des Absoluten den Erscheinungen gegenüber, andererseits in einer neuen methodischen Behandlung des Ganzen. Er betont vor Allem, dass die Gottheit (oder »Wesen«, wie er sie nennt) in ihrer ideellen Selbstanschauung als Selbstbewusstsein oder Persönlichkeit gedacht werden muss, und wenn gleichwol alle endlichen Dinge nur den Process darstellen, in welchem diese sich selbst entwickelt, und so nur in ihr und durch sie leben und subsistiren, so bezeichnet er seine Lehre nicht mehr als Pantheismus, sondern als P a n - e n t h e i s m u s. Es ist der Versuch, durch das System der Entwicklung Pantheismus und Theismus zu verschmelzen. Aber die intellectuelle Anschauung, vermöge deren wir uns so als Theile des göttlichen Selbstbewusstseins wissen, soll nach Krause nicht als ein Vorzug begabter Naturen, wie bei Schelling, oder als ein blosses Postulat der Philosophie gelten, sondern wissenschaftlich gefunden, erworben und einleuchtend gemacht werden; in diesem Verlangen besteht die Verwandtschaft Krauses mit Hegel. Wenn daher auch seine Philosophie in ihrem construktiven Theile von der Gottesanschauung wie das Identitätssystem ausgeht, so bedarf sie doch eines vorbereitenden Theils, in dem dieselbe erst gefunden werden soll. In Folge dessen nimmt Krauses Lehre, wie es besonders in der ersten Abtheilung von seinem »Abriss des Systems der Philosophie« (1825) hervortritt, methodisch eine Gestalt an, welche als Copie des Cartesianismus erscheint. Sie bildet wie dieser eine Parabel, deren aufsteigender Ast, der subjektiv-analytische Lehrgang, durch die ganze Reihenfolge der endlichen Wesen und ihre sich immer höher potenzirenden Lebensformen bis zu dem höchsten Punkte führt, von dem aus der absteigende Ast, der objektiv-synthetische Lehrgang, die Construktion des Universums aus dem Grundprincip entwickeln soll; und den Culminationspunkt dieser Parabel bildet nicht wie bei Descartes das Selbstbewusstsein, sondern etwa wie bei Malebranche die intellektuelle Anschauung, vermöge deren wir nicht nur uns selbst, sondern auch alle Dinge in Gott schauen. In diesem Schema fanden dann, stets in Krauses eigenthümliche Terminologie gepresst, nicht nur alle die Grundlehren der deutschen Philosophie ihre entsprechende Stelle, sondern es ergab sich auch hier innerhalb desselben eine universalistische Entwicklung des Systems der Wissenschaften. Von besonderm Werthe ist dabei die Betonung, welche Krause auf die Geschichtsphilosophie legt. Von rechtlichem, sittlichem und religiösem Idealismus getragen, sucht er die nothwendigen Entwicklungsformen zu begreifen, welche alles menschliche wie das organische Leben im Individuum und in der Gattung als parallele Processe durchzumachen hat, und sieht die Aufgabe des Menschengeschlechts in der durch äussere Zusammengehörigkeit ebenso wie durch innere Gemeinschaft sich ausprägenden Vereinigung der Geister. Jede derartige Institution schildert er — nicht ohne der Analogie des Freimaurerbundes zu folgen — als einen »Bund«, der schiesslich in den allgemeinen Menschheitsbund aufzugehen habe. Aber seine Phantasie führt ihn weiter und hofft, dass einmal auch dieser sich als Erdenmenschheit dem allgemeinen Bunde der Menschen des Sonnensystems einfügen und so die Lebensgemeinschaft mit allen vernünftigen Geistern und mit der Gottheit, zu der wir bestimmt sind, erreichen werde.

§ 67. Der religiöse Idealismus.
Fichte und Schleiermacher.

Mit dem Identitätssystem hat die idealistische Richtung eine Wendung gewonnen, welche sie über den subjektiven Charakter des Kantischen und Fichteschen Denkens weit hinausführt. Der Constructionspunkt der dialektischen Methode wird nicht mehr im Ich, sondern im Absoluten genommen, und die Entwicklung des Unendlichen in die Welt der endlichen Dinge wird dadurch zum wesentlichsten Problem der Philosophie gemacht. Dies P r o b l e m ist aber mit dem r e l i g i ö s e n i d e n t i s c h, und so gewann der absolute Idealismus die religiöse Tendenz, welche sich in Schellings eigenem Denken, bei vielen seiner Schüler, in der Umbildung seiner Lehre durch Krause und besonders bei den Romantikern geltend machte. Hier war es wiederum Friedrich Schlegel, der, wie er äusserlich durch seinen Übertritt voranging, so auch in seinen Vorlesungen aus dem Jahre 1804 diese Wandlung theoretisch formulirte und das Verhältniss des Unendlichen zum Endlichen für das Grundproblem der Philosophie erklärte.

Eine merkwürdige Rückwirkung aber hat in dieser Beziehung die allgemeine Bewegung des von ihm selbst ausgegangenen Denkens auf F i c h t e ausgeübt. Auch er wurde von der Tendenz des absoluten Idealismus ergriffen, und es bildete sich ihm dadurch die Wissenschaftslehre zu einem neuen System um, in welchem ihre besonderen Lehren sich um einen neuen Gesichtspunkt gruppiren sollten. Mit den Jahren milderte sich in ihm der sittliche Rigorismus und die titanenhafte Unruhe des unendlichen Strebens. Der Einfluss Schillers und theilweise auch der Romantiker ist dabei unverkennbar. Immer werthvoller erscheint in der Fichteschen Darstellung die Kunst und das ästhetische Leben, immer mehr vertieft er sich in die Vorstellung, dass durch dieselbe eine Erfüllung der Aufgaben gewonnen werden könne, welche ihm anfänglich unmöglich zu sein und dem ethischen Begriffe selbst zu widersprechen schien. In der Geschichtsphilosophie, welche in den »Grundzügen des gegenwärtigen Zeitalters« vorgetragen wurde, erschien bereits als das Ziel der Entwicklung das Zeitalter der »Vernunftkunst«, in welchem der vernünftige Zustand des Lebens als ein Produkt der Freiheit, als das sittliche Kunstwerk des Menschenlebens erzeugt werden soll. Aber diese Erzeugung setzt dabei ein Urbild der absoluten Vernunft voraus, und dieser Begriff des Urbildes ist es, an welchem man die Veränderung der Wissenschaftslehre vielleicht am einfachsten sich klar machen kann. Das absolute Ich hatte in Fichtes erster Periode als eine Aufgabe gegolten, welche erfüllt werden soll, aber niemals vollkommen erfüllt wird, und dieses selbst nie Reale sollte dann als der Grund aller Realität erkannt werden. Aber der Trieb des Ich, absolutes Ich zu werden, blieb doch schliesslich unbegreiflich, wenn nicht sein Ziel irgendwie gegeben war. Es ist nicht zu verstehen, wie das Ich sich eine Aufgabe setzen kann, deren Inhalt weder in ihm noch ausser ihm wirklich ist. Aller Idealismus des unendlichen Strebens gewinnt erst dadurch Sinn und Begreiflichkeit, dass das Ziel des Strebens eine höchste Wirklichkeit ist, der es sich annähert. Parallele Überlegungen waren auf dem theoretischen Felde durch die Auffassung des Wissens in der Identitätsphilosophie nahegelegt. Das absolute Wissen erschien hier als Identität von Denken und Sein. Aber es musste deshalb auch unmöglich erscheinen, so lange man wie Fichte leugnete, dass es ein absolutes Sein gebe. Wenn Jakobi bei seiner Bekämpfung des Idealismus sich in seiner populären

Sprache so ausdrückte, die Wahrheit des Wissens setze die »Realität einer absoluten Wahrheit« voraus, so folgte Fichte jetzt demselben Gedankenzuge und trat damit in eine von beiden Seiten empfundene Verwandtschaft mit Jakobi. Der Begriff des absoluten Wissens, von dem die Wissenschaftslehre ausgeht, wird nun dahin definirt, dasselbe sei das absolute Bild des absoluten Seins. In diesem Begriffe des absoluten Seins findet Fichte jetzt den höchsten Punkt seines Philosophirens und denjenigen, welcher noch über dem früheren Begriffe des absoluten Thuns liegt. Das ist die entscheidende Veränderung seiner Lehre. Ebenso wie Kant die Auflösung des ganzen Weltinhaltes im Vorstellungsprocesse, welche als Tendenz in seiner Erkenntnisstheorie angelegt war, nicht durchführte, sondern mit dem Begriffe des Dinges an sich zu der Annahme einer absoluten Wirklichkeit und damit zu den Voraussetzungen des naiven Realismus zurückkehrte, ebensowenig blieb Fichte auf der Höhe der ursprünglichen Abstraktion stehen, welche alle Realität in Funktionen auflöste, sondern kehrte nun zu der Ansicht des gemeinen Bewusstseins zurück, welche das Thun an ein ursprüngliches und absolutes Sein anheftet. In wie weit dabei die Selbstkritik mitwirkte, welche ihm durch die schweren Folgen seines Atheismusstreites aufgenöthigt war, in wie weit ferner der Einfluss des ästhetischen Bewusstseins dabei massgebend wurde, wonach das unendliche Werden und Thun der sinnlichen Erscheinung nur das Bild einer bleibenden ideellen Wirklichkeit sein sollte, in wie weit endlich die erneute Beschäftigung mit Spinoza die formelle Ausführung dieser Gedanken begünstigte und bedingte, — das kann hier nicht im Besonderen ausgeführt werden. Aber alle diese Momente wirkten zusammen, um aus der »Philosophie des Thuns« wieder eine »Philosophie des Seins« zu machen. Auch Fichte gravitirte von Kant zu Spinoza zurück und trat mit seiner zweiten Lehre in die Bewegung des Neospinozismus ein.

Der ewige Trieb des »reinen«, »allgemeinen« Ich, auf dem sich erst das empirische und individuelle Ich aufbaut, muss im Wissen wie im Handeln ein Ziel vor sich haben. Dieses Ziel wurde früher nur im nie vollendeten Werden als das »absolute« Ich gedacht, jetzt ist es für Fichte das absolute Sein oder die Gottheit. Dieses erzeugt in ewiger Ruhe in sich sein Abbild, das absolute Wissen, welches nun die Stelle des reinen theoretischen Ich einnimmt, und dieses Bild sucht sich ewig zu realisiren in einem unendlichen

Streben, welches mit dem reinen praktischen Ich zusammenfällt. In der Construktion dieser Grundbegriffe folgt Fichte unverkennbar der Umdeutung der Trinitätslehre, welche Lessing analog den alten Mystikern in der »Erziehung des Menschengeschlechtes« aufgestellt hatte. Dieselbe ist aber bei Fichte hauptsächlich in der Hinsicht wichtig, als nun das Bild oder das absolute Anschauen und Wissen sowol der metaphysischen Existenz als auch dem Werthe nach als das Primäre dem Handeln gegenüber erscheint. Der Primat der praktischen Vernunft hat wieder aufgehört. Wie bei Schelling die Ideen der göttlichen Selbstanschauung als die Urbilder für die Potenzen der empirischen Wirklichkeit gelten, so ist es auch bei Fichte das Abbild der Gottheit, welches den Zweck aller Thätigkeit des Ich bilden soll. Nicht mehr das »Thun um des Thuns willen«, sondern die Realisirung des göttlichen Urbildes ist der höchste Zweck des Lebens. Das Thun ist kein Selbstzweck mehr, sondern es hat seinen Zweck in einem Ziel, das dadurch erreicht werden soll, und dies besteht darin, dass das Ich sich mit dem absoluten Sein, mit der Gottheit Eins weiss. Der Zweck des Thuns also ist jetzt die Ruhe des religiösen Bewusstseins, in welchem das Ich sich mit dem göttlichen Abbilde identificirt. Darin besteht die Seligkeit des Individuums: das Thun um des Thuns willen führte seine ewige Unbefriedigtheit mit sich; das Thun um der Gottesanschauung willen kann sein Ziel erreichen, wenn die Gottheit nicht mehr als die ewig werdende sittliche Weltordnung, sondern als das absolute, bleibende und ruhende Sein gedacht wird. So hat in der Contemplation der weltverbessernde Thatendrang des kategorischen Imperativs sein Ende gefunden. Gott zu schauen und sich als sein Abbild zu wissen, ist der werthvolle Zweck, zu welchem alles sittliche Leben hinführen soll. Der sittliche Trieb findet sein Ende, wenn er das Ziel des religiösen Zustandes erreicht hat. Der ethische Idealismus hat sich in den religiösen verwandelt, und die Wissenschaftslehre wird eine »Anweisung zum seligen Leben«.

Wenn so das Fichtesche Denken damit geendet hat, dass die ewige Unruhe des sittlichen Triebes in der Seligkeit des religiösen Bewusstseins untergeht, so haben dabei zweifellos auch die Einflüsse eines Mannes mitgewirkt, mit dem Fichte durch die Vermittlung der Romantiker in Berlin in nahe persönliche Berührung kam und welcher innerhalb der idealistischen Denkbewegung der vollkommenste Vertreter des religiösen Princips derselben ist. Diese nach allen Seiten hoch bedeutsame Persönlichkeit ist Friedrich Schleiermacher. Er war 1768 als Sohn eines reformirten Predigers in Breslau geboren und wurde unter dem Einfluss der Überzeugungen der Herrnhuter Gemeinde, von der er sich später trennte, zuerst auf dem Pädagogium zu Niesky und dann auf dem Seminar zu Barby für das theologische Studium vorbereitet, das er 1787 in Halle begann und nach dessen Vollendung er einige Jahre Hauslehrer wurde. Nachdem er sodann zwei Jahre lang Hilfsprediger zu Landsberg an der Warthe gewesen war, ging er 1796 als Prediger an der Charité nach Berlin. Die sechs Jahre, die er in dieser Stellung zubrachte, sind für seine Entwicklung die wichtigsten geworden. In der Anknüpfung zahlreicher, feiner persönlicher Beziehungen entfaltete sich die Reichhaltigkeit seiner mehr und mehr in sich ausreifenden Persönlichkeit, und von besonderer Wichtigkeit war dabei seine Stellung zu den Romantikern, hauptsächlich seine Freundschaft mit Friedrich Schlegel, der um diese Zeit wie sein Bruder August Wilhelm einige Jahre in Berlin zubrachte.

Nur in sehr bedingter Weise freilich ist Schleiermacher dem romantischen Kreise beizugesellen; er hat zu demselben auch in dieser Zeit eine freiere und selbständigere Stellung, in der er ebenso viel gab, wie empfing. Während damals Schelling auf dem Punkte stand, ganz in den Naturalismus zu verfallen, dem er in dem »Epikurisch Glaubensbekenntniss Heinz Widerporstens« einen so grossartig poetischen und theilweise so übermüthigen Ausdruck gab, betonte Schleiermacher von der anderen Seite in seinen »Reden über die Religion an die Gebildeten unter ihren Verächtern« (1799) und in den »Monologen«, der Neujahrsgabe von 1800, dass die allseitige und harmonische »Bildung«, welche die Romantiker anstrebten, sich nur im religiösen Leben vollenden könne. Aber seine Auffassung des religiösen Lebens war damals über die confessionelle Formulirung so weit erhaben, dass er wegen seiner Ansichten im Jahre 1802 als Hofprediger nach Stolpe gemassregelt wurde. Aus dieser Verbannung erlöste ihn nach zwei Jahren eine Berufung als ausserordentlicher Professor der Philosophie und Theologie nach Halle. Als dann die Universität Halle bei dem Zusammensturz der preussischen Monarchie geschlossen wurde, ging er nach Berlin und fand erst 1809 eine Anstellung als Prediger, in der er mit mächtigem Erfolge bis an sein Lebensende wirkte.

Schon im folgenden Jahre wurde er zugleich als Professor der Philosophie an die nach seinem Entwurfe gegründete Universität Berlin berufen und bildete in der akademischen Wirksamkeit bis zu seinem Tode 1834 jene grosse theologische Schule, die sich nach ihm nennt. Er ist neben Schelling und Hegel der ebenbürtige Vertreter der universalistischen Bildung, welche damals der philosophischen Arbeit zu Grunde gelegt wurde. Der grösste Theologe des Jahrhunderts, der erfolgreiche Förderer der protestantischen Union, war er zugleich ein hervorragender Philologe und hat dies auch hinsichtlich der Philosophie durch zahlreiche Arbeiten über die Geschichte der griechischen Philosophie und durch seine meisterhafte Übersetzung Platons bethätigt. Er nimmt aber auch in der Entwicklung der Philosophie eine höchst werthvolle und interessante Stelle ein. Von Kant, Fichte und Schelling gleichmässig angeregt, hat er die Principien derselben in eine originelle Verschiebung gebracht, durch welche er von der philosophischen Seite her seine persönliche Überzeugung in seinem religiösen Idealismus begründete.

Die theoretischen Grundlagen seiner Lehre sind wesentlich in der »Dialektik« niedergelegt, welche nach seinen Vorlesungen von Jonas herausgegeben worden ist und sich in der dritten, philosophischen Abtheilung seiner gesammelten Werke (Berlin 1835— 1864) findet. Auch er nimmt darin seinen Ausgangspunkt vom Wissen; aber nicht wie Kant von der Thatsache, sondern wie Fichte von dem Ideal des Wissens, und er fasst dieses mit Schelling als die absolute Identität von Denken und Sein, welche deshalb formell dem Kantischen Begriff der Apriorität entspricht, d. h. nothwendig und allgemein gilt. Aber dies absolute Wissen ist im empirischen Bewusstsein des Menschen nirgends vorhanden; es ist nur die ewige Idee des Wissens, welche nach Fichteschem Princip in unendlicher, nie sich vollendender Realisirung begriffen ist. Deshalb ist die Philosophie nicht Wissenschaft, sondern Wissenschaftslehre; sie ist eine Kunstlehre des Denkens, welche zeigt, wie sich dasselbe seinem Ideale annähern soll, sie ist in diesem Sinne Dialektik und entsteht nach sokratisch-platonischem Princip durch das gemeinsame Denken, in welchem wir uns der Nothwendigkeit und Allgemeingültigkeit des Denkens bewusst werden. Wenn aber die Apriorität nach dem Schellingschen Princip als Identität von Denken und Sein aufgefasst wird, so gestaltet sich die Kunstlehre des

Denkens, welche man sonst Logik genannt hat, von selbst auch
zu einer Erkenntniss der Realität. Wie Kants transscendentale
Logik, so ist Schleiermachers Dialektik zugleich Logik und Metaphysik. Allein der Standpunkt der Identität, den er mit Schelling
einnimmt, hebt dabei innerhalb gewisser, sogleich näher zu bestimmender Grenzen die Kantische Restriktion auf, wonach die
transscendentale Logik nur mit der Metaphysik der Erscheinungen
identisch sein sollte. Alles Wissen setzt also Denken und Sein
oder den Gegensatz des Realen und Idealen voraus, wie ihn Schelling definirt hat. Es enthält in Folge dessen von beiden etwas,
e i n e n i d e a l e n u n d e i n e n r e a l e n F a k t o r. In dem menschlichen Wissen zeigen sich diese beiden Faktoren als die intellektuelle und die organische Funktion, welche stets aufeinander bezogen und nie von einander getrennt sind. Die intellektuelle
Funktion, für sich betrachtet, nennen wir Denken, die organische,
für sich betrachtet, Wahrnehmung; aber keine ist ohne die andere,
es gibt weder reines Denken, noch blosses Wahrnehmen; das eine
würde, mit Kant zu sprechen, leere Begriffe, das andere blinde
Anschauungen geben. Denken und Wahrnehmen verknüpfen sich
in der Anschauung, und wenn sie bei dieser Verknüpfung in vollem
Gleichgewichte stehen, so ist diese Anschauung die ästhetische.
Auch Schleiermachers Ästhetik (von Lommatsch herausgegeben)
weist auf Schillers Lehre vom Spieltrieb und die ersten Theorien
der Romantiker zurück, indem das Gleichgewicht der sinnlichen
und der geistigen Natur des Menschen für sie den Richtbegriff
bildet. In dem wirklichen Wissen aber scheiden sich die beiden
Faktoren so, dass der eine oder der andere theils im Objekt, theils
in der subjektiven Behandlung überwiegt. Daraus ergibt sich eine
Viertheilung der besondern Wissenschaften. Das Wissen vom realen Faktor ist die Physik, dasjenige vom idealen Faktor die Ethik.
Von beiden aber gibt es eine wahrnehmende und eine denkende,
eine empirische und eine theoretische Wissenschaft. So theilt sich
die Physik in Naturgeschichte und Naturwissenschaft, die Ethik in
Geschichte und Ethik in engeren Sinn. Die beiden Hauptzweige
der Wissenschaft aber müssen nach dem Princip der Identität zuletzt auf dasselbe hinauslaufen. Die Erkenntniss des Physischen
vollendet sich darin, dass, wie die Naturphilosophie gezeigt hat,
alles physische Dasein sich fortwährend in Intelligenz umsetzt, die
Erkenntniss des Ethischen begreift das Handeln in seiner steten

Beziehung auf das Physische und sucht seine höchste Aufgabe in der vollkommenen Durchdringung und Beherrschung desselben. Das letzte Ziel aller ethischen und physischen Erkenntniss liegt in der Ausführung des Spinozistischen Grundsatzes: ordo rerum idem est atque ordo idearum. Aber innerhalb der endlichen Dinge, innerhalb der Modi der unendlichen Substanz, wie Spinoza, oder der Potenzen der göttlichen Offenbarung, wie Schelling gesagt hat, ist diese Erkenntniss nie vollständig; immer überwiegt der eine oder der andere Faktor, und Physik und Ethik befinden sich deshalb nur in stetiger, unendlicher Annäherung aneinander. Das Wissen kommt nie zu Ende; es ist nur als Wissenstrieb, als Denken. Das wirkliche Wissen des Menschen also steht für Schleiermacher unter dem Fichteschen Begriff des unendlichen Strebens. Aber es ist nur zu verstehen unter der Voraussetzung, dass es eine absolute Identität von Denken und Sein wirklich gibt, unter der Voraussetzung des Identitätssystems und derjenigen Spinozas. Gott als die Identität des Denkens und des Seins, des Idealen und des Realen ist das unerreichbare Ziel, auf welches alle wissenschaftliche Erkenntniss hinstrebt; aber dies Streben ist nur zu begreifen, wenn sein Ziel, die absolute Wahrheit, wenn die Identität von Denken und Sein wirklich ist. Der Glaube an Gott ist die Voraussetzung aller Erkenntniss.

Das ist eine viel durchsichtigere Darstellung als die schwerfälligen Formeln der Wissenschaftslehre, in welche der spätere Fichte denselben Grundgedanken presste: sie trägt zugleich die klaren Züge der Kantischen Erkenntnisstheorie und ist die vollkommenste unter den positiven Synthesen, welche der Kriticismus mit dem Spinozismus gefunden hat. Der Gedanke, welcher Kants Ideenlehre zu Grunde lag, dass der Trieb des Erkennens auf einem durch dasselbe unerreichbaren Ideal beruhe, wird von Schleiermacher mit den Begriffen der Fichteschen und Schellingschen Lehre durchgeführt. Aber zu dem »Ideal der reinen Vernunft« verhält er sich ganz anders als Kant: er verzichtet zwar wie dieser auf die wissenschaftliche Erkenntniss desselben; wenn er jedoch trotzdem eine bestimmte Vorstellung von der Gottheit hat, so gründet er dieselbe nicht wie Kant auf eine moralische Ueberzeugung, sondern auf ein Gefühl, dessen Vorstellungsinhalt sich mit dem Spinozistischen Gottesbegriffe, wie derselbe von den deutschen Denkern aufgefasst wurde, vollkommen deckt. Darin besteht die eigen-

thümliche und originelle Stellung, welche Schleiermacher in der
Religionsphilosophie einnimmt. Er ist nicht Offenbarungstheologe;
denn von einer offenbarenden Thätigkeit der Gottheit können wir
ebenso wenig etwas wissen wie von seinem Wesen. Er ist ein
Gegner des Rationalismus; denn die Gottheit ist unerkennbar.
Er bestreitet aber auch die Kantische Moraltheologie, welche das
religiöse Leben zum Vehikel des moralischen machen will. Er will
die Religion ebenso sehr von der Moralität wie von der Erkenntniss frei machen. Seine Religionsphilosophie gründet sich nicht
auf die theoretische, nicht auf die praktische, sondern auf die
ästhetische Vernunft. Da Gott nicht gewusst werden kann,
so ist die Religionsphilosophie nicht eine Lehre von Gott, sondern
eine Lehre von dem religiösen Gefühl. Sie ist der Versuch, dasjenige zum klaren Bewusstsein zu bringen, was in dem religiösen
Gefühl als Voraussetzung enthalten ist, — den Inhalt des subjektiven Gefühls sich objektiv zu machen. Das Wesen des religiösen
Grundgefühls sieht nun Schleiermacher darin, dass wir uns von
einem absoluten Weltgrunde, den wir nicht erkennen und mit
Rücksicht auf den wir deshalb auch unser Handeln nicht einzu-
richten vermögen, in unserer gesammten Lebensbethätigung abhängig fühlen. Er definirt es deshalb als das »schlechthinnige
Abhängigkeitsgefühl« und dasselbe kann sich nur auf jenen
absoluten Weltgrund, auf jene absolute Identität von Denken
und Sein, von Realem und Idealem, die Indifferenz aller Gegensätze
richten. Schleiermacher bestreitet darum die Möglichkeit, irgendwelche besondere Eigenschaften der Gottheit auch nur im Gefühle
zu behaupten, und ist in seiner Philosophie vollkommen klar darüber, das Objekt des Abhängigkeitsgefühls nicht als Persönlichkeit
zu denken. Erscheint so sein religiöses Gefühl durch den Gottesbegriff des von ihm gefeierten Spinoza bestimmt, so ist doch andererseits zu bedenken, dass derselbe von ihm wie von dem ganzen
deutschen Neospinozismus nicht sowol historisch correct als die
abstrakte Substanz der endlichen Modi, sondern vielmehr als der
Urquell des Lebens, als die lebendig schaffende Weltkraft aufgefasst wird.

Es ist der vitalistische Pantheismus, in welchen Herder,
Goethe und Schelling die Lehre Spinozas umgedeutet hatten, der
auch bei Schleiermacher den Inhalt des religiösen Gefühles bildet.
Nachdem er so den Versuch durchgeführt hat, das fromme Gefühl

objektiv zu fassen, kann er von diesem Standpunkte aus eine kritische Behandlung der positiven Religionen geben, in welcher das Christenthum als die reinste und vollkommenste Form erscheint, in der sich jenes Abhängigkeitsgefühl ausgeprägt hat. Aber die ganze Auffassung des Wesens der Religion wird durch diese Begründung eine neue. Alle dogmatischen Lehren, die supranaturalistischen gerade so gut wie die rationalistischen, gründen die Religion auf eine Erkenntniss und suchen ihr Wesen in einem theoretischen Fürwahrhalten. Die Moraltheologie, wie sie nach Lessings Vorgange Kant aufgestellt hat, gründet die Religion auf eine ethische Überzeugung und sucht ihr Wesen in der sittlichen Handlung, die sie hervorgerufen. Schleiermachers Gefühlsreligion — von der nur gleichnamigen Jakobis weit verschieden — sieht in der Religion, um sie ganz selbständig zu machen, einen rein innerlichen Zustand des Gefühls; sie ist ihm ein Durchdrungensein des ganzen Menschen von dem Gefühle seiner Abhängigkeit dem Universum gegenüber. Dies Gefühl bedarf keiner äusserlichen Gestaltung, weder in der Formulirung einer Ansicht noch in der Erzeugung irgend welcher Handlung. Es ist ein Zustand, in welchem der Mensch die Harmonie seines ganzen Wesens in ihrem Zusammenhange mit dem Weltleben geniesst. Es soll das ganze Leben des Menschen durchleuchten, aber es bedarf keiner eigenen und besonderen Funktion, in der es sich nach aussen absichtlich zu erkennen gäbe. Das »fromme Gefühl« ist deshalb durch und durch persönlich und individuell. Indem das Individuum sein eigenes Wesen voll und ganz erfasst, fühlt es sich eben darin von dem Urgrunde aller Dinge und dem Gesammtleben des Universums abhängig. In dieser Hinsicht ist Schleiermachers Religionsphilosophie eine der interessantesten und bedeutendsten Synthesen der individualistischen und der universalistischen Tendenz, welche sich durch das moderne Denken antagonistisch hindurchziehen. Der Gegenstand des Abhängigkeitsgefühls ist die absolute Welteinheit, in der alle Bestimmtheit untergegangen ist: der Ursprung dieses Abhängigkeitsgefühls liegt in dem vollentwickelten Individuum. Die harmonische Ausbildung der ganzen Persönlichkeit vollendet sich darin, dass dasselbe sich in der ganzen Ausdehnung seines Wesens von dem göttlichen Urgrunde abhängig fühlt. Das fromme Gefühl ist für Schleiermacher der Schlussstein in der harmonischen Ausbildung des Individuums, und seine Lehre bildet deshalb denjenigen Punkt, an welchem das Bildungsideal der Romantiker sich als religiös begreift. Darum aber ist für ihn das religiöse Leben ein durchaus individualistisches, es ist nicht auf Satzungen einer Confession oder einer Vernunfterkenntniss zu beschränken, und aller Fortschritt des religiösen Lebens der Menschheit geschieht nur durch bedeutende Persönlichkeiten, welche dem Abhängigkeitsgefühl eine neue Gestalt geben und dieselbe in ihrer Umgebung erwecken. Die positiven Religionen sind durch die Persönlichkeit ihres Stifters bedingt, und in diesem Sinne führt Schleiermacher das Christenthum auf die sündlose Persönlichkeit Jesu zurück. Die feinere Beziehung zu der romantischen Lehre, die sich bei Schleiermacher überall durchfühlen lässt, zeigt sich auch darin, dass es das religiöse Genie *) ist, worauf er die Epochen der Religionsgeschichte gründet, und die religiöse Genialität besteht in einer originellen Ausbildung des Abhängigkeitsgefühls. Die wahre Jüngerschaft dem Religionsstifter gegenüber ist die congeniale Versenkung in das fromme Gefühl, in dem er zuerst gelebt hat. Die Parallele zum Kunstgenuss ist unverkennbar, und es zeigt sich, dass der religiöse Idealismus seine Wurzeln in dem ästhetischen Zuge des deutschen Denkens hatte. Allein diese reine Verinnerlichung, welche Schleiermacher mit dem Begriff der Religion vollzog, um alles Äusserliche von ihr abzuthun, hatte nothwendig eine gewisse Unfähigkeit zur Folge, mit der realen Organisation des religiösen Lebens Fühlung zu gewinnen, und erst in seinen späteren Jahren hat Schleiermacher durch mancherlei Concessionen und Wendungen, die von seinem philosophischen Standpunkte aus als Inconsequenzen erscheinen müssen, dieser Aufgabe Genüge thun können.

Mit der religionsphilosophischen geht die ethische Bedeutung Schleiermachers Hand in Hand. Auch hier betont er in vollkommenster Weise die Idee der Persönlichkeit und spricht damit auf viel reiferem Standpunkte als ein Shaftesbury das Geheimniss seiner Zeit aus, in der die grossen und originellen Individuen sich gewissermassen drängen. Gerade diese Jahrzehnte zeigen auf allen Gebieten eine Fülle bedeutender Persönlichkeiten, von

---

*) Der Begriff des religiösen Genies ist später von Schleiermachers bedeutenstem Schüler Alexander Schweizer am eingehendsten und glänzendsten entwickelt worden.

denen jede den grossen Reichthum der gemeinsamen Bildung in einer selbständigen Weise in sich ausgestaltete. Von dieser Feinheit der persönlichen Krystallisation eines gewaltigen Bildungsstoffes, von dieser Filigranarbeit eines reichen inneren Lebens, von diesem Herausarbeiten der Individualität aus einer universalistischen Kultur haben wir Epigonen nur noch eine schwache Vorstellung. Durchschnittsmenschen, die nur in der Masse und in der Einfügung in dieselbe wirken, finden unsere Zeitgenossen schwer den Massstab für diese Fülle eigenartiger und dabei doch unendlich vielseitiger Geister. Was unsere Zeit ihre Grössen nennt, ist fast immer die einseitige Entfaltung einer gewaltigen Kraft, deren Züge unvergleichlich viel gröber ausfallen, als bei den Heroen jener Zeit. Der Triumph der Individualität über den ganzen Reichthum einer universalistischen Bildung ist für uns ein Ideal der Vergangenheit geworden. Wer sich mitten in dasselbe versetzen will, findet es nirgends besser ausgesprochen als in Schleiermachers Ethik. Wir besitzen sie in den beiden posthumen Ausgaben von Schweizer (1835) und Twesten (1841). Sie ist schon formell ein sehr schön geschlossenes, liebevoll durchgearbeitetes, architektonisch bewunderungswürdiges »System der Sittenlehre«. Aber sie sucht auch namentlich in ihrem Inhalte alle Härten des Kantischen und Fichteschen Rigorismus in dem Geiste abzuschleifen, den schon Schiller vertrat. Auch sie wendet sich gegen den kategorischen Imperativ und vor Allem gegen die imperatorische Behandlung der Moralphilosophie. Das Sittengesetz gilt ihr als die innerlich nothwendige Funktion des intelligenten Wesens. Es steht deshalb mit dem Naturgesetz nicht in einem nothwendigen und principiellen Gegensatze. Es geht vielmehr Eine Linie der Entwicklung und Vervollkommnung aus der Natur in die Geschichte. Das Entwicklungssystem von Leibniz und dasjenige von Schelling werden von Schleiermacher im ethischen Sinne gedeutet. Nur da, wo die niederen Triebe mit den höheren concurriren, erscheinen die letzteren im Bewusstsein als ein Gesetz des Sollens. Aber das Ideal ist nicht, dass jene durch diese vernichtet werden, sondern dass beide zu der harmonischen Ausgleichung gelangen, welche durch ihr Werthverhältniss bestimmt ist. Die sittliche Aufgabe besteht also in der vollendeten Ausbildung des Individuums, welches in dem Gleichgewicht seiner verschiedenen Kräfte sein inneres Wesen auszuleben hat. So hat jeder Mensch eine persön-

liche Aufgabe — Fichte hatte es die Bestimmung des Menschen genannt — und erfüllt dieselbe in einer persönlichen Durchbildung,
welche alle Momente des gemeinsamen Kulturlebens auf den einheitlichen Zweck der individuellen Vollendung zu beziehen hat.
Das wahre sittliche Leben ist ein Kunstwerk, welches die allgemeinen Lebensbeziehungen in eine individuelle Gestalt concentrirt.
Deshalb aber ist die sittliche Entwicklung des Individuums nur auf
der breiten Basis des allgemeinen Culturlebens denkbar und besteht lediglich in einer persönlichen Verarbeitung aller der Momente, welche den Gehalt des Ganzen ausmachen.   Das reife sittliche Individuum muss sich mit der Gesammtheit Eins wissen, indem es dieselbe in sich zu einer persönlichen Form gestaltet hat.
Von diesem ethischen Standpunkt her gewann Schleiermacher die
ideale Schätzung der grossen Güter des gemeinsamen Menschenlebens, so begriff er den Staat, die Geselligkeit, die Universität und
die Kirche, und so gab er in seiner Lehre das vollkommene Bild
seiner eigenen, in sich geschlossenen und doch überall mit dem
Gesammtleben in lebendigster Fühlung begriffenen Persönlichkeit.
   Die Wirkung derselben ist in der Theologie zweifellos umfas-
sender als in der Philosophie gewesen, und sie betrifft auch auf
diesem Gebiete wesentlich erst die Zeit, welche der späteren Darstellung vorbehalten bleibt.   In der Philosophie besonders wurde
Schleiermacher zunächst vollständig durch den umfassenden Erfolg
der Hegelschen Lehre zurückgedrängt.   Nur auf den romantischen
Kreis wirkte seine Betonung des religiösen Elements der Bildung
unmittelbar zurück.   Freilich nur in der allgemeinsten Weise.
Denn die Bahnen der Theosophie, die Schelling einschlug, der
Weg, auf welchem zuerst Friedrich Schlegel bei dem Übertritt
endete, lagen weit von der Richtung ab, in die sie Schleiermacher
gewiesen hatte. Aber den Erfolg darf man ihm sicher zuschreiben,
dass die Gebildeten unter den Verächtern der Religion den Werth
derselben wieder zu schätzen anfingen, wenn sie ihn auch anders
auffassten als er.   Hauptsächlich für die Naturphilosophie lag der
Anschluss an die Spinozistische Fassung des Gottesbegriffs, die
Schleiermacher gegeben hatte, nah, und unter ihren Anhängern
war es namentlich Steffens, welcher durch die persönliche Berührung in Halle zu Schleiermacher hinübergezogen wurde.

§ 68. Der logische Idealismus.
Hegel.

Die Lehre Schleiermachers ist in gewissem Sinne ein Versuch, von Schellings Identitätssystem aus zu Kant zurückzukehren. Sie betrachtet wie der absolute Idealismus die natürliche und die geschichtliche Reihe der Erscheinungen als differenzirte Selbstobjektivirungen des göttlichen Urbildes, aber sie hält das letztere selbst für unerkennbar und gewinnt seine Vorstellung nur aus dem religiösen Gefühle. Sie hat deshalb auch nicht im Entferntesten eine Erkenntniss davon, wie das Absolute dazu kommt, sich gerade in diesen und keinen anderen Erscheinungen zu offenbaren. Aber im Grunde genommen fehlte die Lösung dieses Problems, welches Schleiermacher gar nicht erst aufstellte, auch in Schellings Identitätssystem. Hier wurde diese Differenzirung zwar überall behauptet, aber nicht begriffen, und das war die selbstverständliche Folge davon, dass das Absolute hier als qualitätslose Indifferenz aller Erscheinungen gedacht war. Wie sich aus diesem bestimmungslosen Grunde die Bestimmtheit der einzelnen Erscheinungen entwickeln sollte, war eben so wenig zu verstehen wie die Verwandlung der Spinozistischen Substanz und ihrer allgemeinen Attribute in die einzelnen Modi.

Aus der »Nacht des Absoluten«, in der alle Unterschiede verdämmerten, war die feste Bestimmtheit der Gestalten in der Tageshelle der Wirklichkeit nicht abzuleiten. So entstand in der idealistischen Richtung ihre letzte und höchste Aufgabe, die Erscheinungen aus dem Absoluten so zu deduciren, dass sich einsehen liess, weshalb dasselbe sich gerade in diese und keine andere Wirklichkeit entwickeln muss. Diese Aufgabe war nur dadurch zu lösen, dass der Begriff des Absoluten aus jener Unbestimmtheit, in der er die Indifferenz aller Besonderheiten enthielt, in eine bestimmte Qualität übergeführt wurde, aus deren Wesen heraus alle seine Entwicklungsformen abzuleiten waren. Dies höchste Ideal aller menschlichen Wissenschaft, das man als solches anerkennen muss, auch wenn man es für unerreichbar hält, bildet die Aufgabe, welche sich Hegel setzte, und jene Bedingung ihrer Lösung glaubte er darin zu finden, dass er das Absolute als den sich selbst entwickelnden Geist charakterisirte. Das ist der wahre Sinn seines bekannten Ausspruches: die Substanz müsse zum Subjekt erhoben werden. Mit diesem Bestreben führt die Philosophie in einer ganz anderen Weise als bei Schleiermacher von Schelling zu Kant zurück. Dass alle philosophische Erkenntniss aus der Organisation des Geistes stammt, ist das Grundthema für die ganze Bewegung der deutschen Philosophie. Diese Organisation ist für Kant diejenige des menschlichen Geistes, sie beschränkt sich deshalb auf die Formen des Denkens und wird als Erscheinungswelt von dem wahren Wesen der Dinge unterschieden. Aber schon Kant sah sich in der Kritik der praktischen Vernunft genöthigt, einen Theil dieser Organisation als ein für alle vernünftigen Wesen geltendes Gesetz zu betrachten. So durchbrochen, wurde der anfängliche Subjektivismus in der Weiterentwicklung Schritt für Schritt zerstört, und das Identitätssystem betrachtete wieder auch die theoretische Vernunft als ein Weltgesetz. Die Identität von Denken und Sein, von dem alten Rationalismus naiv angenommen, erschien, nachdem sie bei Kant aufgehoben gewesen war, in diesem neuen Rationalismus als ein bewusstes und ausdrückliches Postulat wieder. Sie wurde von Hegel gerade dem Kriticismus gegenüber als der »Muth der Wahrheit«, als »der Glaube an die Macht des Geistes« proklamirt, welcher die erste Bedingung aller Philosophie sei. Für diesen Standpunkt ist die Kantische Kritik der Erkenntniss gegenstandslos geworden: für ihn ist der Geist, dessen Organisation die philosophische Welterkenntniss bedingen soll, nicht mehr der menschliche, sondern der absolute Geist. Nun bezieht sich seine Organisation nicht mehr bloss auf die Formen, sondern auch auf den Inhalt des Denkens. Nun beschränkt sich seine Erkenntniss nicht mehr auf subjektive Erscheinungen, sondern sie umfasst die objektiven Entwicklungsformen des absoluten Geistes. Vom Standpunkt der Identität aus gesehen, ist die Organisation des Geistes zugleich diejenige der realen Welt. Dadurch wird von Seiten der metaphysischen Anschauung die Welt zu einer Entwicklungsgeschichte des absoluten Geistes; dadurch wird hinsichtlich der philosophischen Methode die Welterkenntniss zu einer dialektischen Deduktion der nothwendigen Selbstentwicklung des Geistes. Mit dem Postulat der Identität verbunden, setzt sich Kants transscendentale Logik in eine philosophische Grundwissenschaft um, welche das System der Kategorien als dasjenige der absoluten Wirklichkeit betrachtet. Die Vereinigung von Logik und Metaphysik, welche bei Schleiermacher als das

Ideal des absoluten Wissens auftrat, erscheint in Hegels Logik als eine gelöste Aufgabe.

Ähnliche Gedanken waren schon von Anderen früher aufgestellt worden. Namentlich B a r d i l i (1761—1808) hatte von einem verwandten Standpunkte aus die Kantische Lehre in seinem »Grundriss der ersten Logik« (1800) und in der »Philosophischen Elementarlehre« (1802—1806) bekämpft, und sein und Reinholds »Briefwechsel über das Wesen der neuesten Philosophie und das Unwesen der Speculation« (1804) hatte diese Gedanken weiter ausgeführt. Die Trennung des Denkens vom Sein, welche der Kriticismus mit sich führt, sei sein Grundfehler und mache alle wissenschaftliche Erkenntniss unmöglich. Wenn das Denken, auf sich selbst beschränkt, nur seine eigenen Formen ausspinnt, so ist es ein Traum und keine Erkenntniss, so ist es haltloser denn ein Spinngewebe, weil es nichts hat, woran es sich anheften kann. (In dieser Hinsicht sympathisiren Reinhold und Bardili mit Jakobis Behauptung, dass der Kriticismus zum Nihilismus führe). Man muss sorgfältig — so knüpft diese Lehre an die Elementarphilosophie an — zwischen dem Vorstellen und dem Denken unterscheiden; letzteres ist das nothwendige, d. h. das mit der Realität identische Vorstellen. Was nothwendig gedacht wird, ist, und nur das Sein wird nothwendig gedacht. Deshalb nennt sich dieses System r a t i o n a l e n R e a l i s m u s. In ihm ist die Lehre vom Denken die Lehre vom Sein und die Logik gleich der Metaphysik oder der Ontologie; sie wird in diesem Sinne auch von Bardili als Dialektik bezeichnet. Daraus folgt aber auch umgekehrt, dass alles Sein ein Denken ist; denn die Erkenntniss besteht nur darin, dass unser Denken den Begriff, welcher das Wesen des realen Dinges ausmacht, reproducirt. Alles ursprüngliche Sein ist Gedanke oder reale Idee, und wir erkennen dieselbe, indem wir sie subjektiv in uns wiederholen. Der platonische Begriff der ἀνάμνησις erschöpft denjenigen der philosophischen Erkenntniss. Wenn sich auf diesen Grundlagen eine Metaphysik aufbauen soll, so geschieht es nach dem Princip, dass alle Verschiedenheit des Seins in der Verschiedenheit der Intensität des Denkens seinen Grund hat. Damit greift Bardili zu der Monadologie von Leibniz zurück und construirt ein System aufsteigender Formen des Seins, welches die allmähliche Verdeutlichung des Denkens zum Massstabe nimmt. Zugleich erinnert dasselbe an die Schellingsche Naturphilosophie und entnimmt derselben hauptsächlich den Gedanken, welcher platonisch-aristotelischen Ursprungs ist, dass in der höheren Potenz immer die niedere enthalten sein soll. In der Materie sich passiv geniessend, erscheint das Sein in der Pflanze vorstellend und träumend und gelangt im Thier zum Bewusstsein, um sich schliesslich im Menschen zum Selbstbewusstsein zu steigern.

Ähnlich wie Bardili ist durch Hegel Erich von Berger (1772—1833, geborener Däne und Professor in Kiel) in Schatten gestellt worden. Er versuchte in seiner »Philosophischen Darstellung der Harmonie des Weltalls« (1808) eine Vermittlung der Wissenschaftslehre und des Identitätssystems, in der vielleicht schon ein Einfluss der Hegelschen Phänomenologie zu erkennen ist, und jedenfalls lassen ihn seine »Allgemeinen Grundzüge der Wissenschaft« (4 Bände 1817—1827) bereits mehr als einen relativ selbständigen Schüler Hegels erscheinen. Er legt das Postulat der Identität dahin aus, dass die Wirklickeit nur erkennbar ist, wenn sie selbst ein reales Denken enthält. Die Vernünftigkeit der Welt ist die Voraussetzung ihrer vernünftigen Erkenntniss. Nur eine Welt, die selbst Vernunft ist, kann von der Vernunft erkannt werden, und auch dies nur dann, wenn die erkennende und die zu erkennende, wenn die subjektive und die objektive Vernunft in ihrer Wurzel und in ihrem Wesen identisch sind. Die Natur ist nur erkennbar, insofern sie reales Denken ist. Dieses Princip hat Schelling durchgeführt. Aber der Naturphilosophie muss deshalb die Wissenschaftslehre oder die Logik als die Selbsterkenntniss der Vernunft vorhergeschickt werden. Hieraus hat Berger später eine Dreitheilung der Philosophie abgeleitet. Der Geist erkennt sich selbst in der Logik, er erkennt sich als eine äussere und fremd gewordene Realität in der Physik, und er erkennt sich als die dies »Andere« beherrschende Macht in der Ethik. Das Absolute ist die Idee, welche in allem Andern erscheint und welche darin sich selbst realisirt und sich selbst erkennt. Die volle Ausführung und systematische Entwicklung dieses Gedankens war die Lebensarbeit Hegels.

Georg Wilhelm Friedrich Hegel war 1770 in Stuttgart geboren und studirte in den Jahren 1788 bis 1793 auf dem Stift in Tübingen. In der Freundschaft mit Hölderlin und Schelling erfüllte sich sein Geist mit dem ganzen reichen Material der klassischen und der modernen Bildung. Das Griechenthum mit seiner harmonischen Entfaltung reiner Menschlichkeit war auch ihm die geistige Heimat. Die Dichter und die Philosophen von Hellas waren ihm durch das ganze Leben hindurch vertraute Freunde, und in dem griechischen Staat verehrte er das Ideal eines ästhetisch-sittlichen Zustandes der Gesellschaft. Die französische Revolution und die Kantische Philosophie, die mit den faulen Zuständen dort des politischen hier des wissenschaftlichen Lebens aufzuräumen versprachen, fanden in ihm die erste einen begeisterten, die andere einen still verarbeitenden Jünger. Als er dann einige Jahre in Bern als Hauslehrer zubrachte, vertiefte er sich in historische Studien und folgte zugleich auf das genaueste der philosophischen Entwicklung, welche einerseits Fichte, andererseits Schiller nahm. In denselben Jahren entstand ein Manuscript über das Leben Jesu, welches ihn mit der Lessingschen Auffassung der religiösen Entwicklung auf demselben Standpunkt zeigt. Nach seiner Uebersiedlung nach Frankfurt a. M., wo er sich in der gleichen äussern Stellung befand, wurden zwar die theologischen und die politischen Studien nicht unterbrochen, aber das Hauptinteresse seiner Arbeit fiel schon auf einen Entwurf seines philosophischen Systems, den er in einem ausführlichen Manuscripte niederlegte und theilweise mit Hölderlin besprach. Dieser Entwurf zeigt methodisch und inhaltlich bereits die Grundzüge seiner späteren Lehre und beweist, dass sich das Problem derselben unabhängig von dem Identitätssystem bei ihm aus der Kantischen und Fichteschen Philosophie entwickelt hat. Aber Hegel besass bei seinem kühlen und ruhigen, von allem Uebermuth der Genialität freien Wesen die Strenge gegen sich selbst, dass er die Gedanken in der Stille in sich ausreifen liess und mit ihnen nicht eher vor die Öffentlichkeit trat, als bis er ihren Abschluss gefunden hatte. Während Schellings Werke, wie die Dialoge Platons, ihren Verfasser in einer stetigen Umbildung begriffen zeigen, tritt das Hegelsche System schon in dem ersten grossen Werke wie die Minerva aus dem Haupt des Zeus fertig und gepanzert hervor, und in seinen Schriften spricht deshalb von Anfang bis Ende, wie es bei Aristoteles der Fall ist, der mit sich selbst einige Denker.

Nach einem Menschenalter der Vorbereitung, der Sammlung und der Verarbeitung begann Hegel im Jahre 1804 sein zweites Menschenalter, dasjenige seiner Lehrthätigkeit. Durch den Tod seines Vaters selbständig geworden, habilitirte er sich auf Schellings Veranlassung in Jena und gab dort mit dem Jugendfreunde das »Kritische Journal der Philosophie« heraus. Er und Schelling meinten damals in ihrer philosophischen Ueberzeugung einig zu sein, und in den Abhandlungen, die Hegel in diesem Journal erscheinen liess, zeigt er sich so sehr als ein selbständiger Genosse Schellings, dass über einige dieser Abhandlungen, besonders über diejenige, welche von dem »Verhältnisse der Naturphilosophie zur Philosophie überhaupt« handelt, später ein Streit entstehen konnte, welcher von beiden der Verfasser sei. Von andern Aufsätzen hat sich später herausgestellt, dass die Freunde sie gemeinschaftlich verfasst haben. Aber auch die Abhandlung über »Glauben und Wissen« und die »Differenz des Fichteschen und Schellingschen Standpunktes« sind völlig im Geiste des Identitätssystems gehalten. In der That lag damals noch die Möglichkeit vor, dass die Schellingsche Lehre in die von Hegel bereits betretene Bahn einmündete, und, wie oben erwähnt, zeigen die späteren Darstellungen derselben im »Bruno« und in der »Methode des academischen Studiums« ein Überwiegen des ideellen Faktors im Absoluten, welches ganz in der Richtung von Hegels Grundgedanken lag, das Absolute sei der Geist. Erst als Schelling auf andere Anregungen in Würzburg die theosophische Wendung nahm, vollzog sich mit der räumlichen auch die geistige Trennung der beiden Freunde, welche später zu einer auf beiden Seiten wenig edlen Gegnerschaft geführt hat. Diesen Bruch mit dem Identitätssystem bekundete Hegel durch seine »Phänomenologie des Geistes« (Jena 1807), das erste und in gewissem Sinne das grossartigste seiner Werke. Er war mit der Abfassung desselben eben fertig, als der preussisch-französische Krieg den geistigen Kämpfen in Jena für einige Zeit ein Ende machte; er verlor damit die ausserordentliche Professur, die er 1805 erhalten hatte, und sah sich genöthigt, in den folgenden Jahren in Bamberg als Redacteur einer kleinen Zeitung sein Leben zu fristen. Aus dieser Position erlöste ihn Niethammer, durch dessen Vermittlung er zum Director des Ägidien-Gymnasiums in Nürnberg berufen wurde. Das Denkmal dieser seiner Lehrthätigkeit bildet die »philosophische Propädeutik«, welche er für den Unterricht in der obersten Klasse entwarf; zugleich gab er in diesen Jahren sein Grundwerk, die dreibändige »Wissenschaft der Logik« (Nürnberg 1812—1816) heraus. Als die Kriege ausgetobt hatten, erhielt er 1816 gleichzeitig Berufungen nach Berlin, Erlangen und Heidelberg und folgte auf Daubs Anregung der letzteren, um jedoch schon 1818 nach Berlin überzusiedeln. Von da bis zu seinem Tode, der 1831 durch die Cholera erfolgte, entwickelte er auf dem Berliner Katheder eine ausgebreitete und glänzende Wirksamkeit. Er sah nicht nur die Schaaren seiner Jünger sich von Jahr zu Jahr mehren und die Spitzen des Staates und der Gesellschaft sich in seine Vorlesungen drängen, sondern er fing namentlich durch Vermittlung des Ministers Altenstein an, die Regierung so zu beherrschen, dass seine Lehre geradezu als die »preussische Staatsphilosophie« galt und dass sich auch die übrigen Universitäten mit seinen Schülern bevölkerten. An der Spitze dieser Schule, deren Organ seit 1827 die Berliner »Jahrbücher für wissenschaftliche Kritik« bildeten, wurde er eine Macht in dem geistigen Leben Deutschlands, wie es kaum Kant gewesen war, und der encyklopädische Charakter seiner Lehre brachte es mit sich, dass alle Wissenschaften in diese Bewegung hineingezogen wurden. Er wurde für Deutschland genau das, was ein Jahrhundert vorher Wolff gewesen war, und zwar deshalb, weil er die Nation in dieselbe rationale Schulung nahm, durch welche sie Wolff für die Zeit ihrer grossen Entwicklung vorbereitet hatte. War Wolffs logische Universalität die Bedingung für die gewaltige Entwicklung des inhaltlichen Denkens, welche seit Kant der Idealismus entfaltete, so ist Hegels logische Universalität die abschliessende Verarbeitung dieser Entwicklung. Darin besteht ihre Ähnlichkeit, darin aber auch die unendliche Ueberlegenheit, welche Hegel Wolff gegenüber besitzt. Man kann den Reichthum der Entwicklung, welche der deutsche Geist in jenem Jahrhundert durchgemacht hat, nicht besser beurtheilen, als wenn man die Systeme beider vergleicht. Hegel selbst hat nur noch seine »Encyklopädie der philosophischen Wissenschaften im Grundrisse« (3 Theile, Heidelberg 1817) und die »Grundlinien der Philosophie des Rechts« (Berlin 1821) herausgegeben. In die gesammelten Werke (Berlin 1832—1845) aber, zu deren Herausgabe sich eine Reihe seiner Schüler verbanden, sind ausserdem seine Vorlesungen über Philosophie der Geschichte, Ästhetik, Religionsphilosophie und Geschichte der Philosophie nach seinen Notizen und den Nachschriften von Zuhörern aufgenommen worden. Seine Darstellung ist keine glückliche; nur an seltenen Stellen kommt der Gedanke in klarer, gelegentlich auch in schöner und grossartiger Form zum Ausdruck. Meist — und das trifft zumal die Vorlesungen — ist es das Ringen des Denkens mit sich selbst, welches in einer schwierigen Terminologie sich offenbart. Der formale Schematismus, der das Ganze beherrscht und sich bis in die feinsten Gliederungen fortsetzt, ist dem Verständniss des Uneingeweihten überall hinderlich, und es ist wohl zu begreifen, dass es heutzutage nur noch Wenige gibt, die durch diese starre Schale zu dem lebenskräftigen und unendlichen fruchtbaren Kerne des Ganzen zu dringen wissen.

Betrachtet man die grossen idealistischen Systeme als metaphysische Weltgedichte, so vertheilen sie sich nach dem Charakter ihrer Urheber merkwürdig auf die verschiedenen Dichtungsarten. Die gewaltige, zur That drängende Persönlichkeit Fichtes entlädt sich in dem dramatischen Aufbau der Wissenschaftslehre. Der umfassende Weltblick Schellings schildert wie in epischer Ausbreitung die Entwicklungsgeschichte des Universums. Die zarte Religiosität Schleiermachers spricht sich in der lyrischen Schönheit seiner Gefühlslehre aus. Hegels System ist ein grosses Lehrgedicht, sein Grundcharakter ist didaktisch, und mit der Lehrhaftigkeit, die zu dem Wesen seines Urhebers gehörte, erscheint es den Vorgängern gegenüber oft wie eine prosaische Ernüchterung. In der That bestand der Bruch, den Hegel durch die Phänomenologie mit dem Identitätssystem vollzog, darin, dass er sich gegen das »geniale Philosophiren« erklärte. An Stelle der Intuition, welche unmittelbar das Wesen des Absoluten zu erfassen meinte, setzt er wieder die strenge Arbeit des Begriffs. Die Identität von Denken und Sein enthält die Voraussetzung, dass das Wesen aller Dinge die Vernunft sei. Alles, was ist, ist vernünftig, und nur das Vernünftige ist. Aber deshalb muss auch die Vernunfterkenntniss bis in das innerste Wesen aller Dinge zu dringen und sie völlig aus der Nothwendigkeit der Vernunft abzuleiten vermögen. Was bisher durch geniale Conception, durch Behauptungen und Analogien aufgestellt worden ist, muss sich als ein nothwendiges Produkt des vernünftigen Denkens ergeben. Das Identitätssystem soll sich in einen neuen Rationalismus verwandeln. Von dem poetischen Philosophiren geht Hegel wieder auf das wissenschaftliche zurück. Darum hat man sein System mit Recht die Rationalisirung der Romantik genannt.

Aber der Inhalt der Romantik, den Hegel zu rationalisiren vorfand, war eine so starke Geistesmacht, dass der neue Rationalismus sich ihm fügen musste, und dass die Begriffswissenschaft, welche Hegel gab, das allerwunderlichste Durcheinanderschillern der Phantasie und des Verstandes zeigte. Gerade darin besteht die gefährliche Eigenthümlichkeit Hegels, dass bei ihm das geniale Philosophiren der Phantasie und der Analogie in dem Kleide begrifflicher Nothwendigkeit auftritt. Der rationalistische Charakter seiner Lehre ist deshalb ganz andersartig als derjenige des vorkantischen Dogmatismus. Auf die Reflexionsphilosophie des Verstandes, welche sich streng an die Regeln der formalen Logik hält, sieht auch Hegel vornehm herab, und er muthet dem »rationalen« Denken zu, eine ganz andere Form der begrifflichen Erkenntniss sich zu eigen zu machen, welche er »Vernunft« nennt. Weit über der Verstandeserkenntniss, die nur, wie der Kriticismus gezeigt hat, mit der Anerkennung ihrer eigenen Beschränktheit und mit dem Verzicht auf das wahrhaft werthvolle Wissen enden kann, steht die dialektische Methode.

Die unmittelbare Abstammung des Hegelschen Denkens aus der Fichteschen Wissenschaftslehre zeigt sich in der universellen Ausbildung, welche Hegel dieser Methode gegeben, und in dem Gegensatz, in welchen er dieselbe zu der gewöhnlichen formalen Logik gebracht hat. Zu den schwierigsten Darstellungen der Wissenschaftslehre gehörte diejenige, welche ihre ersten Sätze aus den Problemen entwickelte, welche in den Grundsätzen der formalen Logik enthalten sind. Schon hier trat der Gedanke hervor, dass die Construktion der Wissenschaftslehre sich nicht jenem höchsten Princip unterordnen könne, welches als der Satz des Widerspruches an der Spitze der formalen Logik steht. Die Realität der Widersprüche im Ich war ja das Princip, auf welches die Wissenschaftslehre ihre Entwicklung der Geschichte des Bewusstseins gründete. Diese Auffassung erweiterte sich bei den Nachfolgern vom Ich aus über alle Dinge, die ja als Produkte jenes in sich widerspruchsvollen Ich galten. Die Naturphilosophie mit ihrer Lehre von der Polarität lag bereits ganz in dieser Richtung. Die Romantiker, Novalis und Friedrich Schlegel, sprachen es sehr bald aus, dass »es um den Satz des Widerspruches unvermeidlich geschehen sei«, dass alles Leben auf Widersprüchen beruhe und deshalb durch das Princip der formalen Logik nicht begreiflich sei. Diese Sätze entsprechen der Thatsache, dass es entgegengesetzt wirkende, aber doch stets beiderseits positive Kräfte sind, aus

deren Wechselwirkung das Geschehen hervorgeht. Aber sie ver-
wechselten diese »Realrepugnanz« mit der logischen »Contradiction«
in einer Weise, welche Kant in seinem »Versuch, den Begriff der
negativen Grössen in die Weltweisheit einzuführen«, längst aufgedeckt und wie vorahnend widerlegt hatte. Allein diese Verwechslung griff immer mehr um sich, und sie führte im grossartigsten Massstabe schliesslich zu dem Hegelschen System, in welchem
die »Negativität« als die metaphysische Macht der Entwicklung betrachtet wurde. Sollten nemlich die Gegensätze nicht bloss als
gegebene Thatsachen anerkannt, sondern durch das Denken als
nothwendig erkannt werden, so war das nur dadurch möglich,
dass die logische Form der Negation als der reale Widerspruch aus
der ursprünglichen Position entwickelt wurde. Dies Princip sprach
F r i e d r i c h S c h l e g e l in seinen Vorlesungen aus den Jahren
1804—1806 (herausgegeben von Windischmann 1836—1837) aus.
Auch er hatte damals bereits den Standpunkt des genialen Philosophirens verlassen, und wie er denn immer zwischen Extremen
oscillirte, so verlangte er nun eine strenge Methode der Philosophie.
Als deren Form behauptete er, wie die Wissenschaftslehre, die
T r i p l i c i t ä t, welche durch die Widersprüche hindurch zur
höhern Einheit derselben empordringt. Dabei folgte auch Schlegel
in diesen seinen späteren Lehren demselben Gedankenzuge wie
Bardili und Berger; auch ihm galt dieses Denken, welches sich
durch den Widerspruch zur Wahrheit erhebt, als das göttliche
Denken, welches zugleich real ist und dessen Reproduktion im
menschlichen Geiste »Erinnerung« ist; auch ihm umfasst deshalb
diese Methode der Widersprüche zugleich die Logik und die Metaphysik. Der Gedankengehalt, den er in dieser Methode darstellte,
und den später seine »Philosophie des Lebens« (1828) und seine
»Philosophie der Geschichte« (1829) ausgeführt haben, ist wesentlich mystisch-religiösen Charakters. Er sucht zu zeigen, wie das
Unendliche durch die dialektische Nothwendigkeit sich in das Endliche verwandelt, wie dies Endliche in dem sündigen Menschen
die volle Negation des Unendlichen enthält und wie der ganze Process der Geschichte darin besteht, dass das Endliche wieder zum
Unendlichen zurückkehrt und schliesslich in dasselbe aufgeht, —
eine Wendung, welche theils an den Spinozismus Schleiermachers,
theils an die letzten Lehren von Schelling erinnert und bei Schlegel auch theoretisch zu dem Gedanken führte, dass die Unterwer-

fung des Individuums unter das positive göttliche Gesetz dessen höchste und letzte Aufgabe sei.

Den Abschluss aller dieser Bestrebungen bildet Hegels dialektische Methode. Das Schema der »Dreieinigkeiten«, wie es Schlegel genannt hatte, erscheint hier lediglich als die logische Triplicität von Position, Negation und Aufhebung des Widerspruchs; aber diese Aufhebung wird nicht etwa so gedacht, dass sie allein die Wahrheit sei und die vorangegangenen Momente der Thesis und Antithesis widerlege, sondern so, dass alle drei die nothwendigen und realen Entwicklungsformen der Wahrheit sind. Die Widersprüche sind das Wesen der Wirklichkeit, aber die Wirklichkeit enthält zugleich ihre Versöhnung. Jeder Begriff schlägt mit metaphysischer Nothwendigkeit in sein Gegentheil um, aber aus der Synthesis der Gegensätze ergibt sich der höhere Begriff ihrer Vereinigung; an diesem entfaltet sich wieder derselbe Process, und derselbe geht so lange fort, bis die abschliessende und höchste Synthese gewonnen worden ist. Dieser Process ist aber nicht nur derjenige des philosophischen Denkens, sondern, da der Geist und der Begriff das Wesen der Dinge ausmacht, so ist er zugleich die reale Entwicklung, in welcher der Geist aus sich selbst das Universum erzeugt und dadurch zu sich selbst kommt. Die Entwicklung der Begriffe ist also zugleich Logik und Metaphysik. Die nothwendigen Formen, welche der Geist in dieser seiner inneren Dialektik erzeugt, sind die Kategorien der Wirklichkeit. Alle Stufen dieses Prozesses gelten für Hegel nicht mehr als subjektive, sondern als objektive Erscheinungen. Die Unendlichkeit der Dinge in ihrer dialektischen Stufenfolge ist die Selbsterscheinung des absoluten Geistes, dessen Wesen es ist, sich in sich selbst zu entzweien und aus der Zerrissenheit in sich zurückzukehren.

Hierauf beruht zunächst die dreigliedrige Haupteintheilung des Hegelschen Systems. Die Erkenntniss des absoluten Geistes, wie er »an sich« ist, (oder der »Idee an sich«) und der in ihm selbst liegenden Nothwendigkeit der dialektischen Entwicklung enthält die Logik, in deren System selbstverständlich bereits alle diejenigen Entwicklungsformen eine entsprechende Stelle finden, welche in den beiden anderen Theilen besonders ausgeführt werden. Der Geist in seinem »Anderssein«, der Geist, wie er »für sich« als ein Gegebenes und Äusserliches erscheint, ist die Natur. Neben die

Naturphilosophie tritt endlich als dritter Theil die Geistesphilosophie als die Lehre von den Formen, in welchen der Geist »an und für sich« sich selbst erfasst und seine nothwendige Entwicklung vollendet. Jeder dieser Theile gliedert sich dann wiederum nach dem triadischen Princip der Dialektik, und dies Schema ist von Hegel mit der äussersten Kunst bis in das Einzelnste durchgeführt worden. Mit der äussersten Kunst: — aber auch mit der äussersten Künstlichkeit, mit einem Virtuosenthum der begrifflichen Construktion und einer scholastischen Schematisirung, welche hin und wieder sich in Nomenklatur verliert und dabei an die triadischen Ketten erinnert, in denen der letzte der Neuplatoniker, Proclus, die Gedankenperlen der antiken Philosophie aufgereiht hat. Die dialektische Methode legte dem Stoff der Erkenntniss einen Zwang auf, dem sich derselbe oft nur mit wesentlichen Verlusten und immer nur durch die bewunderungswürdige Combinationsgabe Hegels fügte. Seine Voraussetzung, dass das logische Gesetz der Dialektik das Weltgesetz sei, und dass der menschliche Geist wie den Muth so auch die Kraft habe, die logische Gliederung des Weltzusammenhanges zu verstehen, liess ihn seine Gedankenverbindungen in den Stoff des menschlichen Wissens hineindenken, auch wo sich derselbe gegen die Schematisirung sträubte. Darum ist sein ganzes System wesentlich construktiver Natur. Er besitzt keine Achtung vor dem empirischen Wissen und verwendet dasselbe nur willkürlich, um es in das Fächerwerk der dialektischen Gliederung hineinzustecken und dann als ein Produkt der Selbstbewegung des Geistes daraus hervorspringen zu lassen. So entsteht der Schein, als erzeuge die dialektische Methode all das Wissen, welches die besonderen Wissenschaften in ihrer Weise gewonnen haben, aus sich von neuem und als drohe sie, die übrigen Wissenschaften überflüssig zu machen und in die Philosophie aufgehen zu lassen. In Wahrheit steht die Sache ganz anders. Nicht ein einziger Inhalt des positiven Wissens ist von der dialektischen Methode erzeugt worden, und es konnte von ihr nichts erzeugt werden. Ihre scheinbare Fruchtbarkeit beruht auf einer Kryptogamie mit dem empirischen Wissen. So konnte es sich denn später ereignen, dass der eine oder andere der näheren oder ferneren Schüler von Hegel, wie z. B. Weisse, den sachlichen Gehalt dieser Lehre, mit dem Hegel oft so tief gedrungen war, allein ohne die Methode darzustellen versuchte und dass derselbe dabei zu Vieler Erstaunen nicht nur nichts verlor, sondern oft noch gewann. Der eigentliche Sinn der Methode ist also nur der, die gesammte Welterkenntniss, welche die übrigen Wissenschaften in ihrer besonderen Weise gewonnen haben, in ihrem letzten logischen Zusammenhange und als die gemeinsame Entwicklung des absoluten geistigen Weltgrundes zu verstehen, und durch das logische Schema begreiflich zu machen, weshalb der absolute Weltgrund sich gerade in denjenigen Formen entwickelt hat, welche die Erkenntniss der übrigen Wissenschaften als die wirklichen constatirt hat. Die dialektische Methode verfolgt das absolute Ideal alles menschlichen Wissens; sie ist der Versuch zu begreifen, weshalb die Welt so ist, wie sie sich vor unserer sonstigen Erkenntniss darstellt, und sie glaubt diese Aufgabe dadurch zu lösen, dass sie die Welt als die nothwendige Entwicklung des göttlichen Geistes betrachtet und die Stelle und den Werth angibt, welcher innerhalb dieser Entwicklung jeder einzelnen Lebensform des Universums gebührt. Gewiss, dieser Versuch Hegels ist gescheitert, wie denn überhaupt dies Ideal zu denjenigen Kants und Fichtes gehören möchte, deren Wesen die Unerfüllbarkeit involvirt; aber es ist ebenso seicht wie billig, sich, wie es heutzutage Mode ist, über Hegel lustig zu machen, der an der Lösung dieser Aufgabe mit aller Kraft eines reichen und gewaltigen Geistes gearbeitet hat. Denn nur mit einer universalistischen Bildung und mit der lebendigsten Verarbeitung alles menschlichen Wissensstoffes konnte Jemand sich dieser Aufgabe unterziehen. Die Voraussetzung für die Durchführung der dialektischen Methode war die kolossale Polyhistorie, welche Hegel in der That besass. Dieselbe bezog sich zwar auch auf die Naturwissenschaften, aber in eminentem Sinne auf das historische Wissen, und sie beschränkt sich auf diesem Gebiete nicht auf die Massenhaftigkeit der gelehrten Kenntnisse, sondern sie zeigt sich vor Allem in der unendlichen Feinfühligkeit, mit welcher Hegel das Wesen der historischen Erscheinungen auf allen Gebieten des menschlichen Lebens zu durchdringen vermochte. Mit wahrhaft genialer Auffassung verstand er es, die wesentlichen Züge der geschichtlichen Thatsachen herauszuheben, und seine historischen Construktionen, so sehr sie auch im Einzelnen mit der Chronologie im Hader leben mögen, sind doch überall durch das reifste Verständniss der inneren Bedeutung der einzelnen Erscheinungen

ausgezeichnet und gerade dadurch ausserordentlich fruchtbar geworden. Und über all diesem Stoff der Kenntnisse waltet nun
Hegels Geist mit einer souveränen Freiheit, er weiss dieselben mit
unnachahmlicher Sicherheit seiner systematischen Gliederung ein-
zufügen und die Bedeutung der empirischen Erscheinungen gerade
durch die Stellung klar zu machen, welche er ihnen in seiner Construktion des Ganzen anweist. Das Bewunderungswürdigste an
ihm ist die Beherrschung seines eigenen Wissens durch die dialektische Entwicklung und die unvergleichliche Kunst der Systematisirung, mit der er den ganzen Gedankengehalt seiner Zeit
aus Einem Gusse zu entwickeln wusste. Hierin mehr als in der
Originalität besonderer Lehren hat der Zauber bestanden, welchen
seine Persönlichkeit auf die von der universalistischen Bildung ge-
tragene Tendenz seiner Zeit und welchen seine Philosophie auf alle
Wissenschaften und besonders auf die historischen ausgeübt hat.
In ihm waltete siegreich der wahrhaft philosophische Geist, der
alles Besondere aus dem Ganzen verstehen und in seinem Werthe
für das Ganze beurtheilen will. Sein System ist auf dem Gebiete
der Wissenschaft das reife Produkt jener universalistischen Bildung,
wie es die Goethische Dichtung in der schönen Literatur ist. Dies
ist endlich auch seine Stellung in der Entwicklung der idealistischen Philosophie. Seine Lehre bildet den Abschluss derselben,
indem sie alles Bedeutende, was von Kant an darin erzeugt worden ist, in ein grosses System zusammenfasst. Was Hegel in den
einzelnen Theilen seiner Philosophie lehrt, berührt sich mehr oder
minder mit den verschiedenen Theorien der idealistischen Richtung; was er hinzufügt ist überall die direkte Anknüpfung an den
Plan des Ganzen und die Ableitung durch die einheitliche Methode.
Er ist der grösste Systematisator, den die Philosophie je gesehen
hat, und in seinem Systeme vereinigen sich alle Grundlehren des
deutschen Idealismus zu einem geschlossenen Ganzen, das in der
Symmetrie seines Baues und in der Herrschaft des methodischen
Gesetzes über den Inhalt der Erkenntnisse die vollkommenste Ausführung der ästhetischen Forderung ist, welche in der idealistischen Entwicklung waltete.

Diesem System selbst hat Hegel ein Präludium vorangeschickt,
durch welches er dasselbe einführen wollte. Die dialektische
Methode setzt keine intellectuelle Anschauung des Genies voraus,
sie will eine rein wissenschaftliche und deshalb von Jedem zu er-

werbende Form der Erkenntniss sein. Aber sie bewegt sich auch nicht in der Art des landläufigen Denkens, und ihr Standpunkt muss deshalb erst aus diesem heraus entwickelt werden. Das menschliche Denken steht nicht von selbst in seiner natürlichen Ursprünglichkeit auf dem philosophischen Standpunkte; es hat ihn erst in der historischen Entwicklung gewonnen, und es muss jeden Augenblick neu dazu herangebildet werden. Diese Entwicklung des philosophischen Standpunktes aus dem gemeinen Bewusstsein ist für den Dialektiker nur dadurch möglich, dass die Widersprüche aufgedeckt werden, welche in dem gemeinen Bewusstsein enthalten sind, und dass durch die innere Nöthigung derselben der philosophische Standpunkt als der einzig übrig bleibende dargethan wird. Es gibt eine philosophische Vorbereitungswissenschaft, welche den Geist von seiner gewöhnlichen Gestalt aus durch die Aufzeigung seiner Widersprüche von Stufe zu Stufe drängt und ihn schliesslich auf den philosophischen Standpunkt führt. Diese Lehre von den Erscheinungsformen, welche das Wissen durchmachen muss, um vom gemeinen Bewusstsein sich bis zur Philosophie zu erheben, ist die Phänomenologie des Geistes. Dies Werk verfehlt nun freilich seinen Zweck, aus dem populären in das philosophische Denken hinüberzuleiten, so vollständig wie nur möglich. Denn sein Verständniss setzt nicht etwa nur das Interesse und die allgemeine Fähigkeit philosophischer Überlegung voraus, sondern ist geradezu das schwierigste von allen Werken, welche in der gesammten Literatur der Philosophie je geschrieben worden sind. Ein platonischer Dialog und die Kritik der reinen Vernunft sind eine leichte Lektüre gegenüber der Anstrengung, welche das Verständniss dieser Einführung in die Hegelsche Philosophie verlangt. Fragt man nach dem Grunde dieser merkwürdigen Erscheinung, so liegt derselbe nicht nur in der formellen Schwierigkeit, welche dies Buch mit allen anderen seines Verfassers theilt, sondern vor Allem in dem eigenthümlichen und ganz unvergleichlichen Inhalt desselben. Der Übergang nemlich vom gemeinen zum philosophischen Bewusstsein ist zunächst als eine erkenntnisstheoretische Nothwendigkeit aufzufassen, in der die Motive entwickelt werden sollen, durch welche das Denken von Stufe zu Stufe weiterrücken muss, bis es auf dem philosophischen Standpunkt seine Ruhe findet. Aber dieser Process ist nach Hegels Überzeugung zugleich der Entwicklungsgang, den jedes individuelle Denken als eine, wenn auch noch so unvollkommene Manifestation des Weltgeistes mit psychologischer Nothwendigkeit durchmacht. Doch damit ist es nicht genug. Für Hegel wie für Schelling gilt auch auf dem geistigen Gebiete das, was die heutige organische Naturforschung das biogenetische Grundgesetz nennt, die Annahme nemlich, dass die Entwicklung des Individuums und diejenige der Gattung einen vollkommenen Parallelismus bilden. In Folge dessen muss der Process, um dessen Darstellung es sich in der Phänomenologie handelt, sich auch in der wissenschaftlichen Entwicklung der menschlichen Gattung, d. h. in der Geschichte der Philosophie und der besondern Wissenschaften wiederfinden. Endlich aber, da alles geistige Leben einheitlich ist, enthält diese Entwicklung nichts als den ideellen Spiegel der allgemeinen Culturbewegung, und auch in deren Phasen müssen sich somit die Stufen jenes Processes wiedererkennen lassen. Dieser mehrfache Parallelismus erweist sich nun als überaus fruchtbar, indem die verschiedenen Formen, in denen derselbe Grundprocess obwaltet, einander erleuchten und verständlich machen, und derselbe bliebe auch vollkommen ungefährlich, wenn die verschiedenen Fäden, deren analoger Verlauf die Voraussetzung bildet, aus einander gehalten oder auch nur in ihrer Verschlingung sorgfältig verfolgt und genau bezeichnet würden. Aber das ist nun gerade nicht der Fall; sondern Hegel bewegt sich vielmehr vollkommen frei und ohne ausdrückliche Bezeichnung fortwährend von dem einen auf das andere Gebiet. Unmerklich und unvermittelt versetzt er den Leser aus der erkenntnisstheoretischen bald in die psychologische bald in die philosophie-geschichtliche, bald in die culturhistorische Linie, und dieser Wechsel der Betrachtung wird nie sichtbar gemacht, sondern vielmehr absichtlich verdeckt. So bildet die Phänomenologie ein buntschillerndes Gewebe dieser verschiedenen Fäden, dessen Eindruck zuerst derjenige einer absoluten Verwirrung ist. Wer in dies Buch hineinkommt, muss zuerst glauben, er tappe wie im Nebel herum; denn er weiss nie, auf welchem Gebiete der Untersuchung er sich eigentlich befindet, und jede Gestalt, die er erfasst zu haben glaubt, verwandelt sich sogleich wieder in eine ganz andersartige und verquirlt in eine Unbestimmtheit, in der man nirgends festen Fuss fassen kann. Es steckt in diesem Buche eine geradezu unerschöpfliche Quelle von Geist und von Wissen. Gerade hier bethätigt Hegel die Grossartigkeit des historischen

Blicks, mit dem er die charakteristische Eigenthümlichkeit der geschichtlichen Erscheinungen aufzufassen wusste; aber diese tiefe Weisheit ist oft in so überfeine Anspielungen und Andeutungen »hineingeheimnisst«, dass die schärfste Aufmerksamkeit und das reichste Wissen dazu gehören würden, sie alle zu verstehen. Es ist deshalb sehr zu bedauern, dass keiner der Schüler Hegels sich dazu entschlossen hat, einen Commentar zu diesem Buche zu liefern, welches desselben mehr als irgend ein anderes bedarf, und es ist höchste Zeit, dass dies geschieht. Denn das Geschlecht, welches den Reichthum dieses Werks verstehen kann, stirbt aus, und es ist zu befürchten, dass in nicht allzulanger Zeit demselben Niemand mehr gewachsen sein wird. Schon jetzt jedenfalls dürften diejenigen, die es auch nur von Anfang bis zu Ende gelesen haben, zu zählen sein.

Die in dieser Weise verwickelte Construktion der Phänomenologie folgt dem Leitfaden, dass die Reflexion zeigt, wie auf jeder Stufe das Bewusstsein in Wahrheit etwas ganz anderes ist, als es zu sein glaubte, dass daher jedesmal die folgende Stufe das volle Bewusstsein des wahren Inhalts der vorhergehenden ist, und dass dieser Process erst da endet, wo das Bewusstsein in der Philosophie sich mit seinem eigenen Inhalte vollkommen identisch weiss. Drei Hauptstufen werden in dieser Entwicklung von Hegel unterschieden. Der Zustand des B e w u s s t s e i n s, welcher mit der Gewissheit der sinnlichen Empfindung beginnt, leitet durch den Process der Wahrnehmung und der verstandesmässigen Auffassung der Dinge hindurch bis zum individuellen S e l b s t b e w u s s t s e i n. Dasselbe wirkt zuerst im Gegensatz zur Aussenwelt als das zerstörende und dann als das gestaltende und schöpferische Selbst; es zieht sich aus der feindlichen Aussenwelt in den stoischen Trotz seiner Unangreifbarkeit zurück, aber es verzweifelt schliesslich an sich selbst und unterwirft sich der historischen Autorität. So gewinnt es den Übergang zur Entwicklung der V e r n u n f t, welche auf dem Bewusstsein der Gemeinschaft beruht. Diese höchste Stufe entwickelt Hegel wieder in drei Formen. Die erste ist das v e r n ü n f t i g e S e l b s t b e w u s s t s e i n, welches als beobachtende Vernunft Gesetze der objektiven Welt sucht, aber in der Erkenntniss, dass es nur überall seine eigenen Formen wiederfindet, sich in das praktische Ich verwandelt. Dieses beginnt damit, die Dinge zu geniessen, es lernt im Schicksal ihre

Eitelkeit verstehen und erhebt sich als Tugend darüber, um
schliesslich einzusehen, dass auch in jenem Weltlauf die höchste
Vernunft waltet, und sich dieser objektiven Macht unterzuordnen.
So verwandelt sich das vernünftige Selbstbewusstsein in den
sittlichen Geist. Dessen reine Form ist das griechische Leben mit seinem Aufgehen des Individuums in die staatliche Gemeinschaft. Aber auch hier bricht der Conflikt des Individuums
mit der Gattung aus. Das Allgemeine triumphirt als das unge-
heuere Selbstbewusstsein des universellen Rechtes; und wieder
bäumt sich das Individuum gegen die Allgemeinheit auf: es entsteht der Conflikt der Bildung und des Glaubens, welcher das Bewusstsein zerreisst und als Aufklärung zum absoluten Terrorismus
führt, bis die moralische Weltanschauung die widerspruchsvolle
Dialektik der banalen Nützlichkeit und der sittlichen Genialität
entwickelt, um schliesslich in der Religion ihre Vollendung zu
finden. Diese als die dritte Form der Vernunft verfolgt die Phänomenologie durch die dreifache Entwicklung als Naturreligion, Kunst-
religion und geoffenbarte Religion, um schliesslich zu zeigen, dass
die Einheit aller endlichen Dinge mit dem unendlichen Geist,
welche auf dem religiösen Standpunkte nur vorgestellt wird, in
ihrer Nothwendigkeit begriffen werden muss, und dass dies die
Aufgabe der Philosophie ist, für deren kunstvolle Composition die
Phänomenologie nur die Ouverture bildet.

Es konnte hier nur durch diese abgerissenen Sätze angedeutet werden, wie in der Phänomenologie alle Motive der
Hegelschen Lehre bereits kräftiger oder leiser anklingen und wie
aus derselben die Stimmen der Weltgeschichte in wechselndem
Rhythmus ertönen. Sie erscheinen durchaus nicht in chronolo-
gischer Reihenfolge. Je nach der Verwandtschaft, welche sie zu
der gerade construirten Entwicklungsstufe besitzen, treten bunt
durcheinander die Gestalten der antiken Welt, des Mittelalters und
der modernen Kultur auf, und Hegels Absicht ist nur die, zu zeigen,
dass aus der Fülle aller dieser Gestaltungen heraus die philosophische Erkenntniss sich als die Selbsterfassung des absoluten
Geistes entwickeln müsse, welcher in all diesen Formen die verschiedenen Seiten seines Wesens ausgelebt und den Reichthum
seiner Innerlichkeit entfaltet hat. Jenes Bewusstsein, welches
Schiller proklamirt hatte, dass die moderne Kultur in der Zusammenfassung und Ausgleichung der früheren Lebensformen der

Menschheit bestehe, jene Aufgabe, welche die Goethesche Dichtung
in ihren reifsten Erzeugnissen löste, erscheint bei Hegel als das
Problem der Philosophie. Sie soll Alles, was der menschliche Geist
in seiner Entwicklung, die auf sie hinzielt, in allen Formen seiner
Bethätigung erzeugt hat, in seiner tiefsten Bedeutung verstehen
und zu einem Systeme der Welterkenntniss dadurch zusammen-
fassen, dass sie alle diese Produkte als die nothwendigen Entwicklungsformen des Weltgeistes begreift. Wie Schiller die ästhetischen
Begriffe aus einer geschichtsphilosophischen Construktion gewann,
so will Hegel in umfassenderer Weise die gesammte Philosophie
aus dem Zusammenhange der historischen Entwicklung des menschlichen Geistes herausbilden. Das menschliche Selbstbewusstsein
ist der zu sich selbst gekommene Weltgeist, die Entfaltung des
menschlichen Geistes ist die bewusste Selbsterfassung des Weltgeistes, und das Wesen der Dinge ist aus dem Process zu verstehen, welchen der menschliche Geist durchgemacht hat, um
seine eigene und um damit die Organisation des Universums zu
begreifen. Die Hegelsche Philosophie betrachtet sich selbst als das
Selbstbewusstsein der gesammten Culturentwicklung der menschlichen Gattungsvernunft, und sie sieht in dieser zugleich das Selbstbewusstsein des in die Welt sich entwickelnden absoluten Geistes.
Damit wird diese Philosophie auf der einen Seite zu einer durchaus historischen Weltanschauung, auf der anderen Seite
aber geräth sie in eine vollkommen anthropocentrische
Weltbetrachtung hinein, indem sie die Entwicklung des
menschlichen Geistes als diejenige des Weltgeistes ansieht. So
zieht Hegel die letzte Consequenz daraus, dass das Postulat der
Identität von Denken und Sein die Organisation der menschlichen
Vernunft, welche für Kant den Inhalt aller philosophischen Erkenntniss bildete, in die Organisation der Weltvernunft umdeu-
tete: es ist die äusserste Folgerung aus der Zertrümmerung des
Ding-an-sich-begriffes, die Fichte gelungen war.

Hegels Logik vollzieht die »Erhebung der Substanz zum Subjekt«, indem sie von dem absoluten »Sein« ausgeht, um bei der
»Idee« zu endigen und auf diesem Wege das gesammte System der
Begriffe durch den dialektischen Fortschritt zu entwickeln. Aber
die Kategorien sind hier nicht mehr die Verknüpfungsformen der
Verstandesthätigkeit wie bei Kant, sondern vielmehr die objektiven Gestalten des Weltlebens, in welches sich die Idee in ihrer

Selbstentwicklung entfaltet. Selbst wo jene Verknüpfungsformen mit denjenigen der formalen Logik oder mit Kants transscendentalen Begriffen zusammenfallen, da gelten sie, wie bei Aristoteles, zugleich als die realen Gesetze des wirklichen Geschehens. So wird diese Logik zu dem »Schattenreich der Wirklichkeit«. In der Bewegung des abstrakten Gedankens erzeugen sich die Schemen alles realen Lebens, und in den Evolutionen dieses Ballets der Begriffe soll das Abbild des gesammten Weltprocesses gefunden werden. In das Element der Abstraktion getaucht, sollen die reinen Formen alles Daseins vor dem geistigen Auge hervortreten.

Der erste Theil oder die Lehre vom Sein beginnt mit diesem abstraktesten aller Begriffe, verwandelt ihn in denjenigen des Nichts und findet ihre Verknüpfung in demjenigen, was zugleich ist und noch nicht ist, im Werden, und von da aus gewinnt er durch die Kategorien des Daseins, der Qualität, der Endlichkeit und Unendlichkeit, der Einheit und Vielheit, der Quantität und des Masses, schliesslich den Begriff des »Wesens«, dessen Entwicklung die Aufgabe des zweiten Theils bildet. Auf diesem ganzen Wege ergibt sich aus der Betrachtung der Kategorien eine stetige Rücksicht auf die Probleme der Naturphilosophie, welche die concrete Durchführung dieser Begriffe im empirischen Gebiete zu ihrer Aufgabe hat. Die Lehre vom Wesen geht von dem Gegensatz des Wesens und des Scheins zu den Reflexionsbegriffen über, durch welche derselbe aufgehoben werden soll, und entwickelt als solche die Identität, den Unterschied, den Widerspruch und den Grund; sie erhebt sich sodann durch das Verhältniss der Erscheinung und der Wirklichkeit zum Absoluten und dadurch zum Gegensatz von Nothwendigkeit und Zufälligkeit, der in die Kategorien der Causalität und der Wechselwirkung ausmündet. Der dritte Theil enthält die »subjective Logik«; er beginnt mit den Lehren vom Begriff, Urtheil und Schluss und führt von da zur Kategorie der Objectivität, die sich als Mechanismus, Chemismus und organische Teleologie entwickelt. Darüber erhebt sich die Idee in dem Processe des Lebens, dessen höchste Formen die Erkenntniss und die Moralität bilden, um sich von hier aus in der absoluten Idee zu vollenden. Es ist nicht möglich, in dieser kurzen Übersicht die Übergänge zu reproduciren, welche das eigentliche Wesen des dialektischen Fortschritts ausmachen; denn der Fortgang des Ganzen ist nicht sowol durch begriffliche Nothwendigkeit als vielmehr durch willkürliche Association und durch den stetigen Hinblick darauf bedingt, dass der Voraussetzung nach diese Logik schon den gesammten Inhalt der philosophischen Erkenntniss in nuce und in derselben Anordnung wie das ganze System enthalten soll. Daraus ergibt sich für Hegel die Nöthigung oft sehr künstlicher Vermittlungen, die nur im Ganzen reproducirt und nicht auf eine kurze Formel gebracht werden können. Es kommt hinzu, dass Hegels schwierige Sprache gerade auf diesem Gebiete der Abstraktion sich in die grösste Dunkelheit verliert, und es steht nur zu hoffen, dass Kuno Fischers Geschichte der neuern Philosophie, welche jetzt vor dieser schwierigsten ihrer Aufgaben steht, die Tiefe und den Reichthum, womit Hegels Geist dies System der Kategorien gewoben hat, in das Verständniss der Gegenwart übersetzen wird. Denn so wenig man an der Construktion des Ganzen festhalten mag, so hat doch noch Niemand, der diese Logik verstand, es verkennen können, dass eine unendliche Fülle feinster Wendungen und genialer Verknüpfungen oft der scheinbar heterogensten Dinge darin enthalten ist, wodurch fast überall auf die verschiedensten Gebiete des menschlichen Wissens überraschende Schlaglichter fallen. Und gerade darin bestand die befruchtende Kraft, mit der diese Logik auf die übrigen Wissenschaften gewirkt hat. Hegels Princip, dass die Logik mit den Formen zugleich auch den werthvollsten Inhalt der Erkenntniss zu entwickeln habe, ist gewiss noch nicht diejenige Gestalt, in welcher die durch Kants transscendentale Analytik begründete »erkenntnisstheoretische Logik« bestehen bleiben kann. Aber nur durch das Festhalten an dem Princip der letzteren, dass alle Denkformen nur in der Beziehung auf die Aufgaben des Inhalts ihren Sinn haben, kann die Logik im Zusammenhange mit der lebendigen Wirklichkeit der menschlichen Erkenntnissthätigkeit bleiben. Hegel ist nach Aristoteles und Kant trotz aller Willkürlichkeiten seiner Construktion der grösste Logiker, den die Geschichte gekannt hat, und er ist wie jene beiden andern der Beweis dafür, dass eine wahrhaft originelle und schöpferische Behandlung der Logik nur für denjenigen möglich ist, der mit reicher wissenschaftlicher Erfahrung den Ausblick auf die gesammte Arbeit der menschlichen Erkenntniss gewonnen hat.

Am wenigsten originell ist Hegel in seiner Naturphilosophie. Er folgt hier wesentlich dem allgemeinen Schema der Schellingschen Lehre, verfährt aber, da er hier am wenigsten mit seinem Interesse, mit seinem empirischen Wissen und mit der Gewöhnung an die diesem Gebiete eigenen Forschungsweisen heimisch ist, noch viel willkürlicher und constructiver als sein Vorgänger. Und doch zeigt sich die Tiefe seiner philosophischen Einsicht gerade auf diesem Gebiete darin, dass er die Grenzen der rationalen Deduktion zwar nicht ausdrücklich, aber doch indirekt scharf und genau bestimmt. Die Natur ist der Geist oder die Idee in ihrem Anderssein. Dieser allgemeine Charakter und scheinbar auch die grossen Formen dieses Andersseins lassen sich aus Hegels Begriff des Geistes als der sich entwickelnden Idee ableiten, weil sie im Princip schon darin angelegt sind. Aber in der Natur ist deshalb überall etwas dem Geiste Fremdes, und dessen besondere Eigenthümlichkeit lässt sich nicht deduciren. Dass überhaupt der Geist sich in diese seine Äusserlichkeit verwandelt, liegt nach Hegel in seinem Begriffe. Wie aber diese Äusserlichkeit im Besondern beschaffen ist, das folgt aus dem Wesen des Geistes nicht. Wenn die Hegelsche Lehre als die Voraussetzung, dass alles Wirkliche vernünftig und als solches erkennbar sei, ihrem Princip nach den äussersten Panlogismus enthält, der je aufgestellt worden ist, so erkennt sie in der Natur selbst die Grenze ihrer Deduktion an; hier kann auch sie nur die allgemeinen Formen und Gesetze aus der absoluten Vernunft entwickeln, und sie muss zugestehen, dass es in der wirklichen Natur überall einen Rest gibt, welcher sich gegen eine solche Ableitung sträubt und eine unerklärbare Thatsache bleibt, gerade wie bei Kant die »Afficirung« durch die Dinge an sich und im andern Ausdruck die »Spezifikation der Natur« oder bei Fichte die »grundlosen« Handlungen der Selbstbeschränkung des Ich. Von seinem Standpunkt aus drückt Hegel sich so aus, dass die Natur ohnmächtig und zu schwach sei, die Begriffsbestimmungen nur abstrakt zu erhalten, und er nennt sie deshalb das Reich der Zufälligkeit. Die Anwendung dieses Terminus deutet aber auf die innige Verwandtschaft hin, welche zwischen dieser und der Aristotelischen Naturauffassung besteht. Auch in jenem grössten System der antiken Philosophie war das begriffliche Verhältniss des Wesentlichen und des Zufälligen in eine metaphysische Beziehung umgedeutet worden, und genau so gilt auch für Hegel die deducirbare Gesetzmässigkeit der Natur als ihre ideelle Nothwendigkeit und dieser gegenüber die thatsächliche Besonderheit nur als eine zufällige Nebenbestimmung. Die letztere aber wird von Hegel ebenso wie von Aristoteles unter den teleologischen Gesichtspunkt gebracht, dass ihr Zweck lediglich der sei, die ideelle Nothwendigkeit zu realisiren, ohne dass sie jedoch dieser Bestimmung vollkommen genüge. Die Äusserlichkeit soll ja schliesslich von dem Geiste selbst gesetzt sein, damit sein Wesen darin zur objektiven Erscheinung kommt. Die besondern Stufen dieses teleologischen Processes stellen sich nun bei Hegel in ganz ähnlicher Weise wie bei Schelling dar. Den ersten Theil der Naturphilosophie bildet die Mechanik, welche von der Construktion des Raumes, der Zeit und der Synthesis, welche dieselben in der Bewegung finden, die Lehre von der Materie, der Schwere und der Trägheit entwickelt und mit der auf die Gravitationstheorie begründeten Auffassung des Sonnensystems endet. In der »Physik« kommen sodann die besonderen Erscheinungen des materiellen Daseins zur Sprache. Es wird von den kosmischen Grundverhältnissen und dem meteorologischen Zusammenhange der Elemente, darauf von dem spezifischen Gewicht, von der Cohäsion, vom Magnetismus und von der Krystallisation, endlich von der Elektricität und dem Chemismus gehandelt, und es werden dabei in diese dialektischen Construktionen auch die spezifischen Wirkungen der Dinge auf die menschlichen Sinne, die akustischen, thermischen und optischen Verhältnisse und die Lehre vom Geruch und Geschmack eingeflochten. Der dritte Theil, die Organik, beginnt mit der Darstellung des geologischen Lebens der Erde, entwickelt den Gegensatz des Pflanzen- und des Thierreiches und bespricht schliesslich die Gestaltung, die Assimilation und die Reproduktion als die drei Grundformen des animalischen Processes. Die Untersuchung schliesst mit einer Betrachtung des Verhältnisses, in welchem das organische Individuum zu der Gattung steht. In derselben kommt die ganze Grundauffassung noch einmal leuchtend zu Tage. Die ideelle Nothwendigkeit und Vernünftigkeit ist nicht im Individuum, sondern nur in der Gattung zu suchen. Wie für Schelling so ist auch für Hegel das Individuum nur ein Durchgangspunkt in dem Leben der Idee, welche darin erscheint; aber er legt das Hauptgewicht darauf, dass der Gattungsbegriff in keinem Individuum voll und rein zum empirischen Dasein kommt. Jedes Individuum trägt in seiner Abweichung vom Gattungsbegriff das Moment der Zufälligkeit in sich, es erfüllt den Zweck, ein Träger des Gattungslebens zu sein, nicht vollkommen, und diese seine »Unangemessenheit zur Idee« ist seine »ursprüngliche Krankheit« und der wahre Grund seines Todes. Die Individuen gehen daran zu Grunde, dass sie ihre Aufgabe, welche in ihrem Gattungsbegriffe liegt, nicht erfüllen. Dies ist die bedeutendste Form, welche die platonische Ideenlehre bei ihrer Aufnahme in den deutschen Idealismus gefunden hat. Die Gattungsbegriffe sind hier nicht wie bei Platon eine selbständige, für sich existirende Welt der reinen Formen, sondern vielmehr ähnlich wie bei Aristoteles die ideellen Mächte, welche das empirische Dasein teleologisch bestimmen; sie bilden den ideellen Zweck, der niemals vollkommen erfüllt wird und der doch den Lebenstrieb und die Lebenskraft aller der Erscheinungen enthält, in denen nacheinander immer von Neuem seine Realisation versucht wird. Der Fichtesche Grundgedanke, dass das nie reale Ideal den Grund aller Realität in sich trägt, ist zum Princip der Auffassung des organischen Lebens geworden, und damit der aristotelische Grundbegriff der Entelechie auf dem Boden des Idealismus zu neuer Fruchtbarkeit gekommen. Wenn wir heutzutage diesen Lehren ferner als je zu stehen glauben, so müssen wir andererseits anerkennen, dass, so lange die organische Naturforschung selbst an der Realität ihrer Klassen-, Gattungs- und Artbegriffe festhielt, eine philosophische Behandlung dieses Verhältnisses nicht grossartiger gedacht werden konnte, als es hier von Hegel geschah, und wenn man heute davon zu reden gewohnt ist, dass nicht nur diejenigen Individuen, sondern auch diejenigen Arten der Gefahr des Untergangs mehr als andere ausgesetzt sind, bei denen die zufällige Variation eine unzweckmässige, d. h. den Lebensbedingungen der Gattung weniger entsprechende Richtung eingeschlagen hat, — sollte man da bei aller Verschiedenheit des Ausdrucks so sehr weit von jenem Hegelschen Gedanken entfernt sein, der Untergang des Individuums entspringe aus seiner Unangemessenheit zur Idee der Gattung? Die Sprachen der Naturphilosophie von heut und derjenigen vom Anfang unseres Jahrhunderts klingen sehr verschieden; aber was sie darin sagen, ist vielleicht so verschieden nicht, wie es diejenigen anzunehmen geneigt sind, welche sich nie die Mühe gegeben haben, jene geschmähte ältere Naturphilosophie kennen zu lernen.

Den dritten Haupttheil des Hegelschen Systems bildet die **Philosophie des Geistes**. Es ist derjenige, in welchem die hauptsächlichste und die weitestgreifende Bedeutung seines Denkens sich entwickelt. Auch die triadische Gliederung ist hier am

glücklichsten durchgeführt und findet in den objektiven Verhältnissen so viel Verwandtschaft, dass die Gegenstände durch die
Construktion viel weniger vergewaltigt und vielmehr häufig in
das allerkräftigste und reinste Licht gebracht werden. Die drei
Entwicklungsformen des Geistes sind der subjektive oder individuelle, der objektive oder allgemeine und der absolute oder göttliche Geist. Die P s y c h o l o g i e als den ersten Abschnitt der
Geistesphilosophie hat Hegel in der Encyklopädie nur schematisch
skizzirt, erst seine Vorlesungen und die Werke seiner Schüler
haben dies Gerippe mit Fleisch und Blut umgeben. Ihre Aufgabe
ist die, das psychische Leben des Individuums durch alle Stufen
seiner Entwicklung hindurch von der ersten Bedeutung, welche
die Seele als Entelechie des organischen Leibes hat, bis an den
Punkt zu verfolgen, wo sie ihr innerstes Wesen in ihrer Identität
mit dem allgemeinen Geiste erkennt. Sie behandelt deshalb in der
Anthropologie die natürliche, die fühlende und die in der bewussten Vorstellung zur vollen Wirklichkeit gelangende Seele, in der
Phänomenologie den Process, durch welchen das Bewusstsein in
Selbstbewusstsein und Vernunft übergeht, endlich in der engeren
Psychologie die Entwicklung der Vernunft in der theoretischen und
in der praktischen Linie, welche zuletzt darin endet, dass der
selbstbewusste freie Wille als die Einheit der theoretischen und
der praktischen Vernunft sich zugleich als die allgemeine, überindividuelle Vernünftigkeit, als den objektiven Geist weiss.

Was Hegel unter dem o b j e k t i v e n G e i s t versteht, darf man
als die Vernunft im menschlichen Gattungsleben bezeichnen. Unter
diesen Begriff, dessen Ausführung er nicht glücklich unter dem
Namen der »Rechtsphilosophie« zusammenfasste, gehören deshalb
alle die Institutionen der menschlichen Lebensgemeinschaft und
alle die Processe der individuellen und der allgemeinen Entwicklung, welche die Ausprägung der Gattungsvernunft in dem wirklichen Leben der Gattung zu ihrem Inhalte haben. (Hegels Lehre
vom objektiven Geist umfasst im weitesten Sinne das ganze Gebiet,
für welches heute der geschmacklose Name Sociologie üblich geworden ist). Es handelt sich also darum, die Entwicklungsformen
zu begreifen, in denen die Freiheit des Geistes sich im wirklichen
Menschenleben realisirt. Die niedrigste dieser Formen ist nach
Hegel das abstrakte R e c h t oder das sogenannte Naturrecht. Es ist
die Feststellung derjenigen äusseren Lebensformen, welche die un-

erlässliche conditio sine qua non für das gemeinsame Leben der zur Freiheit bestimmten Geister bilden. Dasselbe wird als Eigenthumsrecht, Vertragsrecht und Strafrecht deducirt. Das letztere kann, da das Hegelsche Naturrecht für seine Geltung den Begriff des Staates noch nicht voraussetzt und eben so wenig an das moralische Bewusstsein appellirt, nur auf eine logische Nothwendigkeit zurückgeführt werden und wird daher aus dem dialektischen Verlangen abgeleitet, dass das Recht, nachdem es durch das Unrecht aufgehoben worden ist, durch die Aufhebung des letzteren wieder hergestellt wird. Dieser Triumph des Rechts über seine Verletzung, diese Negation der Negation des Rechts ist die Strafe. — Der Legalität steht nach Kantischem Princip die Moralität gegenüber. Betrachtet jene die rein äusserlichen, so diese die rein innerlichen Formen des objektiven Geistes und behandelt im Sinne dessen, was man sonst Ethik nennt, die Processe des subjektiven Geistes, durch welche derselbe seinen Willen dem objektiven Geiste unterwirft. Es ist eine tiefe Weisheit Hegels, die Ethik nicht vom subjektiven, sondern vom objektiven Standpunkt aus zu behandeln; gerade der Subjektivismus der Kantischen und Fichteschen Moralphilosophie hat gezeigt, dass das Princip der Ethik über dem Individuum zu suchen ist. Aus dem individuellen Ich sind das sittliche Bewusstsein und die sittliche Gesetzgebung niemals abzuleiten; sie wurzeln vielmehr in dem Verhältniss, in welchem sich das Individuum der allgemeinen Vernunft untergeordnet weiss. Der Inhalt der sittlichen Gesetzgebung ist aus ihrer subjektiven Form nur scheinbar zu deduciren, in Wahrheit stammt er aus der Gattungsvernunft, und diese überindividuelle Abstammung ist auch der einzige Grund seines imperatorischen Charakters. Von diesem Standpunkt ist daher die Lehre von der Moralität auf die Untersuchung der subjektiven Vorgänge beschränkt, welche sich im Individuum auf Grund seines Bewusstseins vom objektiven Geist vollziehen; in diesem Sinne behandelt Hegel den Vorsatz und die Schuld, die Absicht und das Wohl, das Gute und das Gewissen. —

Das Wesen des objektiven Geistes aber vollendet sich erst darin, dass seine äusserliche und seine innerliche Form sich decken. Diese Synthese der Legalität und Moralität nennt Hegel die Sittlichkeit, welche also ausdrücklich von der Moralität unterschieden wird. Sie umfasst alle diejenigen Institutionen des Menschenlebens, welche die Gattungsvernunft zur Realisirung in dem

äusseren Zusammenleben bringen, in denen sich deshalb der rechtliche und der moralische Charakter gleichmässig ausprägt, die Institutionen, welche das werthvollste Recht darstellen, indem sie das
äusserliche Zusammensein auf die moralische Überzeugung gründen, und zugleich die vollendete Moralität bilden, indem sie die
Herrschaft der Gattungsvernunft zum Princip der äusseren Organisation machen. Als die Grundform dieser Sittlichkeit behandelt
Hegel die Familie und verlegt daher erst an diese Stelle die Lehre
von der Ehe, das Erbrecht und die Theorie der Kindererziehung.
Als die zweite Stufe der Sittlichkeit erscheint die Gesellschaft. Hier
wird das System der Bedürfnisse, die Rechtspflege und die sociale
Funktion der Polizei und der Korporationen besprochen. Die Vollendung der Sittlichkeit endlich und die concrete Realisation der
sittlichen Idee ist für Hegel der Staat. An keiner anderen Stelle
seiner Lehre tritt das antike Moment seines Denkens so klar und
so vollendet hervor wie hier. Wenn unsere grossen Dichter ihre
werthvollsten ästhetischen Überzeugungen aus der innerlichen Neuschöpfung des Hellenismus gezogen haben, so leistete Hegel dasselbe
auf dem politischen Gebiete. Während selbst ein Mann wie Fichte
erst allmählich dazu kam, dem Polizeistaat, welchen die Wirklichkeit ihm darbot, höhere und zuletzt ethische Aufgaben zuzuschrei-
ben, so ist Hegel von Anfang an von dem antiken Ideale erfüllt,
dass der Staat die lebendig gewordene Gattungsvernunft des Menschen sein solle. Für den antiken Menschen war das Staatsleben
die Concentration aller seiner wesentlichen Interessen. Der gesammte Inhalt des gemeinsamen Geisteslebens prägte sich in ihm
aus. Weder Wissenschaft noch Kunst noch Religion, vor allem
aber auch nicht der individuelle Lebensgenuss führten neben dem
griechischen Staate ein Sonderdasein. Das im Staat repräsentirte
gemeinsame Leben war der alles umfassende Ausdruck für die
höchsten Interessen, die das Individuum bewegten. So haben
Platon und Aristoteles das Idealbild des antiken Staates gezeichnet,
und so wenig mannigmal die historische Wirklichkeit demselben
entsprochen haben möchte, so idealisirt sich doch für Hegel ebenso wie für Schiller das im Staate concentrirte Gesammtleben des
Alterthums zu einem lebendigen Kunstwerk, das er an verschiedenen Stellen seiner Werke und seiner Vorlesungen mit begeisterten Zügen geschildert hat. Je weiter das politische Leben seiner
Zeit von diesem Ideale abstand, um so grösser ist das Verdienst

seines Staatsrechts, welches die staatlichen Institutionen als das
Fleisch und Blut gewordene Gattungsleben des Menschen und als
die ideelle Concentration aller derjenigen Interessen bezeichnete,
durch welche das Individuum sich über sich selbst hinaus zur Gattungsvernunft potenzirt. Kant hatte die vollkommene Staatsverfassung für den Zweck des historischen Processes erklärt; Herder
hatte entgegnet, dass das nur eins der Momente in der gesammten
Culturentwicklung sei, die das Wesen der Geschichte ausmache.
Hegel vereinigt diese Gegensätze, indem er den vollkommenen Staat
als die Organisation betrachtet, in welcher die gesammte Cultur-
thätigkeit des Menschen ihre centrale Realisation und der »allgemeine Geist« seine äussere Verwirklichung findet. In dieser Hinsicht bezeichnet Hegels Staatslehre in der Geschichte des deutschen
Geistes den Moment, in welchem derselbe zur Schätzung des sittlichen Werthes des Staatslebens zurückkehrt. Während bei Fichte
diese Erkenntniss erst allmählich heranreifte, ist Hegel vermöge
seiner durch und durch antiken Überzeugung von derselben von
Anfang an und Anfangs sogar mit einer Überschwenglichkeit erfüllt, welche ihn im Staate geradezu den »absoluten Geist« selbst
finden lässt. Ihm sind deshalb die staatlichen Institutionen, welche
das innere Staatsrecht behandelt, die volle Ausprägung des Volksgeistes, und die Staatsverfassung, die er aus diesem Begriffe construirt, ist im Wesentlichen die constitutionelle Monarchie, in welcher der Volksgeist selbst die gesetzgebende Macht sein soll. Allein
Hegel ist von dem objektiven Werth, den die staatlichen Institutionen als der Ausdruck des allgemeinen Geistes haben, so sehr erfüllt, dass er den zufällig zu Stande gekommenen Majoritäten des
Augenblicks und ihren subjektiven Überzeugungen nicht das Recht
einräumen kann, an den wesentlichen Grundlagen des Staatslebens
zu rütteln. Der Geist des Volkes spricht nicht im Wechsel der
Tagesmeinung noch in der Willkür parlamentarischer Stimmführer,
sondern in dem festen Gefüge, welches der Staatsbau durch seine
continuirliche Entwicklung besitzt. Mit dieser historischen Auffassung ist Hegel echt conservativ und vor allem durch und durch
antirevolutionär. Der ehemalige Schwärmer für die französische
Revolution, der in Tübingen als der wildeste Jakobiner und als
der Schüler Rousseaus galt, hatte den Schwerpunkt seiner Weltauffassung in dem Begriffe der Entwicklung gefunden, und gegenüber
dem Bruch mit der Geschichte, der das letzte Resultat der Aufklä-

rung war, hatte er eingesehen, dass die Vernunft nur in dem historischen Fortschritt walte. So konnte er in gewissem Sinne wegen
dieser principiellen Anerkennung für das Recht des historisch Gewordenen als der Philosoph der Restaurationszeit gelten, und so
erklären sich mancherlei Angriffe, welche weniger der ächte als
der radicale Liberalismus gegen ihn gerichtet hat. Wenn er aber
gerade in der Vorrede zu seiner Rechtsphilosophie jenen typischen
Ausspruch that: alles, was ist, ist vernünftig, so konnten nur solche,
die ihn missverstanden oder nicht verstehen wollten, dies Wort dahin deuten, als ob nach seiner Meinung alle bestehenden Institutionen als absolut vernünftig gelten und deshalb so, wie sie sind,
fest gehalten werden sollten. Von einem solchen bornirten Con-
servativismus, den ihm Anhänger oder Gegner imputirten, ist bei
Hegel keine Rede. Wer seine Lehre kennt, weiss, dass Vernunft
für ihn mit Entwicklung identisch ist, und dass die Wirklichkeit
für ihn nur in dem Sinne als vernünftig gelten kann, als sie den
nothwendigen Process einer Entwicklung darstellt, in welcher die
ursprüngliche Anlage, d. h. in diesem Falle der Gesammtgeist des
Volkes zur vollen Verwirklichung kommt. Was Hegel bekämpft,
ist nicht die Reform, sondern die Revolution, es ist der Wahn, als
könne man die Nothwendigkeit des historischen Processes durch
die Decrete doctrinärer Willkür ersetzen. Wie Lessing und Kant
an die Stelle der Aufklärerei die allmähliche Selbstbefreiung des
denkenden Geistes, so will Hegel an die Stelle des radicalen Fana-
tismus die vernünftige Entwicklung setzen. Auf dem politischen
Gebiete selbst bethätigt er jenen historischen Sinn, welcher in der
Bewegung des deutschen Geistes während jener Jahrzehnte vielleicht das kräftigste und fruchtbarste Ferment gewesen ist.

Derselbe Sinn kommt nun an dem Abschlusse der Lehre vom
objektiven Geist in der grossartigsten Weise zu Tage. Dem inneren
Staatsrecht steht das äussere als die Lehre von der Souveränität
des Staates in seinem Verhältniss zu anderen Staaten gegenüber,
und dasselbe vermittelt so den Übergang zu der letzten und abschliessenden Synthese. Die wahre Verwirklichung der Idee des
Staates ist nicht in einem einzelnen wirklichen Staate, sondern in
der historischen Entwicklung der gesammten Menschheit, in der
Weltgeschichte zu suchen. Sie ist die volle Realisation des
objektiven Geistes. Die »Rechtsphilosophie« vollendet sich in der
»Philosophie der Geschichte«. Hegels Grundgedanke in derselben

ist, zu zeigen, wie im historischen Process der Weltgeist sich in
den verschiedenen Formen der einzelnen Volksgeister successive
entwickelt hat. Jede Periode der Geschichte ist dadurch charakterisirt, dass in ihr ein besonderes Volk die leitende Stellung einnimmt und in seinem ganzen Leben den Inhalt zur Darstellung
bringt, welchen der Gesammtgeist auf dieser Stufe in sich selbst
erfasst hat. Wenn ein Volk diese Aufgabe erfüllt hat, so beginnt
die Zeit seines Niederganges; es tritt in die Dunkelheit, aus der es
zur Herrschaft hervortrat, zurück und übergibt das Scepter an ein
anderes Volk, dem einst dasselbe Schicksal bestimmt sein wird.
Der Untergang der Völker beruht darauf, dass sie ihre Mission erfüllt haben und dass für die neue Entwicklung eine neue Kraft als
Träger erforderlich ist. »Die Weltgeschichte ist das Weltgericht«.
Aus diesem Gesichtspunkte construirt Hegel die vier grossen
Epochen der Geschichte: die orientalische, die griechische, die
römische und die germanische Welt, und sein Bestreben ist darauf
gerichtet, das Gesammtleben jeder dieser Perioden derartig zu erfassen, dass der nothwendige Zusammenhang, in welchem alle
Äusserungen des Volksgeistes auf allen Gebieten mit einander
stehen, aus dem innersten Wesen der Entwicklungsphase begriffen
werden soll. Seine Philosophie der Geschichte stellt ein Ideal
der Culturgeschichte auf, in der die historischen Thatsachen nicht
mehr äusserlich zusammengestellt und nicht nur in ihrer pragmatischen und kausalen Vermittlung erzählt, sondern als nothwendige
Entwicklungsformen des allgemeinen Geistes erkannt werden.
Manche Missgriffe mögen in diese Construktion eingelaufen sein;
im Allgemeinen bewährt Hegel nirgends mehr als hier die Sicherheit eines historischen Verständnisses, welche die Auffassung der
Geschichte noch heute überall beherrscht, wo sie sich von der Detailforschung zu dem grossen Gange des Ganzen erheben will.
Und jenes »ungeheure Schauspiel«, welches seine Geschichtsphilosophie entrollt, in dem man »von der Höhe des Staatsbegriffs die
einzelnen Staaten als ebenso viele Flüsse sich in das Weltmeer der
Geschichte stürzen sieht«, ist noch immer die vollkommenste Darstellung, welche wir von dem Sinn der Gesammtentwicklung unseres Geschlechtes besitzen.

Der allgemeine Geist, dessen einzelne Inhaltsbestimmungen in
der historischen Entwicklung zur Wirklichkeit werden, ist, in seiner Totalität zusammengefasst und in seiner Einheit gedacht, der

absolute Geist. Er entwickelt sich in drei Formen: als Anschauung in der Kunst, als Vorstellung in der Religion, als Begriff
in der Philosophie. Das ästhetische, das religiöse und das philosophische Leben sind nur die verschiedenen Ausgestaltungen desselben absoluten Princips. Der romantische Grundgedanke kommt
hier in einer systematischen Gestalt als der Abschluss des Hegelschen Systems zur Geltung. Was zunächst die Ästhetik anbe-
langt, so ist das Schöne die Anschauung des absoluten Geistes insofern, als es die volle Identität der Idee und der Erscheinung enthält, und so geht auch Hegel auf diesem Gebiete von der Auffassung des Identitätssystems aus, die ihren letzten Ursprung in
Schiller hat. Deshalb ist auch bei ihm das Kunstschöne oder das
»Ideal« der wesentliche Begriff, für dessen Entwicklung das Na-
turschöne nur als ein dialektisches Moment betrachtet wird. In
der Erzeugung der besonderen Formen des Kunstschönen folgt
Hegel sodann durchaus der von Schiller begründeten geschichtsphilosophischen Construktion. Die Einheit der Idee und der Erscheinung hat drei Grundformen: die symbolische, welche die Idee
in der Erscheinung nur ahnen lässt, die klassische, welche diese
Einheit in voller Naivität darstellt, und die romantische, welche
den bewussten Gegensatz der Idee und der Erscheinung wieder
versöhnt. Die Symbolik verfolgt Hegel durch ihre unbewussten Gestalten, die er in den orientalischen Schöpfungen findet, bis zu den
Formen, in denen sie die Natur als die Andeutung der göttlichen
Erhabenheit betrachtet, und stellt dann in der Fabel, in der Alle-
gorie und der beschreibenden Poesie die derselben entsprechenden
besonderen Kunstformen auf. Das klassische Ideal entwickelt sich
aus den Thiergestalten zur Vollendung der olympischen Götter und
findet seine Auflösung in der satyrischen Einsicht von der Ver-
menschlichung des göttlichen Princips, die darin enthalten war.
Wie bei Solger nimmt also auch bei Hegel diese ganze Construktion
eine wesentlich religiöse Tendenz, der Zusammenhang des Kunst-
lebens mit der religiösen Entwicklung prägt den besonderen ästhetischen Begriffen fast überall eine religiöse Bedeutung auf, und so
wird auch das romantische Princip zuerst aus dem christlichen Bewusstsein entwickelt. Es tritt sodann die Erscheinung des Ritter-
thums hinzu, um die Abenteuerlichkeit und Romanhaftigkeit der
romantischen Kunstformen zu begründen, und den Abschluss dieser
Construktion bildet der Begriff des Humors als der frei und objek-

tiv über dem Stoffe schwebenden Subjektivität. Liegt darin etwas
von dem romantischen Grundprincip der Ironie, so zeigt sich dagegen andererseits, wie Hegels kühle, durch und durch sachliche
Persönlichkeit sich weit über den willkürlichen Subjektivismus
der Romantiker erhob. Es ist ausserordentlich charakteristisch,
dass ihm die abschliessende Kunstform eben jene völlige Ruhe des
Humors bildet, von der die Romantiker mit allem Witz und aller
Ironie kaum einen Tropfen in sich hatten. — Als dritten Theil endlich gibt seine Ästhetik ein System der Künste, welches auf demselben Grundriss aufgebaut ist; als die symbolische Kunst erscheint
die Architektur, in welcher die Beziehung auf den geistigen Inhalt
nur angedeutet ist; als die klassische die Skulptur, in welcher die
geistige Individualität in ihrer vollen sinnlichen Gestalt wieder-
gegeben wird; als die romantischen Künste die Malerei, die Musik
und die Poesie, welche den allgemeinen Gehalt des Denkens in den
Formen des Bildes, des Tons und am vollendetsten der Sprache
zur adäquaten sinnlichen Erscheinung bringen.

Das Wesen der Religion besteht darin, eine Vorstellung des
absoluten Geistes zu sein. Das Gefühl wird deshalb von Hegel
mit sichtbarer Polemik gegen Schleiermacher nur zu einem Moment
in dem dialektischen Process der Entwicklung des Begriffs der
Religion herabgesetzt, und es werden die besonderen Religionen
aus den Vorstellungsstufen construirt, in welchen der absolute
Geist im menschlichen Bewusstsein erscheint. Die erste dieser
Formen der »bestimmten Religion« ist die Naturreligion. Sie ist
zuerst eine Religion der Zauberei, dann, wie bei den Indern,
eine solche der phantastischen Naturauffassung, und sie weist über
sich selbst hinaus, indem sie im Licht die Macht des Guten ahnt
oder, wie in der ägyptischen Symbolik, die Räthselhaftigkeit der
natürlichen Gestalten zum Bewusstsein bringt. Die zweite Stufe
ist die Religion der geistigen Individualität, welche sich als diejenige der Erhabenheit bei den Juden, als diejenige der Schönheit
bei den Griechen, als diejenige des Verstandes bei den Römern
entwickelt. Die höchste Stufe ist die absolute oder die christliche
Religion. Hier erscheint Gott als das, was er ist, als der absolute
Geist. Er erscheint deshalb in der Gestalt der Trinität. Denn
der absolute Geist ist einerseits die ewige Idee, welche sich in der
Welt entwickelt: als solche ist er der Vater. Er ist andererseits
die zum Bewusstsein gekommene, ganz in die Vorstellung einge-

gangene Idee: als solche ist er der Sohn, der mit dem Vater Eins ist. Er ist endlich die als der allgemeine Geist der Gemeinde in ihr waltende und in ihrer äusseren und innneren Gemeinsamkeit sich realisirende Idee: als solche ist er der Geist. Mit dieser spekulativen Umdeutung der christlichen in die absolute Religion schliesst die Hegelsche Religionsphilosophie. Diese Umdeutung selbst weist auf die mancherlei Versuche zurück, welche seit Lessing in der deutschen Philosophie gemacht worden waren. Aber sie war in dem Hegelschen Systeme deshalb nothwendig, weil in demselben nach dem allgemeinen Princip der Entwicklung das letzte und höchste Produkt der Religionsgeschichte als die vollkommene Verwirklichung der religiösen Idee angesehen werden musste.

Was nun endlich die Kunst als Anschauung, was die Religion als Vorstellung, das soll die Philosophie als Begriff enthalten. Aber auch sie löst ihre Aufgabe nur in ihrer historischen Entwicklung. Die Geschichte der Philosophie ist deshalb der abschliessende Theil des Hegelschen Systems. Allein auch sie soll eine philosophische Wissenschaft sein; sie darf sich weder damit begnügen, die Meinungen der Philosophen zu erzählen, noch auch zu erforschen, wie dieselben im Einzelnen dazu gekommen sind, sondern sie hat die ideelle Nothwendigkeit dieser Entwicklung zu begreifen. Diese ideelle Nothwendigkeit besteht aber darin, dass die einzelnen Momente, welche erst in ihrer concreten Zusammenfassung den Begriff des absoluten Geistes ausmachen, in der Entwicklung des begrifflichen Denkens successive ebenso zur Geltung gekommen sind, wie die vollendete Philosophie dieselben in ihrem Systeme entwickeln muss und wie andererseits der absolute Geist diese verschiedenen Seiten seines Wesens in der Reihenfolge der historischen Erscheinungen ausgelebt hat. Daraus ergibt sich für die Geschichte der Philosophie jener doppelte Parallelismus, der schon in der Phänomenologie zur Geltung kam. Die Systeme der Philosophie müssen einerseits den Kategorien der Logik entsprechen, welche nur die Ausbreitung des Inhalts des göttlichen Geistes enthalten sollte, und müssen andererseits das Bewusstsein des wesentlichen Gehaltes derjenigen Perioden der Culturgeschichte in sich tragen, aus denen sie entstanden sind. Jener erste Parallelismus hat nun in der That die Hegelsche Construktion gelegentlich verleiten müssen, mit dem thatsächlichen Material der

Geschichte der Philosophie theils hinsichtlich seiner Deutung, theils hinsichtlich der chronologischen Anordnung etwas gewaltsam umzuspringen, und derselbe wäre noch gefährlicher geworden, wenn sich nicht andererseits nachweisen liesse, dass Hegel von dieser Anschauung aus von vornherein schon den dialektischen Process der Logik im Hinblick auf diesen seinen historischen Doppelgänger angelegt hat, sodass die Übereinstimmung nachher keine Schwierigkeiten finden konnte. Um so bedeutsamer ist der zweite Parallelismus. Hegel hat zuerst eingesehen, dass jedes System der Philosophie ein nothwendiges Produkt des menschlichen Denkens und eine nothwendige Stufe in der Entwicklung desselben ist; er hat zwar mit der einseitigen Betonung dieser ideellen Nothwendigkeit die Bedeutung der individuellen Vermittlungen, durch welche sich dieselbe realisirt, entschieden unterschätzt und damit der Meinung Vorschub geleistet, als liessen sich die Lehren eines philosophischen Systems jedesmal als die logischen Consequenzen aus der Grundidee ableiten, welche demselben seine charakteristische Stellung innerhalb der Gesammtentwicklung anweist. Aber er hat andererseits den Gedanken zur Geltung gebracht, dass jedes der philosophischen Systeme einen Versuch enthält, sich des gesammten Inhaltes, den der menschliche Culturgeist auf der betreffenden Stufe seiner Entwicklung erreicht hat, in der begrifflichen Concentration bewusst zu werden. Mag auch dann die Ausführung dieses Versuches noch so sehr von der Individualität des Philosophen und seiner persönlichen Stellung abhängig sein, so sind doch immer die in seinem Systeme verwobenen Gedankenmassen dieselben, welche den Gehalt der zeitgenössischen Bildung ausmachen, und so wird jedes philosophische System trotz seiner individuellen Bedingtheit zu einem Spiegel des Culturzustandes, aus dem es hervorging. Die Geschichte der Philosophie so aufzufassen, hat die deutsche Wissenschaft von Hegel gelernt. Das ist eins seiner grössten Verdienste; es ist zugleich die Richtung, in der er die bedeutendsten Schüler gehabt hat. Die Geschichte der Philosophie ist die fortschreitende Selbstbewusstwerdung des menschlichen Culturgeistes. Hieraus allein, folgert Hegel, kann die Wahrheit der philosophischen Systeme beurtheilt werden. Die stetige Veränderlichkeit, welche die Philosophie in ihrer Geschichte aufweist, erklärt sich aus der stetigen Veränderlichkeit des Objekts, welches in ihr zum Selbstbewusstsein kommt: des Geistes selbst.

Jedes System ist wahr, insofern es einen bestimmten Entwicklungs-
zustand oder ein Moment der selbst in der Entwicklung begriffenen
Wahrheit zum Bewusstsein bringt; es ist unwahr, insofern es dies
Moment in seiner Einseitigkeit festhält und in ihm allein das Absolute gefunden zu haben meint. Die volle Wahrheit ist die entwickelte, diejenige, welche alle diese einzelnen Momente in der
dialektischen Nothwendigkeit erzeugt und sie in die concrete Einheit zusammenfasst. Die Abstraktion, welche eines dieser Momente
isolirt, ist immer nur die halbe Wahrheit. In diesem Sinne begreift nun die Hegelsche Philosophie sich selbst als den Schlussstein der Entwicklung; ihre historische Grundanschauung besteht
eben darin, dass sie alle Momente der Wahrheit, welche in der
Entwicklung gesondert und theilweise in feindlichem Gegensatze
zu einander aufgetreten sind, in sich aufnimmt und als die nothwendigen Formen der Entwicklung begreift, um sie in ihrer Totalität zusammenzufassen und dadurch jedem seine Stellung im Ganzen zu bestimmen. In der That ist die Hegelsche Philosophie mit
ihrer umfassenden Systematisirung die Verarbeitung des
ganzen Gedankenstoffes der menschlichen Geschichte,
und darin besteht ihre universelle und bleibende Bedeutung. Das
historische Denken ist bei Hegel ohne die skeptische Consequenz
der absoluten Relativität aller Systeme, sondern es hat den Muth,
den ganzen Process der Gedanken mit allen seinen Widersprüchen
aufzunehmen und als die integrirenden Bestandtheile seiner eigenen höchsten. Wahrheit zu proklamiren.

Diese Anerkennung enthält zugleich die Kritik dieser höchsten
Gestalt, welche der deutsche Idealismus gefunden hat. Denn die
Synthese aller übrigen Systeme kann sich nur deshalb für das absolute System halten, weil Hegel von der Ansicht ausgeht, dass in
der Entwicklung des menschlichen Geistes der absolute Geist selber
seine höchste Entfaltung findet. In Hegels Geschichtsphilosophie,
Religionsphilosophie und Geschichte der Philosophie führt nicht nur
fortwährend der menschliche Culturgeist den Namen des »Weltgeistes«, sondern er wird auch thatsächlich als derselbe betrachtet.
Darauf allein beruht schliesslich die schöne Harmonie dieses
Systems, dass die nothwendigen Entwicklungsformen des menschlichen Geistes als diejenigen des Universums gelten. Hegels absoluter Geist ist in Wahrheit der menschliche Geist. Darin besteht
die weite Kluft, die ihn von Kant trennt. Achtet man darauf, so

begreift man auch die dialektische Methode in ihrer innersten Bedeutung. Hat das menschliche Denken sein Mass nur an sich selber, ist es wirklich das absolute, so ist seine eigene nothwendige Entwicklung auch die Wahrheit. Die psychologische Nothwendigkeit aber des menschlichen Denkens bringt es mit sich, dass seine Entwicklung darin besteht, die Vorstellungen in Fluss zu bringen, sie ineinander übergehen und sich durch die Fülle der Vermittlungen ineinander verwandeln zu lassen. Die Dialektik mit ihren Widersprüchen und ihrer unbestimmten Verwandelbarkeit des Vorstellungsinhalts ist der naturnothwendige Charakter des menschlichen Denkens. Die dialektische Methode besteht also darin, diesen psychologisch nothwendigen Process mit dem logischen zu verwechseln. Ihr setzt sich deshalb die psychologische Gegeneinanderbewegung der Vorstellungen in einen realen Kampf- und Versöhnungsprocess des Vorstellungsinhalts um. Für sie hat der Widerspruch und die Negation eine metaphysische Bedeutung, und ihre eigene rastlos schaffende und wieder zerstörende Bewegung projicirt sie in eine Weltanschauung des ewigen Werdens.

§ 69. Der Irrationalismus.
Jacobi, Schelling, Schopenhauer, Feuerbach.

Der Hegelsche Panlogismus bringt den Gesammtcharakter der dialektischen Entwicklung der deutschen Philosophie auf den schärfsten Ausdruck. Es handelt sich durchgehends um eine rationale Erkenntniss des Universums — um eine restlose Auflösung der Wirklichkeit in Begriffe der Vernunft. Und das System Hegels verkündet klar und laut die Voraussetzung, unter der allein der Philosophie eine solche Aufgabe gesetzt werden kann, als ihre tiefste Grundüberzeugung: »Alles, was ist, ist vernünftig«. Soll das Universum restlos in eine rationale Erkenntniss aufgehen, so heisst das von vornherein, dass alle Realität selbst schon ein Rationales, — dass, wie Bardili sagte, jedes Ding nichts weiter als sein Begriff, — dass, wie Hegel sich ausdrückte, das Wesen der Dinge der Geist sei. Nur dann ist für die vernünftige Erkenntniss die Welt commensurabel und bezwingbar, wenn sie selbst bis auf den Grund vernünftig ist. Aus dieser Voraussetzung erwuchs Kants transscendentale Logik; aber sie schloss eben daraus, dass das Weltbild im Kopfe des Menschen, durch die Vernunft bedingt, eine Erschei-

nung sei, von deren Verhältniss zur Realität wir nichts wissen
können. In dem Masse, als diese kritische Restriction durch die
Zertrümmerung des Ding-an-sich-begriffes dahin fiel, kehrte die
Philosophie zu der alten rationalistischen Auffassung zurück. Dieser
Process spitzte sich bis zu Hegel immer energischer zu, und aus
dem Kantischen Idealismus war nun wieder absoluter, schranken-
loser Rationalismus geworden.

Allein das restlose Aufgehen der Wirklichkeit in die »Vernunft«
ist nur ein Schein. In Wahrheit bleibt für jedes dieser rationalistischen Systeme ein letztes Etwas übrig, was sich der rationalen Erkenntniss entzieht, was sich für die begriffliche Auflösung als un-
nahbar darstellt und dem vernünftigen Bewusstsein als incommensurabel erscheint. Bei aller rationalen Durcharbeitung unseres
Bewusstseinsinhaltes bleibt in demselben ein Rest, der wie ein
Fremdes und Gegebenes darin steht und der sich aus der Vernunft
selbst nicht ableiten lässt. Es giebt im Grunde der Dinge etwas In-
calculables, — ein geheimnissvolles Etwas, welches da ist, auf
welches wir die Hand legen und welches wir doch nie begreifen
können. In der Tiefe des »Deducirten« ruht ein Undeducirbares,
von dem wir nichts wissen als: es ist!

So findet sich in jedem rationalistischen System ein Rest, an
welchem die Vernunfterkenntniss scheitert. Aber nur eins dieser
Systeme hat diese Thatsache unumwunden ausgesprochen — der kritische Rationalismus von Kant. Das ist, wie es besonders bei Maimon
hervortrat, der tiefste Sinn der Lehre vom Ding an sich. Der Rationalismus bedarf eines G r e n z b e g r i f f s, vermöge dessen er einge-
steht: hier liegt ein Unbegreifliches, eine Thatsache, die gilt, ohne erkannt zu sein. Von hier aus fällt vielleicht das schärfste historische
Licht zurück auf das innerste Gefüge der Metaphysik von Leibniz. Neben den »ewigen Wahrheiten« nahm er die unerforschliche Thatsache
der göttlichen Wahl an, nach welcher unter den zahllosen Möglichkeiten gerade diese Welt in ihrem ganzen Ablauf wirklich geworden
sei: auch für ihn liegt also in der Wirklichkeit eine Vérité de fait vor,
welche für das logische Bewusstsein incommensurabel bleibt. Bildet
so der göttliche Wille den Grenzbegriff des Leibnizischen Rationalismus, so liegt, wenn auch in ganz anderer Verschlingung der Ge-
dankenfäden, etwas sehr Ähnliches bei Fichte vor: hier ist es die
»grundlose« und deshalb unbegreifliche »Thathandlung« des absoluten Ich, welche den für das rationale Bewusstsein undurchdring-

lichen Träger der gesammten Wirklichkeit ausmacht. Allein derselbe erscheint hier sogleich nach dem Postulat der Identität als unbewusste, überindividuelle Vernunft. So bleibt der rationalistische Charakter gewahrt: aber der Grenzbegriff dieses Rationalismus erweist sich darin, dass für diesen letzten Weltgrund selbst nicht mehr die rationale Erkenntniss, sondern jene »intellektuelle Anschauung« in Anspruch genommen wird, deren mystische und ästhetische Beziehungen in der weiteren Entwicklung immer klarer hervortraten. Diesen Grenzbegriff der intellektuellen Anschauung suchte dann Hegel zu eliminiren, und eben darin bestand die »Rationalisirung« der romantischen Ideenwelt, welche das unterscheidende Merkmal seines Systems bildet: aber er stiess dafür auf einen anderen Grenzbegriff. Denn indem er den »Umschlag« der Idee in die natürliche Wirklichkeit dialektisch zu entwickeln unternahm, traf er in der Natur etwas der Idee Fremdes, eine »Negation«, die nicht nur den Mangel des ideellen Moments, sondern vielmehr eine entgegenstehende Macht der Realität bedeutete und welche er unter den Namen der »Zufälligkeit der Natur« als Thatsache anerkennen musste, ohne sie rationell begreifen zu können. Und so trat wiederum in anderer Form dieser Proteus des irrationalen Restes der Wirklichkeit zu Tage, und diese »Zufälligkeit« bildete den Grenzbegriff des logischen Idealismus.

Diese Grenzbegriffe der rationalistischen Systeme sind nun die Ausgangspunkte für eine Reihe höchst merkwürdiger und interessanter philosophischer Lehren geworden, welche die Entwicklung des rationalistischen Idealismus von Kant bis zu Hegel gewissermassen wie ihr Schatten begleiten und deshalb hier zunächst in Betracht kommen. Die kritische Einsicht in die Unzulänglichkeit des Rationalismus, das Wesen der Dinge bis auf den Grund zu begreifen, führt zunächst dazu, dem rationalen ein irrationales Wissen gegenüberzustellen, welches in irgend einer Thatsächlichkeit seinen Ursprung hat, dann aber zu dem weiteren und wichtigeren metaphysischen Schritte, den Gegenstand dieses irrationalen Wissens aus der Sphäre des »Vernünftigen« herauszuheben und ihm den Charakter sei es der Übervernünftigkeit sei es der Unvernünftigkeit zuzusprechen. Die Systeme der Philosophie, welche auf diesem Wege durch die Reflexion auf die Grenzbegriffe des Rationalismus entstehen und welche um dieser innersten Verwandtschaft ihres Ursprungs willen hier unter der Bezeichnung des Irra-

tionalismus zusammengefasst werden, zeigen natürlich ein sehr
verschiedenes Gepräge und stehen unter einander nicht im Zusammenhange einer continuirlichen Entwicklung: es ist vielmehr ein
jedes derselben ein Nebenprocess, welcher von dem Hauptstamme
des Idealismus auf einer bestimmten Phase seiner Entwicklung
nach der Schattenseite hin abgesendet wird. Die Begriffe, mit
denen diese Systeme des Irrationalismus arbeiten, sind deshalb
immer wesentlich diejenigen des rationalistischen Systems, gegen
welches sie sich kritisch und polemisch entwickeln. Darum sind
es zum Theil Männer von hervorragender kritischer Begabung,
welche diese Systeme aufgestellt haben: daraus erklärt es sich
aber auch, dass nicht minder eben diese Männer ihren Gegensatz
gegen die rationalistischen Systeme viel lebhafter empfinden und
zur Darstellung bringen, als ihre Abhängigkeit von denselben, und
dass erst die historische Forschung über ihre wahre Stellung in der
Gesammtentwicklung hat orientiren müssen, die sie selbst vielfach
verkannten. Neben dieser sehr mannigfach verwickelten Beziehung
zu den rationalistischen Systemen ist endlich allen diesen Irrationalisten auch die Abstreifung der schulmässigen Form der Begriffsentwicklung und damit die freiere und theilweise populärere Dar-
stellungsweise gemeinsam, vermöge deren sie — in gutem und
minder gutem Sinne — auf die allgemeine Bildung häufig einen
directeren Einfluss ausgeübt haben, als die strengeren Formulirungen der rationalistischen Schule.

Der erste in dieser Reihe der irrationalistischen Denker ist
F. H. Jacobi, dessen fruchtbare und förderliche Kritik der Kantischen Lehre schon an anderer Stelle erwähnt worden ist. Was
seine positive Lehre anbetrifft, so wurzelt dieselbe zwar vielfach
in den verschiedensten Richtungen der vorkantischen Philosophie;
aber ihre Ausbildung und ihre präcise Darstellung knüpft überall
an den von ihm bekämpften Idealismus an. Seiner ganzen Persönlichkeit nach gehört er jener Reaction gegen die nüchterne Aufklärung an, welche mit Sturm und Drang auf das geniale Gefühl
der ursprünglichen Individualität pochte. 1743 zu Düsseldorf geboren, zog er sich aus der kaufmännischen Laufbahn, die er anfänglich in Genf begonnen hatte, allmählich ganz in die literarische
Thätigkeit zurück und war von 1804 an bis zu seinem Tode (1819)
Präsident der Münchener Akademie der Wissenschaften. Von seinen zahlreichen, mit Liebe gepflegten, aber mit unsäglicher

Empfindsamkeit und Empfindlichkeit verbundenen persönlichen
Beziehungen sind diejenigen zu Hamann und zu Goethe die bedeutsamsten und für seine Lebensauffassung wichtigsten gewesen. Der-
artiges ist bei ihm um so einflussreicher, als er eine ganz ausserordentlich weiche Natur war. Ein Schweben im zartesten Gefühlsleben, ein Wühlen in der eigenen Empfindung, ein Forciren aller
persönlichen Verhältnisse machen ihn zum Typus jener Periode
subjektiver Verinnerlichung und individueller Durchbildung, welche die Aufklärung abzulösen bestimmt war: aber nicht minder
zeigt er auch den genialen Eigensinn, das leidenschaftliche Ver-
ranntsein in gewisse Überzeugungen, welches dem melancholischen
Temperament anzuhaften pflegt. In seinem Styl drückt sich das
durch den Mangel objektiver, ruhiger Beweisführung und das Vor-
herrschen des warmen Gefühls aus. Seine Schriften bilden keine
wissenschaftlichen Darstellungen, sie sind immer im Affect geschrieben, stets erregt und überschwenglich; sie sind aus der Gestalt von Ansätzen, Anfängen und Einleitungen niemals zu einem
fertigen, geschlossenen Werke gereift, und, da in ihnen nicht der
Verfasser über den Stoff, sondern der Stoff über den Verfasser
herrscht, so enthalten sie keine Beweise, sondern nur Versicherun-
gen; sie ähneln den Werken der alten Mystiker auch darin, dass
in ihrer lebhaft dahinwallenden Rede oft aus der trüben Dunkelheit prächtige Blitze des Geistes hervorbrechen.

Allein diese Verwandtschaft mit der Mystik ist bei Jacobi in
der Tiefe der Weltauffassung begründet. Das unmittelbare Erfassen des unendlichen und unbedingten Weltinhaltes durch den
endlichen Geist ist das Thema aller seiner Rhapsodien, und was
seinen Blick für die Bedeutung der kritischen Erkenntnisstheorie
so wunderbar schärfte, war nur die ihn von Anbeginn erfüllende
Überzeugung, dass dieses Ergreifen des Unendlichen niemals durch
die wissenschaftliche Denkthätigkeit, sondern nur durch das ursprüngliche Gefühl geschehen könne. Deshalb fühlte er sich zu
der skeptischen Tendenz der Kritik der reinen Vernunft durchaus
sympathisch hingezogen. Die wissenschaftliche Unerkennbarkeit
des Übersinnlichen galt ihm als von derselben streng erwiesen.
Aber die Kritik ging ihm nicht weit genug; denn sie liess noch die
wissenschaftliche Denkbarkeit einer übersinnlichen Welt bestehen.
Deshalb richtete Jacobi sein Augenmerk in erster Linie auf die
prekäre Stellung, welche bei Kant der Begriff des Dinges an sich

als der Kreuzungspunkt seiner verschiedenen Denkinteressen einnimmt, und zeigte in der oben erwähnten Polemik, in welche Widersprüche sich derselbe nothwendig verwickelt. Die wissenschaftliche Kritik muss das Ding an sich nicht als problematisch
betrachten, sondern leugnen; der transscendentale muss absoluter
Idealismus werden. Die Wissenschaft muss die übersinnliche Welt
nicht nur als etwas ihr Unberührbares hinstellen, sondern sie muss
sie leugnen. Sie kann nicht einmal den Begriff des Unbedingten
bilden, sie kennt nur den kausalen Zusammenhang endlicher Exi-
stenzen. Das Postulat der Kausalität muss lauten: es gibt nichts
Unbedingtes. In diesem Sinne bezeichnet Jacobi, wie es gleichfalls der von Kant und Spinoza gleichmässig beeinflusste Rehberg
(vgl. § 62) that, den Spinozismus als die vollendete Form der
Wissenschaft, wobei er freilich vollkommen die grosse Rolle übersieht, welche gerade in diesem das Unbedingte spielt, und nur auf
seinen Naturalismus hinsichtlich des Weltgeschehens reflectirt. Die
Wissenschaft, sagt Jacobi, kann nur anerkennen, was sich beweisen
lässt. Beweisen heisst etwas aus etwas Anderem ableiten, bewiesen werden kann nur das Bedingte. Das Unbedingte, die
höchsten Grundsätze, sind ursprüngliche, allgemeine, unüber-
windliche »Vorurtheile«. Aber mit dieser Argumentation, welche
an sich als die Behauptung unerweisbarer Gründe für alle Beweis-
thätigkeit durchaus correct ist, verbindet Jacobi noch die naiv rationalistische Verwechslung der Begriffe von Erkenntnissgrund und
Realursache, und begründet damit den Satz, dass ein Gott, welcher
bewiesen werden könnte, kein Gott wäre und dass es das Interesse
der Wissenschaft sei, dass kein Gott existire. Naturalismus und
Atheismus sind für ihn deshalb nothwendige Charactere der Wissenschaft; es gibt für sie kein unbedingtes, sondern nur bedingtes
Sein.

Aber eben deshalb kann sich die menschliche Überzeugung
nicht mit der Wissenschaft begnügen. Man muss sorgfältig zwischen unmittelbarer und mittelbarer Erkenntniss unterscheiden. Alles wissenschaftliche Denken ist mittelbar und setzt
somit ein unmittelbares voraus, welches es selbst nicht begreifen
kann. (So sprach Fichte vom secundären Charakter des Bewusstseins). Es ist das πρῶτον ψεῦδος der rationalistischen Aufklärung,
nur glauben zu wollen, was sich wissenschaftlich beweisen lässt.
Das unbedingte Sein ist nie zu beweisen, sondern immer nur un-

mittelbar zu fühlen. Es ist kein Objekt des Wissens, sondern nur ein Gegenstand des Glaubens. Jacobi schliesst sich damit wie Hamann an Humes Gebrauch des Wortes »belief« an, bleibt jedoch in der Anwendung desselben nicht innerhalb der von Hume gesteckten Grenzen der sinnlichen Thatsächlichkeit. Denn er behauptet zugleich, dass dies unbeweisbare Gefühl, durch welches sich das unbedingte Sein in unserem Bewusstsein geltend macht, zwei Grundformen habe: die Gewissheit der sinnlichen Wahrnehmung und diejenige des übersinnlichen Glaubens. Beiden ist das gemeinsam, dass sie die Realität ihres Gegenstandes nicht beweisen können, sondern derselben unmittelbar gewiss sind; beide sind deshalb, wie Jacobi nicht ohne Beziehung auf die Leibnizische Monadologie ausführt, nur dadurch erklärbar, dass im Akte der Wahrnehmung Wahrnehmendes und Wahrgenommenes unmittelbar Eins sind, dass also die Gewissheit der Wahrnehmung ein integrirender Bestandtheil unserer Selbstgewissheit ist. Nur vermöge dieses »Glaubens« sind wir der Existenz der äusseren Welt sicher. Beweisen lässt sich dieselbe nicht. Die theoretische Wissenschaft kennt nur Vorstellungen, und die Kritik der reinen Vernunft führt, consequent verfolgt, zum Nihilismus, sie ist eine in alle Ewigkeit um lauter Nichts beschäftigte Vernunft. Als daher Fichte diese Consequenz zog und das Ich als den nur auf sich selbst gerichteten Trieb definirte, da stellte sich Jacobi ganz auf den Standpunkt des naiven Realismus und behauptete, ein solches »Thun des Thuns«, ein »ursprüngliches Thun« sei absolut unvorstellbar. Alles Thun weise auf ein »ursprüngliches Sein« zurück. das es »zu enthüllen gilt« und das sich nur dem »Gefühl« zu erkennen gibt. Der Realismus, die Annahme einer ausser uns existirenden Welt, ist Sache des Glaubens: und so führt Jacobi die naive Weltansicht durch die sensualistische Gewissheit ein, in welcher ihn seine Vertrautheit mit Bonnet bestärkte. Es wiederholt sich auch bei ihm die häufig erwähnte Thatsache, dass der Antirationalismus mit dem Sensualismus gemeinschaftliche Sache machen muss.

Aber das ist zuletzt nur eine Concession; das eigentliche Interesse liegt bei Jacobi in jener anderen Wahrnehmungsfähigkeit, derjenigen des Übersinnlichen, welche er in seinen späteren Schriften nach Herders Vorgange mit etymologischer Spielerei »Vernunft« nennt, und es ist nur die Sache seiner persönlichen Überzeugung, dass er dieselbe nicht wie frühere Antirationalisten in irgend einer positiven Offenbarung, sondern im individuellen Gefühl sucht. Er ist in dieser Hinsicht und namentlich in Bezug auf das Doppelverhältniss zu Kant und Spinoza das negative Seitenstück zu Schleiermacher. Darin besteht auch seine eigenthümliche Zwischenstellung, dass er den Glauben an das Übersinnliche weder auf einen theoretischen noch auf einen praktischen Beweis stützt, sondern denselben lediglich im Gefühl sucht und dabei doch mit derselben Unklarheit wie Rousseau eine gewisse Allgemeingültigkeit und Nothwendigkeit dieses Gefühles mehr voraussetzt als ausdrücklich behauptet. Zwar spendet er, wie vorauszusehen, Kants Lehre von dem Primat der praktischen Vernunft und seinem Begriffe des moralischen Glaubens eine begeisterte Anerkennung; aber gegen die kritische Ausführung dieser Gedanken sträubt er sich theils wegen ihrer Richtung auf das »Sollen« statt, wie er verlangt, auf das »Sein« der Postulate, theils wegen ihrer wissenschaftlich beweisenden Form, theils besonders wegen der Rigorosität des Kantischen Moralprincips. Das starre Pflichtgesetz erfüllt ihn geradezu mit einer Art von Hass. Wie ihm die Individualität die stärkste, lebhafteste und festeste aller Gewissheiten ist, so betrachtet er auch die individuelle Natur als das Heiligste auf dem moralischen Gebiete. Von der moralischen Autonomie hält er sich mehr an das αὐτός, als an den νόμος. Es sind Anklänge an Shaftesbury und dessen Lehre von der grossen sittlichen Individualität, mit denen Jacobi das Recht der Subjektivität, sich ihr eigenes Gesetz zu geben und ihr Leben darnach zu gestalten, in begeisterter Weise verkündet. In seinen philosophischen Romanen, besonders im »Allwill«, entwirft er das Bild einer solchen grossen Persönlichkeit, welche gegen die philisterhafte Eingeschränktheit des landläufigen Moralisirens das sittliche Recht hat, ein Bild, zu dessen Zügen unverkennbar Goethe gesessen hat. Jacobi war selbst eine zu edle und moralisch sichere Natur, als dass dieser ethische Individualismus bei ihm zu dem Übermuth genialer Willkür geführt hätte, welchen die Romantiker proklamirten. Aber die Richtung seines ethischen Denkens ist dieselbe. Sie ist deshalb einer wissenschaftlichen Formulirung unfähig und trägt vielmehr alle Züge einer ästhetisirenden Moral. Das Wesentliche in der sittlichen Überzeugung ist auch bei Jacobi die Selbstgewissheit der Freiheit und der Glaube an die Gottheit und die Unsterblichkeit; aber diese Gewissheit ist kein Wissen, sondern eine Tugend. Sie ist lebendige Wirklichkeit, wie alle

Wahrnehmung, und der Versuch, sie zu denken, erfasst wie alles Denken nur ihren todten Schatten. Im Verstande ist Fatalismus, Gottlosigkeit und schattenhaftes Wissen; Wahrheit, Freiheit und Gottesglaube sind nur im Gefühl. So nennt sich Jacobi mit dem Kopf einen Heiden, mit dem Herzen einen Christen und sagt: Licht ist in meinem Herzen, aber wenn ich es in meinen Kopf bringen will, erlischt es.

Seine Lehre ist der Beweis davon, wie sich der Kantische Dualismus von Wissen und Glauben gestalten muss, wenn er in das populäre Bewusstsein mit radikaler Consequenzmacherei übersetzt wird. Bei Jakobi sind alle Brücken zwischen Glauben und Wissen derart abgebrochen, dass es gar keine Verbindung mehr zwischen beiden gibt, dass sie vielmehr in einen vollkommenen und principiellen Widerspruch zu einander gesetzt werden. Für ihn ist die Wissenschaft nicht nur wie für Kant unfähig, die Objekte des Glaubens zu beweisen, sondern vielmehr genöthigt, sie zu leugnen. In dieser Hinsicht hat Jakobi einige Ähnlichkeit mit dem grossen französischen Skeptiker Pierre Bayle. Er ist wie dieser ein hervorragender Vertreter der Lehre von der z w e i f a c h e n W a h r h e i t. Er bringt den Dualismus von Wissen und Glauben bis auf die scharfe Form, dass seine persönliche Überzeugung überall da anfängt, wo die Beweise aufhören, und dass er von dem Gegentheil desjenigen überzeugt ist, was seiner Meinung nach bewiesen werden kann. Seine Vernunftlehre ist deshalb das äusserste Widerspiel des Rationalismus. Vernunft ist ihm kein Denken, sondern ein »Vernehmen« des Übersinnlichen, und, was man sonst Vernunftwahrheit genannt hat, ist für ihn eine Verstandesreflexion. Daraus folgt, dass von einer wissenschaftlichen Schule, die sich an Jakobi angeschlossen hätte, keine Rede sein kann, und Männer, wie W i z e n m a n n, K ö p p e n, S a l a t u. A., welche als seine Anhänger gelten, konnten immer nur in seinen Fussstapfen nachtreten. Aber andererseits hatte doch sein Dualismus mit dem Kantischen viel zu viel Ähnlichkeit und war viel zu sehr nur eine Verschiebung desselben, als dass man sich darüber verwundern könnte, dass manche Kantianer, namentlich im Gegensatze gegen die Identitätsphilosophie sich mehr und mehr zu Jakobi hinneigten. Und schliesslich bot diese Verwandtschaft die Veranlassung dafür, dass Fries eine volle Vereinbarung beider

Denker auf seinem psychologischen Standpunkte zu vollziehen
versuchte.

Jakobi ist im eigentlichsten Sinne mehr Antirationalist als
Irrationalist. Zwar setzte er die Wahrheit des Gefühls geradezu
in Widerspruch mit dem reflektirenden Denken, welches er in den
früheren Schriften selbst das vernünftige oder rationale nannte.
Aber was er als den Inhalt des Glaubens bezeichnet, bleiben doch
dieselben Ideen von Gott, Freiheit und Unsterblichkeit, welche
Kant mit der gewöhnlichen Sprache als die Gegenstände des vernünftigen Glaubens charakterisirt hatte. Wendet man, ohne sich
um Jakobis willkürlichen Sprachgebrauch zu kümmern, die ge-
bräuchlichen Termini an, so ist doch auch seine Lehre die, dass
den letzten Inhalt aller Wirklichkeit eine göttliche Vernunft bildet,
welche nur die denkende Vernunft des Menschen nicht zu fassen
vermöge. Der Antirationalismus von Jakobi betrifft nur noch die
Erkenntniss des Absoluten, nicht den Begriff des Absoluten selbst,
er ist kritischer Antirationalismus. Die weitergehende Wendung,
welche im Absoluten selbst die Unvernünftigkeit entdecken wollte,
war erst auf dem Standpunkte der Identitätsphilosophie möglich,
wenn der undeducirbare Rest auch metaphysisch als das der
Vernunft Vorhergehende betrachtet wurde. Diese Wendung vollzog Schelling in derjenigen Phase seiner Entwicklung, der man
den Namen der Freiheitslehre gegeben hat.

Die Veranlassungen dazu lagen in einem Problem, welches die
letzte Form des Identitätssystems darbot. Dem Begriff des Absoluten standen darin die göttlichen Potenzen gegenüber. Aber
dieselben waren einerseits im Platonischen Sinne als Ideen in Gott
aufgefasst, andererseits galten sie als selbständige Wirklichkeiten
in Natur und Geschichte. Das alte Problem von der Substantialität
der einzelnen Dinge der Gottheit gegenüber war darin mehr verdeckt als gelöst. Pantheismus und Theismus schlummerten fried-
lich nebeneinander. Schelling selbst war Anfangs ganz entschieden Pantheist gewesen, und die Naturphilosophen, besonders
Oken, prägten diesen Standpunkt noch entschiedener aus. Aber
die Nothwendigkeit des Fortschrittes hatte Schelling selbst darüber
hinausgeführt, und der »Bruno«, sowie die »Methode des akademischen Studiums« lehrten bereits ausdrücklich eine Selbständigkeit
des Absoluten der Welt gegenüber und umgekehrt. Wenn nun,

wie selbstverständlich, das Absolute mit seinen Ideen als das Ursprüngliche angesehen wurde, so entstand die von dem Identitätssystem ungelöste Frage: wie kommen die Ideen zur Selbständigkeit? oder populär ausgedrückt: wie geht die Welt aus Gott hervor? Diese Frage an die Schellingsche Philosophie gestellt und damit ihre Fortbildung veranlasst zu haben, ist das Verdienst eines ihrer Schüler. Eschenmayer (1770—1852) suchte in seiner Schrift: »Die Philosophie in ihrem Übergange zur Nichtphilosophie« (1803) nachzuweisen, dass die Philosophie zwar die Entwicklung der Ideen in der natürlichen und der geschichtlichen Wirklichkeit begreifen, dass sie aber ihr Hervorgehen aus der Gottheit und diese selbst nicht zu erfassen vermöge und solche Mysterien der Religion überlassen müsse. An dem Punkte, wo die Ideen in ihrem Verhältniss zur Gottheit betrachtet werden sollen, hört das rationale Denken auf, und die Philosophie geht in die Religion über. Von hier aus ist Eschenmayer später immer mehr der Philosophie entfremdet und vom Supranaturalismus gefangen genommen worden und hat in seinen »Grundzügen einer christlichen Philosophie« (1838) namentlich Hegel bekämpft. Seine Bedeutung beruht wesentlich darin, dass er Schelling auf den neuen Weg seines Denkens gestossen hat. Denn Schelling empfand den Stachel dieser Frage tief, und er beantwortete sie in seiner Schrift: »Philosophie und Religion« (1804) dahin, dass sie von einem Standpunkte gelöst werden müsse, der das religiöse und das philosophische Denken nicht aus einander risse, sondern beide zu der Vereinigung zurückführe, welche nur im Laufe der Zeiten verloren gegangen sei. Dieselbe Frage, welche später Hegel auf rein philosophischem Wege zu lösen unternahm, indem er das Absolute als die in nothwendiger Entwicklung begriffene Idee auffasste, dieselbe wollte jetzt Schelling durch eine Verschmelzung von Religion und Philosophie, d. h. auf dem Wege der Theosophie lösen. Damit verlässt er die Bahn des Rationalismus und betritt diejenige des Irrationalismus.

Die Erkenntniss des Absoluten ist, wie auch später Hegel gesagt hat, die gemeinsame Aufgabe der Religion und der Philosophie. Aber das Absolute kann, da in ihm alle Wirklichkeit erschöpft ist, nur sich selbst erkennen. Und nichts Anderes sind die Ideen, als diese ewige Selbstobjektivirung der Gottheit. Die Ideenlehre ist daher die wahre »transscendentale Theogonie«. Als diese Selbstoffenbarung Gottes sind die Ideen in ihm, und sie besitzen in diesem

Antheile, den sie an dem absoluten Wesen haben, die Möglichkeit
der Selbständigkeit. Dass aber diese Selbständigkeit wirklich geworden ist, dieser Abfall der Ideen von Gott, durch den die
Welt in ihrer metaphysischen Realität entstand, ist eine aus dem
Wesen der Gottheit nicht begreifliche und deshalb nicht als nothwendig zu erkennende Thatsache. Hier ist der Sprung im Iden-
titätssysteme; die Genesis des Endlichen aus dem Absoluten ist
irrational, sie ist eine Urthatsache, welche aus dem Absoluten
nicht deducirt werden kann. Sie ist deshalb nur anzuerkennen
und zu beschreiben. Sie besteht in dem Verlangen der Idee, das
Absolute selbst zu sein. Sie trägt an sich alle Züge des — Sündenfalls. Der Akt der Verselbständigung der Ideen, die Genesis
der Welt, ist der Sündenfall, er ist eine im Wesen der Ideen mögliche, aber nicht nothwendige, er ist eine absolut freie Handlung.
In dieser erkennt Schelling Fichtes Thathandlung des Ich. Das
Endliche, das unendlich sein will, ist die selbständig werdende
Idee, ist die Welt in ihrem Abfall von der Gottheit. Die uralte
Auffassung orientalischer Mystik, dass die Sonderexistenz der Ein-
zelwesen Sünde sei, wird in philosophischer Formulirung zum bestimmenden Princip des Schellingschen Denkens, und die Folge
davon ist die, dass ihm dann auch das ganze Leben der selbständig
gewordenen Idee als eine Sühne des ersten Abfalls erscheint. Das
selbständig gewordene Endliche soll in die Gottheit zurückkehren,
das ist der ganze Inhalt des historischen Processes, der sich auf
der Natur als dieser sündigen Verselbständigung des Endlichen
aufbaut. Die Mysterien von Fall, Läuterung und seligem Leben
enthalten die volle Offenbarung der Gottheit in der historischen
Wirklichkeit, und erst nachdem es durch das abgefallene Endliche
zu sich selbst zurückgekehrt ist, hat das Absolute seine vollendete
Selbstobjektivirung gefunden. Es gilt auch hier das dialektische
Princip, dass erst aus der Selbstentzweiung das Absolute den Abschluss seiner Entwicklung erreicht.

Damit war Schelling durch seine eigene Entwicklung zu einer
Theosophie gekommen, welche derjenigen der alten Mystik sehr
nahe stand. Der Gedanke einer Entwicklung des göttlichen Wesens
durch die von ihm abfallende Welt hindurch war von ihm zwar
originell gefunden, aber er war nicht neu, und es war deshalb
von grosser Wichtigkeit, dass er um dieselbe Zeit auf denjenigen
deutschen Mystiker aufmerksam gemacht wurde, welcher jenen

Gedanken mit tiefsinniger Grübelei durchzuführen versucht hatte, auf Jakob Böhme. Diese Anregung ging von seinem Freunde Franz von Baader (1765—1841) aus, welcher selbst in der nachhaltigsten Weise unter dem gleichen Einflusse stand. Baader selbst bewies den überconfessionellen Charakter der Mystik dadurch, dass er den Gedanken des Protestanten Böhme mit seiner katholischen Überzeugung in einer Weise vereinbarte, welche freilich die Zustimmung der kirchlichen Macht nicht finden konnte. Auch er hat die aphoristische, behauptungsvolle und wenig wissenschaftliche Denk- und Schreibweise, welche allen Mystikern gemein zu sein pflegt, und seine Werke (16 Bände Leipzig 1851—1860) bestehen meist aus kurzen abgerissenen Blättern. Nur die »Fermenta cognitionis« (6 Hefte 1822—1825) und die »Vorlesungen über spekulative Dogmatik« enthalten Zusammenhangendes über seine Lehre, welche man am besten aus den Schriften seines unermüdlichen Anhängers Franz Hoffmann und besonders aus dessen »Spekulative Entwicklung der ewigen Selbsterzeugung Gottes« (Amberg 1835) kennen lernt. Es ist eine etymologien- und analogienreiche Verquickung der böhmischen Mystik mit Kantischen und Fichteschen Gedanken, welche dieselbe enthält. Es handelt sich um dieselbe Construktion des theogonischen Processes und um den Aufweis des Parallelismus, in welchem derselbe mit dem Sündenfall und der Erlösung des Menschen stehen soll. Es ist im Grunde genommen die theosophische Umdeutung einer Geschichtsconstruktion unter einem religiösen Gesichtspunkt. Die Entwicklung des Individuums und der Welt sei durch den Anfangspunkt des Sündenfalls und durch den Endpunkt der Erlösung bestimmt und durch sie zu begreifen, und diese Entwicklung enthalte zugleich die Selbsterlösung der Gottheit von ihrem dunkeln Urwesen durch ihre volle und absolute Selbsterkenntniss.

Dieselben theosophischen und theogonischen Gedanken sog nun auch Schelling aus Jakob Böhme ein, aber die Phantastik derselben milderte sich bei ihm durch die Klarheit der Kantischen Gedanken und namentlich der Kantischen Religionsphilosophie, welche ja in mancher Hinsicht diesen Problemen nahe stand und auch ihrerseits eine spekulative Umdeutung der Lehren vom Sündenfall und von der Erlösung versuchte. Man kann geradezu von einer successiven Wirkung der grossen Kantischen Werke sprechen. Reinholds Elementarphilosophie rekurrirte wesentlich auf die Kritik der reinen Vernunft. Fichtes Lehre steht der Kritik der praktischen Vernunft am nächsten. Schellings Naturphilosophie und die ästhetische Wendung der Philosophie sind durch die Kritik der Urtheilskraft bedingt, und seine Freiheitslehre schliesst sich theilweise an die Religion innerhalb der Grenzen der blossen Vernunft, im Besondern aber an die Theorie des intelligiblen Charakters an, welche darin eine wichtige Rolle spielte. Diese Freiheitslehre entwickelte sich vollständig in den »Untersuchungen über das Wesen der menschlichen Freiheit« (1809), welche Schelling gegen einen plumpen Angriff Jakobis in einer groben und gehässigen Replik »Denkmal der Schrift von den göttlichen Dingen und ihrer Offenbarung des Herrn F. H. Jakobi« (1812) und gegen Einwürfe von Eschenmayer in der von ihm herausgegebenen »Allgemeinen Zeitschrift von Deutschen für Deutsche« (1813) vertheidigte.

Das theosophische Problem besteht vor Allem darin, dass alles Endliche seinen Grund im Absoluten haben und doch selbst zum Absoluten gehören soll. In diesem Sinne muss also das Absolute seinen Grund in sich selber haben; es muss in ihm zwischen dem Grunde seiner Existenz und seiner vollen und ganzen Existenz, es muss zwischen der Natur in Gott und dem vollendeten Gott, zwischen deus implicitus und deus explicitus, zwischen seinem Alpha und seinem Omega unterschieden werden, und zwischen beiden Endpunkten muss die Welt der selbständigen einzelnen Dinge als der Process der Entwicklung von dem einen zum andern begriffen werden. Das Universum ist die Selbstentwicklung der Gottheit in sich, aus sich, zu sich selbst; es enthält Eine grosse Linie, welche vom Unvollkommenen zum Vollkommenen, vom Natürlichen zum Geistigen, vom Sündigen zum Heiligen führt. Den Anfang dieser Entwicklung bildet also der Grund in Gott, der Urgrund, Ungrund oder Abgrund, wie er auch von Schelling genannt wird. Er ist das absolute Dunkel, das blosse Sein, die vernunftlose Existenz, der Urzufall, der nicht nothwendig, sondern eben einfach vorhanden ist. Aber in ihm muss doch die Möglichkeit des Vollkommeneren gegeben sein. Sie kann also nur als ein Trieb, als ein dunkler Drang, als ein unbewusstes Streben bestehen, und so ist der Urgrund der dunkle, unbewusste Wille. »Es gibt in letzter Instanz gar kein anderes Sein als Wollen«. Aber die Tendenz dieses Willens kann wiederum auf nichts Anderes als auf das Absolute gerichtet sein; sie bezieht sich

lediglich darauf, dass der dunkle Grund sich selbst offenbar wird;
sie ist die Tendenz der Selbstobjektivirung des Willens. So erzeugt
sie in Gott fortwährend das Abbild seiner selbst, seine Selbstoffenbarung, und diese besteht in den ewigen Ideen, in jener bewussten
Natur in Gott, welche Böhme Sophia genannt hat. So tritt zum
unbewussten Willen die Vernunft. Nun scheiden sich die regel-
losen Kräfte des dunkeln Willens, und es entsteht durch den
Gegensatz der Vernunft und jenes dunkeln Dranges die Welt, —
die Welt, in der beide herrschen, die Vernunft in der Gesetzmässigkeit, Zweckmässigkeit und Schönheit der Erscheinung, der Wille
in jenem ewig unerfüllten Triebe, der wie ein Schleier des Weh's
und der Sehnsucht über allem Dasein liegt. Das Geschick dieser
Welt besteht aber eben darin, dass mit jener unbegreiflichen Freiheit, die zum Wesen des selbst nicht nothwendigen Willens gehört,
die Welt sich selbständig gemacht, der besondere Wille sich von
dem allgemeinen Willen emancipirt hat. Deshalb beruht auch das
ganze Weltgeschick auf dem Verhältniss des Individual-Willens
zum Universal-Willen. In der Natur ist der Individual-Wille gebunden und bedingungslos von dem Universal-Willen beherrscht,
der sich hier durch die a priori erkennbaren, d. h. vernünftigen
Gesetze darstellt, und dieses Verhältniss gilt auch für das animale
Triebleben, in welchem nur der psychologische Mechanismus waltet. Dies Verhältniss ist dasselbe, welches Kant und Fichte in
ihrer Geschichtsphilosophie als den paradiesischen Stand der Unschuld und des Vernunftinstinktes bezeichnet haben. Erst im
Menschen hat sich der Individualwille gegen den Universalwillen
empört, und diese Genesis des Bösen ist aus Naturgesetzen nie zu
begreifen. Der Sündenfall ist die irrationale, vorzeitliche That des
intelligiblen Charakters. Mit ihr begonnen, hat der gesammte
Process der Geschichte zu seiner Aufgabe nur die Überwindung
des Individualwillens durch den Universalwillen. Dies ist, nachdem der Individualwille sich einmal selbständig gemacht hat und
als solcher nicht mehr zu vernichten ist, nur dadurch möglich,
dass derselbe den Universalwillen in sich aufnimmt und sich so in
ihn verwandelt; er muss aus eigener Erkenntniss und eigener Absicht zu jenem Verhältniss der Unterordnung zurückkehren, welches in der Natur bewusstlos herrscht. Diese Aufgabe ist diejenige
des sittlichen und des religiösen Lebens. So ordnen sich in Schellings Freiheitslehre die Bestimmungen von Kants und Fichtes Ge-

schichtsphilosophie dem theosophischen Gesichtspunkte unter. Der Process der Geschichte gilt ihm jetzt, der Natur gegenüber, als die höhere Offenbarung der Gottheit; die Erreichung des Ziels, die völlige Unterwerfung des Individualwillens unter den Universalwillen, welche freilich in der unendlichen Ferne des Endes der Geschichte liegt, ist die Rückkehr der Dinge zu Gott, d. h. die Rückkehr der Gottheit zu sich selbst, die vollendete Selbstoffenbarung des Urgrundes — der deus explicitus.

Wer mit der Kenntniss der Schopenhauerschen Lehre — und wenn eine aus dem Umkreis unserer grossen Periode, so pflegt ja diese den Zeitgenossen bekannt zu sein — der bisherigen Darstellung gefolgt ist, der wird in ihr allmählich alle die Steine haben zum Vorschein kommen sehen, aus deren überraschender Combination sich das glänzende Mosaik des Systems von Arthur Schopenhauer zusammengefügt hat. Keiner der grossen Denker vielleicht ist über seine historische Stellung in einer solchen Selbsttäuschung befangen gewesen, und keiner hat die wahren Ausgangspunkte seiner Ansichten durch seine Darstellung derselben so sehr getrübt, wie er. Wer ihn ohne historisches Wissen liest, der muss meinen, er habe seine einzige Voraussetzung in Kant und sei von demselben in einer Richtung fortgeschritten, welche der durch die Namen Fichtes und Schellings bezeichneten gänzlich entgegengesetzt sei und gar nichts mit ihr gemein habe. In Wahrheit ist es nur eine überaus originelle Verschiebung der Grundgedanken dieser gesammten Entwicklung, welche Schopenhauer vollzogen hat, und der grosse Vorzug, den er vor den übrigen Nachfolgern Kants besitzt, besteht wesentlich darin, dass er zugleich ein Schriftsteller ersten Ranges ist. In der philosophischen Literatur aller Völker gibt es keinen Denker, der mit so vollendeter Klarheit und mit so anschaulicher Schönheit den philosophischen Gedanken zu formen verstanden hätte, wie Schopenhauer. So war es ihm gegeben, eine Anzahl von Principien, die er selbst nicht geschaffen, aus der Schulsprache in eine wahrhaft leuchtende und durchsichtige Darstellung zu übersetzen und die gemeinsame Weltanschauung des deutschen Idealismus in Schlagwörter zu fassen, die, als seine Werke einmal anfingen, dem weiteren Publikum bekannt zu werden, eine grosse Wirkung nicht verfehlen konnten.

Er war 1788 als Sohn eines Danziger Patriziers geboren und

wurde von seinem Vater nach längeren Reisen zum Beginne der kaufmännischen Laufbahn genöthigt. Als er dann selbständig wurde und seine Mutter, die bekannte Romanschriftstellerin, nach Weimar zog, begann er seine wissenschaftliche Bildung nachzuholen, bezog 1809 die Universität Göttingen und hörte später in Berlin Fichte. Dann nach Jena und Weimar zurückgekehrt, erfreute er sich eines eingehenden Umgangs mit Goethe. Die Jahre 1814—1818 brachte er in Dresden mit der Abfassung seines Hauptwerkes zu, machte dann eine italienische Reise und habilitirte sich 1820 in Berlin. Der geringe Erfolg, den er auf dem Katheder hatte und der sich wiederholte, als er nach Unterbrechung einer dreijährigen Reise abermals den Versuch akademischer Wirksamkeit machte, liess ihn zuletzt auf dieselbe verzichten, und vom Jahre 1831 an zog er sich in eine grollende Einsamkeit und Sonderlingsexistenz nach Frankfurt a. M. zurück, wo er 1860 gestorben ist.

Schon der Titel seines Hauptwerkes »Die Welt als Wille und Vorstellung« (Leipzig 1819) zeigt die oben berührte glückliche Fähigkeit des Schriftstellers, dem philosophischen Gedanken eine populäre Fassung zu geben. Der Kantische Gegensatz von Ding an sich und Erscheinung, die phänomenalistische Lehre, dass die Welt unserer Erfahrung und verständnissmässigen Erkenntniss eben nur eine Welt der Vorstellung sei, die Umlegung des metaphysischen Gesichtspunktes aus der theoretischen in die praktische Vernunft, die Einsicht, dass das wahre Wesen der Dinge im Willen bestehe, — alle diese Grundlehren von Kant, Fichte und Schelling sind in diesem Schlagwort zusammengefasst. Die Welt der Erscheinung ist lediglich eine vorgestellte, sie hat daher für Schopenhauer etwas traumhaftes an sich, sie ist ein Schleier, der uns das wahre Wesen verhüllt und der zur Täuschung wird, wenn er für dasselbe gehalten wird. Im Besonderen entwickelt Schopenhauer diese Gedanken an dem Begriffe der Causalität, von welchem seine scharfsinnige Promotionsschrift »Über die vierfache Wurzel des Satzes vom zureichenden Grunde« (Rudolstadt 1813) handelt. Das Hauptverdienst derselben besteht in der ganz scharfen Unterscheidung des metaphysischen Verhältnisses von Ursache und Wirkung und des logischen Verhältnisses von Grund und Folge. Wenn Schopenhauer in den mathematischen Beziehungen und in der »Motivation« noch zwei andere »Wurzeln« des Satzes aufstellte, so hat er später ausdrücklich die letztere dem

Princip der Ursache untergeordnet, und es ist andererseits klar, dass die erstere sich dem Princip des Erkenntnissgrundes subsumirt. In ihrer metaphysischen Bedeutung betrachtet nun Schopenhauer die Causalität als die einzig wahre in dem Kantischen System der Kategorien und bezeichnet sie, wie es schon bei Fichte in der theoretischen Wissenschaftslehre geschah, als die Grundfunktion des Verstandes, aus der allein in Verbindung mit den reinen Anschauungen der Sinnlichkeit, Raum und Zeit, sich die Vorstellung einer objectiven Welt erzeuge. Er führt namentlich, in physiologische Untersuchungen eingreifend, den Gedanken aus, dass keine Sinneswahrnehmung ohne diese Mitwirkung der Causalität zu Stande komme, dass nur vermöge derselben sich die Empfindung zum Bilde eines äusseren Gegenstandes projicire, und diese seine Theorie, welche er hauptsächlich auf optischem Gebiete ausführte und als die Intellektualisirung der Sinneswahrnehmung bezeichnete, hat später durch die Zustimmung von Helmholtz einen bedeutenden Einfluss auf die Physiologie gewonnen.

Die Causalität als einzige Grundform der Verstandesfunktion bildet deshalb für Schopenhauer auch den einzigen Leitfaden der wissenschaftlichen Erkenntniss. Aber die letztere ist deshalb auch auf Erscheinungen beschränkt, sie kann immer nur von Bedingtem zu anderm Bedingten fortschreiten, und sie findet bei diesem Fortschritt weder vorwärts noch rückwärts ein Ende. Namentlich ist die Erkenntniss ausser Stande, irgendwie den Begriff einer ersten, selbst nicht mehr causal bedingten Ursache aufzustellen. Die Causalität ist nicht wie ein Fiaker, den man anhalten lassen könnte, wo es einem beliebt, sondern wie der Besen in Goethes Zauberlehrling, der, einmal in Thätigkeit, in unendlicher Weise arbeitet. Wie für Jakobi, so ist auch für Schopenhauer alle Erkenntniss nur eine anfang- und endlose Kette causaler Nothwendigkeitsbeziehungen zwischen Erscheinungen. Aber der menschliche Geist hat daneben das Bedürfniss, das Ganze der Erfahrung in seinem innersten Zusammenhange zu überschauen, die Erscheinungen in ihrer Gemeinsamkeit zu überblicken und sich der Einheit bewusst zu werden, die darin zur wechselnden Erscheinung kommt. Indem Schopenhauer das metaphysische Bedürfniss so bestimmt, legt er in dasselbe unbewiesen die pantheistische Voraussetzung einer den Erscheinungen zu Grunde liegenden absoluten Welteinheit. Raum und Zeit sind das principium individua-

tionis, das Princip der Vielheit und Veränderlichkeit. Aber dasselbe gilt eben nur für die Erscheinung, für die Welt der Vorstellung. Das Ding an sich ist die absolute Einheit, die darin ver-
schleiert erscheint. Auch wenn Schopenhauer es nicht selbst
ausgesprochen hätte, würde kein Zweifel darüber bestehen können,
dass diese seine Ueberzeugung auf seiner genauen Beschäftigung
mit Platon beruht, welche ihm sein Lehrer Aenesidemus-Schulze in
Göttingen besonders nahegelegt hatte.

Von der absoluten Welteinheit ist eine causale Erkenntniss
nicht möglich; die Einsicht derselben kann deshalb durch wissenschaftliche Methode nicht gewonnen werden. Wenn nun die ganze
Aufgabe der Philosophie darauf hinausläuft, dem metaphysischen
Bedürfniss Genüge zu thun, so ist dieselbe nicht durch spezifisch
wissenschaftliche Arbeit, sondern vielmehr durch eine geniale Intuition zu lösen, mit der der Philosoph den ganzen Zusammenhang
der Erfahrung »deutet«. Diese Ansicht ist für Schopenhauers Stellung innerhalb der deutschen Philosophie nach jeder Richtung hin
entscheidend. Sie stellt ihn zunächst dem Bestreben gegenüber, die
Philosophie als eine apriorische Begriffswissenschaft nach eigener
Methode zu entwickeln; er leugnet geradezu, dass jemals ein
grosser Philosoph auf dem Wege der Methode zu seinen Lehren
gekommen sei, er meint vielmehr, der Nachfolger stümpere sich
immer erst aus der genialen Schöpfung des Selbstdenkers mühsam
die Methode etwa ebenso zusammen, wie der Ästhetiker aus der
Produktion des grossen Künstlers die Kunstregel zusammenlese.
Daraus geht ungewollt hervor, dass auch Schopenhauer das philosophische mit dem ästhetischen Produciren in eine ganz ähnliche
Parallele setzte wie die Romantiker; auch seine Tendenz einer
künstlerisch anschauenden Philosophie trägt den Stempel jener
Zeit der innigen Verknüpfung von Dichtung und Philosophie. Deshalb war ihm Niemand so sehr zuwider wie Hegel, der diesem Zusammenhang ein Ende machen und die Philosophie wieder zu
einer reinen Begriffswissenschaft gestalten wollte, wenn auch eben
nur wollte. Auf der anderen Seite weiss sich Schopenhauer in der
innigsten Berührung mit der Erfahrung. Seine Philosophie will
nichts als die Erfahrung erklären. Aber das sei eben nur dadurch
möglich, dass vor der unmittelbaren Anschauung sich die geheime
Verwandtschaft und das innerste Wesen aller Erscheinungen enthüllt. Metaphysische Erkenntniss ist nicht durch das auf Raum,

Zeit und Causalität beschränkte Denken, sondern nur durch unmittelbares Erfassen des Wesens der Dinge möglich. Indem Schopenhauer das metaphysische Bedürfniss innerhalb der Kantischen
Erkenntnisstheorie erfüllen will, spricht er dem Menschen eine
intellektuelle Anschauung zu, wenn er auch diesen Namen ver-
meidet, und er hätte sich nicht so sehr über Fichte und Schelling
lustig machen sollen, denen er es nachthat. Auch er fühlte sich
vornehm im Besitz dieses genialen »Blickes über die ganze Erfahrung«, welcher nicht durch die Arbeit der wissenschaftlichen Erkenntniss gewonnen werden könne, sondern nur eine Gabe des
bevorzugten Geistes sei.

Dazu kommt, dass sogar die Art dieser intellektuellen Anschauung bei Schopenhauer auf ein Haar derjenigen von Fichte
gleicht. Es ist die subjektive Selbstanschauung, welche ihn wie
Fichte lehrt, dass das wahre, aller Vorstellung und aller Erscheinung
zu Grunde liegende Wesen der Persönlichkeit d e r W i l l e ist.
Wenn das Subjekt sein eigenes Wesen anschaut, so erkennt es,
dass sein ganzes Bewusstsein nur seine Selbsterscheinung, sein
wahres und unveränderliches Wesen dagegen sein Charakter oder
sein Wille ist. Aus dieser Intuition folgert Schopenhauer lediglich
nach dem Princip des ἕν καὶ πᾶν, dass die metaphysische Betrachtung per analogiam den Willen als das allgemeine Ding an
sich zu betrachten habe, welches allen Erscheinungen ausnahmslos
zu Grunde liegt. Alle Kräfte und Triebe, welche die Erscheinungen
darstellen, sind nur Manifestationen des Einen unendlichen Willens, auf den wir in uns selbst bei unserer inneren Anschauung
stossen. Dabei muss freilich aus dem Begriff des Willens das Merkmal der bewussten Absicht fortgelassen werden: nur der u n b e -
w u s s t e· W i l l e ist mit der Kraft und dem Triebe zu identifi-
ciren, und diesen meint auch Schopenhauer nur, wenn er gleich
sich über diese seine Anwendung des Wortes nicht näher ausge-
lassen hat. Gerade darauf aber beruht, wie sich leicht absehen
lässt, eine gewisse Zweideutigkeit, indem gelegentlich dieser
dunkle Welttrieb doch wieder Merkmale zeigt, die eigentlich nur
dem bewussten Willen beiwohnen.

Die Welt an sich also ist die Welt als Wille. Schärfer als bei
irgend einem Andern tritt bei Schopenhauer die Thatsache hervor,
dass die Weltanschauung auch in der deutschen Philosophie wesentlich eine metaphysische Umdeutung der psychologischen An-

sicht enthält. Die vorkantische Philosophie betrachtet überall die Vorstellung als das Prius und den Willen als das durch sie Bestimmte: daher ihr Determinismus, daher ihre Auffassung der logischen Gesetze als Weltgesetze, daher jener intelligible Fatalismus von Leibniz*). Die nachkantische Philosophie sieht, wofür Fichtes Lehre von dem sekundären Charakter des Bewusstseins typisch ist, im Willen das bestimmende Wesen des Geistes und in der Vorstellung bloss seine Erscheinungsform; daher ihre Freiheitslehre, daher der Primat der praktischen über die theoretische Vernunft, daher die Lehre vom Willen als dem Ding an sich. In dieser Hinsicht steht also Schopenhauer völlig auf dem Standpunkte der Wissenschaftslehre. Aber er verlässt denselben durch seine gänzlich veränderte Auffassung vom Wesen des Willens. Darin zwar stimmt er mit Fichte überein, dass der Wille als Ding an sich auf nichts anderes als auf sich selbst gerichtet sei: er ist nichts als der Wille zu wollen oder, da nach dieser Lehre alles Leben nur ein Produkt des Willens und im tiefsten Grunde nur immer wieder Wille ist, der »Wille zum Leben«. Aber Fichte bezeichnete dieses Handeln um des Handelns, dieses Streben um des Strebens willen als das sittliche und deshalb als praktische Vernunft. Diese Nebenbestimmung streicht Schopenhauer, und darauf beruht sein ganzer Unterschied von Fichte. Man kann sagen, dass er dabei vielleicht consequenter verfuhr. Denn die bloss formale Bestimmung des Thuns um des Thuns willen ist in der That noch nicht die inhaltliche Bestimmung des sittlichen Thuns, und wird von Fichte nur persönlich und mit Rücksicht auf Kants kategorischen Imperativ so gedeutet. Schopenhauer macht völlig Ernst mit dem Begriff eines unbewussten Willens, der gar nichts weiter will als wollen, der darum seine eigene endlose Fortsetzung involvirt, der gar kein inhaltliches Ziel hat und der deshalb der absolut unvernünftige Wille ist. Mit dieser Wendung schlägt Schopenhauers Lehre noch mehr als mit ihrer grundsätzlichen Methodenlosigkeit in den Irrationalismus um. Das Bewusstsein mit allen seinen vernünftigen Formen ist nur die Erscheinung. Das Wesen, das sich darin darstellt, ist die absolute Unvernunft eines Willens, der immer nur wollen will. Mit dieser Veränderung wird Schopenhauers Lehre zur Fratze der Fichteschen. Beide betrachten den Willen als das

---

*) Vgl. Bd. I. dieses Werkes, pag. 485.

Urprincip aller Dinge : aber die Züge des sittlichen Willens, den die Wissenschaftslehre zum Princip machte, verzerren sich bei Schopenhauer zu der Unvernunft eines blinden und inhaltlosen Triebes.

Hieraus erklärt sich ein merkwürdiger Gegensatz, der sich durch alle Lehren Schopenhauers hindurchzieht und der auch in seinen Consequenzen genau an die Schellingsche Lehre von der Schöpfung der Welt aus dem unbewussten Willen und der Vernunft erinnert. Als ein Produkt des Willens muss die Erscheinungswelt zweckmässig, d. h. vernünftig sein : als ein Produkt des unvernünftigen Willens muss sie den Stempel dieser Unvernünftigkeit an sich tragen. So verknüpft sich bei Schopenhauer in wunderlicher Weise eine teleologische Naturbetrachtung mit dem Pessimismus, der zugleich ein Ausfluss seiner persönlichen Stimmung ist, und um den Widerspruch voll zu machen, kommt die Schwierigkeit hinzu, wie man sich denken soll, dass jener unvernünftige Urwille die Marotte gehabt hat, in der Gestalt des vernünftigen Bewusstseins zu erscheinen, — eine Frage, die gerade so schwer wiegt, wie im umgekehrten Falle bei dem Optimismus der theoretischen Vernunft das Problem, weshalb die gütige Weisheit eine solche Welt von Elend und Sünde hervorgerufen hat.

Die Naturphilosophie, die Schopenhauer in seiner Schrift »Über den Willen in der Natur« (Frankfurt 1836) ausgeführt hat, zeigt die »Objektivation« des Willens in drei Hauptstufen : in der niedrigsten Form erscheint der Wille als mechanische Ursache, in höherer Gestalt schon in dem organischen Reiz, in vollendeter Entfaltung endlich als bewusstes Motiv des Willens im animalischen Wesen. So stellt sich die Natur als ein Stufenreich von Manifestationen des Willens dar, in welchem derselbe allmählich aus der äusserlichsten in die innerliche Form der Kausalität übergeht. Der ganze Process der Kausalität in der Natur hat also den Sinn, dass in ihr der Wille aus der unbewussten sich in die bewusste Erscheinungsform verwandelt, — ein Gesammtresultat, in welchem, so verschieden die begriffliche Formulirung ist, doch der Grundgedanke von Schellings Naturphilosophie unverkennbar wiederkehrt. Diese Verwandtschaft wurzelt in der gemeinsamen Abhängigkeit von Fichte, der alle Kraft und allen Trieb als eine Wirkung des »Willens« auffasste : so ist für Schelling das innerste Wesen der Natur der Trieb, »Ich« zu werden ; für Schopenhauer ist es der unbewusste Wille, der schliesslich zur Vernunft gelangt. Allein die

Allgemeinheit der »Deutung«, welche Schopenhauer nur für seine metaphysische Auffassung der Erfahrung in Anspruch nahm, verhinderte ihn dabei, den thatsächlichen Erkenntnissen der Naturwissenschaft derartig Gewalt anzuthun, wie es von Seiten Schellings und seiner Anhänger geschah, und so vertrug sich in der That die Schopenhauersche Lehre mehr mit denselben, als es seit Kant bei den Philosophen der Fall gewesen war. Darin liegt ein Hauptgrund dafür, dass Schopenhauer später bei der Naturforschung eine verhältnissmässig ausgedehnte Anerkennung gefunden hat. — Auch darin steht Schopenhauers Naturauffassung derjenigen des späteren Schelling nahe, dass er die Kräfte, Gesetze und Gattungstypen als die wandellosen Ideen bezeichnet, in welchen sich durch den ewigen Wechsel hindurch das constante Wesen des Willens offenbart. Es ist das Platonische Element, welches sich in dieser Lehre auch bei Schopenhauer geltend macht, welches aber schwer mit der anderen Behauptung zu vereinigen ist, dass der alleine Wille erst durch Raum und Zeit individualisirt erscheint. Die Ideen, als das Unräumliche und Ausserzeitliche bilden in ähnlicher Weise eine Zwischenstufe zwischen der Sinnenwelt und dem Willen, wie bei Platon zwischen derselben und der Idee des Guten.

Dasselbe, was von den Ideen in der Natur, gilt innerhalb der Schopenhauerschen Lehre auch für die individuellen Charaktere. Auch sie enthalten eine Individuation des Willens, welche der räumlich-zeitlichen Erscheinungsform vorhergehen soll. In dieser Hinsicht war Schopenhauer so glücklich, eine volle Übereinstimmung zwischen den beiden von ihm am höchsten verehrten Denkern, Platon und Kant, zu constatiren, und er führte die Lehre vom intelligiblen Charakter weiter, für welche auch Schellings Freiheitslehre das Interesse neu belebt hatte. Da die Motivation sich als eine Form der natürlichen Kausalität zu erkennen gab, so nahm auch Schopenhauer für die Entwicklung des empirischen Charakters und für die Genesis aller seiner Handlungen den vollen Determinismus an. Für diese gesammte Erscheinung aber machte auch er den intelligiblen Charakter verantwortlich, aus dessen unbegreiflicher Freiheit des Seins die ganze Nothwendigkeit des Thuns folge. Im Grunde genommen, sind also auch hier die freien Individualcharaktere Dinge an sich, welche als Ursachen der Erscheinung ebenso wie bei Kant figuriren.

Es hängt mit der lediglich formalen und des ethischen Merkmals entkleideten Begriffsbestimmung des Willens zusammen, dass Schopenhauer für die **Ethik** eine ganz andere Basis als Kant und Fichte suchen musste. Bei ihm ist der Wille nicht durch ein »Soll« bestimmt, und er muss daher die ganze imperatorische Form der Moralphilosophie verwerfen. Er kehrt deshalb zu der früheren Auffassung zurück, dass es sich in derselben nicht um die Aufstellung von Geboten, sondern um die metaphysische und psychologische Erklärung des wirklichen sittlichen Lebens handelt. In Folge dessen geht seine ganze Untersuchung auf den **Eudämonismus** zurück und betrachtet das Glückseligkeitsstreben als das Grundmotiv des empirischen Willenslebens. Allein die egoistische Form desselben hängt lediglich an der Täuschung, als ob die einzelnen Wesen für sich bestehende wären. In Wahrheit ist es ja nur der eine, selbe Wille, welcher nur in Raum und Zeit differenzirt erscheint*), und für diese Erkenntniss ist alles, was wir dem anderen Wesen thun, Gutes und Böses, uns selbst gethan. Hierauf beruht die Möglichkeit der ethischen Motivation, in welcher das Individuum das fremde Interesse zu dem seinigen macht. Als die Grundform des Altruismus betrachtet aber Schopenhauer nicht sowol die »wohlwollende Neigung«, als vielmehr das **Mitleid**. Das ist die Consequenz des **Pessimismus**, der sich bei ihm unmittelbar an den Begriff des Willens anschliesst. Denn ein Wille, der immer nur wollen will, ist seinem Wesen nach der in alle Ewigkeit unbefriedigte Wille. Gerade dadurch, dass er seinen Zweck erreicht, erzeugt er sich von neuem, und mit ihm ist deshalb in der bewussten Erscheinung das Gefühl der Unlust nothwendig und unentfliehbar verknüpft.

Dieser Argumentation kann man freilich entgegenhalten, dass, wenn der Wille nichts will als wollen, er seinen Zweck ja durch sich selbst immerfort erreicht und so der stets befriedigte Wille ist. Im Besonderen hat daher Schopenhauer immer den Pessimismus eudämonistisch begründet, indem er die Unerfüllbarkeit des Glückseligkeitsstrebens aus den Thatsachen zu beweisen suchte. Er wird nicht müde, die Frivolität zu brandmarken, mit der der landläufige Optimismus dem Elend der Wirklichkeit gegenüber von

---

*) An dieser Stelle besteht zwischen der Lehre von der ausserzeitlichen Ding-an-sich-haftigkeit der Individuen und der metaphysischen Basirung der Ethik eine von Schopenhauer wie es scheint nicht bemerkte Differenz.

einer unbegreiflichen Zweckmässigkeit und Weisheit der Weltein-
richtung zu predigen weiss. Er zeigt, dass dem geringen Quantum von Lustgefühl, welches in dieser Welt möglich ist, im besten
Falle stets eine grössere Unlust des noch unbefriedigten Triebes
vorhergeht, und betrachtet deshalb die Unlust als das positive Gefühl und die Lust nur als den Mangel derselben. So enthält der
Pessimismus bis in die einzelnen Lehren hinein eine Umkehrung
der Theorien von Leibniz' Theodicee: es ist der auf den Kopf ge-
stellte Optimismus, beide sind widersprechende Antworten auf die
eudämonistische Frage, deren principielle Verfehltheit Kant eingesehen hatte. Deshalb aber ist nun für Schopenhauer das Mitleid
das ethische Grundgefühl; die sittliche Handlung besteht ihm in
der Linderung der fremden Noth und erst secundär in der thätigen
Liebe für das fremde Wohl, wobei hervorzuheben ist, dass er nach
seinen Grundsätzen — der einzige unter den europäischen Moral-
philosophen — direkt auf die Thiere die sittliche Verpflichtung des
Mitleids und der Liebe ausdehnt.

Allein selbst dies ethische Handeln bleibt doch nur ein Pallia-
tiv. Dem Willen ist die Unlust wesentlich, und eine völlige Aufhebung des Elends der Welt ist nur dadurch möglich, dass die Axt
an diese tiefste Wurzel, an den Willen selbst, gelegt wird. Es
hilft schliesslich nichts, dass der Wille aus der egoistischen in die
altruistische Richtung gebracht wird; denn er führt auch so immer
nur zum Elend. Es gibt vor dem Leid nur Eine Rettung: das ist
die Flucht in das Nichts. Diese Rettung ist nicht durch die Auf-
gebung des irdischen Lebens zu erreichen; denn der individuelle
Wille ist ein unzerstörbares Ding-an-sich, er würde sich sogleich
eine neue Erscheinungsform schaffen. Die Metempsychose lässt
den Selbstmord als eine Thorheit erscheinen. Die Vernichtung
muss nicht die Objektivation des Willens, sondern diesen selbst
treffen. Erst wenn der Wille aufhört, endigt auch die Unlust, die
er nothwendig bei sich führt. Über dem ethischen Handeln steht
der Quietismus der Willenslosigkeit, über der thätigen Liebe
die ascetische Weltentfremdung, die Einsicht in die Nichtigkeit
alles Strebens und die vollkommene Abtödtung aller Triebe. Die
mystisch orientalische Lehre vom Aufgehen der sündigen Einzel-
existenz in die Gottheit verwandelt sich in das Ideal der absoluten
Vernichtung. Fichtes zweite Lehre sah im sittlichen Leben nur
die Vorbereitung zu der höheren »Seligkeit« der Gottesanschauung:

für Schopenhauer ist diese Seligkeit das Nichts; die Aufhebung alles Willenslebens ist zugleich die absolute Vernichtung. Denn bei Schopenhauer steht hinter dem Willen nicht mehr, wie in Fichtes zweiter Lehre, das absolute Sein, das der willenlose Intellekt »anschauen« könnte. Die Darstellung dieser Schlusslehre verbrämt Schopenhauer mit Analogien aus der indischen Philosophie, von der damals die ersten Bruchstücke in Europa bekannt wurden; die Büsser am Ganges, die, nicht mehr vom Schleier der Maja getäuscht, sich in das Nirvana versenken, werden ihm zum philosophischen, wenn auch nicht zum persönlich befolgten Ideal. Wie nun freilich nach seinen metaphysischen Bestimmungen diese Quiescirung des Willens möglich sein soll, ist durchaus nicht abzusehen; er erklärt sie deshalb für eine Wiedergeburt, die ebenso ein Myster bleibe wie die Freiheit. In dieser Verneinung des Willens zum Leben, in diesem totalen Aufgeben aller und selbst der sittlichen Willenstriebe sieht Schopenhauer den eigentlich religiösen Akt; er bildet ihm auch den tiefsten Gehalt des Christenthums, dessen pessimistische Seite, wie sie in dem Erlösungsbedürfniss unverkennbar ausgesprochen ist, von Schopenhauer gerade im Gegensatz zu dem optimistischen Dogma von der göttlichen Weltschöpfung geflissentlich hervorgehoben wird. So kommt der Philosoph zu der Paradoxie, ein religiöses Verhalten ohne den Glauben an die Gottheit zu statuiren. Bei Fichte und seiner ersten Lehre war eine ähnliche Combination insofern vorhanden, als es auch für ihn nicht den Glauben an die Existenz eines göttlichen Wesens, sondern nur denjenigen an ein absolutes, sittliches Ideal gab. Schopenhauers Wille ist der unvernünftige, und sein Ideal ist deshalb das Nichts. Aber weder dies Ideal noch jener dumme Wille können Gott genannt werden: deshalb bekennt sich Schopenhauer zu der »atheistischen Religion« des Buddhismus.

Die absolute Quiescirung des Willens würde mit ihm selbst auch seine gesammte Erscheinungsform vernichten, sie wäre identisch mit dem Ende der Welt. Sie ist also für Schopenhauer, was Kant einen Grenzbegriff oder eine Idee genannt haben würde. Er betont aber dabei eben das Merkmal ihrer Unerfüllbarkeit in der Erscheinungswelt. Sie gilt ihm deshalb auch nicht als ein Ziel, auf welches die letztere in allmählicher Entwicklung begriffen wäre. So dumm ist der Wille nicht, dass er auf seine Vernichtung hinarbeitete. Infolge dessen verhält sich Schopenhauer zu den geschichtsphilosophischen Tendenzen auch Kants durchaus ablehnend. Er leugnet jeden Fortschritt im historischen Process: ihm gilt die Geschichte nur als eine ewige, sinnlose Wiederholung des Elends, in welches sich der Wille zum Leben stürzt. Seine Weltanschauung ist völlig unhistorisch; sein Irrationalismus wendet sich vor Allem gegen die Geschichte, in der er keine Spur von Vernunft anerkennt, und er ist darin allerdings der consequenteste unter den Gegnern Hegels.

Allein innerhalb der Erscheinungswelt gibt es doch auch für Schopenhauer bereits eine partielle Vernichtung des Willens, welche deshalb die wahre Seligkeit in derselben gewährt. Im Allgemeinen ist der Intellekt die Erscheinung des Willens und durch ihn bestimmt. Nach dem Primat der praktischen Vernunft liegt der Trieb des Denkens im Willen. Aber es gibt eine Möglichkeit, vermöge deren der Intellekt sich vom Willen zu befreien vermag. Wo er es erreichen kann, interesselos anzuschauen und zu denken, da schweigt, wenn auch nur für Momente, der unselige und thörichte Wille, und da entsteht in der blossen Betrachtung die intellektuelle Lust, welche geradezu als eine Erlösung von den Uebeln des Trieblebens wirkt. Es ist klar, welchen Werth in diesem Zusammenhang für Schopenhauer der Kantisch-Schillersche Begriff der interesselosen Betrachtung gewinnen musste; sie hat für ihn fast genau denselben Werth wie bei den Romantikern die Ironie, d. h. der Genuss der Phantasie, welche von aller Arbeit des Willens frei geworden ist, und sie bildet für ihn in der Erscheinungswelt die Erfüllung des religiösen Bedürfnisses nach der Vernichtung des Willens. Aber er gibt ihr eine allgemeinere, nicht nur ästhetische, Tendenz. Das interesselose Anschauen gewährt der ästhetische Naturgenuss und die Kunst, das interesselose Denken gewährt die Wissenschaft. In dem ästhetischen und dem wissenschaftlichen Verhalten ist der Intellekt vom Willen frei geworden und bethätigt das dadurch, dass er in beiden Fällen sich nicht mehr auf die Besonderheit der einzelnen Erscheinungen, sondern auf das Allgemeine, auf die Idee und das Gesetz richtet, welches sich darin bethätigt. So wird auch Schopenhauer ein Prophet jener Bildung, welche in Kunst und Wissenschaft ihre Religion hat und welche darin ihre Erlösung von dem Leide des Lebens findet. Der intellektuelle Genuss ist die werthvolle Selbstbefreiung, welche das vernünftige Bewusstsein dem dunkeln und unvernünftigen Weltgrunde abgerungen hat. Und so geht am Schluss der Schopenhauerschen Philosophie klar und deutlich das dialektische Princip des Widerspruchs hervor, in dem sie ihren historischen Ursprung hatte: der dumme Wille hat — wüsste man nur wie — das vernünftige Bewusstsein erzeugt, welches ihn zu überwinden berufen ist.

Schopenhauers System ist der Beweis davon, dass Schelling sich auf dem Wege, der ihn zuerst zu dem Begriffe eines unbewussten und irrationalen Weltgrundes geführt hatte, sich nicht allein befand. Aber auch er selbst ging auf demselben noch weiter fort. Er überzeugte sich immer mehr davon, dass das Wollen das Höchste sei und die unbegreifliche Urthatsache genannt werden müsse. Man kann von ihm nur sagen, dass es ist, nicht dass es nothwendig ist, und in diesem Sinne ist es der Urzufall. Es spottet jeden Versuches, es aus irgend welchen Vernunftprincipien zu deduciren. Es ist vielmehr da, mitten in der vernünftigen Welt, und es ist sogar der tiefste Grund, auf dem diese sich aufbaut. Das ganze System der endlichen Dinge ist vernünftig gestaltet, aus der Vernunft abzuleiten und deshalb a priori zu erkennen. Aber dass es überhaupt da ist, dass es aus dem Absoluten sich entwickelt hat, dieser »Abfall« des Universums von Gott und derjenige der Vernunft von dem irrationalen Weltgrunde ist selbst nicht rational zu deduciren. Deshalb bezeichnet Schelling jetzt allen Rationalismus, auch sein früheres Identitätssystem, besonders aber die ganze Hegelsche Lehre als die Wissenschaft vom Endlichen oder auch als die negative Philosophie, und erklärt es für die schwerste aller Verirrungen, wenn man in dieser die ganze Philosophie zu besitzen meine. Zu ihrer Ergänzung bedürfe es vielmehr einer »positiven Philosophie«, welche jenen unaussagbaren Weltgrund und seine Entwicklung zu der vernünftigen Welt zum Gegenstande hat. Diese positive Philosophie kann aber selbst nicht eine rationale Deduktion enthalten, sondern muss sich auf die Erfahrung stützen, in welcher sich der unvernünftige Weltgrund geltend macht. Die positive Philosophie will metaphysischer Empirismus sein. Die Einsicht, dass es einen für die Vernunft unauflöslichen Rest der Erscheinungen gibt, verlangt eine Ergänzung des Rationalismus durch die Erfahrung. Das hat Schelling, der vielgestaltige Vertreter der aprioristischen Philosophie, zum

Schluss erkannt. Aber nach den Prämissen seines Denkens kann
diese Erfahrung nicht diejenige einzelner endlicher Thatsachen
sein; denn diese gehören dem vernünftigen Denken an; sondern
es kann nur die Erfahrung sein, welche die Vernunft von dem unendlichen Weltgrunde macht: das religiöse Bewusstsein. Principiell vollzieht also Schelling schliesslich genau den Gedanken Jakobis. Aber er fasst dabei das religiöse Bewusstsein nicht wie
dieser in einer individuellen Form auf, wodurch jede philosophische Behandlung desselben unmöglich gemacht wird, sondern er
verfolgt den Gedanken, dass es der absolute Weltgrund selbst ist,
welcher sich in dem vernünftigen Universum entwickelt, und dass
somit die einzelnen Momente seines Wesens in den verschiedenen
Auffassungen zu Tage treten müssen, welche die Vernunft im Universum in ihrer bewussten Form von dem Weltgrunde erzeugt hat.
Die metaphysische Erfahrung der positiven Philosophie ist also
keine andere als das religiöse Vorstellungsleben der Menschheit in
seiner historischen Entwicklung. Der metaphysische Empirismus
ist derjenige der Offenbarung, aber der Offenbarung weder in
einer persönlichen noch in einer confessionellen Form, sondern
vielmehr in der Gesammtheit der Vorstellungen, in welchen sich
der Weltgrund für das vernünftige Bewusstsein überhaupt jemals
dargestellt hat. In den Kreis dieser Erfahrung gehört also nicht
nur diejenige göttliche Offenbarung, welche als solche ausdrücklich geglaubt wird, sondern auch diejenige, welche noch naiv als
die natürliche Vorstellung vom Wesen der Gottheit erscheint, d. h.
die mythologische Form des Gottesbewusstseins. Deshalb ist die
positive Philosophie eine P h i l o s o p h i e d e r M y t h o l o g i e u n d
O f f e n b a r u n g. Damit kehrt der Greis Schelling zu Interessen zurück, welche er schon als Jüngling gehabt und nie vergessen hatte.
Schon achtzehnjährig schrieb er »Über Mythen, historische Sagen
und Philosopheme der ältesten Welt«. Am Ende der Kunstphilo-
sophie deutete er an, dass vielleicht die Naturphilosophie geeignet
wäre, eine neue Mythologie zu schaffen, vermöge deren die althei-
lige Verbindung von Kunst und Religion wieder herbeigeführt werden könne. In diesem Sinne war die Schrift angelegt, welche er
unter dem Titel »Die Weltalter« lange versprach, in den dreissiger
Jahren theilweise ausarbeitete, aber aus dem begonnenen Druck
wieder zurückzog; und dieser Plan war es endlich, den er in den
Berliner Vorlesungen ausführte. In das weitere Publikum drangen

darüber ausser vagen Gerüchten zunächst nur die Nachschrift von Frauenstädt (Schellings Vorlesungen in Berlin, Berlin 1842) und eine Karikatur, welche ein persönlich verbissener Gegner, der Rationalist Paulus, unter dem Titel: »Die endlich offenbar gewordene Philosophie der Offenbarung« auf Grund von Heften der Zuhörer 1843 erscheinen liess. Erst in den gesammelten Werken sind Schellings eigene Niederschriften für diese Vorlesungen als die vier Bände der zweiten Abtheilung veröffentlicht worden, und so hat sich ein Bild von dem grossen Plane gewinnen lassen, den er durch die wunderlichen Construktionen des Ganzen hindurch verfolgte. Gleich zu Anfang haben Schellings Gegner mit Phrasen, wie Mystik, Gnosticismus etc. nicht gespart, und dieselben pflegen um so mehr nachgesprochen und nachgedruckt zu werden, als man sich dadurch der Mühe überhebt, jene vier Bände zu lesen und zu verstehen. Aber man braucht in dieser letzten Phase des Schellingschen Denkens nicht das Heil der Zukunft zu suchen und kann doch die Grossartigkeit der Tendenz und die gelehrte Vielseitigkeit sowie den überraschenden Combinationsblick in derselben anerkennen. Da nämlich nach dem früheren Princip für Schelling die Entwicklung der Welt mit derjenigen der Gottheit identisch· ist, so erhalten wir eine Religionsphilosophie in der Form einer philosophischen Religionsgeschichte. Dabei waltet im Ganzen der dialektische Grundgedanke ob, dass die einzelnen Momente des göttlichen Wesens in ihrer Vereinzelung successive in der Entwicklung des mythologischen und des Offenbarungsprocesses hervortreten und dass nur die absolute Synthese aller dieser Momente die vollkommene Erkenntniss des göttlichen Wesens enthält. So ist es im Grunde genommen genau das Princip der Hegelschen Philosophie der Geschichte und des Hegelschen Systems überhaupt, welches Schelling in der Theosophie geltend macht, und obwol er das irrationale Moment in seiner vollen Bedeutung durchschaut hat, bleibt er doch bis zum Ende Dialektiker. Die besondere Ausführung dieses Planes ist natürlich durch den damaligen Stand der mythologischen Forschungen und Hypothesen bedingt, und man wird Schelling nicht absprechen dürfen, dass er auch hier in das zerstreute Material überaus glücklich den ideellen Zusammenhang hineinzudenken verstand. Freilich verfuhr er dabei mit den historischen Thatsachen gelegentlich ebenso willkürlich, wie einst mit den physikalischen. Wieder fügt sich unter seiner Hand das ge-

sammte Material dem triadischen Schema, und der Gottesbegriff,
welcher so gewissermassen aus dem Niederschlage der ganzen
Religionsgeschichte gewonnen werden soll, zeigt die aufsteigende
Reihe von drei Entwicklungsstufen. Die erste bildet natürlich
jenes unvordenkliche, blind nothwendige Willenssein, der dunkle
Drang zum Leben, welchen schon die Freiheitslehre als die ewige
Natur in Gott bezeichnet hatte und welchen man auch den Schopenhauerschen Willen nennen könnte. Den dialektischen Gegensatz
dazu enthält der sich selbst offenbar werdende Wille, den Schelling
wiederum in drei Stufen entwickelt, wonach er zuerst als bewusstlos schaffender Wille die wirkende Naturkraft oder die causa mate-
rialis, sodann als besonnener Wille das thätige Weltleben oder die
causa efficiens, endlich als zweckthätiger Wille der sich selbst be-
greifende Weltzweck oder die causa finalis ist. Den Abschluss dieser
Selbstevolution bildet also das Bewusstsein, und so erweist sich
auch hier, dass die irrationalistische Dialektik auf den Gegensatz
von Wille und Denken oder von unbewusstem und bewusstem psychischen Leben hinausläuft. Die Synthesis endlich dieser beiden
Momente enthält den absoluten Gottesbegriff als denjenigen einer
Überwindung des dunkeln durch den offenbar gewordenen Willen.
Diese Überwindung ist der Inhalt des christlichen Gottesbegriffes
in seiner trinitären Fassung. Die Möglichkeit der Überwindung ist
der Vater, die Macht der Überwindung ist der Sohn, die Vollendung
der Überwindung ist der Geist. So endet Schelling mit einer speculativen Umdeutung des positiven Dogma, und der Grundgedanke
derselben ist der einer Überwindung des unvernünftigen Weltgrundes durch seine eigene vernünftige Offenbarung. Es ist das
positive Gegenstück zu Schopenhauers Lehre von der Verneinung
des Willens durch die vernünftige Erkenntniss seiner Unvernunft.
Die volle Herrschaft dieses höchsten Gottesbegriffes erwartet Schelling erst von der Zukunft. In der Geschichte des Christenthums
construirt er mit Kant und Fichte drei Perioden, die petrinische
des Katholicismus, die paulinische des Protestantismus und als ihre
Versöhnung die johanneische Religion der Liebe, das Christenthum
der Zukunft.

So erfolglos diese letzte Construktion Schellings sich in der
Geschichte der Philosophie erwiesen hat, so zeigt doch ihr Grundmotiv, mit wie tiefem Verständniss er bis zum Ende der philoso-

phischen Gedankenbewegung folgte. Er begriff vollständig, dass
die Zeit des aprioristischen Rationalismus vorüber war, und dass
der unerklärte Rest in der Wirklichkeit für die Philosophie eine
Ergänzung nothwendig mache, welche nur durch irgend eine Erfahrung gewonnen werden könne. Seinen Versuch, dieselbe nur
im religiösen Bewusstsein zu finden, versteht man aus seiner Entwicklung; aber seine Zeit verschmähte ihn und griff um so begie-
riger nach einem andern, welcher den metaphysischen Empirismus,
dessen Nothwendigkeit Schelling erkannt hatte, auf dem entgegengesetzten Ende, bei der sinnlichen Wahrnehmung, suchte. Auch
dieser führte zu einer Art von Irrationalismus, zu einer freilich
ganz andern und viel roheren Lehre von dem unvernünftigen
Weltgrunde. Der grosse Träger der idealistischen Entwicklung
war vor der Plumpheit sicher, den bewusstlosen Urgrund der
Wirklichkeit in dem materiellen Stoff zu suchen, welcher als ein
Vorstellungsprodukt durch die Kantische Lehre ein für allemal erkannt ist. Aber wer diese vergass, der konnte wohl wieder an
den Gedanken gerathen, da, wo der Rationalismus scheiterte, auf
die Materie als auf den irrationalen, nur durch die sinnliche Erfahrung in das Bewusstsein tretenden Weltgrund hinzuweisen.
Die einzig originelle Form daher, in welcher unter den Deutschen
der Materialismus je gelehrt worden ist, ging von einem Manne aus,
welcher sich von dem Rationalismus durch die Einsicht in dessen
Unzulänglichkeit befreite. Dies ist die historische Stellung Ludwig Feuerbachs, und deshalb muss der Prozess, durch welchen er zu seiner»Philosophie der Zukunft« gelangte, schon in diesem
Zusammenhange entwickelt werden, wenn auch die religionsphilosophische Zersetzung der Hegelschen Schule und die materiali-
stische Bewegung, mit denen er verwachsen ist, erst an späterer
Stelle zur Darstellung kommen.

Er war 1804 als Sohn des bekannten Criminalisten Anselm
Feuerbach zu Landshut geboren, besuchte in München und Ans-
bach die Schulen und studirte in Heidelberg und Berlin. Hier
sattelte er unter dem Einflusse Hegels von der Theologie zur Philosophie um, beschäftigte sich sodann in Erlangen eingehend mit
naturwissenschaftlichen Studien und habilitirte sich an dieser Universität 1828. Da er sich jedoch in Folge seiner Schrift »Gedanken
über Tod und Unsterblichkeit« (Nürnberg 1830), deren Anonymität
nicht gewahrt geblieben war, in der akademischen Laufbahn

zurückgesetzt fand, so zog er sich 1832 von derselben zurück und
gab sie, nachdem er nach dreivierteljähriger Unterbrechung noch
einmal gelesen hatte, vollständig auf, um sich nach seiner Ver-
heirathung nach Bruckberg, der Heimath seiner Frau, zurückzuziehen. Aus dieser idyllischen Einsamkeit trat er zuerst im Jahre
1848 heraus, um in Heidelberg nach Aufforderung der dortigen
Studentenschaft Vorlesungen über das Wesen der Religion zu halten. Schlimmer aber wurde er aus dem Idyll herausgerissen, als
die der Familie gehörige Fabrik zu Grunde ging, und er sich seit
1859 bis zu seinem Tode 1872 mit den Seinigen zu einer kümmer-
lichen Existenz in einer Vorstadt von Nürnberg verurtheilt sah.

Feuerbach ist der irrationalistische Ausläufer des Hegelianismus, und seine Entwicklung ist daher wesentlich durch den
Grenzbegriff bestimmt, welcher sich innerhalb desselben als die
Schranke der Deducirbarkeit darstellte: es ist das, was Kant die
Spezifikation, was Hegel die Zufälligkeit der Natur genannt haben.
Bezeichnete der Meister die undeducirbare Besonderheit der ein-
zelnen Naturerscheinungen als eine Unangemessenheit der Wirklichkeit zum Begriff, so hat schliesslich der Schüler diesen Gedanken
umgekehrt und war der populären Beistimmung sicherer, wenn er
erklärte, dies Verhältniss beweise nur die Unangemessenheit des
Begriffs zur Wirklichkeit. Diese Umkehrung entwickelte sich bei
Feuerbach successive in dem religionsphilosophischen Streite, der
die Hegelsche Schule seit der Mitte der dreissiger Jahre bewegte.
Es ist nicht erforderlich, auf denselben hier schon genauer einzu-
gehen; es genügt hervorzuheben, dass Feuerbachs Stellung innerhalb desselben zunächst durch seine Ansicht vom Wesen der Gattungsbegriffe und speziell von der Bedeutung des Begriffs der
menschlichen Gattung bestimmt war. Gerade in diesem Streite
stellte sich bei den »Linken« unter den Schülern Hegels, zu denen
Feuerbach wie Strauss gehörte, heraus, dass Hegels »absoluter Geist«
eigentlich doch nichts Anderes als sein »objektiver Geist«, d. h. die
menschliche Gattungsvernunft war, und solange beide Männer an
der Realität dieser Idee im Hegelschen Sinne festhielten, konnten
sie, wenn auch als äusserste Gegner des Supranaturalismus, einen
religionsphilosophischen Standpunkt ausbilden und festhalten.
Aber schon Feuerbachs »Gedanken über Tod und Unsterblichkeit«
betonten das Princip der Unangemessenheit des Individuums zur
Gattung und den Gedanken des Aufgehens des ersteren in die

letztere in einer derartigen Anlehnung an den Spinozistischen Naturalismus, dass das ideelle Moment der Hegelschen Lehre hinter den Pantheismus entschieden zurücktrat. Und schliesslich ist es denn auch dieser Spinozistische Begriff der unendlichen Natur gewesen, der, von Hegel in die dialektische Entwicklung der Idee aufgenommen, bei Feuerbach seine übermächtige Kraft entwickelte und die Schale des Idealismus zersprengte. Denn als Feuerbach 1839 seine »Kritik der Hegelschen Philosophie« gab, wies er vor Allem darauf hin, dass in der Hegelschen Dialektik zwar für die Succesion, aber nicht für die Coordination, zwar für die Zeit, aber nicht für den Raum gesorgt sei und dass darin zwar die Geschichte, aber nicht die Natur ihren Platz finde. Der Hegelianismus als die historische Weltanschauung stehe rathlos vor der Natur, er könne sie nicht begreifen und betrachte sie als das »Zufällige«. Aber gerade dieses Zufällige sei in Wahrheit das Wesentliche; die ganze nach Hegel deducirbare Gesetzmässigkeit der Natur hat nur Sinn in der Anwendung auf die spezifische Eigenthümlichkeit der Erscheinungen, welche dialektisch nie deducirt werden kann. Das Wesen der Natur ist gerade die Individualisirung, deren Erkenntniss die Hegelsche Lehre ausdrücklich preisgeben muss. Unter Feuerbachs historischen Arbeiten ist die »Darstellung, Entwicklung und Kritik der Leibnizischen Philosophie« (1837) die bedeutendste, und der Individualismus dieser Lehre hat bei ihm offenbar die tiefsten Wurzeln geschlagen. Ist deshalb eine Philosophie unfähig, die Individualität und damit die Natur zu begreifen, so muss sie verworfen werden. So wird Feuerbach aus einem Anhänger zum Gegner der Hegelschen Philosophie. Während er früher diese so dargestellt hatte, dass sie sorgfältig von der Theologie unterschieden werde, wirft er ihr jetzt vor, sie habe mit ihrer Lehre von der Realität der Idee und von der Zufälligkeit der Natur einen durchaus theologischen Charakter. Im Zusammenhang entwickeln sich diese Gedanken in seinem berühmtesten Werke, dem »Wesen des Christenthums« (1841). Die Wissenschaft hat nicht die scholastische Aufgabe, welche sich auch Hegel gesetzt hat, die Religion zu rechtfertigen, sondern nur diejenige, sie zu erklären, und sie kann sie nur aus dem Wesen des Menschen und der psychologisch nothwendigen Entwicklung desselben erklären. Feuerbach deckt das Geheimniss der Hegelschen Lehre auf, indem er offen und präcis den Standpunkt des A n t h r o p o l o g i s m u s betritt. Der

Mensch hat einen Begriff von seiner Gattung, und sein Verhalten zu diesem ist der Grund seines religiösen Lebens. Aber er betrachtet denselben nicht als sein eigenes Wesen, sondern als ein fremdes, und er glaubt an die Realität dieses fremden Wesens und schafft sich damit seinen Gott. Die Religion ist also auf diesem anthropologischen Standpunkte eine nothwendige Illusion, und zwar diejenige, in welcher der Gattungsbegriff des Menschen als ein dem individuellen Menschen gegenüberstehendes reales Wesen gedacht wird. Alle religiösen Dogmen beruhen auf einer Umkehrung der ursprünglichen Sätze, in denen die idealen Merkmale des menschlichen Gattungsbegriffs als das Werthvollste, als das Göttliche bezeichnet werden. Der Mensch wünscht selbst diesem seinem Gattungsbegriff zu entsprechen, und vermöge dieses Wunsches erscheint ihm sein Gattungsbegriff als die höchste Realität, als Gottheit. Während also Feuerbach früher wie Strauss die Realität der Idee der Menschheit angenommen hatte, sieht er die letztere jetzt als eine Illusion des Individuums an. Man kann sagen, er ist Nominalist geworden, und zwar deshalb, weil er sich in der Kritik der Hegelschen Philosophie überzeugt hat, dass aus der Idee die Individualität nicht zu deduciren ist.

Aber derselbe Gedankengang führte nothwendig weiter. Das Allgemeine, der Begriff und die Idee sind das Geistige, die Individualität, das Besondere ist das Natürliche. Die dialektische Methode ist unfähig gewesen, die Natur zu begreifen, und zwar deshalb, weil sie die Idee für die höchste Wirklichkeit gehalten hat. Feuerbachs Naturalismus dagegen behauptet, man müsse die Natur und das Individuum als die wahre Wirklichkeit betrachten. Die Hegelsche Philosophie stellt den wahren Sachverhalt auf den Kopf; ihr gilt der Geist und die Allgemeinheit, welche nur ein Bild der natürlichen Individualität sind, als das Wirkliche, und darin besteht zugleich nach seiner Ansicht die Gefährlichkeit des Christenthums, dass auch dieses die düstere Innerlichkeit des Geistes zur religiösen Weltmacht hypostasirt. Als darum Feuerbach 1843 die »Grundsätze der Philosophie der Zukunft« proklamirte, erklärte er ganz consequent, dass nur das sinnliche Individuum das Wirkliche und das Allgemeine die Illusion des Individuums sei. Der Geist ist die Verdopplung und Entzweiung des Individuums mit sich selbst. Er ist nicht das Wesen, sondern das verblasste Abbild der Natur. So negirt in Feuerbach die deutsche Philosophie sich selbst, indem sie ihr Princip, den Geist, negirt. Der Geist, der sich bei Hegel als die nothwendige Selbstentzweiung begriff, erscheint bei Feuerbach als die Entzweiung des natürlichen Menschen mit sich selbst. Seine Lehre ist in dieser Entwicklung der Selbstmord des Geistes, der sich in den Abgrund der Materie stürzt. Feuerbach musste damit enden, dass er in der Einleitung seiner gesammelten Werke erklärte: »meine Philosophie ist, dass ich keine Philosophie habe«.

Das ist der Fall ins Bodenlose. Feuerbach ist der verlorne Sohn des deutschen Idealismus, der im gemeinen Materialismus enden muss. Wie er damit einer weiteren Bewegung entgegenkam, wie er sich zum Stimmführer einer seichten Reproduktion der entsprechenden Lehren des vorigen Jahrhunderts hergab, wie seine Lehre von der alleinigen Wahrheit des sinnlichen Individuums schliesslich zu ethischen und socialen Consequenzen führte, vermöge deren er sich zum Verfechter radikaler und revolutionärer Parteien machte, — das kann erst in anderem Zusammenhange dargestellt werden. Hier handelte es sich nur darum, die Tragödie seiner Entwicklung aufzuzeigen, mit der er aus dem Panlogismus heraus zum Materialisten wurde. Diese Tragödie hat in der That ihren Ursprung in der Unzulänglichkeit der dialektischen Construktion. Er hatte vollkommen Recht damit, dass die Natur und das Individuum aus der Idee und dem Allgemeinen nicht zu deduciren sind. Der »unlogische Rest«, der unter dem Namen der Zufälligkeit in dem Panlogismus eingesperrt war, zerstörte von innen heraus das ganze Gebäude, und es gehörte nur die kräftige Sinnlichkeit eines Mannes wie Feuerbach dazu, um das zarte Maschennetz der Dialektik zu zerreissen. Und doch trägt andererseits gerade dieser Materialismus die Züge seines idealistischen Ursprunges deutlich an der Stirn und unterscheidet sich eben dadurch von den älteren Lehren, mit denen er sich im Resultat identificirt. Es ist ein Rest der abgeworfenen Dialektik, der darin zu Tage tritt, dass Feuerbach den Geist als die Negation der Materie, als die mit sich selbst entzweite Natur betrachtet und gerade in diesem Sinne in der Theorie und in der Praxis bekämpft. Das war eine Art von Nemesis, mit der sich an der dialektischen Methode der Übergang der Begriffe in einander rächte. Sah Hegel in dem Geist das Ursprüngliche und in der Materie die Negation, die er aus seiner Selbstentzweiung nothwendig erzeuge, wie kann man es dem Schüler verargen, wenn er umgekehrt die Materie für das Ursprüngliche, den Geist als die mit sich selbst entzweite Natur betrachtete? Dieser Materialismus ist der Zwillingsbruder des dialektischen Idealismus. Feuerbachs Lehre ist nichts als der umgestülpte Hegelianismus. Die schemenhafte Verschwommenheit, mit der die Begriffe in der dialektischen Logik in einander zerrannen, gewährte die Möglichkeit, mit derselben Dialektik das Umgekehrte von dem zu construiren, was der Meister darin niedergelegt hatte. Diese Thatsache ist noch viel später in einem der merkwürdigsten und wunderlichsten Bücher erkennbar, die je geschrieben worden sind: es ist das »System der Rechtsphilosophie« von Ludwig Knapp (Erlangen 1857), welches Feuerbach auf das freudigste begrüsste, ein Buch, welches den Materialismus mit der feinsten Dialektik, oft in hohem poetischen Schwunge und mit jener hin und wieder ans Barocke streifenden Combinationsfähigkeit darstellt, ohne welche die dialektische Methode nicht gehandhabt werden kann. Es ist vielleicht die spiritualistischste Form, in welcher der Materialismus je gedacht worden ist, und während die Sprache sich in die feinsten Abstractionen verflüchtigt, soll darin der gröbste Stoff als das Wesen aller Dinge und Verhältnisse gelehrt werden.

Der Irrationalismus aber, in welchen Feuerbach die Hegelsche Lehre verwandelt hat, zeigt sich noch in einer anderen Consequenz. Denn dieser Materialismus ist selbstverständlich, sofern er sich noch mit einer Betrachtung der Erkenntnissthätigkeit abgibt, der einfachste und roheste Sensualismus. Wenn das sinnliche Individuum die einzige Wahrheit ist, so besteht alle Erkenntniss nur in der sinnlichen Empfindung. Diese selbstverständliche Folgerung muss aber deshalb ausdrücklich hervorgehoben werden, weil sie ein interessantes Pendant zu den übrigen irrationalistischen Lehren enthält. Wer die Unzulänglichkeit des Rationalismus durchschaut hat, muss die Erkenntniss jenes undeducirbaren Restes immer in der Erfahrung suchen. Bei Jacobi erscheint zu diesem Zweck neben der sinnlichen Wahrnehmung die »Vernunft« als das Wahrnehmungsvermögen für das Übersinnliche, bei Schopenhauer die Selbstanschauung des Subjekts, in der es sich als Wille erkennt, bei Schelling die Offenbarung, mit der der göttliche Urgrund im menschlichen Bewusstsein sich selbst entwickelt, bei Feuerbach — die sinnliche Empfindung. Alle diese Systeme des Irrationalismus sind ebenso viele Formen des Empirismus, und es ist von hier aus zu übersehen, weshalb, als der Glanz des Hegelschen Systems erloschen war, die Philosophie der Epigonen zunächst die Tendenz nehmen musste, eine Ausbildung des Empirismus zu werden. An dem unlogischen Reste mit seinen apriorischen Constructionen gescheitert, fiel der philosophische Geist in die Arme der Erfahrung zurück.

§ 70. Der kritische Realismus.
Herbart.

Der Umschlag der rationalistischen in irrationalistische Systeme, welchen der vorige Paragraph in seinen einzelnen Gestalten verfolgte, zeigt fast noch charakteristischer, als das Hegelsche System selbst, die ausserordentliche Flüssigkeit und Unbestimmtheit der Begriffe, mit denen die bisher betrachtete Entwicklung der deutschen Philosophie nach Kant arbeitete. In der That entspricht nun ein solches Übergehen der Begriffe in einander durchaus dem psychologischen Processe, welchen das menschliche Denken unwillkürlich durchmacht, und gerade deshalb erwies sich als der eigenste Charakter des Hegelschen Systems — seinem Urheber unbewusst — die metaphysische Hypostasirung der psychologischen Begriffsverhältnisse. Seine Logik war im Grunde genommen eine vortreffliche Psychologie, eine richtige Beschreibung der mehr oder minder verschwommenen Bewegung, vermöge deren die menschlichen Vorstellungen sich in einander weben und durch einander mengen. Diese Feinfühligkeit, mit der in dem Gewebe unserer Gedanken »ein Tritt tausend Fäden regt«, dieses phantasievolle Schimmern und Schillern, vermöge dessen sich analoge Denkbestimmungen in einander mischen, war recht eigentlich ästhetischen Charakters, — aber derselbe entsprach eben deshalb nicht den strengen Anforderungen der Wissenschaft, für welche immerdar die Wolff'sche Forderung »deutlicher Begriffe und gründlicher Beweise« massgebend bleiben wird. Die Philosophie nach Kant war wirklich, wie er verlangte, eine »Wissenschaft aus Begriffen«: aber ihre Begriffe waren so schwankend, so unsicher, dass sie sich stets in einander zu verwandeln vermochten und, statt sich abzuklären, vielmehr in eine allgemeine Unbestimmtheit sich auflösten, in welcher Jeder seinem persönlichen Naturell nach eine eigene Deutung zu finden vermochte.

Deshalb that der deutschen Philosophie, um sie zur Strenge der wissenschaftlichen Arbeit zurückzuführen, die Erscheinung eines Kritikers noth, der sich der Grundforderung scharfer Begriffsbildung klar bewusst und sie durchzuführen befähigt war. Er musste dem genialen Drange der Identitätsphilosophie gegenüber etwas von dem pedantischen Anstrich haben, welcher der vorkantischen Schulphilosophie eigen gewesen war; er musste der Überzeugung sein, dass mit dem neuen Princip der Kantischen Lehre der strenge logische Methodismus von Wolff nicht zu Grabe getragen, sondern vielmehr mit ihm zu versöhnen und zu durchdringen sei. Es durfte kein sklavischer Anhänger des Alten, aber auch kein enthusiastischer Verehrer des Neuen sein. Diese kritische Mittelstellung, welche für das deutsche Denken ausserordentlich wünschenswerth und förderlich war, ist diejenige Johann Friedrich Herbarts.

Auch er gehörte zu den hochstrebenden Jüngern, welche sich um Fichte während seiner Jenenser Wirksamkeit schaarten. 1776 zu Oldenburg geboren, hatte er 1794 die Universität bezogen und trat in die dort herrschende Gedankenströmung schon mit einer tüchtigen, auf dem Gymnasium und durch persönlichen Umgang erworbenen philosophischen Vorbildung ein. Diese involvirte nicht nur eine gründliche Kenntniss Kants, sondern auch eine eingehende Vertiefung in die Leibniz-Wolffsche Lehre. Dazu kam eine hervorragende kritische Begabung, um den jugendlichen Zuhörer schon damals selbständig der idealistischen Lehre gegenüber seine Stellung nehmen zu lassen. Er legte dem gefeierten Lehrer über Schellings erste, noch ganz den Fichteschen Standpunkt vertretende Schriften kritische Bemerkungen vor, in denen er an Stelle der idealistischen Weiterentwicklung eine sorgfältige Prüfung der Kantischen Lehre für nothwendig erklärte. Diese Gedanken reiften dann zu positiven Überzeugungen heran, als Herbart nach Abschluss der Universitätsstudien drei Jahre in der Schweiz als Hauslehrer lebte, eine Zeit, in der für ihn besonders die vertraute Bekanntschaft mit Pestalozzi von Wichtigkeit wurde. 1802 in Göttingen habilitirt, wurde er 1809 durch Wilhelm v. Humboldt nach Königsberg berufen und verliess diesen Wirkungskreis erst wieder 1833, um als Professor nach Göttingen zurückzugehen, wo er 1841, schon als Haupt einer sich um ihn bildenden Schule, gestorben ist.

In Rücksicht auf die Strenge des wissenschaftlichen Denkens war Herbart offenbar in der auf Kant folgenden Generation der berufenste, sein Nachfolger auf dem Königsberger Lehrstuhl zu sein. Seine Auffassung von der Aufgabe der Philosophie, die am besten in seinem »Lehrbuch zur Einleitung in die Philosophie« (Königsberg 1843) zugänglich ist, geht ausdrücklich auf Kant zurück, indem er die Philosophie als eine Begriffswissenschaft betrachtet haben will. Die Vermischung der philosophischen und der empirischen Disciplinen, welche durch die universalistische Tendenz der Identitätslehre einzureissen drohte, findet an ihm einen nicht minder scharfen Gegner, als jene geniale, die verstandesmässige Reflexion verachtende Behandlungsweise der Philosophie, welcher dieselbe Richtung zuneigte. Gleich energisch von der Empirie und von der ästhetisirenden Betrachtung sich abgrenzend, soll Herbarts Philosophie eine klare und deutliche Wissenschaft der Begriffe sein. Dabei ist er weit von Wolff's Pedantismus entfernt: mit freiem Blick umspannt er die Weite des Kantischen Gedankenhorizonts und sucht innerhalb desselben sich in dem kritischen Centrum selbst anzubauen. Indem er damit zu der gesammten idealistischen Denkbewegung in bewussten Gegensatz tritt, knüpfen sich doch seine Lehren der Form und dem Inhalte nach an dieselbe an: ja, sie enthalten stets gewissermassen den Rückschlag nach der entgegengesetzten Seite, und sie würden vielleicht ohne diese Contrastwirkung nicht überall dieselbe Schärfe der Zuspitzung erfahren haben. Dies Verhältniss tritt sehr bezeichnend in seiner Darstellung hervor, welche mit seltenen Ausnahmen immer polemisch von anderen Ansichten, am häufigsten von Kant und Fichte, ausgeht, über dieselben stets neues und werthvolles Licht verbreitet, im Ganzen aber für die unmittelbare Wirkung sehr ungünstig ist, sodass man sich über die Grundzüge seiner Lehre am bequemsten in der Darstellung eines seiner Schüler, z. B. in Hartensteins vortrefflichen »Problemen und Grundlehren der allgemeinen Metaphysik« (Leipzig 1836) orientiren wird.

Ist Herbart mit Kant darin einig, dass Philosophie eine Wissenschaft der Begriffe sei, so weicht er doch von dem Altmeister sogleich darin ab, dass er sie nicht, wie dieser, auch als eine Wissenschaft aus Begriffen bestimmt sehen will. Nicht der apriorische, sondern der gegebene Begriff ist ihm der Ausgangspunkt der philosophischen Thätigkeit. Diese gegebenen Begriffe liegen theils in der allgemeinen Erfahrung, theils in den empirischen Wissenschaften vor: sie werden in unwillkürlicher Bethätigung der Erkenntniss gewonnen und haben nie darauf gewartet, dass die Philosophie sie erst begründen sollte. Aber wie sie nun da sind und das ganze System der Erfahrung ausmachen, zeigt sich sogleich, dass es »damit sein Bewenden nicht haben kann«. Der so mannigfach gestaltete Inhalt unserer Weltauffassung bedarf einer allgemeinen Ausgleichung; seine Gegensätze wollen vermittelt, seine Widersprüche gehoben sein. Wichtiger aber ist es, dass, je genauer man zusieht, um so mehr sich das scheinbar Einfache verwickelt, sich gerade das Gewohnteste in ein Problem verwandelt. Das landläufige Bewusstsein freilich streift oberflächlich über die Welt hin, ohne die Abgründe zu bemerken, die in unserem Denken aufklaffen; ihm gilt als selbstverständlich, was es alle Tage anwendet. Philosophenarbeit ist es, in dem scheinbar Selbstverständlichen das Problem zu erkennen. So hat Kant einmal im ironischen Hinblick auf die rationalistische Alleswisserei gesagt, er mache aus der Schwäche seiner Einsicht kein Geheimniss, nach welcher er gemeiniglich dasjenige am wenigsten begreife, was alle Menschen leicht zu verstehen glauben. In gleichem Sinne findet Herbart den Eingang in die Philosophie nur dadurch, dass man sich klar macht, welche grossen Schwierigkeiten, welche ungelösten Widersprüche gerade in den Begriffen stecken, mit denen wir als den einfachsten und vermeintlich klarsten fortwährend operiren und welche als das feste Gerippe dem Stoffwechsel unserer Erkenntniss zu Grunde liegen. Vorstellungen wie Ding, Veränderung, Materie, Selbstbewusstsein brauchen wir unablässig, als ob sie die durchsichtigsten und sichersten von der Welt wären: und doch bedarf es nur einiger Besinnung, um uns klar zu machen, dass sie ganze Nester von Widersprüchen sind, und dass sie, statt uns die Erfahrung verstehen zu lehren, vielmehr selbst eine unbegreifliche Verwirrung enthalten. An der Erfahrung selbst also hat die Philosophie nicht zu rütteln; aber sie hat sie begreiflich zu machen, indem sie alle ihre Arbeit darauf verwendet, mit rücksichtsloser Energie die Erfahrung selbst zu Ende zu denken und dasjenige in ihr, was in unklarer Gewohnheit mit Widersprüchen sich behaftet zeigt, zu eliminiren. Zur Lösung dieser Aufgabe aber besitzt die Philosophie nichts als die gegebene Erfahrung selbst und das Denken mit seinen immanenten Gesetzen. Philosophie also ist ein begriffliches Denken des Gegebenen, um es mit voller Klarheit und Widerspruchslosigkeit vorstellen zu können: sie ist in diesem Sinne **Bearbeitung der Begriffe**.

Aus dieser Formulirung schon geht hervor, dass Herbart ein Vertreter der **formalen Logik** im Kantischen Sinne ist. Und er hält diese ausdrückliche Besinnung auf die formalen Gesetze des Denkens um so mehr für erforderlich, als sie und mit ihnen ihr oberstes Princip, dasjenige des Widerspruchs, in der idealistischen Entwicklung mehr und mehr zu untergeordneter Bedeutung herabgesetzt worden waren. Wurden sie doch in Hegels grosser Logik nur als ein Capitel der »subjektiven Logik« abgehandelt, und das vornehme Denken der intellectuellen Anschauung und des absoluten Standpunktes sah auf die Reflexionsarbeit des Verstandes mit seiner Gebundenheit an das Gesetz des Widerspruchs als auf etwas Überwundenes herab. Gerade die Realität der Widersprüche galt dem absoluten Idealismus als das höchste Princip der speculativen Entwicklung. Auch Herbarts Lehre geht von den Widersprüchen des empirischen Denkens aus, aber nicht, um sie metaphysich zu hypostasiren, sondern um sie durch streng formales Denken zu eliminiren. In dieser Hinsicht verhält er sich zu den Identitätsphilosophen ähnlich wie im Alterthum die Eleaten zu Heraklit. Er geht von der Überzeugung aus, dass das Reale nur als durchaus widerspruchsloses Sein zu denken sei. Das höchste Princip der formalen Logik, der Satz des Widerspruches, gilt ihm in dem rationalistischen Sinne, dass, was sich widerspricht, nicht wahrhaft real sein könne. Wenn daher unsere Vorstellungen von der Wirklichkeit Widersprüche enthalten — und sie thun es —, so folgt daraus, dass sie so, wie sie sind und in der unwillkürlichen Erfahrung gedacht werden, keine richtige Erkenntniss der Realität gewähren können. Enthält also die Erfahrung mit allen zu ihr gehörigen und aus ihr erwachsenden Wissenschaften ein widerspruchsvolles Weltbild, so ist es die Aufgabe der Philosophie, dasselbe zu einer widerspruchslosen Auffassung der wahren Realität umzuarbeiten.

Auf den alten Platonischen Gegensatz einer widerspruchsvollen Erscheinungswelt und einer wahren, von der Metaphysik zu begreifenden Welt der Dinge an sich läuft somit auch Herbarts Lehre hinaus: aber er hat denselben in einer durchweg originellen und

allen früheren Ansichten der Sache gegenüber selbständigen Weise
behandelt. Er leugnet zunächst, dass es ausserhalb der Erfahrung
selbst irgend eine Quelle für die metaphysische Erkenntniss gibt.
Eine rationalistische Metaphysik, welche aus den blossen logischen
Formen eine inhaltliche Welterkenntniss abzuleiten versuchte, ist
nach Kants vernichtender Kritik nicht mehr möglich. Aber auch
Kants »Metaphysik der Erscheinungen« ist unmöglich, sowol in ihrer
positiven als auch in ihrer negativen Tendenz. Auch die reinen
Formen der Erkenntniss, als welche Kant Raum, Zeit und die Kategorien behandelt hat, glaubt Herbart als Produkte des Vorstellungs-
mechanismus ableiten zu können und kann daher eine aus ihnen zu
entwickelnde apriorische Erkenntniss nicht zugeben; andererseits
mögen die sinnlichen Empfindungen, deren Verschmelzungsprocesse
zu jenen Formen führen, noch so subjektiven Charakters sein, sie
haben doch immer eine Beziehung auf die Wirklichkeit, und die
Versuche des Idealismus, sie lediglich für Produkte der Vorstellungsthätigkeit auszugeben, sind alle gescheitert. »So viel Schein,
so viel Hindeutung auf das Sein«. Wenn daher der Schein, der sich
in der Erfahrung darstellt, als ein durch und durch widerspruchsvoller sich zu erkennen gibt, so bleibt nur übrig, ihn so lange begrifflich zu bearbeiten, bis diese Widersprüche aufgehoben sind.
Ist dadurch die Erfahrung begreiflich gemacht, so ist das
die einzige Möglichkeit zu einer Vorstellung von den Dingen an
sich zu gelangen, und der Verwirklichung einer solchen Metaphysik
steht dann nichts entgegen, weil die Erscheinungen immer doch in
dem Wesen begründet sein müssen.

Für diese Bearbeitung der Erfahrungsbegriffe hat nun Herbart
ein Verfahren aufgestellt, welches er die Methode der Beziehungen nennt und welches bei aller Verwandtschaft mit Fichtes
dialektischer Methode doch in der Absicht und im Resultat gleich
sehr von demselben abweicht. Auch er geht dabei von dem synthetischen Charakter aus, den alle Erkenntnissurtheile an sich tragen. Sie bestehen scheinbar in der Gleichsetzung eines Begriffes
mit einem anderen: a ist b. Diese Gleichsetzung widerspricht den
logischen Gesetzen des Widerspruchs und der Identität, wonach
jeder Begriff nur sich selbst gleichgesetzt werden kann. Wollte
man nun dieser Schwierigkeit etwa dadurch entgehen, dass man
das Objekt als einen Allgemeinbegriff auffasste, dessen einzelnen
Exemplaren, a_1, a_2 u. s. w. nur das Prädikat b zukomme, so würde

man in ganz dieselbe Schwierigkeit verfallen, indem man jeden
dieser Artbegriffe mit dem Prädikatsbegriffe gleichsetzte. Dagegen
entgeht man dem Widerspruche, sobald man das Prädikat der Beziehung gleichsetzt, welche zwischen zweien oder auch mehreren
dieser besonderen Begriffe obwaltet. Der Satz $a = b$ verliert seinen Widerspruch, wenn sein eigentlicher Sinn sich in die Formel
bringen lässt: $a_1 : a_2 = b$. Wo sich also in den Erfahrungsurtheilen
Widersprüche finden, da wird versucht werden müssen, ob man
nicht den fraglichen Begriff in eine Anzahl von Arten eintheilen
kann, um aus der Beziehung derselben zu einander das Prädikat
zu entwickeln, welches ihm allein nicht ohne Widerspruch zugeschrieben werden konnte.

Diese abstrakte Formel gewinnt nun sogleich eine lebendige
Anwendung, sobald man besondere Probleme ins Auge fasst. Das
wichtigste derselben ist das der Inhärenz, das Verhältniss des
Dinges zu seinen Eigenschaften. Ist es schon ein Widerspruch,
dass in dem gewöhnlichen Urtheile das Ding einer Eigenschaft
gleichgesetzt wird, so ist es noch widerspruchsvoller, in demselben
Begriffe mehrere Eigenschaften zu vereinigen, welche danach auch
gleich sein müssen, während sie doch durchaus von einander unterschieden werden sollen. Ist es ein Widerspruch, das $a = b$ sei,
so ist es noch widersprechender, dass dasselbe a auch $= c$ und
$= d$ sei, weil dann auch $b = c = d$ sein würde. Diesen Widerspruch führen wir nun in der That immerfort aus; immer behaupten wir, dass dasselbe Ding mehreren Eigenschaften gleich
sei, und können doch gar nicht sagen, wie es kommen soll, dass
dasselbe Ding, welches weiss ist, zugleich auch hart sei u. s. f.
Eine Lösung dieses Widerspruchs gibt es nur durch die Methode
der Beziehungen. Die Vereinigung vieler Eigenschaften in Einem
Dinge ist nur dadurch möglich, dass dasselbe Ding in vielen Beziehungen zu andern Dingen steht, und dass jedesmal dasjenige,
was wir seine Eigenschaft nannten, nicht sowol es selbst als vielmehr eine Beziehung ist, in welcher es zu andern Dingen steht. Der
Satz $a = b = c = d$ löst sich dadurch in eine Reihe von Sätzen
auf: $a : a_1 = b$, $a : a_2 = c$, $a : a_3 = d$ u. s. f., Sätzen, welche
weder in sich noch untereinander einen Widerspruch enthalten.
Was wir also gewöhnlich die Eigenschaft eines Dinges nennen, ist
in Wahrheit nur die Beziehung, in welcher dasselbe zu irgend
einem andern Dinge steht. So ist »weiss« die Eigenschaft eines

Körpers nur in Beziehung auf das Licht, welches er reflektirt, hart nur die Beziehung eines Körpers auf einen andern, der in den Raum, welchen er einnimmt, eintreten will u. s. f. Alle Eigenschaften sind Beziehungsbegriffe. Von einer Eigenschaft, die einem Dinge an sich und ohne Beziehung auf ein anderes Ding zukäme, können wir uns gar keine Vorstellung machen. Und doch müssen wir dieselbe annehmen; denn nur in ihr kann der Grund dafür liegen, dass das Ding in seiner Beziehung zu andern Dingen gerade diese und keine anderen Eigenschaften entwickelt. Der Satz der Identität verlangt, dass wir jedes Ding mit einer einfachen und constanten Qualität ausgestattet denken, vermöge deren es mit sich selbst absolut identisch ist und bleibt. Aber diese einfachen Qualitäten der Dinge an sich können wir niemals erkennen, da alle Eigenschaften, die wir vorstellen, die Beziehungen der Dinge auf andere Dinge enthalten. Alles was wir Eigenschaften nennen, sind, mit Locke zu reden, sekundäre Qualitäten; die primären, einfachen Qualitäten der Dinge sind unerkennbar. Deshalb erkennt Herbart an, dass die Dinge an sich unerkennbar sind; aber er behauptet, dass sie als »Reale« von einfacher Qualität angenommen werden müssen, um die Vorstellung von Dingen mit ihren Eigenschaften, aus denen sich unsere Erfahrung zusammensetzt, durch die Mannigfaltigkeit der Beziehungen zwischen diesen Realen begreiflich zu machen. Was ein Ding in seinem eigensten Wesen ist, können wir weder erfahren noch durch Denken erschliessen. Aber dies sein unbekanntes Wesen ist der einzige Grund der Mannigfaltigkeit von Eigenschaften, in denen das Ding in seinem Verhältniss zu anderen Dingen erscheint. Ganz ähnlich löst sich nun auch das analoge Problem der Veränderung. So wenig wie wir irgend eine Eigenschaft eines Dinges kennen, die dasselbe ohne Beziehung auf ein anderes Ding besässe, so wenig können wir uns den Übergang des Dinges aus einem Zustande in einen andern aus ihm allein und seiner einfachen Grundqualität erklären. Wo nur Ein Wesen existirte, gäbe es kein Geschehen, kein Thun und kein Leiden. Alle Veränderung ist Reaktion eines Realen gegen ein anderes, ist die Selbsterhaltung seiner eigenen Qualität gegen die Störung, welche es durch ein anderes Reale erfährt.

Trotz der kritischen Anerkennung der Unerkennbarkeit der Dinge an sich entwickelt hiernach Herbarts Philosophie eine Metaphysik, deren Grundzüge er in den »Hauptpunkten der

Metaphysik« (1806) angelegt und in der »Allgemeinen Metaphysik nebst den Anfängen der philosophischen Naturlehre« (1828
und 1829) ausgeführt hat. Ihren Grundcharakter bildet also
der **Pluralismus der Substanzen.** Auch hinsichtlich der
Weltanschauung steht Herbart der monistischen Tendenz, welche
die gesammte Identitätsphilosophie beherrscht, scharf gegenüber.
Wenn man darin eine Rückkehr zu Leibniz gesehen hat, so wäre
es wol in dieser Hinsicht correkter, von einer solchen zu Wolff
zu sprechen. Denn erstens sind Herbarts Reale keine in der Entwicklung begriffenen Monaden, sondern vielmehr einfache und
unveränderliche Substanzen; zweitens sind diese unerkennbaren
Qualitäten weder als körperlich, noch als psychisch zu bezeichnen.
Drittens fehlt bei Herbart wie bei Wolff zwischen diesen Substanzen
das Bindeglied der prästabilirten Harmonie. In Folge dessen wird
Herbarts Weltanschauung derartig atomistisch, dass von einem inneren Zusammenhange der Realen, welcher sich in dem Processe
des Geschehens entfaltete und denselben möglich machte, im eigentlichen Sinne bei ihm keine Rede ist. Er ist auch darin der äusserste
Gegenfüssler der idealistischen Metaphysik. Machte diese die ver-
geblichen Anstrengungen, aus der absoluten Welteinheit die Vielheit der Erscheinungen als deren nothwendige Entwicklungsformen zu deduciren, so ist es andererseits der Herbartschen Philosophie nicht gelungen, von der Vielheit der Realen aus zu einer
lebendigen Welteinheit zu kommen. Als ein Zeichen davon ist es
anzusehen, dass der Gottesbegriff in Herbarts theoretischer Philosophie gar keine Rolle spielt und bei ihm nur als Objekt eines ethischen Bedürfnisses erscheint, welches in unserer Auffassung der
zweckmässigen Gestaltung der gesammten Natur eine Bestätigung
seines Glaubens finde. In Folge dessen ist Herbart auch von jener
spekulativen Umdeutung der positiven Dogmen, welche in der
Identitätsphilosophie einen so grossen Raum einnahm, weit entfernt, und seine Religionsphilosophie gewinnt eben dadurch eine
gewisse Farblosigkeit, welche unter Umständen der Verbreitung
seines Systems förderlich sein konnte und gewesen ist.

Allein die pluralistische Weltanschauung bringt dem Begriffe
des Geschehens gegenüber eine Reihe von Schwierigkeiten mit sich,
denen Herbart kaum entgangen ist. Bot die dialektische Philosophie
eine Lehre vom ewigen Werden, in welcher es kein Sein gab, so
haben wir hier eine Lehre vom Sein, in welcher es im Grunde ge-

nommen kein Werden gibt. Vergleicht man beide, so ist es etwa so, als ob denselben chemischen Stoff HO_2 der eine Forscher, der ihn nur bei der Temperatur über Null beobachtet hat, für flüssig, der andere, der ihn nur unter Null gesehen hat, für fest erklären wollte. Das eigentliche Wesen der Realen ist bei Herbart durchaus unveränderlich. Das Geschehen in der Welt kann also nur darin bestehen, dass die Realen in wechselnde Beziehungen treten, die aber an ihnen selbst nichts ändern. Es ist daher ein völlig äusserliches »Kommen und Gehen« der Substanzen, für welches sinnliche Bild Herbart den Begriff eines intelligiblen Raumes aufstellt, in dem sie sich alle bewegen. Weshalb freilich und nach welchen Gesetzen diese Bewegung stattfindet, das ist der menschlichen Erkenntniss durchaus verschlossen; von dem wirklichen Geschehen wissen wir ebensowenig, wie von den Qualitäten der Dinge an sich. Wir müssen beide nur annehmen, um uns das scheinbare Geschehen und die scheinbaren Eigenschaften der Dinge, welche die Erfahrung darbietet, zu erklären. Indem nemlich die Substanzen im intelligiblen Raume sich berühren, treten sie mit einander in die Beziehungen, vermöge deren an ihnen die erfahrbaren Eigenschaften erscheinen, und durch den Wechsel dieser Beziehungen ergibt sich aus dem wirklichen Geschehen die Veränderung der erscheinenden Eigenschaften oder das scheinbare Geschehen. Alle diese in die Erscheinung fallenden Eigenschaften und Veränderungen aber bleiben dem eigentlichen Wesen der Dinge fremd; sie sind deshalb nur »zufällige Ansichten« derselben. Dieser Begriff hat bei Herbart eine etwas zweideutige Stellung zwischen subjektiver und objektiver, zwischen erkenntnisstheoretischer und metaphysischer Bedeutung. In manchen seiner Ausführungen scheint es, als ob die Beziehung der Realen aufeinander lediglich in das auffassende Bewusstsein verlegt werden sollte. Aber dann würde alles wirkliche Geschehen aufgehoben sein, und es wäre dann nicht einmal mehr zu begreifen, wie das die Realen in Beziehung setzende Bewusstsein selbst einen Wechsel in seiner beziehenden Thätigkeit erzeugen könnte, der dann das einzige wirkliche Geschehen bilden müsste. Herbarts Meinung ist vielmehr, dass das wirkliche Kommen und Gehen der Substanzen diejenigen Selbsterhaltungen derselben gegen die Störungen durch einander hervorruft, welche das Bewusstsein als die erfahrungsmässigen Eigenschaften und Thätigkeiten auffasst, und diese für das Bewusstsein durchaus nothwendigen, durch das wirkliche Geschehen bedingten Ansichten werden nur in dem Sinne »zufällig« genannt, als sie das Wesen der Dinge an sich nicht treffen.

Das scheinbare Geschehen entwickelt sich nun auf zwei von einander zu sondernden Gebieten. Das Bewusstsein selbst, welches dasselbe auffasst, ist ebenfalls eine Reaktion des einfachen Seelenwesens, welches zu den Realen gehört. Betrachtet man es von dieser Seite, so enthält es insofern die unmittelbarste aller Erkenntnisse, als es eben selbst die scheinbaren Eigenschaften und Veränderungen dieses Seelenwesens darstellt. Die Vorstellungen sind die Reaktion der an sich unbekannten Seelensubstanz gegen andere Substanzen, mit denen dieselbe durch das wirkliche Geschehen in Beziehung tritt. Insofern dieselben aber auf dieser Beziehung beruhen, so enthalten sie zugleich in sich die scheinbaren Eigenschaften derjenigen Substanzen, gegen welche die Reaktion stattfand, und bilden so die Erfahrung von den übrigen Realen. Indessen treten nun auch diese unter einander in Beziehungen und verändern eben damit die scheinbaren Eigenschaften, mit denen das Bewusstsein ihr Zusammensein auffassen muss. Die Metaphysik des scheinbaren Geschehens theilt sich dadurch in zwei Theile: die Eidologie, welche in die Psychologie, und die Synechologie, welche in die Naturphilosophie ausläuft.

Was zuerst die letztere anbetrifft, so liegt Herbarts Interesse bei derselben darin, die Grundbegriffe, mit welchen die empirische Naturforschung operirt, aus seinen metaphysischen Voraussetzungen abzuleiten und zu widerspruchsloser Gestaltung umzuarbeiten. Mit dem feinen kritischen Grenzbewusstsein, das ihn auszeichnet, sucht er die Philosophie davor zu bewahren, in die Arbeit der besonderen Wissenschaften hineinzupfuschen und dasjenige, was dieselben erkannt haben, noch einmal, nur in anderer Weise erkennen zu wollen. Er will nur zeigen, dass die Widersprüche, in welche die Begriffe der Materie, des Atoms u. s. w. sich verwickeln, verschwinden, sobald man in denselben nur die Erscheinungsform des wirklichen Geschehens, welches uns unbekannt ist, erblicken will. Seine Naturphilosophie ändert daher an den besonderen Erkenntnissen der Naturforschung nichts; aber sie ist auch gerade in Folge dessen sowol nach der guten, als auch nach der schädlichen Seite hin ziemlich wirkungslos geblieben. Sie

vertrug sich mit der empirischen Forschung, aber sie befruchtete
dieselbe nicht: sie verhielt sich eben völlig umgekehrt wie die
Schellingsche. Sie lehnt deshalb auch alle dynamische und
teleologische Naturbetrachtung ab und stellt sich auf den Standpunkt des Mechanismus auch für die Erklärung der physiologischen
Erscheinungen und der biologischen Umänderungen. Herbart
sucht zunächst darzuthun, dass der sinnliche Raum die nothwendige Erscheinungsform des Zustandes der unvollkommenen
Durchdringung ist, in welchem sich die Realen bei ihrem »Zusammensein« befinden, wobei man freilich mit in Kauf nehmen
muss, dass die räumlichen Verhältnisse in dem Begriffe des intelligiblen Raumes, des »Kommens und Gehens« der Substanzen doch
schon vorausgesetzt waren. Durch eine sehr künstliche Construktion werden dann der Begriff des Atoms als des starren Elements
und weiterhin diejenigen des Moleküls und des Körpers gewonnen,
wobei die Attraktion als das Princip der Durchdringung, die Repulsion als dasjenige der Unvollkommenheit dieser Durchdringung
gilt. Dadurch nun, dass die Tendenz der Durchdringung und,
subjektiv gefasst, der Versuch des Bewusstseins, die Realen vollständig zusammenzufassen, niemals gelingen kann, entsteht der
objektive Schein der Bewegung. In der Entwicklung dieses Begriffes zeigt sich am meisten die oben erwähnte Zweideutigkeit der
Lehre von den zufälligen Ansichten. Auf der einen Seite soll die
Bewegung nicht in den Dingen vorgehen, sondern nur Etwas sein,
was dem Zuschauer widerfährt, auf der anderen soll diese Beziehung zwischen den Dingen ein objektiver Schein in dem Sinne sein,
dass derselbe auch ohne irgend ein beobachtendes Bewusstsein ein
Verhältniss derselben bildet. Neben der Bewegung ist es hauptsächlich noch die Verschiedenheit der Stoffe, welche die Synechologie aus den verschiedenen Verhältnissen construirt, in denen sich
die Elemente der Materie durch ihren Gegensatz zu einander befinden. Herbart gewinnt daraus eine Viertheilung aller Körperlichkeit in ponderable Materie, Wärmestoff, elektrisches Fluidum
und Äther, aus welchem letzteren er neben dem Licht auch die
scheinbare actio in distans der ponderablen Materie erklärt
wissen will.

Bedeutsamer und einflussreicher ist Herbarts Psychologie.
Dieselbe hat er neben kleineren, theils methodologischen, theils
sachlichen Abhandlungen in dem »Lehrbuch zur Psychologie« (1816)

und in seinem Hauptwerk: »Psychologie als Wissenschaft, neu gegründet auf Erfahrung, Metaphysik und Mathematik« (1824—1825) dargestellt. Auf diesem Gebiete hat er durch seine originelle Auffassung einen mächtigen Umschwung hervorgerufen und eine Tendenz begründet, die noch heute die fruchtbarste Bedeutung besitzt. Aus der Consequenz seiner Metaphysik ergab sich ein klares, wissenschaftliches Princip, welches den unbestimmten, halb belletristischen Betrachtungen, auf welche sich so vielfach die psychologische Untersuchung beschränkt hatte, in der wirksamsten Weise gegenübertreten konnte und selbst da anerkannt werden muss, wo man in ihm nicht die ganze Methode der Psychologie sehen will. Wenn Herbart auch hier zunächst polemisch verfährt, so befindet er sich in vollem Rechte gegenüber jener mythologisirenden Theorie der seelischen »Vermögen«, mit der man die Seele in lauter kleine Seelchen zersplittert, um für verwandte Erscheinungen eine gemeinsame Kraft anzunehmen. Hatte schon Aenesidemus-Schulze im Kampf gegen Reinhold und Kant die Unbrauchbarkeit und Schädlichkeit dieses Begriffs der empirischen Psychologie betont, so hat Herbart gegen denselben einen systematischen Vernichtungskampf geführt. Von einer wissenschaftlichen Psychologie kann nur dann die Rede sein, wenn man sich entschliesst, ebenso wie in der Naturwissenschaft die complicirten Erscheinungen nicht auf besondere qualitates occultae zurückzuführen, sondern sie aus den gesetzmässigen Combinationen elementarer Vorgänge zu erklären. Dies Princip in der deutschen Philosophie zuerst aufgestellt zu haben, ist das grosse Verdienst Herbarts. Es ist persönlich um so grösser, als sich eine direkte Abhängigkeit von der englischen Associationspsychologie, die in gewisser Weise denselben Gedanken vertrat, bei ihm nicht nachweisen lässt. Bei den Engländern ist es die nominalistische Tendenz, welche sie zur Leugnung der Realität solcher Allgemeinbegriffe wie Wille, Verstand u. s. w. bringt; bei Herbart ist es die metaphysische Ansicht von der einfachen Qualität des Seelenwesens, welche verbietet, in demselben eine Anzahl verschiedener Grundkräfte anzunehmen. Die Verschiedenheit der psychischen Thätigkeiten kann bei ihm nur auf den wechselnden Beziehungen beruhen, in welche die Seele zu andern Realen tritt. Daraus aber ergibt sich von vornherein eine einseitige Bestimmtheit seiner psychologischen Ansicht. Die Selbsterhaltung der Seele gegen das Zusammensein mit anderen Realen ist Vorstellung, und damit wird für Herbart die Vorstellung zu der einzigen Grundfunktion der Seele. Alle übrigen psychischen Thätigkeiten bestehen nur in Vorstellungsverhältnissen. Hierin besteht hauptsächlich Herbarts Verwandtschaft mit der vorkantischen Philosophie. Die Thätigkeiten des Willens und des Gefühls gelten ihm wie dieser immer nur als Vorstellungsverhältnisse, und gegen jene Ansicht von dem Primat des Willens über das Denken, welcher Fichte den schärfsten Ausdruck gab, musste er sich nach jeder Richtung sträuben. Daraus folgte dann wieder, dass er die gesammte Freiheitslehre der deutschen Philosophen verwarf und zum Leibnizischen Determinismus zurückkehrte.

Dass es nun zwischen den Vorstellungen überhaupt Verhältnisse gibt und somit all' die Combinationen eintreten können, deren Erklärung allein den Gegenstand einer wissenschaftlichen Psychologie bildet, das beruht auf der Thatsache, dass die Vorstellungen, mit denen die Seele sich gegen andere Realen selbst erhält, nicht mit dieser Berührung wieder verschwinden, sondern in der Seele als Vorstellungskräfte bestehen bleiben und dadurch unter einander in die manigfaltigsten Verhältnisse gerathen. Die Einheitlichkeit des Seelenwesens verlangt, dass diese verschiedenen Formen ihrer Selbsterhaltung sich mit einander vereinigen. Die Folge davon ist, dass, da diese Vereinigung wegen der Verschiedenheit des Inhaltes der Vorstellungen nicht vollständig geschehen kann, sie sich gegenseitig hemmen. Ist im Bewusstsein nur Eine Vorstellung, so nimmt sie dasselbe in seiner ganzen Energie in Anspruch; sind es aber mehrere, so üben die Vorstellungskräfte auf einander eine Hemmung aus, vermöge deren jede an ihrer Intensität um so mehr verlieren muss, je stärker die Intensität der Vorstellung ist, von welcher sie gehemmt wird. Hierauf beruht nun die Möglichkeit, den psychologischen Mechanismus der Vorstellungen einer mathematischen Berechnung zu unterwerfen. Die Hemmungssumme, d. h. die Gesammtintensität, welche die mit einander concurrirenden Vorstellungen verlieren, vertheilt sich unter die einzelnen derartig, dass nach ihrem ursprünglichen Intensitätsverhältniss jede um so weniger verliert, je stärker sie war. Macht man daher über die Grösse dieser Hemmungssumme eine Annahme — und Herbart setzt voraus, dass dieselbe der Intensität der schwächeren Vorstellung oder bei mehreren der Summe der schwächeren Vorstellungen gleich sei, — so lässt sich mathematisch berechnen, wie viel von jeder nach der gegenseitigen Hemmung übrig bleibt. In dieser Weise will Herbart nach der Kantischen Forderung die Psychologie zur Wissenschaft erheben, indem er den mathematischen Calcül in sie einführt und auch für sie die Übereinstimmung der metaphysisch-mathematischen Deduktion mit dem empirischen und thatsächlichen Wissen in Anspruch nimmt. Es ist der erste Versuch, aus ihr eine theoretische Naturwissenschaft nach Newtonschen Principien zu machen. Und selbst wenn man die allgemeine Durchführbarkeit desselben auf dem psychologischen Gebiete bestreitet, muss man einerseits die grossartige Consequenz dieser Behandlungsweise bewundern, andererseits aber die Anwendbarkeit derselben auf bestimmte Gebiete, wie z. B. die Empfindungslehre, durchaus anerkennen.

Die Voraussetzung aber dieser mathematischen Behandlung der Psychologie bildet die Annahme einer verschiedenen Intensität der Vorstellungsthätigkeit, welche Herbart als selbstverständlich ansieht. Die Verwandtschaft mit Leibniz zeigt sich dabei vor Allem darin, dass er wie dieser als eine Funktion der Vorstellungsintensität das Bewusstsein betrachtet. Besitzt die Vorstellung eine gewisse Intensität, so wird sie bewusst, und ist ein »wirkliches Vorstellen«. Wird sie unter diesen Grad herabgedrückt, so wird sie unbewusst und ist nur noch ein »Streben vorzustellen«. Den niedrigsten Grad, bei welchem die Vorstellung noch bewusst ist, nennt Herbart die Bewusstseinsschwelle. In dem Mechanimus der Vorstellungen kommt es deshalb darauf an, ob die Hemmung, welche die Vorstellungen aufeinander ausüben, derartig ist, dass eine oder die andere derselben unter die Bewusstseinsschwelle herabsinken muss, und das ganze Seelenleben erscheint bei Herbart wie ein Kampf, den die Vorstellungen wie in einem engen Raume mit einander führen, und bei dem es darauf ankommt, ob die einen oder die andern je nach ihrer Intensität über die Schwelle in den erleuchteten Theil eintreten können, den das Bewusstsein oder das wirkliche Vorstellen darin bildet. Die Gleichgewichtsverhältnisse, in welche die Vorstellungen dabei mit einander treten, sind die Gefühle, und in dem »Sichheraufarbeiten« einer Vorstellung gegen die Hemmungen der übrigen sieht Herbart dasjenige, was man Begehren nennt. Die Psychologie ist nichts als eine »Statik und Mechanik des

Geistes«, welche die Gesetze dieser Bewegung mathematisch zu deduciren und empirisch zu bestätigen hat.

Diejenigen Vorstellungen nun, welche gleichzeitig zum wirklichen Vorstellen gekommen sind, gerathen dadurch in eine Verwachsung, vermöge deren sie sich zu Vorstellungsmassen verknüpfen, associren und compliciren, deren einzelne Theile, wenn sie wieder zum Bewusstsein gelangen, die andern ebenfalls in dasselbe emporzuziehen, d. h. zu reproduciren streben. Vorstellungen, die aus dem Bewusstsein verschwinden, sind nicht überhaupt zu Grunde gegangen, sondern existiren vermöge der Hemmung nur noch als Streben vorzustellen und werden unter geeigneten Umständen, sei es »frei steigend«, sei es durch die Association, wieder zum wirklichen Vorstellen. Jene Massen aber, welche sich in dem psychologischen Mechanismus zusammengefunden haben, üben auf die neu eintretenden Vorstellungen eine Art von Attraktionskraft in der Weise aus, dass sie die verwandten darunter in sich aufzunehmen und mit sich zu verschmelzen suchen. Diesen Process bezeichnet Herbart als denjenigen der Apperception und schreibt ihm die Rolle zu, dass vermöge desselben der Besitzstand, welchen die Seele sich bereits erworben hat, alle neu hinzukommenenden Vorstellungen sich assimilirt und so alles Neue in den Zusammenhang des Früheren einfügt.

Aus der gesetzmässigen Bewegung der ursprünglichen Vorstellungen, welche sich auf diese Grundformen zurückführen lässt, sucht nun Herbart alle die complicirten Gebilde sowol des theoretischen als auch des praktischen Verhaltens zu erklären, welche in der inneren Erfahrung vorkommen. Von ursachlosen Funktionen kann bei dieser Auffassung nicht die Rede sein, und die höchsten und werthvollsten Thätigkeiten müssen als Produkte des psychischen Mechanismus aufgefasst werden. Darum griff Herbart hauptsächlich die Kantische Idee der intelligiblen Freiheit an, obwol er mit seiner Lehre von der metaphysischen Urqualität des einfachen Seelenwesens, welche den Grund für alle »Selbsterhaltungen« in der Erscheinung bilde, vielleicht mehr als andere sich diese Lehre hätte zu eigen machen können. Aber abgesehen davon, dass Herbart jene Urqualität für völlig unerkennbar hielt, konnte er auch der religionsphilosophischen Verwendung, welche Kant von dem Begriffe machte, nicht beitreten; denn danach sollte in der »Wiedergeburt« der intelligible Charakter sich in völlig unbegreiflicher

Weise verändern, was mit Herbarts metaphysischen Principien un-
vereinbar war. In Folge dessen blieb in seiner Lehre nur ein Determinismus übrig, der in allen wesentlichen Zügen mit demjenigen
von Leibniz übereinstimmte. Aber auch alles dasjenige, was von
angeborenen Begriffen oder angeborenen Formen im menschlichen
Geiste behauptet worden war, musste bei Herbart in dieser Weise
als Erzeugniss der psychischen Entwicklung angesehen werden,
und er benutzte dann namentlich seine Theorie der »reihenweis ab-
gestuften Verschmelzung«, um im Gegensatze zur transscendentalen
Ästhetik Raum und Zeit aus der Empfindungsthätigkeit abzuleiten.
Besonders wichtig aber ist es, dass sich derselben Behandlung
auch der Begriff des I ch unterwerfen muss. Herbart weist scharf-
sinnig nach, dass das Fichtesche »reine Selbstbewusstsein« den
Widerspruch einer doppelten unendlichen Reihe involvire. Wenn
es als das sich selbst Vorstellende definirt wird, so ist dabei das,
was vorstellt, und das, was vorgestellt wird, immer wieder nur das
sich vorstellende Ich, und so fort bis ins Unendliche. Bei dieser
formalen Bestimmung kommt niemals ein Inhalt heraus, bei welchem die Vorstellungsthätigkeit Halt machen könnte. Insofern hat
Fichte recht gehabt, dass das Ich nie zu Stande kommt, sondern
nur im unendlichen Streben sich zu realisiren sucht. Aber dieses
widerspruchsvolle reine Ich ist auch gar nicht gegeben, sondern
nur eine formelle Abstraktion Fichtes; das gegebene, das allein begreiflich zu machen ist, ist das empirische Selbstbewusstsein, und
dies ist stets inhaltlich bestimmt. Das Ich weiss sich jedesmal in
einem bestimmten Zustande, es wird also immer durch bestimmte
Apperceptionsmassen gebildet, welche, mehr oder minder wech-
selnd, aber doch schliesslich an einem constanteren Kerne haftend,
die neu eintretenden Vorstellungen assimiliren. Das Ich ist also
gewissermassen der Schneidepunkt aller derjenigen Vorstellungs-
reihen, welche in der Entwicklung des Individuums durch den
Mechanismus der Vorstellungen entstanden sind. Dieser Schneidepunkt wandert mit gewissen Grenzen in dem Inhalte des wirklichen
Vorstellens, und seine Identität liegt nur einerseits in der Gleichheit
der Apperceptionsprocesse, andererseits in der Continuirlichkeit
der Vorstellungsentwicklung. Fichtes und Herbarts Behandlungen
dieses schwierigsten aller Probleme stehen sich diametral und einander ergänzend gegenüber: jener richtet seine Untersuchung auf
die identische Einheit des Ich und vermag daraus keinen indivi-

duellen Inhalt abzuleiten; dieser betont den individuellen Inhalt derartig, dass die formale Einheit und Identität verloren zu gehen droht. Jedenfalls aber betrachtete Herbart das Leben der Seele als einen naturnothwendigen Entwicklungsprocess und nicht wie Fichte als die Äusserung einer unnahbaren und unbegreiflichen Freiheit. Für den letzteren Standpunkt war es eigentlich durchaus irrationell, von einer Erziehung zu sprechen, da die »Freiheit« des Ich doch keiner naturnothwendigen Beeinflussung unterliegt und deshalb keinen Einwirkungen zugänglich ist, die sich voraussehen und planvoll hervorrufen liessen. Umgekehrt forderte Herbarts Theorie der psychischen Entwicklung geradezu dazu auf, zu untersuchen, wie der nach äusseren Anregungen naturnothwendig verlaufende Mechanismus des Seelenlebens in solche Bahnen gebracht werden kann, dass er zu beabsichtigten Erziehungszwecken nothwendig führen muss. Deshalb entwickelte nicht nur Herbart selbst von seiner Psychologie aus eine sehr glücklich angelegte und durchgeführte Pädagogik, sondern es ist dies auch dasjenige Specialfach, in welchem seine Lehre die tiefsten und nachhaltigsten Einflüsse ausgeübt hat.

Bei solchen psychologischen Überzeugungen musste Herbarts Behandlung der Ethik in seiner »Allgemeinen praktischen Philosophie« (1808) ganz anders als bei Kant und bei Fichte ausfallen. Sie konnte weder auf ein Freiheitsgesetz des Sollens noch auf den Begriff des Ich begründet werden. Vielmehr schlägt Herbart einen ganz andern Weg ein, um die Kantische Tendenz einer vollkommenen Selbständigkeit der Moralphilosophie und ihrer gänzlichen Unabhängigkeit sowol von der Psychologie als auch von der Metaphysik mehr als irgend ein anderer zu realisiren. Er geht dabei von der Thatsache aus, dass es neben den theoretischen Urtheilen Beurtheilungen gibt, in welchen sich Billigung oder Nichtbilligung eines erkannten Gegenstandes ohne jede Rücksicht auf die Art, wie derselbe zu Stande gekommen ist, ausspricht. Diese Beurtheilungen beziehen sich immer auf Verhältnisse des Vorstellungsinhaltes, und je complicirter dieselben sind, um so weniger ursprünglich kann die Beurtheilung sein. Es muss deshalb eine Anzahl einfacher Verhältnisse geben, welche den Gegenstand eines ursprünglichen Wohlgefallens oder Missfallens bilden, und aus deren Complication die abgeleitete Beurtheilung verwickelterer Verhältnisse erklärt sein will. Die Wissenschaft von diesen ein-

fachen Verhältnissen, welche die Billigung oder Missbilligung bei
sich führen, nennt Herbart Ästhetik und stellt sie, der Logik
und der Metaphysik gegenüber, als den dritten selbständigen Theil
der Philosophie auf. Denjenigen Theil der Ästhetik, welchen man
gewöhnlich mit diesen Namen bezeichnet und der durch die Be-
urtheilungsprädicate der Schönheit und der Hässlichkeit charakterisirt ist, haben erst Herbarts Schüler bearbeitet, er selbst hat
sich auf die Ethik als auf denjenigen Theil der allgemeinen
Ästhetik beschränkt, welcher es mit den einfachen Verhältnissen
der sittlichen Beurtheilung· zu thun hat. Dieselben müssen durch
begriffliche Bearbeitung der moralischen Billigungen und Miss-
billigungen gewonnen werden, welche in der Erfahrung thatsächlich ausgeübt werden. Auch hier also sträubt sich Herbart gegen
die monistische Tendenz eines obersten Moralprincips: auf allen
Gebieten ist er davon überzeugt, dass das menschliche Denken auf
einer Anzahl ursprünglicher, nicht mehr auf einander zurückführ-
barer Inhaltsbestimmungen beruhe, die es nur in ihrer Reinheit
festzustellen und mit einander in »Beziehung« zu setzen gelte. Die
einfachen Willensverhältnisse, welche den Gegenstand des
ursprünglichen moralischen Beifalls bilden, nennt Herbart die sittlichen Ideen, und er stellt deren fünf auf: die Idee der »inneren
Freiheit« als der Übereinstimmung des Willens mit dem eigenen
Urtheil, die Idee der »Vollkommenheit« als der richtigen Grösse der
Willensbestrebungen, die Idee des »Wohlwollens« als des Willens,
welcher das fremde Wohl zu seinem Gegenstande macht, die Idee
des »Rechts« als die Regel der Willensübereinstimmung verschiedener Individuen und das Missfallen am Streite, endlich die Idee
der »Billigkeit« als der Vergeltung der guten und der bösen Handlungen. An diese fünf ursprünglichen schliessen sich sodann fünf
abgeleitete Ideen als diejenigen der sittlichen Institutionen an, in
welchen jene ersten zur Realisirung kommen und welche deshalb
den Inbegriff der sittlichen »Güter« enthalten. Herbart entwickelt
sie (in umgekehrter Reihenfolge) als das Lohnsystem, die Rechts-
gesellschaft, das Verwaltungssystem und das Cultursystem, welche
vier in der belebten Gesellschaft zu einer organischen Einheit verbunden sind. So geht die Ethik in Socialphilosophie
über, und Herbart construirt den Begriff des Staates als den
Lebensprocess der Menschheit, in welchem alle diese Güter zur
Entwicklung kommen. Allein er sieht nun wieder im Staate

wesentlich einen socialen Mechanismus; auch ihm ist der Staat
»der Mensch im Grossen«. Die Elemente, aus denen er besteht,
sind die wollenden Menschen, und die Staatslehre ist mehr eine
Statik und Mechanik der socialen Kräfte, als eine rechtsphiloso-
phische Construction, die Staatskunst eine Berechnung der psycho-
logisch-socialen Nothwendigkeiten. Denn das Gleichgewicht der
socialen Kräfte, in welchem das Wesen des Staates besteht, wird,
wie Herbart namentlich dem doktrinären Liberalismus entgegen-
hielt, nicht durch die Rechtsformen herbeigeführt, welche vielmehr selbst erst das Produkt des socialen Mechanismus sind, sondern nur durch die psychologische Bewegung der den Staat
constituirenden Individuen. Sitte, Wohlwollen und Bildung sind
deshalb ungleich festere und werthvollere Säulen der staatlichen
und gesellschaftlichen Ordnung als abstrakte Rechtsbestimmungen,
und der Sinn der äusseren Lebensformen der Menschheit liegt in
der psychologischen Bewegung, aus der sie hervorgegangen sind.

§ 74. Der Psychologismus.
Fries und Beneke.

So scharf der Gegensatz ist, in welchem sich Herbart zu der idealistischen Philosophie sowol in ihrer rationalen als auch in ihrer irrationalen Tendenz befindet, so ist er mit derselben doch darin einig,
dass er die umbildende Entwicklung der Kantischen Philosophie in der
metaphysischen Richtung sucht. Freilich bringt seine Bekämpfung
des Axioms der Identität von Denken und Sein es mit sich, dass er
mehr als alle anderen Nachfolger des grossen Königsbergers auf die
erkenntnisstheoretische Basis zurückgeht, und alle seine metaphysischen Lehren beruhen auf dem echt kritischen Bestreben, »die Erfahrung begreiflich zu machen«: die Lösung dieser Aufgabe sucht jedoch
auch er auf dem Wege einer Metaphysik, welche zwar die Dinge an
sich und das wirkliche Geschehen für unerkennbar erklärt, aber doch
über ihr Verhältniss zur Erscheinungswelt eine weit umfangreichere
theoretische Erkenntniss behauptet, als es Kant zugestanden haben
könnte. Allein neben allen diesen metaphysischen Bestrebungen der
nachkantischen Philosophie, in welchen zweifellos der schöpferische
Fortschritt des philosophischen Geistes enthalten ist, laufen nun eine
Reihe anderer Versuche einher, welche das kritische Princip der
Selbsterkenntniss der menschlichen Vernunft in die Sprache der em-

pirischen Psychologie zu übersetzen und die grundlegenden Untersuchungen der Erkenntnisstheorie mit vollem Bewusstsein in die anthropologische Erfahrung zu verlegen suchen. Je wichtiger für Kants gesammte Kritik der apriorischen Erkenntniss die bei ihm niemals ausdrücklich herausgehobenen psychologischen Voraussetzungen waren, um so mehr konnte man glauben, seinen Absichten zu entsprechen, wenn man in der Selbsterkenntniss des menschlichen Geistes die Grundlage aller philosophischen Untersuchungen suchte: und je mehr die grossen metaphysischen Systeme, welche sich aus seiner Lehre entwickelten, im Geheimen mit einer bestimmten psychologischen Grundansicht operirten, um so näher lag die Möglichkeit, dass man ihre Lehren ausdrücklich auf die anthropologische Erkenntniss zu stützen unternahm. So ist der Psychologismus eine constante Nebenerscheinung der metaphysischen Systeme: er besteht an jedem Punkte in einer Verarbeitung der metaphysischen Lehren unter dem Gesichtspunkte der empirisch-psychologischen Begründung, und seine Vertreter gehen sämmtlich von der Ansicht aus, das »subjektive Princip« der modernen Philosophie laufe darauf hinaus, dass in der empirischen Psychologie als der Selbsterkenntniss des erkennenden Geistes die Grundlage der gesammten Philosophie gesucht werden müsse. Er ist die nächstliegende Form des »metaphysischen Empirismus«, auf welchen das Scheitern der rationalistischen Deduction von allen Seiten hinwies. Die Überzeugungen der ihn vertretenden Männer sind daher ähnlich, wenn auch in viel positiverer Weise als diejenigen der Irrationalisten, durch die metaphysischen Systeme bestimmt, für welche sie in anthropologischen »Selbstbeobachtungen« die empirische Basis zu gewinnen trachten, und wesentliche oder principielle Neuerungen sind — von dem allgemeinsten Gesichtspunkte abgesehen — nicht von ihnen ausgegangen: ihr Kampf gegen die grossen Systeme wird stets mit den Gedanken geführt, die diesen selbst entnommen sind.

Einer der bedeutendsten dieser Psychologisten ist gleich der erste, derjenige nämlich, welcher sich in dieser Weise der empirisch-psychologischen Begründung zu dem Kantischen System selbst verhält. Jacob Friedrich Fries (1773 geboren, unter dem Einfluss der Herrnhutischen Brüdergemeinde zu Barby und Niesky erzogen, auf den Universitäten Leipzig und Jena gebildet,

25*

1801 in Jena habilitirt, 1805 als Professor der Philosophie nach
Heidelberg, 1816 nach Jena berufen, nach seiner Betheiligung am
Wartburgfest suspendirt, 1824 als Professor der Physik rehabilitirt
und 1843 zu Jena gestorben) hat in seinem Hauptwerk »Neue Kritik
der Vernunft« (1807) die Kantische Lehre auf eine psychologische
Ansicht zu stützen gesucht, die er in dem »Handbuch der psychischen Anthropologie« (1820) sachlich und terminologisch genauer
fixirt und in seinen zahlreichen übrigen, auf alle Theile der Philosophie sich erstreckenden Schriften weiter ausgeführt hat.   Er
geht von der Überzeugung aus, die nach manchen Richtungen un-
angreifbar und z. B. auch von Herbart anerkannt worden ist, dass
die Untersuchung über die apriorische Erkenntniss, welche die
Vernunftkritik ausgeführt hat und ausführen soll, selbst aposterio-
rischen Charakters ist, indem alle »transscendentalen Bedingungen«
der Erkenntniss in der thatsächlichen, empirisch gegebenen Natur
der menschlichen Denkthätigkeit aufgesucht werden.   Nur durch
die Erfahrung selbst werden wir uns jener »reinen Formen« bewusst, welche als immanente Gesetze unserer Vorstellungsthätigkeit die allgemeinen und nothwendigen, d. h. apriorischen Bestimmungen alles Erfahrungsinhaltes bilden.   Kants gesammte Untersuchung ist somit nach Fries psychologischen Charakters, und man
soll sich nicht scheuen, dies offen auszusprechen.   Darin war richtig, dass der Leitfaden von Kants Kritik überall eine psychologische
Voraussetzung und das Kriterium ihrer Entscheidungen immer eine
psychologische Einsicht oder Ansicht ist; aber es darf nicht vergessen werden, dass den Grund, den Kant für die Apriorität der
Vernunftformen suchte, niemals ihre empirische Funktion bildete.
Fries seinerseits behauptet, die ganze Aufgabe der Kritik bestehe
in der Reflexion auf die von dem menschlichen Geiste unmittelbar ausgeübte Erkenntnissthätigkeit.   Dabei zeigt sich nun, dass
alles Wissen des Verstandes in seiner demonstrirbaren Gewissheit
auf Voraussetzungen beruht, welche das reflectirende Denken nicht
erzeugt, sondern übernimmt.   Das Denken ist — genau so hatte
der von Fries so lebhaft bekämpfte Fichte gesprochen — immer
nur secundären Charakters; es hat stets nur mittelbare Gewissheit
und ist nur eine Reflexion auf die unmittelbare Gewissheit, welche
ihm vorhergeht und der es seinen Inhalt entnimmt.   In dieser
Entgegensetzung ist Fries vollkommen von Jacobi abhängig und
stimmt ihm auch darin bei, dass die unmittelbare Gewissheit nicht

im reflectirenden Denken, sondern im Gefühl enthalten ist. Wenn er deshalb auch ein Vertreter der Gefühlsphilosophie ist, so unterscheidet er sich von Jacobi eben darin, dass er verlangt, die unmittelbare, dunkle Gefühlserkenntniss solle durch die Reflexion in das klare und sichere Bewusstsein erhoben werden, und deshalb ist seine Lehre ungleich viel wissenschaftlicher und objektiver geworden, als diejenige Jacobis, welche sich mit dem Pathos des unklaren, subjektiven Gefühls begnügte. Andererseits aber verfolgt nun auch Fries den Gedanken, dass die unmittelbare Gewissheit, indem sie in das reflectirende Bewusstsein aufgenommen wird, nothwendig die lediglich subjektiven Formen desselben annehmen muss und auf diese Weise zu einer Erscheinungswelt herabsinkt. Unser Denken ist die Reflexion auf unser unmittelbares Gefühl; aber es ist nothwendig in seine, ihm eigenthümlichen Formen gebannt und erkennt daher lediglich die Erscheinungsform der Wahrheit. Alles Wissen bewegt sich in den Reflexionsformen der Subjektivität, welche wir durch die Selbstbeobachtung unserer Erkenntnissthätigkeit uns zum Bewusstsein zu bringen vermögen. Die »Neue Kritik« gibt in der Analyse dieser Formen des reflectirenden Bewusstseins sehr viel feine und geistreiche Untersuchungen; namentlich die Kategorienlehre ist von Fries durchaus selbständig und originell behandelt und auf die Kategorien der Relation zugespitzt worden. Allein das demonstrirende Wissen ist deshalb gänzlich auf die Anwendung dieser Formen beschränkt: es verliert allen Boden unter den Füssen, sobald es dieselbe überschreiten will. Für die wissenschaftliche Erkenntniss gilt Kants Beschränkung auf die Erfahrung und Erscheinung. Von der äusseren Natur wissen wir nur so viel, als sich mathematisch und mechanisch berechnen lässt. Die Principien der Naturerkenntniss sind lediglich mathematisch und mechanistisch: auch die Organismen wollen in dieser Weise begriffen sein, und es ist ein Fehler Kants, auf sie die teleologische Betrachtung auch nur für wissenschaftlich anwendbar erklärt zu haben. In der Erkenntniss der inneren, psychischen Natur dagegen verlässt uns — trotz Herbart — die mathematische Erkenntniss; hier sind wir lediglich auf descriptive Analysis angewiesen, — eine Behauptung, die bei Fries um so schwerer wiegt, als er auf diese Erfahrungswissenschaft die ganze Philosophie gründen wollte. Während aber so die wissenschaftliche Erkenntniss auf die naturnothwendige Erscheinung angewiesen ist, enthält das unmittelbare

Gefühl den Glauben an die Welt der Dinge an sich: die Kantischen
Ideen von Gott, von der intelligiblen Freiheit und dem übersinn-
lich-unsterblichen Wesen des Menschen erscheinen hier als Objekte
des unmittelbar selbstgewissen Gefühls,. und zwischen jenem Wissen der Erscheinungen und diesem Glauben der Dinge an sich wird
von Fries ganz der schroffe Dualismus angenommen, der Kant und
Jacobi gemeinsam war. Dennoch gibt es für Fries eine Vermittlung
zwischen beiden, und seine Werthschätzung der Kritik der Urtheilskraft, welche er für Kants grösstes Werk erklärte, zeigt sich auch
darin, dass das Gefühl wieder zuletzt zwischen der theoretischen
und der praktischen Vernunft vermitteln soll. Als ästhetisches
Gefühl zeigt es uns in unmittelbarer Anschauung die übersinnliche
Idee in die sinnliche Erscheinung verwachsen, als religiöses Gefühl lässt es uns in der Zweckmässigkeit der Natur die Weisheit
des göttlichen Schöpfers verehren. Wenn wir so die Erscheinungen in ihrer mathematischen Nothwendigkeit erkennen und wissen,
wenn wir an die Dinge an sich als die sittlichen Werthe glauben,
so »ahnen« wir in dem ästhetischen und dem religiösen Gefühl,
dass in den Erscheinungen eben jenes wahre, sittliche Wesen der
Dinge erscheint. Die rein naturalistische Beschränkung der Erfahrungserkenntniss, der moralische Glaube an eine Welt der
Werthe und der Würde der menschlichen Bestimmung, die Paralle-
lisirung des ästhetischen und des religiösen Gefühls in der gemeinsamen Bedeutung, dass in beiden das Verhältniss der Erscheinung
zur Idee, des Bedingten zum Unbedingten geahnt wird, — das alles
sind Theorien, die, in Kant angelegt, bei seinen verschiedenen
Nachfolgern in besonderen Formen entwickelt worden sind: bei
Fries erscheinen sie auf der gemeinsamen Basis einer lediglich
anthropologischen Untersuchung und als die Lehren einer empirischen Psychologie, und darin besteht seine eigenthümliche und
selbständige Stellung. Aber gerade diese Begründung der Grundlehren der Kantischen Philosophie auf die empirische Psychologie
hatte etwas Eindringliches und unmittelbar Einleuchtendes an sich,
was des grossen Erfolges in weiteren Kreisen sicher war. Ähnlich
sprachen sich Fr. van Calker in seiner »Urgesetzlehre des Wahren, Guten und Schönen« (1820) und Chr. Weiss in zahlreichen
Schriften aus, unter denen namentlich die »Untersuchungen über das
Wesen und Wirken der menschlichen Seele« (1811) hervorzuheben
sind, und später schloss sich an Fries eine umfangreiche Schule

an, welche sich namentlich auch auf theologischem Gebiete Ausbreitung und Geltung verschaffte.

Wie Fries zu Kant und Jacobi, so verhielten sich geringere
Geister zu Kant und Fichte. Zunächst ist in dieser Hinsicht Wilhelm
Traugott K r u g (1770—1842) zu nennen, welcher die Kantisch-
Fichteschen Lehren auf »Thatsachen des Bewusstseins« zurückzuführen suchte. Aus seiner überaus fruchtbaren Schriftsteller-
thätigkeit ist das »Handbuch der Philosophie« (1820) am meisten
verbreitet gewesen; das präciseste ist wol der »Entwurf eines
neuen Organon der Philosophie« (1801) und die »Fundamentalphilosophie« (1803). Von der Mendelssohnschen Art des Philosophirens ausgegangen, sah er auch in der neuen philosophischen
Bewegung nichts als eine Analyse des Bewusstseins, welche den
Inhalt des gesunden Menschenverstandes kritisch festzustellen
habe. Die letzte Thatsache, auf welche dabei das sich selbst beobachtende Bewusstsein stosse, der absolute Inhalt des Selbstbewusstseins sei die Verknüpfung des Denkens mit dem Sein. Deshalb sei sowol der Realismus, der nur die Ursprünglichkeit des
Seins, als auch der Idealismus, der nur diejenige des Denkens anerkennen wolle, von vornherein verfehlt; der einzig wahre Standpunkt sei der t r a n s s c e n d e n t a l e S y n t h e t i s m u s, welcher in
dem empirischen Selbstbewusstsein diese Thatsache der gegenseitigen Beziehung von Denken und Sein constatire und sie zum Ausgangspunkt aller philosophischen Gewissheit mache. Denn diese
sei nichts als der Glaube an die Thatsachen des Bewusstseins.
Enthält diese Lehre eine psychologische Umstempelung der Fichteschen Theorie vom Ich, so ist sie andererseits ein Synkretismus Rein-
holdischer und Jacobischer Gedanken auf der Basis der empirischen Psychologie. — Bedeutender ist der Versuch, welchen Friedrich B o u t e r w e k (1766—1828), ein als empiristischer Ästhetiker
und Literaturhistoriker sehr geschätzter Mann, in seiner »Idee
einer Apodiktik« (1799) gemacht hat, um eine psychologische
»Selbstverständigung« des Kriticismus zu gewinnen. Er führt zunächst aus, dass die logischen Formen des Denkens niemals zu
einer andern als formalen und hypothetischen Erkenntniss führen;
er entwickelt sodann, dass die Transscendentalphilosophie den
Spinozistischen Begriff eines absoluten Seins realisire, aber alle
Individualität und Verschiedenheit, alles Geschehen und Thun
lediglich für Erscheinung erklären müsse, und er zeigt sich in

dieser Spinozistischen Consequenz, die er aus Kant ableitet, schon
hier durchaus von Jacobi abhängig, dem er später immer mehr
anheimgefallen ist. Er fügt endlich hinzu, dass uns nur unser
eigenes empirisches Selbstbewusstsein uns als handelnde Indivi-
dualitäten erkennen lasse und dass diese Selbstbeobachtung die
einzige Möglichkeit sei, uns auch die äussere Welt zu erklären.
Indem unser Wille, der das absolut Gewisse unserer Selbsterkenntniss ist, bei seinem Handeln auf Widerstand stösst, erkennen wir
die Welt, welche in der Transscendentalphilosophie nur als einheitliches Sein erschien, als eine unendliche Vielheit lebendiger Kräfte.
Die Selbsterkenntniss, in der wir uns als wollende Wesen erfassen,
enthüllt uns das Geheimniss der Dinge: wir müssen sie ebenso wie
uns selbst als lebendige Kräfte ansehen. Deshalb bezeichnet sich dies
System als absoluten Virtualismus. Fichtes Selbstanschauung der Intelligenz als Wille ist also hier in eine Selbstbeobachtung
der empirischen Psychologie verwandelt, und was später Schopenhauer als seine geniale Deutung der Erfahrung bezeichnete, erscheint hier ausdrücklich als eine auf die innere Erfahrung ge-
stüzte Analogie: wobei nicht zu vergessen ist, dass Bouterwek in
Göttingen lehrte, wo Schopenhauer seine ersten Studien gemacht
hat. — Zeigt Bouterwek in seiner Auffassung der Transscendentalphilosophie eine entschiedene Abhängigkeit von Schellings Neospinozismus, so hat auch dessen Schule ihren Psychologisten in
Ignaz Paul Troxler (1780—1866) aufzuweisen. Derselbe war ein
fast sklavischer Anhänger der Naturphilosophie und des Identitätssystems gewesen; aber er nahm schon durch seine »Blicke in das
Leben des Menschen« (1812) und später in seiner »Naturlehre des
menschlichen Erkennens oder Metaphysik« (1828) und in der »Logik«
(1830) eine selbständige Stellung denselben gegenüber ein. Das
Wesentliche daran ist, dass er die Identität von Denken und Sein
dahin deutete, die Gesetze des menschlichen »Gemüths« seien diejenigen des Universums; der Mensch sei Mikrokosmos, und alle
seine Welterkenntniss bestehe in seiner Selbsterkenntniss. Alle
Philosophie ist Anthroposophie, und diese besteht nur in dem
Wissen der Selbstbeobachtung. In der Ausführung dieses Gedankens legt Troxler an die empirische Untersuchung in einer äusserst
unfruchtbaren Weise das tetradische System der Kreuzung von
Gegensätzen, welches Wagner (vgl. § 66) aufgestellt hatte. Eine
Unterscheidung von Geist und Seele, Leib und Körper bildet die

Grundlage, auf der sich eine schematische Entwicklung der gesammten Welterkenntniss aufbauen soll.

Der consequenteste und radikalste Vertreter des Psychologismus ist derjenige, welcher in dem oben bezeichneten Verhältniss
zu Herbart steht: Friedrich Eduard Beneke. 1798 in Berlin
geboren, in Halle und Berlin gebildet und an der letzteren Universität habilitirt, wurde er 1822, wie es scheint nicht ohne Mitwirkung Hegels, von der akademischen Thätigkeit suspendirt, docirte
einige Jahre in Göttingen und kehrte dann nach Berlin zurück,
wo er 1832 eine ausserordentliche Professur erhielt und 1854 gestorben ist. Seine sehr zahlreichen Schriften enthalten die ausge-
sprochenste Form des Psychologismus, welche in der Geschichte
der Philosophie je aufgetreten ist. Er meint nicht nur wie Fries,
dass die Erkenntnisstheorie und von da aus alle übrigen philosophischen Disciplinen auf die empirische Psychologie begründet
werden müssen, sondern seine Anschauung ist die, dass deren
Aufgabe nicht die Aufsuchung einer apriorischen Erkenntniss, die
es gar nicht gibt, sondern die Entwicklungsgeschichte des empirischen Bewusstseins sei. Er fühlte sich in Folge dessen am meisten
mit den englischen Associationspsychologen und der schottischen
Schule verwandt, deren Vertreter er eifrig studirt hatte und in
seiner »Neuen Psychologie« (1845) in Deutschland bekannt zu
machen suchte. Die Grundzüge seiner Lehre hatte er bereits 1820
in der »Erfahrungsseelenlehre als Grundlage alles Wissens« dargestellt; als er darauf Herbarts Schriften genau kennen lernte, wurde
dessen verwandte Theorie für die Ausbildung seiner Ansichten von
entscheidendem Einfluss. So gestaltet erscheinen sie in seinem
Hauptwerk, dem »Lehrbuch der Psychologie als Naturwissenschaft«
(1833) und theilweise schon in den »Psychologischen Skizzen«
(1825 und 1827).

Beneke theilt mit Herbart die Grundvoraussetzung, dass alles
psychische Leben auf der Bewegung einfacher Elemente beruhe,
deren Gesetze oder »Grundprocesse« es festzustellen gilt. Aber
die psychologische Untersuchung soll nach ihm weder auf Mathematik noch auf Metaphysik, sondern lediglich auf Erfahrung gegründet werden, und diese Erfahrung ist im Gegensatz zu der
äusseren die innere Erfahrung. Die Psychologie steht deshalb völlig ebenbürtig der Naturwissenschaft gegenüber, sie ist
wie diese eine Erfahrungswissenschaft; aber sie gewinnt ihre

Erfahrung nicht durch den äusseren, sondern nur durch den inneren Sinn. Sie ist die Naturwissenschaft des inneren Sinnes. Ihre methodischen Mittel sind die Selbstbeobachtung der psychischen Thatsachen und die Induction, welche aus der Analyse derselben die Einsicht in die Grundprocesse gewinnt, aus denen sich die complicirten Erscheinungen zusammengesetzt haben. Die ganze Absicht der Benekeschen Lehre ist also darauf gerichtet, die Gesetze der Entwicklung zu erkennen, durch welche das seelische Leben den Inhalt und die Formen gewinnt, die unsere Erfahrung darin vorfindet. Denn darin hat der Begründer der Lehre vom inneren Sinn, Locke, Recht gehabt, dass nichts Fertiges von Vorstellungen oder Willensrichtungen der Seele angeboren ist, sondern alles von ihr durch die Erfahrung erworben wird. Aber andererseits ist es ein Missverständniss, diese tabula rasa zum reinen Nichts zu machen, aus dem nie etwas werden könnte. Die Seele muss vielmehr aus einer Reihe von Anlagen bestehen, welche die Möglichkeit in sich tragen, dass sie auf Grund äusserer Anregungen sich zu der ganzen Fülle ihres späteren Lebens entwickelt. Hier macht nun freilich dieser Empirismus, wie es jedem geht, unversehens eine metaphysische Annahme: die Seele gilt bei Beneke nicht als eine einheitliche, qualitativ fest bestimmte Substanz, sondern vielmehr als eine Summe von Anlagen, die ihrer Verwirklichung entgegenstreben. Diese Anlagen nennt Beneke die »Vermögen« der Seele. Er versteht darunter nicht jene hypostasirten Classificationsbegriffe der älteren Psychologie, deren Beseitigung er für Herbarts grösstes Verdienst erklärt, sondern die specifischen Formen der Reactionsfähigkeit auf äussere Reize, z. B. die Fähigkeit roth zu empfinden. Dieser Vermögen sind also von vornherein sehr viele, und sie ordnen sich je nach ihrer Verwandtschaft zu bestimmten Gruppen an. Zu einem wirklichen seelischen »Gebilde« aber werden sie erst in der Verbindung mit den ihnen adäquaten »Reizen«, die sie aus der Potentialität in die Actualität überführen. Ohne den Reiz sind also die Vermögen eigentlich nur Triebe zur Vorstellung. Die Seele besteht aus einer Fülle solcher Triebe, welche nur auf den Reiz warten, um zu wirklichen Vorstellungen zu werden. Von hier aus erhellt am besten Benekes Verhältniss zu Fichte. Beiden besteht die Seele aus Trieben: aber für Fichte ist sie ein System von Trieben, welche zusammengehören, sodass einer nicht ohne den andern sein kann; für Beneke ist sie nur sozusagen ein Bündel von Trieben, welche zufällig zusammen sind und von denen jeder für sich besteht: bei Fichte ist die Seele das einheitliche System, das sich nothwendig in die besonderen Triebe gliedert, bei Beneke ist sie nicht einmal eine einfache Substanz, die Triebe besässe (wie bei Herbart), sondern eine Verwebung zufällig zusammengekommener Vermögen.

Für die Entwicklung des Seelenlebens nimmt nun Beneke vier Grundprocesse an. Die Aneignung der entsprechenden Reize durch die Vermögen ergibt die ursprünglichen Empfindungen. Dazu kommt zweitens, dass die Seele im Laufe ihrer Entwicklung immer neue Urvermögen erwirbt. Das ist durch die Thatsache bewiesen, dass sie später auf Reize reagirt, denen sie sich früher verschlossen zeigte. Wie aber diese Erwerbung zu denken sei, wie die vorhandenen Vermögen durch die Cumulation der Reize zur Erzeugung neuer Vermögen veranlasst werden, darüber hat Beneke nur äusserst künstliche und ungenügende Hypothesen und Erklärungen aufstellen können. Reiz und Vermögen sind aber in dem Gebilde der wirklichen Vorstellung beweglich mit einander verbunden, sodass die bewusste Vorstellung wieder in die beiden Faktoren aus einander und diese in andere Vermögen hinüberfliessen können. Dadurch verwandelt sich das Gebilde in eine »Spur« oder »Angelegtheit«, welche bei neuer Reizung wieder zum Gebilde werden kann und ein stärkerer Trieb als zuvor geworden ist. Endlich besitzen die Vorstellungen die Fähigkeit, nach dem Masse der Gleichheit ihres Inhalts sich anzuziehen und eine engere Verbindung mit einander anzustreben. Aus diesen vier Vorgängen, der Entstehung von Vorstellungen durch Reize, der Erwerbung neuer Vermögen, der Reproduktion und der Association muss der gesammte Vorstellungsverlauf bis in alle seine Verzweigungen hinein erklärt werden.

Auch darin ist nun Beneke mit Herbart einig, dass die Vorstellung in ihrer Bedingtheit durch Reiz und Vermögen das Grundgebilde des psychischen Lebens ausmacht und dass alle übrigen »Bildungsformen« der Seele nur auf die verschiedenen Verhältnisse der Vorstellungen zurückgeführt werden sollen. Ist der Reiz dem Triebe gegenüber zu schwach, so entsteht das mit dem Unlustgefühl verknüpfte Begehren nach voller Erfüllung des Triebes. Genügt er demselben und geht er zugleich ganz darin auf, so entsteht das deutliche Wahrnehmen, die interesselose, reine Vorstellung.

Besitzt der Reiz einen Überschuss über das vom Vermögen Verlangte, so entsteht das Lustgefühl. Steigert sich derselbe bis zum Übermass, so entsteht das Gefühl der Abstumpfung und des Überdrusses. Und tritt endlich ein solches Übermass plötzlich ein, so entsteht das Schmerzgefühl.

Die zahlreichen sorgfältigen Beobachtungen und feinsinnigen Analysen, welche in diese Theorien eingeflochten sind, gehören mehr der empirischen Psychologie als der allgemeinen Philosophie an. Das principielle Interesse an der Sache liegt darin, dass Beneke den Versuch macht, auf empirischem Wege eine Entwicklungsgeschichte des Seelenlebens zu geben, welche dessen ganze Ausbreitung aus den Urvermögen und deren mannigfaltiger Reaktion auf die äusseren Reize nach dem Princip der Naturgesetzlichkeit ableitet. In diesem Grundcharakter der Benekeschen Lehre ist es begründet, dass dieselbe sich im eminenten Grade und noch mehr als die Herbartsche zur Grundlage für die Pädagogik eignete, welche denn auch schon Beneke selbst in seiner »Erziehungs- und Unterrichtslehre« (1835 und 1836) und nach ihm hauptsächlich sein Schüler Dressler ausgebaut hat. Schon Beneke kam immer wieder darauf zurück, dass das dem Menschen Angeborene, die Urvermögen seiner individuellen Seele, verhältnissmässig der späteren Lebensfülle gegenüber nur von sehr geringer Ausdehnung und bei den verschiedenen Menschen von nur unbedeutender Verschiedenheit sei (er beschränkt die individuelle Anlage wesentlich auf die in der Intensität der Urvermögen bestehenden Temperamentsverhältnisse), dass dagegen alles, was man populär Anlage, Talent, Genie u. s. w. nenne, durch die Einwirkung der Reize auf die Vermögen erworben sei, und der Grundgedanke seiner Pädagogik ist daher der, dass in der Erziehung diese Reizwirkungen derartig geregelt werden sollen, dass sie zu einer dem Zwecke der Erziehung entsprechenden Entwicklung, Bereicherung und Befestigung der Urvermögen führen.

Auf diese psychologische Grundansicht stützt nun Beneke nicht nur seine Logik (1842), deren Problem er in der Entstehung der Begriffe durch den Verschmelzungsprocess der Vorstellungen findet, und sein »Natürliches System der praktischen Philosophie« (1837 und 1840), welches sich aus der Werthschätzung der Reize hinsichtlich der Steigerung oder Herabsetzung der Vermögen entwickelt, sondern auch seine »Metaphysik und Religionsphilosophie« (1840). Das letztere ist aber nur durch das Princip der analogen Deutung möglich, welche die Ergebnisse der Selbsterkenntniss auf die äussere Welt überträgt. Eine ursprüngliche und absolute Gewissheit gibt eben nach Beneke nur die innere Erfahrung; es ist Kants Grundfehler, auch auf sie die Phänomenalität ausgedehnt zu haben, die der äusseren Erfahrung gegenüber das Richtige ist. Wollen wir die anderen Dinge erkennen, so bleibt uns nur übrig, von ihnen vorauszusetzen, dass sie sich analog verhalten, wie wir es in uns selbst erkannt haben. Die Formulirung der Begriffe von Substanzialität und Causalität gestaltet sich danach bei Beneke nach der Ansicht, die er vom Wesen und Thun der Seele hat: die Substanz ist ein Aggregat von Vermögen, und ihre Thätigkeiten sind die Verwirklichungen dieser Vermögen durch Reaktion auf die von anderen Substanzen ausgehenden Reize. Weiterhin führte dieses Princip zu der Ansicht, welche Beneke als seinen Spiritualismus bezeichnete, dass nämlich in allen, auch den körperlichen Dingen etwas der Seele Analoges gedacht werden müsse, — eine Monadologie ohne prästabilirte Harmonie. Schliesslich, da unsre Kenntniss der Aussenwelt überall Lücken zeigt, müssen wir im Begriffe der Gottheit die Idee der Welteinheit bilden, deren Realität wir mehr glauben und ahnen dürfen als erkennen können.

Mit dieser Übertragung der psychischen Erfahrung auf die Metaphysik spricht der Psychologismus in Beneke das Geheimniss aus, welches, wie sich zeigte, zuletzt auch den grossen metaphysischen Systemen zu Grunde lag: die Umdeutung der menschlichen Selbsterkenntniss in Welterkenntniss. Und so enthüllt die ganze »Dialektik« der nachkantischen Philosophie nur die tiefe Weisheit, welche in dem Princip Kants liegt, dass alle philosophische Erkenntniss nur die Einsicht in die Organisation der menschlichen Vernunft ist.

_____

Mit dieser Nachlese endet der Versuch, die reifen Garben zu binden, in welche die Kantische Saat aufgeschossen ist. Nach jener grossen Zeit sind über die deutsche Philosophie Herbst und Winter hereingebrochen. Die schöpferische Überkraft, aus der System auf System quoll, war versiegt, und auf den Rausch der Spekulation folgte die Ernüchterung. Es kam hinzu, dass die Nebel der Restaurationszeit über Europa und am dichtesten über Deutschland lagerten. Und als dann diese trübe Atmosphäre sich zu lichten begann, als es wieder frischer und reger wurde, da war — wenige Träger der grossen Tradition ausgenommen — die Verbindung des philosophischen Gedankens mit der universalistischen Bildung verloren gegangen, die das Geheimniss jener Blüthezeit ausmachte. Die Zeiten haben sich schnell geändert. Zweifellos ist dem Gesammtwissen jener Zeit das der Gegenwart weit überlegen: aber dafür zersplittert es sich jetzt in die einzelnen Köpfe und Thätigkeiten, und das Individuum, unfähig seine Bildung aus dem Ganzen herauszuarbeiten, muss sich für die Einseitigkeit seiner Berufsarbeit meist durch einen eitlen Dilettantismus entschädigen, der von Allem kostet, um sich von Nichts zu nähren. Zweifellos sind wir politisch reifer und den Aufgaben der äusseren Existenz weit gewachsener geworden: aber in der Noth des Kampfes fehlt uns der Friede, uns seiner Früchte zu freuen, und mit Neid müssen wir auf jene Zeit zurückschauen, der es vergönnt war, mitten aus einer gewaltigen Schöpferthätigkeit heraus ihren geistigen Gehalt in schöner Harmonie zu geniessen. In der Hast des modernen Lebens ist keine Zeit für die »interesselose Betrachtung«, und in dem Geschiebe unseres socialen Mechanismus ist kein Raum für den »Spieltrieb«. Wem das Leben nicht in die Jagd nach der Lust, wie immer er sie nenne, aufgeht, dem ist es zu ernster Arbeit geworden, und nur an dem fernen Horizonte der Erinnerung und der Sehnsucht erscheint das Bild jener goldenen Tage, in denen auch bei uns, wie einst in Hellas, die Wahrheit mit dem Lichte der Schönheit strahlte.

Register.

Berichtigungen.

pag. 14 Zeile 6 von unten lies religionsphilosophischen statt religiösphilosophischen,

–	45	–	19	– oben ist hinter unbekanntes ausgefallen X,		
–	46	–	17	– – lies allgemeingültige statt allgemeine,		
–	72	–	4	– – – entgehen	–	angehen,
–	88	–	22	– – – gesammtem	–	gesammten,
–	172	–	11	– – – ihren	–	ihrem,
–	175	–	5	– – – mitleuchtender	–	mit leuchtender,
–	176	–	2	– unten – der Begriff	–	den Begriff,
–	259	–	19	– oben ist hinter ausmacht das Komma ausgefallen,		
–	300	–	22	– – lies auf Schellings Seite statt auf beiden Seiten.		
–	376	–	2	– – – H_2O · statt HO_2.		